博物館學

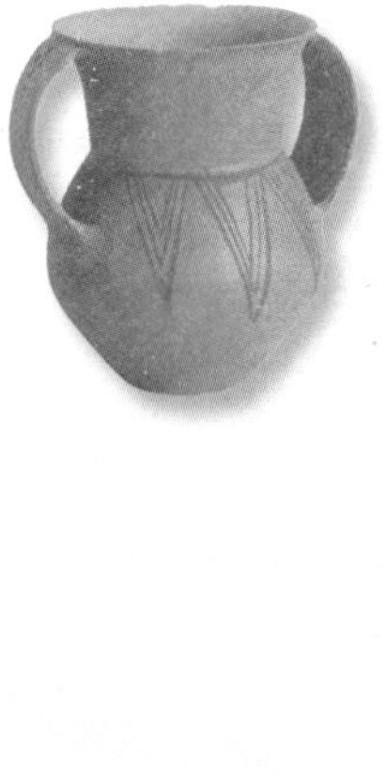

普通高等教育“十一五”国家级规划教材

国家“985”工程资助项目
甘肃省博物馆资助项目

考古及博物馆学系列教材

总主编 杜斗城 樊锦诗

博物馆学概论

姜涛 俄军 编著

蘭州大學出版社

图书在版编目(CIP)数据

博物馆学概论 / 姜涛,俄军编著. —兰州:兰州大学出版社,2013.12(2020.3 重印)
考古及博物馆学系列教材 / 杜斗城,樊锦诗总主编
ISBN 978-7-311-04301-8

Ⅰ.①博… Ⅱ.①姜… ②俄… Ⅲ.①博物馆学—高等学校—教材 Ⅳ.①G260

中国版本图书馆 CIP 数据核字(2013)第 286642 号

策划编辑　魏鸿彪
责任编辑　魏鸿彪
封面设计　张稳移

书　　名　博物馆学概论
作　　者　姜　涛　俄　军　编著
出版发行　兰州大学出版社　(地址:兰州市天水南路 222 号　730000)
电　　话　0931－8912613(总编办公室)　0931－8617156(营销中心)
　　　　　0931－8914298(读者服务部)
网　　址　http://press.lzu.edu.cn
电子信箱　press@lzu.edu.cn
印　　刷　甘肃发展印刷公司
开　　本　880 mm×1230 mm　1/32
印　　张　12.125(插页 4)
字　　数　347 千
版　　次　2014 年 1 月第 1 版
印　　次　2020 年 3 月第 4 次印刷
书　　号　ISBN 978-7-311-04301-8
定　　价　24.00 元

总 序

兰州大学历史文化学院在文革就曾开设《考古学通论》等课程,近年又筹建了考古及博物馆学专业,开设了一系列文物、考古方面的课程。这些课程不仅受到了历史文化学院学生的热烈欢迎,同时也吸引了其他院系的学生。为了进一步保证专业教学和人才培养质量,编写一套能够适合我校情况、具有区域和文化特色的考古及博物馆学系列教材,就义不容辞地成为我们的一项紧迫任务。从 2003 年开始,我们组织有关教师和校内外专家学者,投入了此项工作。2005 年 11 月,此套系列教材由兰州大学出版社申报,又被教育部列为“普通高等教育‘十一五’国家级规划教材”;与此同时,还得到了国家“985 工程”项目的支持。

众所周知,兰州大学所处的西北地区,是中国古代文明重要的发祥地之一。这里考古遗存星罗棋布,历史文化资源丰富,博物馆馆藏绚丽多彩。就以甘肃而言,即有以彩陶、简牍、石窟为代表的三大文化遗产,在此基础上形成的简牍学、敦煌学已成为国际显学。横贯甘肃的“丝绸之路”又将西北的众多历史文化遗产连成一线,成为国内外游客及学者倾心向往的地方。所有这些,都是我们编写具有自己特色的考古及博物馆学专业系列教材的珍贵资源和重要保证。而与我们共同办学的甘肃省博物馆及甘肃省考古研究所等单位,都有一批学有专长且在国内外学术界有一定影响的学者,他们都非常支持并亲自参与了这项工作。如这套系列教材中的《敦煌佛教艺术概论》即由著名敦煌学家樊锦诗教授参与编写;《简牍学通论》由汉简研究权威初仕宾教授挂帅编写;《文物鉴定基础》由多年从事文物鉴定工作的林健教授编写;等等。

兰州大学虽地处办学条件相对艰苦的甘肃,但已有近百年的历史,其深厚的文化底蕴与优良的教学传统以及师生们自强不息的拼博精神一直为社会所公认。改革开放后,历届学校领导都把教学作为重中之重,把"做西部文章"作为办学、科研的战略方针之一,在教学、科研方面取得了许多成功经验和优秀成果。这套考古及博物馆学专业教材也正是本着兰州大学求真、务实、严谨的一贯精神所编写的。但由于时间紧、任务重,教材中难免存在一些疏漏和讹误,我们真诚期望得到有关专家的批评指正,以便在重印时加以修订和完善。

在此,我还要对积极支持此项工作的甘肃省博物馆馆长俄军先生、副馆长林健先生、甘肃省考古研究所所长杨惠福先生、兰州大学教务处前任处长张正国先生、现任处长钟承奎教授、兰州大学历史文化学院院长王希隆教授、兰州大学出版社陶炳海社长、张克非总编、魏鸿彪编辑,还有兰州大学发展规划办公室、兰州大学历史文化学院考古及博物馆系等单位的有关同志表示真挚的感谢!

杜斗城

2006 年 8 月 16 日于兰州大学

目 录

绪论　博物馆学概述

博物馆学是伴随着近代博物馆的产生和发展而逐步兴起的一门年轻学科。在博物馆学的形成和发展过程中，虽然各国学者和组织对包括其概念、性质、研究对象和方法、分支和相关学科、研究意义等在内的诸多基本问题进行了长期深入的探讨，并取得了众多颇有见地且影响广泛的成果，但囿于博物馆学研究的复杂性，迄今为止，仍未建立为学界所公认的清晰稳定的学科体系。即便如此，依然有必要将博物馆学的研究历程和现有理论的主要成果展现给大家，以便让更多对博物馆和博物馆学感兴趣的同学及公众，对这门尚不成熟的或者说正在形成的学科有所了解。同时，也衷心地希望通过对历史的回顾、总结和对现实的学习、思考，能够为各界有志于此道者提供必备的基础和参考，进而激发其潜在的创新能力，共同推动博物馆学研究和建设的持续发展，争取尽快实现系统化、理论化博物馆学学科体系的构建。

第一节　当代博物馆学基础

一、博物馆学的概念

目前，国际上比较传统和常见的是国际博物馆协会（International Council of Museums，简称 ICOM）于 20 世纪 70 年代初提出的博物馆学概念，即：

博物馆学是关于博物馆的科学。研究博物馆的发展史和背景、博物馆在社会中的作用、博物馆研究、藏品保护、教育和管理的专门组织形式、与自然环境的关系、以及不同类型博物馆的分类。博物馆技术包括博物馆各方面工作的方法和实践。①

我国博物馆学者也在广泛学习和借鉴国外有益研究成果的基础上，结合博物馆学研究的实际情况，对其概念进行了归纳总结，认为：

博物馆学是研究博物馆的性质、特征、社会功能、实现方法、组织管理和博物馆事业发展规律的科学。②

二、博物馆学的研究对象

研究对象是博物馆学确立科学地位和构造学科体系必须解决的基础和核心问题。

现代国外博物馆学界对博物馆学研究对象（知识对象）的认识，大致如下：1. 国际上多数博物馆工作者和博物馆学者认为博物馆学的研究对象就是博物馆的目的及其组织；2. 包括A·M·拉兹冈、纽斯塔波涅、J·本内斯、I·扬、K·施莱纳、V·T·詹森、V·索夫卡、彼得·冯·门施、J·霍德格、K·梅勒斯和J·L·施瓦格在内的一些博物馆学者主张博物馆学是对保护和使用自然和文化遗产的一系列行为的实施与综合的研究；3. 以Z·布伦纳、D·舒尔特和H·威克斯为代表的一些博物馆学者提出应将博物馆"物"作为博物馆学的研究对象；4. 前捷克斯洛伐克的博物馆学家斯特兰斯基则提出以"博物馆真实"作为博物馆学的研究对象；5. 斯特兰斯基还提出要将人类与现实之间的特殊关系作为博物馆学的研究对象，而且这种说法得到了A·格里哥罗娃、R·卡里洛、W·罗西澳、H·伯拜和C·布朗纳等博物馆学者的认同和发展，也在国际博物馆学界产生了较大影响；6. 以T·索拉为代表的不少当代博物馆学者也支持把全部人类遗产作为博物馆学的研究对象。

我国多数博物馆学者则认为："博物馆学的研究对象是保存、研

---

① 转引自〔加〕杰·莱尼·迪瑟著，宋向光译：《博物馆学——"思考的实践"的反映》，《中国博物馆》，1993年第3期，第37页。

② 王宏钧、冯承伯：《博物馆学》，《中国大百科全书·文物·博物馆》，中国大百科全书出版社，1993年，第50页。

究和利用自然标本与人类文化遗存，以进行社会教育的理论和实践，包括博物馆事业发生、发展的历史及其与社会的关系，也包括博物馆社会功能的演进、内部机制的运营和相互作用的规律。”① 换而言之，就是研究博物馆的本质、目的、功能、特征及其与社会的关系，博物馆的类型以及各级各类博物馆之间的关系，博物馆的起源、产生和发展，博物馆的藏品、科研、陈列、观众、建筑、组织管理、人才培养等各项工作及其相互关系。

三、博物馆学的学科性质与定位

博物馆学是一门具有很强跨学科性和实践性的社会科学。

博物馆学的社会科学性质是由博物馆学的研究内容、任务，所涉及的知识领域和研究方法共同确定的。首先，博物馆学是以博物馆、博物馆各项工作以及博物馆与经济基础和其它上层建筑的关系作为主要研究内容的。博物馆作为客观存在的社会现象，不论是包括其历史、涵义、功能、特征和类型在内的基本理论，还是收藏保护、科学研究和陈列教育等业务工作的程序、方法和原则，抑或是对其建筑设备、组织管理和人才培养特点的探索总结，无不以社会和公众的需求为导向，并受到政治、经济、军事、文化等诸多社会条件的推动和制约。其次，博物馆学的任务就是通过对博物馆理论与实践的研究和总结，揭示博物馆产生、发展的客观规律及博物馆各项工作的基本原则，以确保博物馆事业科学、健康、持续、稳定地发展，从而更好地实现其社会效益，有力地推动人类和社会的进步。最后，在进行博物馆学研究的过程中，虽然会涉及一些自然科学领域的知识，也会运用诸如实验法等自然科学的研究方法，但整体而言，更多的还是在利用社会科学领域的知识成果和研究方法。因此，国际博物馆学界普遍将博物馆学划归社会科学的研究范畴。

虽然博物馆学属于社会科学的范畴，但却具有很强的跨学科性和实践性。博物馆学作为一门新兴的科学学科，其研究对象和内容的复

---

① 王宏钧、冯承伯：《博物馆学》，《中国大百科全书·文物·博物馆》，中国大百科全书出版社，1993年，第50页。

杂性，决定了它只有吸收和借鉴诸多相关学科的研究成果和方法，才能不断发展和完善。所以说，博物馆学有着很强的跨学科性。同时，它也是一门具有很强实践性的社会科学。博物馆学的产生、发展都与博物馆的实践以及社会的需求息息相关。一方面，博物馆学的理论来源于博物馆实践和相关的社会需求；另一方面，博物馆学的理论必须接受博物馆实践的检验，只有那些被证明科学有效的博物馆学理论，才能够正确指导博物馆工作。因此，也可以说，博物馆学的丰富和成熟永远无法脱离博物馆实践的发展和不断更新的社会需求。

尽管国内外博物馆学界已经普遍认同了博物馆学的社会科学性质，但对于它在现代科学体系中的定位却依然存在争议。有的学者认为博物馆学应当从属于管理学，也有的认为应该把它作为教育学的分支，还有的认为应将其划归传播学的范畴。但目前，在我国现行的学科分类体系中，则是将博物馆学作为历史学的分支学科来看待的。这种局面的形成与我国独特的社会历史和现实状况密切相关。中国作为一个具有悠久历史和灿烂文化的文明古国，首先，拥有大量珍贵的可以用来传承历史记忆、解说华夏文明的文物和古迹。其次，从古至今，无论是官方还是民间，一直都有收藏和研究古物珍品的传统。再次，20 世纪以来，特别是抗日战争和解放战争之后，政府对国民进行民族主义和爱国主义教育的要求日渐迫切。因而，以历史文物和遗存作为主要藏品与展品的历史类博物馆，迅速发展成为中国博物馆的主体。中华人民共和国成立后，由于历史类博物馆无论数量还是规模都在中国的博物馆体系中占据着绝对优势，再加上还有为数众多的散落博物馆外的历史文物和遗迹亟需保护和管理，因此，国家文物局便被确定为全国文物和博物馆事业的行政主管部门。在国家文物局的领导下，不但文物工作和博物馆事业的联系变得更加紧密，而且历史类博物馆也继续保持着强劲的增长，主体地位日渐强化。在这种情况下，我国绝大多数博物馆的工作人员，不论是领导还是普通员工，为了能够胜任自己的工作，都必需接受以历史学为主的职业培训。高等学校的历史院系便义不容辞地承担起了培养和训练博物馆专业人才与从业人员的重任，有些院校还设立了博物馆学专业，专门负责博物馆学的教学和研究。综上可知，在我国现行的学科分类体系中，将博物馆学定位为历史学的分支学科，确实是中国特色博物馆与博物馆学发展的必然。

四、博物馆学的理论架构

博物馆学的理论架构，也被称为博物馆学的理论体系，其实，就是指伴随着博物馆学研究的持续深入而逐渐形成的博物馆学分支。对博物馆学理论架构的学习和探讨，不仅能够帮助我们更加准确、全面地认识博物馆学的研究内容，而且对于促进博物馆学的发展完善和构建系统科学的博物馆学学科体系也都具有重要作用。

关于博物馆学的理论架构，许多国家的博物馆学者都曾提出过自己的见解。例如，美国博物馆学者艾利斯·G·博尔考就认为博物馆学应包括普通博物馆学、专门博物馆学和应用博物馆学（博物馆技术学）；西欧的博物馆学者也大多同意将博物馆学划分为普通博物馆学、应用博物馆学、专门博物馆学和博物馆工作；日本的鹤田总一郎则认为博物馆学体系应当包括个体博物馆学、博物馆分类学、结构形态博物馆学、功能博物馆学、专门博物馆学、群体博物馆学、社会博物馆学和博物馆管理；前苏联博物馆学者历来主张将博物馆学分为理论、历史和实际工作三大部分；前捷克斯洛伐克的博物馆学者斯特兰斯基也提出博物馆学应当由历史博物馆学、理论博物馆学和实用博物馆学构成；我国博物馆学界比较常见的观点则是将博物馆学分为理论博物馆学、历史博物馆学、博物馆技术学（博物馆方法学）、博物馆管理学、普通博物馆学和专门博物馆学。目前，在总结和借鉴上述博物馆学理论架构研究成果的基础上，当代博物馆学已经初步确立了由普通博物馆学（一般博物馆学）、应用博物馆学和专门博物馆学构建而成的理论体系。

普通博物馆学（一般博物馆学）集中探讨的是博物馆学和博物馆的基本理论，主要包括：博物馆学的概念、研究对象、学科性质、方法论、理论架构及其与相关学科的关系；博物馆学研究史；博物馆的定义、功用和特征，以及博物馆与自然和人类社会的关系；博物馆的类型划分；博物馆的发展历程及规律。由于普通博物馆学是将全体博物馆的共性作为研究对象，因此，它的理论几乎涵盖所有博物馆，研究成果也具有普遍适用性。

应用博物馆学侧重于对博物馆实际工作程序、方法和原则的研究。依据研究的具体内容，又可以将其细分为：以藏品的征集、鉴选、分类、登录、编目、保护、修复、科研等工作为主要研究内容的藏品管理学；研究陈列展览的类型、特点、组织原则、作业流程和各要素设计等的博物馆陈列学；以博物馆教育的特征、理念、内容和方式，以及如何更好地为观众和社会服务为主要研究领域的博物馆教育学；从宏观上研究博物馆事业的国家或地区发展规划和管理制度，从微观上研究博物馆内部职能、机构组织、人员配备、财政收支、安全运营等管理体制和方法的博物馆管理学；以及将博物馆建筑的历史、特点、功能、设计和养护原则等作为主要研究内容的博物馆建筑学。

专门博物馆学则是指将一般博物馆学的理论和工作方法应用于某些专门博物馆领域所形成的学科。依据重点关注博物馆领域的属性，它又可以被细分为民族博物馆学、遗址博物馆学和生态博物馆学等。由于专门博物馆学的研究范围是特定的，因此，它的研究成果不但具备一般博物馆学理论和工作方法的共性，而且能够体现特定研究领域的鲜明个性。

五、博物馆学的研究方法和相关学科

1. 博物馆学的研究方法

博物馆学的研究方法是博物馆学学科体系建设的重要组成部分。要研究博物馆学、发展博物馆学，就必须确立科学高效的研究方法。而科学高效博物馆学研究方法的确立，不仅要考虑到博物馆学研究对象的复杂性和多样性，而且应当注意与博物馆事业的发展和博物馆学研究的实际状况相结合。与此同时，还必须密切关注博物馆学相关学科研究方法的更新情况，以便对已有研究方法进行改进，使其日趋完善。目前，我国的博物馆学研究主要是在马克思主义哲学即辩证唯物主义和历史唯物主义的指导下，运用归纳法、演绎法、历史法、实验法、调查法、统计法、比较法等常用科学研究方法，以及理论联系实际、因果分析、功能分析、动机分析等思维方式而进行的。在合理地

选择利用这些研究方法和思维方式进行博物馆学研究的过程中，我国博物馆学者们还在不断吸收和借鉴系统论、控制论和信息论等新兴的研究方法，并希望在此基础上建立真正能够体现博物馆学自身特点的独立的研究方法。

2. 博物馆学的相关学科

博物馆学是一门涉及面很广的科学学科，与自然科学、人文社会科学和工程技术科学领域内的诸多学科都保持着紧密的联系。

具体而言，在自然科学领域内，与博物馆学密切相关的学科主要包括：地质学、生物学（动物学、植物学和微生物学）、气象学、光学、物理学和化学等。地质学和生物学知识可以为博物馆搜集、鉴定、保管、研究和陈展自然类藏品提供帮助；气象学和光学可以应用于博物馆的藏品保护以及陈列和建筑设计；物理学和化学则不仅能够帮助我们进行藏品的鉴定、保护、修复与研究，而且能够为相关的陈列展览提供理论依据。

在人文社会科学范围内，与博物馆学关系密切的学科主要有：历史学、艺术学、哲学、教育学、心理学、社会学、公共关系学、经济学、管理学、法学和目录学等。历史学和艺术学既可以帮助我们判断文物古迹等藏品的年代及其历史和艺术价值，又能够为陈列布展和科学研究提供丰富的背景知识与资料，其中，历史学还可以应用于博物馆学和博物馆发展史的研究；哲学则可以有效地帮助和指导博物馆与博物馆学基本理论的发展和完善；教育学与心理学在博物馆学研究中的应用，不仅有利于增强陈列展览的科学性和适应性，而且能够帮助博物馆和博物馆学研究者更加深入地了解观众，更好地发挥社会教育的功用，进而吸引更多观众，创造更大的社会和经济效益；社会学和公共关系学则主要应用于博物馆与人类社会各方面关系的研究；博物馆宏观和微观经济策略的制定和实施都会用到经济学的知识；而管理学介入博物馆学的研究，不但有利于整个博物馆事业管理体制与运作效率的完善和提高，而且对于博物馆内部的组织结构、人员组成、财政收支、基础设施以及博物馆各项业务工作的高效运行都能起到有力的推动和促进作用；在博物馆藏品的征集和运输、陈列展览、对社会提供的鉴定服务等工作中也需要了解相关的法律知识；目录学则既可以帮助博物馆更好地进行藏品的分类、编目和登录等工作，又能够为博物馆内部和社会公众创造良好的科研条件。

在工程技术学科方面，建筑学、冶金学、陶瓷学、纺织学、计算机与通讯技术等学科也都与博物馆学联系密切。其中，建筑学在博物馆的建筑设计和古迹的保护、修复等方面能够得到广泛的应用；而包括冶金学、陶瓷学和纺织学等在内的各类专业技术学科则可以应用于博物馆对应藏品的鉴定、保护、修复、研究和陈列布展；计算机与通讯技术在博物馆藏品的登录管理、陈列布展的方式和手段、吸引观众的途径、基础设施的功能提升和便捷管理，甚至数字博物馆学的发展等方面也都能够发挥重要的作用。

除上述相关学科外，博物馆学与生态学、环境学、天文学、地理学、体质人类学、政治学、民族学、民俗学、宗教学、语言学、艺术史、传播学、旅游学、电子学、人类工程学等学科也在不同程度上发生着联系。这也充分证明博物馆学确实是一门具有很强跨学科性的科学学科。不仅如此，随着现代科学技术的飞速发展，与博物馆学相关的先进科技成果和方法正在被日益广泛地引入博物馆的各项工作和博物馆学的研究当中，博物馆学与许多新兴学科的关系也势必随之日渐紧密。

总而言之，博物馆学作为现代科学体系中的年轻成员，与其它相关学科的关系是相互影响、相互渗透、互为补充的。一方面，博物馆学需要吸收和借鉴其它相关学科的研究成果和方法，以促进自身的发展和完善；另一方面，博物馆学木身的研究成果，也能够在某些方面对其它相关学科有所启示，并向它们提出新的研究课题。因此，在构建科学博物馆学学科体系的过程中，我们不但要注重博物馆学自身的丰富和完善，而且应当密切关注其它相关学科的最新动态，只有这样，才能使博物馆学与其它相关学科和谐发展，共同进步。

六、博物馆学研究的意义

在世界范围内积极开展博物馆学的研究和学习，对于博物馆事业的发展和人类社会的进步而言，都具有重大的理论和现实意义。

首先，博物馆学研究不仅能够将博物馆及其各项工作的实践理论化，而且能够通过反复论证使之不断科学化和系统化。例如，包括博物馆的涵义、构成要素、特征、功用、类型和发展历程以及博物馆学的概念、性质、研究对象和方法、分支和相关学科、研究意义、历史和现状等在内的现有博物馆与博物馆学的基本理论，以及关于博物馆收藏保护、陈列展览、科学研究、建筑设计和组织管理等工作的程序、方法和原则，都是在对博物馆及其相关工作实践展开认真总结、谨慎求证和不断修订之后才得到的。它们既是博物馆学研究取得的成果，也是建立科学系统博物馆学学科体系的理论基础，还可以为相关学科的丰富和发展提供素材。

其次，通过博物馆学研究，可以有效地协调、规范和指导博物馆的各项工作实践，提高博物馆服务大众、服务社会的能力，进而有力地推动博物馆事业的健康、持续发展。具体而言，一方面，博物馆内不同业务部门的工作观念和思维方式具有其自身的职业特点，因此，在需要协同配合时往往会出现意见分歧。博物馆学则可以利用研究所得的明确观点和共同原则将不同部门的认识统一起来，从而有效地化解实际工作过程中存在的藏品保管与使用、陈列展览的内容与形式、科研和科普等矛盾，密切各业务部门之间的协同合作，实现博物馆内部各种资源的整合。另一方面，博物馆学研究也可以发现并解决许多博物馆业务工作中存在的问题，从而使博物馆各工作环节越来越规范化和专业化。比如，通过对藏品管理的研究就可以看出，其实目前国内外博物馆学界仍未就藏品的分类、编目和定名形成统一的方法和原则，还需要博物馆学界就此展开深入研究，最终建立规范化的分类、编目方法和定名原则；通过对陈列布展的研究，不仅可以发现原有陈列布展方法和设计观念中存在的陈展方式单一、陈列密度欠佳、照明设计不当以及色彩搭配不协调等观众不适应因素，更能够带给我们多样化陈展和专业化设计的全新理念；通过对博物馆建筑设备的研究，则有助于我们克服建筑设计中出现的盲目性和设备管理中存在的不良习惯，进而从建筑的结构、功能、环境以及设备的养护、管理等方面对其予以规范，使建筑设计和设备管理更加科学化。不仅如此，利用博物馆学研究取得的成果还能够有力地指导包括藏品征集、鉴选、保护、使用、研究以及陈列布展、空间组合、照明设计、色彩搭配、功能区间排布、机构设置、运营管理等在内的博物馆各项工作，不断提高博物馆的核心竞争力，全面推进其现代化发展。

最后，对于博物馆学的研究和学习，既可以帮助博物馆更加深入细致地了解自身和观众，又能够帮助社会公众更为科学全面地认识博物馆。现代博物馆学不仅对博物馆的本质有着较过去更加深刻的认知，而且对博物馆的观众及其需求也有着更为细致的了解。正因为如此，当代博物馆往往竞相利用博物馆学的研究成果，竭力为观众营造舒适的参观环境，呈现融趣味性和知识性于一体的陈列展览，提供热情周到的服务，希望借此吸引更多的观众走进博物馆，了解博物馆，甚至爱上博物馆。与此同时，通过对博物馆学持续深入的研究和学习，也可以培养更多的博物馆学专业人才，更加有力地向社会公众普及博物馆学知识，让更多的社会公众关注博物馆的发展，密切博物馆与人类社会的关系，进而达到提高博物馆事业社会地位、促进博物馆事业健康发展、推动人类社会进步的目的。因此，也可以说，只有建立了博物馆学研究与人类社会发展双向互动、和谐共进的良性循环，才能最终实现博物馆为人类社会及其发展服务的目的。

第二节　博物馆学研究的历史及其进展

虽然现代博物馆学的产生是比较晚的事，但随着博物馆的产生和发展，零星的、非系统的具有博物馆学研究性质、属于现代博物馆学研究范畴的现象，却早已出现。比如，有博物馆学者就提出，博物馆学最早的著作可以追溯到公元前6世纪巴比伦王宫的藏品目录，它可能也是最早的博物馆指南。我国博物馆学界也认为，可以将中国古代的文物收藏与研究视为中国博物馆学的历史渊源。因此，从这个角度而言，国内外的博物馆学研究都可谓源远流长。

事实上，同其它许多科学学科一样，博物馆学的研究也是从描述开始的。在16~19世纪上半叶的西方，就已经出现了不少描述博物馆发展状况、探讨博物馆藏品分类和总结博物馆工作方法的论著。例如，1565年，荷兰医生S·V·奎克赫伯格就在德国慕尼黑发表了有关博物馆的研究文章，提出了藏品分类的设想。1656年，伦敦也出版了著名的《特拉德斯坎特博物馆目录》。1727年，德国汉堡的收藏家C·F·尼克利乌斯则在莱比锡出版了最早涉及博物馆工作的综合性著作《博物馆实务》。书中不仅将博物馆定义为“贮藏珍奇，自然艺术和理性物品的房间”①，而且分别就藏品分类、管理和补充以及陈列方法等技术问题展开了论述。也正因为如此，“博物馆志”(Museography)一词在西方语言中先于“博物馆学”(Museology)而出现。1837年，G·F·克莱姆还发表了第一部关于博物馆史的论著《论德国科学和艺术藏品的历史》。尽管当时关于博物馆的认识还比较原始，主要停留在对一般经验的直观描述，尚未从理论上予以抽象概括，而且研究也更多地集中在藏品的分类、保护以及陈列方法等技术工作方面，但毫无疑问它们都是早期博物馆学研究的有益尝试。

19世纪下半叶，伴随着科技和社会的进步以及博物馆事业在众多国家的蓬勃发展，人们对博物馆进行更为深入全面认知的要求也越发迫切，正是在这种情况下，酝酿已久的“博物馆学”诞生了。最早将用于学科名称的“学”(-ology)这一后缀与“博物馆”一词联系在一起的是杰·格拉瑟。“博物馆学”的提出及使用充分反映了该研究试图跻身近代科学殿堂的愿望。从19世纪后期到20世纪初，欧美各国相继出版了一些博物馆理论研究的著作。这其中就包括美国早期博物馆学者乔治·布朗·古德的著述，他在史密森尼学会第一任会长约瑟夫·亨利的影响下，陆续撰写、发表了包括《博物馆历史和历史博物馆》、《未来的博物馆》及《博物馆管理原则》等在内的一系列关于博物馆历史及其管理的论著，系统论述了博物馆在传播科学知识、提高人们知识水平、促进社会进步等方面所具有的重要作用。而且从古德的《博物馆管理原则》中，我们还可以了解到，爱德华·爱德华兹在

① 转引自冯承柏：《外国博物馆学理论及历史的札记》，《博物馆学研究论文选》，西北大学出版社，1994年，第51页。

19 世纪中叶发表了《论公共艺术馆和博物馆的维持和管理》与《博物馆在教育上的应用》，杰文斯教授也在 1881 年刊布了《博物馆的利用和滥用》等论文，这些都属于较早用英文撰写的博物馆学研究论文。当时，英国博物馆学者戴维·莫里的研究成果也比较引人注目。戴维·莫里是格拉斯哥考古学会的主席，访问过欧美许多国家的博物馆，经过 30 年的积累，于 1904 年出版了其三卷本的博物馆学研究论著《博物馆的历史及其利用》。这部著作不仅为我们提供了大量珍贵的历史文献资料，如 1591 年出版的"莱顿目录"，介绍了欧洲博物馆的发展历程和现状，而且还对博物馆的性质、目的等问题做了理论上的探讨，指出博物馆应该具有传播知识、娱乐公众、科学研究和辅助教育的功能。此外，这一时期的博物馆学著作还应提到日本人高山林次郎编写的《博物馆论》和美国博物馆协会组织编写的《博物馆的目的与方法》。上述这些都意味着博物馆学正在摆脱其原始的描述记录阶段，而开始逐步向一门独立的学科发展。

此时，中国通过当时有识之士的介绍，也已经对西方博物馆有所接触和认识。在此基础上，国人不仅独立建立了第一座具有现代意义的博物馆——南通博物苑，而且开始关注博物馆和博物馆学研究，并就博物馆的建设和发展提出了许多自己的见解。其中，康有为、张謇、蔡元培、陈宝泉等都可以视为促成中国博物馆学萌发的先驱。康有为通过撰写《意大利游记》和《保存中国名迹古器说》等著述，就中国博物馆的建立、文物的收藏与保护、陈列讲解和博物馆建筑等问题提出了一系列看法和建议。张謇也结合自己创立南通博物苑的实践，对包括博物馆的性质、职能以及具体作业和管理等在内的诸多问题进行了精辟的论述。蔡元培认为教育也是博物馆的重要功用。陈宝泉在其所撰写的《天津教育品陈列馆议绅陈宝泉上周总办意见书》中，则讨论了陈列馆的展品分类、陈列美学和建筑设计等博物馆理论问题。这时关于博物馆的理论探讨都还比较感性，更多的还是对博物馆的知识性推介，对于博物馆相关问题的关注和讨论也多为兴趣所致，真正的学术化、专业化的博物馆学研究尚未形成。

20 世纪 30 年代，随着博物馆学的持续发展，其研究也日益广泛和深入。1930 年，日本博物馆学者棚桥源太郎编著了《诉诸眼的教育机关》，对博物馆的特征和职能做了论述。1934 年，国际博物馆事务局组织编写出版了两卷本的《博物馆学》，并很快被译成了多种文字，也有力地推动了多国的博物馆学研究。此外，美国博物馆协会主席考尔曼撰写的《美国的博物馆：批判的研究》、T·R·亚当姆的《博物馆的公民价值》和《博物馆与大众文化》、G·F·拉姆齐的《美国博物馆的教育工作》以及日本博物馆协会编写的《本邦博物馆发展的历史》等论著，都对当时博物馆学的研究产生了重要影响。

中国的博物馆学研究则是在这个时候才开始起步的。尽管当时的环境并不太平，但是伴随着博物馆在我国的陆续兴建以及国人对博物馆社会角色认知的不断深化，再加上蔡元培、鲁迅、严智怡、马衡、李济等一批学人的关注与推动，博物馆学研究呈现出勃勃生机。1935 年，在当时的北平成立了中国博物馆协会。作为研究博物馆和博物馆学的学术团体，它发行《中国博物馆协会会报》，主持编印《中国博物馆丛书》，积极刊登和介绍博物馆学研究的理论成果，极大地推动了博物馆事业与博物馆学研究在我国的发展进步。另外，1936 年 6 月上海中华书局出版的由费畊雨与费鸿年合撰的介绍博物馆发展史略与博物馆工作的《博物馆学概论》，同年 7 月上海市博物馆刊行的陈端志编著的系统论述博物馆及其工作方法的博物馆学专著《博物馆学通论》，以及胡肇椿撰写的有关文物藏品保护和修复的《征集品之修复与保存》等，都是当时比较有代表性的博物馆学研究论著。虽然这些著作深受西方博物馆学的影响，与中国博物馆的实际联系得不够紧密，但却追踪和反映了当时博物馆学研究的最新成果，而且从中也能够看到我国博物馆学研究者对相关理论问题和实用技术的思考。

第二次世界大战期间，博物馆学研究也同其它学科一样，受到了战争的巨大冲击。许多国家的博物馆学研究都基本处于停滞状态。但我国博物馆学界却出现了曾昭燏和李济合著的《博物馆》以及荆三林编写的《博物馆学大纲》等论著。它们既探讨了博物馆的基本理论，又阐释了博物馆的主要业务工作，对于普及博物馆知识、推动博物馆学研究具有重要作用。

第二次世界大战结束后，博物馆学研究也随着科技和博物馆事业的迅猛发展而在世界范围内呈现出空前的繁荣。战后不久，便在美国博物馆协会会长C·J·哈姆林的倡议下，于1946年在法国巴黎成立了旨在促进博物馆与博物馆学研究、协调博物馆间互助合作以及普及博物馆和博物馆学知识的博物馆国际学术组织——国际博物馆协会。自成立之日起，协会便通过召开会议、开办讲座、组织培训、出版刊物、交流合作等方式，竭力推进博物馆学研究的持续深入发展。1977年，为了更好地适应、支持和指导博物馆学的全球化发展，国际博物馆协会又在其下建立了专门从事博物馆学研究、学习和传播的国际博物馆学委员会，博物馆学研究也自此走上了更加专业化、学术化和现代化的发展道路。20世纪40年代到70—80年代，国际博物馆学界不仅创立了博物馆及博物馆学研究的国际性学术组织，而且涌现出一大批高质量的博物馆学研究成果，研究者们一直在为构建科学系统的博物馆学体系而不懈努力。其中，1949年，棚桥源太郎撰写了博物馆学理论著作《博物馆学纲要》；1955年，苏联博物馆学科学研究所运用马克思主义原理阐释苏联博物馆学理论和实践基本问题的研究成果《苏联博物馆学基础》出版；1958年，民主德国博物馆学者H·A·克诺尔编著了侧重介绍博物馆藏品工作的《地方文化与历史博物馆的登录工作与藏品》；同年，国际博物馆协会召集美、英、法、意、日等国博物馆学者共同编撰了被称为当时"集博物馆学之大成"的《博物馆组织》；美国博物馆学研究者A·S·维特林全面论述博物馆起源、发展和类型以及博物馆教育功用的论著《博物馆：它的历史及其教育任务》；法国学者G·巴赞撰写了博物馆史著作《博物馆时代》；1969年，美国博物馆学者S·D·里普利在纽约出版了探索博物馆起源和发展、分析博物馆现状、讨论博物馆未来发展趋势的著述《神圣的园林：博物馆论文集》；1970年，联邦德国出版了论文集《未来的博物馆》；美国出版了维特林新著《寻求有用的未来博物馆》；1972年，在纽约出版了探讨当时博物馆面临的种种问题、强调博物馆应当服务大众的论著《危机中的博物馆》；1977年，联合国教科文组织和英国伦敦麦克米兰出版有限公司出版了由肯尼斯·赫德森撰写的评析当时博物馆理论和业务工作实践、预测博物馆未来发展趋势的博物馆学专著《八十年代的博物馆——世界趋势综览》；以及民主德国博物馆学者K·施莱纳在80年代初陆续出版的《博物馆学概论》、《博物馆领域史》和《博物馆学基础》等著述，都对博物馆学及其各分支学科的研究产生了广泛而深远的影响。

20世纪50、60年代，伴随着新中国成立后博物馆事业的快速恢复和发展，我国的博物馆学研究也在全面学习和借鉴前苏联社会主义博物馆学研究模式的基础上得以迅速展开。这个时期，我国博物馆学界不仅翻译和出版了一批以《苏联博物馆学基础》为代表的前苏联博物馆学研究成果，而且掀起了对社会主义博物馆理论与实践的学习和探讨。1956年，在北京召开的全国博物馆工作会议上，明确提出将“三性二务”作为我国博物馆的基本性质和任务，即博物馆是“科学研究机关”、“文化教育机关”、“物质文化和精神文化遗存以及自然标本的收藏所”，应当“为科学研究服务”和“为广大人民群众服务”。[①] 今天看来，“三性二务”虽然具有一定的时代局限性，但它却是当时博物馆学研究的重要理论成果，而且也有效指导了当时的博物馆建设和工作。另外，在学习和借鉴前苏联博物馆学研究成果的同时，我国博物馆学界也结合博物馆建设和工作的实际情况，发表了数百篇探讨博物馆工作的文章，编印了近40种介绍博物馆理论和工作方法的著作。1957年出版的由傅振伦编著的《博物馆学概论》和1961年刊印的由文化部文化学院文物博物馆干部学习班编写的《博物馆工作概论》就是其典型代表，虽然它们都深受前苏联博物馆学思想的影响，打上了时代的烙印，但依然能够在一定程度上体现当时我国博物馆学的研究水平。综观20世纪50、60年代我国的博物馆学研究，可以发现，虽然当时进行了比较广泛的博物馆学理论和工作方法的学习与研究，但并没有明确的博物馆学学科建设的指导思想，因此，博物馆实际工作经验总结的主观表现和客观效果都大大高于博物

---

① 梁吉生、胡骏：《中国博物馆史》，《中国大百科全书·文物·博物馆》，中国大百科全书出版社，1993年，第752页。

馆学理论建设的色彩。不仅如此，1957 年以后，随着极“左”思潮的泛滥，博物馆学研究也逐渐偏离了正常的轨道，呈现出不切实际的语录化、政策化倾向。“文化大革命”爆发后，博物馆学研究更是受到国内环境的影响，陷入了停顿。直至改革开放，我国的博物馆学研究才进入了崭新的科学发展阶段。值得注意的是，20 世纪 60、70 年代，我国唯有台湾的博物馆学研究取得了一定的成绩。1970 年和 1978 年先后出版的由包遵彭编写的系统介绍中外博物馆历史和博物馆各项实际工作的《博物馆学》和由陈国宁撰写的博物馆学专著《博物馆的演进与现代管理方法之研讨》，有力地推动了台湾博物馆学研究的持续深入发展。

博物馆学最初是为了帮助博物馆解决具体的技术问题而产生的。所以，长期以来，重操作、重技术的风气始终在欧美博物馆学界占主导地位，理论问题很少受到关注。但随着博物馆事业在全球的迅速发展和竞争的日趋激烈，从 20 世纪 70、80 年代起，博物馆界普遍开始考虑如何适应现代社会这样一个关系到自身生存与发展的重大问题。一些博物馆学者也提出，要在这样一个竞争的环境下赢得生存和发展，博物馆必须做出适应时代发展要求的变革，而作为其前提的，则是博物馆学的先行变革。如果没有博物馆学对博物馆与当代社会关系的正确引导，博物馆在其自身的变革中就会感到困惑。正是在这样的背景下，出现了所谓的“新博物馆学”运动。它其实可以看作是博物馆学研究中的一个新兴学派。这个学派于 1972 年在智利首都圣地亚哥宣布成立；1984 年在加拿大发表了《魁北克宣言》，公布了它的思想和组织原则；1985 年在葡萄牙的里斯本创立了隶属于国际博物馆协会的“国际新博物馆学运动”组织（MINOM）。其主要思想包括：扩大博物馆功能，协调人类与自然环境的生态关系；深入社会为社区和特定的群体服务，社区居民是博物馆的主人；把历史与未来衔接起来，使博物馆能够反映社会的演变。虽然国际博物馆学界对于所谓的“新博物馆学”一直存在争议，但我们不得不承认，“新博物馆学”的确提出了不少有别于传统博物馆学的观念（见表绪 -1），有力地推动了博物馆事业和博物馆学研究的进步。在“新博物馆学”

运动的影响下，不仅在一些国家出现了包括生态博物馆、社区博物馆、邻里博物馆和民族地区博物馆在内的新型博物馆，而且博物馆学研究的思路也得以拓展，开始从社会和文化的角度，结合现代哲学与人文社会科学的研究，对博物馆进行新的审视。因此，20 世纪 80 年代，特别是 80 年代中叶以后，博物馆学界出现了一批理论色彩很浓的著述。例如，1981 年出版的论文集《博物馆、成人和人文学科》，法国学者安德瑞·赫恩施莱德于 1988 年发表的博士论文《新博物馆学》，1988 年问世的论文集《博物馆思想、哲学、艺术和政治问题》以及 1989 年在英国出版的博物馆学论文集《新博物馆学》等。它们不但对现有博物馆及传统博物馆学进行了批判和反思，而且利用哲学社会科学的理论，针对博物馆如何更好地适应并推动社会的发展展开了有益的讨论，极大地推动了当代博物馆学研究的理论化和社会化进程。

表绪－1　传统博物馆学与新博物馆学之比较

比较项目	传统博物馆学	新博物馆学
以何为本	物	人
侧　重	方法、技术	目的、理论
知识基础	藏品管理、保存技术、陈列设计、社会教育、经营管理、建筑设备等工作所涉及的相关知识	为社会及其发展服务；与博物馆各项工作相关的包括自然、人文和工程技术学科在内的综合知识
发展策略	学术研究、专家为主、精英主义	科学研究、专家参与、群众需求为主
使　命	弘扬主流文化、提升文化素养、传播知识、改善社会行为	尊重文化的多元性、全面提高公众素质、传承文化、推动社会进步
陈展方式	静态为主、多以时间或逻辑为序、内容侧重过去、观众参与较少、学术气氛浓厚、给人以说教感、信息传播途径较为单一	动态为主、多采用主题单元展示、内容侧重现在与未来、观众参与性强、富于生活气息、让人感到轻松愉悦、信息传播方式相对多样

改革开放以来，伴随着思想的解放以及对外交流的日益频繁，我国的博物馆事业出现了前所未有的兴盛局面，博物馆学研究也随之进入了一个崭新的发展阶段。不仅成立了以中国自然科学博物馆协会（1980 年）和中国博物馆学会（1982 年）为代表的各级博物馆学研究组织，使博物馆学研究走上了有组织、有规划的道路，而且许多大专院校也相继恢复和创建了博物馆学专业，教育部也将博物馆学列入了高等教育的专业学科目录，从而使博物馆学的教学、科研和博物馆工作专业人才的培养得到了应有的重视。此外，1983 年，中国博物馆学会被接纳为国际博物馆协会成员，并应邀参加了在英国伦敦召开的国际博物馆协会第 13 届大会。自此，中国博物馆学正式登上了国际博物馆学研究的舞台，开始了与国际博物馆学界的深入学习和交流。近 30 年来，我们一方面认真地吸收和借鉴国外博物馆学研究的有益成果，另一方面也积极参与博物馆学前沿问题的探讨和学科体系的构建。因此，当代中国的博物馆学研究不仅实现了与国际博物馆学界的双向互动，而且正在全球化的博物学研究中发挥着越来越重要的作用。正是在这些有利条件的影响和推动下，改革开放以来，我国博物馆学界不仅涌现出大量学术刊物和论文著作，而且学术研究的水平也在不断提高。据统计，我国博物馆学者在 1978 ~ 2000 年间，在包括《中国博物馆》、《中国博物馆通讯》、《博物馆研究》和《东南文化》等在内的 108 种学术刊物上发表的有关博物馆学研究的译文、论文多达 7842 篇。其中，仅《中国博物馆》自 1984 年创刊至 1999 年底就已发表译文及论文 1200 篇。与此同时，博物馆学研究团体及个人编译、撰写和出版的各种关于博物馆与博物馆学的论著也多达 233 部。其中，文化部文物局主编的《中国博物馆学概论》、中国博物馆学会编辑出版的《中国大百科全书·文物·博物馆》和《中国博物馆志》、王宏钧主编的《中国博物馆学基础》、国家文物局编写的《博物馆群众教育工作》与《博物馆藏品保管工作手册》、严建强编著的《博物馆的理论与实践》、国家文物局与中国博物馆学会共同编写的《博物馆陈列艺术》，以及苏东海、吕济民、宋伯胤、甄朔南、李文儒等学者编辑和撰写的论文集，还有台湾学者陈国宁编著的

《博物馆的营建与管理》、黄淑芳编写的《现代博物馆教育理念与实务》及许功明撰写的《博物馆与原住民》等论著，不仅体现了这个时期我国博物馆学研究的较高水平，而且对我国博物馆学框架体系的营建以及博物馆学基础理论与应用技术的研究都起到了重要的推动和促进作用。总体而言，尽管我国的博物馆学研究从改革开放至今，已经基本实现了从封闭到开放、从传统到现代、从感性描述到理性思考的转变，而且研究领域不断拓展，研究队伍日渐壮大，学术氛围日益活跃，产生了累累硕果，但如果我们深入考察，便会发现，我国的博物馆学研究还是存在忽视学术规范、国际视野和本土化的结合不够全面、深度与创新不足、知行不协调等问题。所以，要建立具有中国特色的博物馆学体系依然任重而道远。

进入 21 世纪后，在社会进步、经济发展、科技日新月异及博物馆热潮席卷全球等因素的影响和推动下，关注和参与博物馆学研究的学者越来越多，博物馆学研究的视角也越来越多样化，博物馆与环境、博物馆与文化遗产、博物馆与和谐社会等课题迅速成为当代博物馆学关注的焦点。与此同时，包括博物馆与博物馆学的基本理论、藏品保管、陈列布展、社会教育、科学研究以及经营管理等在内的博物馆学各分支学科，其研究的深度和广度也有了显著的提高。虽然这其间还存在诸多认识上的分歧和争议，但总体看来，世界范围内的博物馆学研究正沿着以全球化、专业化、现代化和系统化为目标的博物馆学建设之路稳步前进。

第一章 博物馆的基本理论

博物馆作为对话远古与现代的纽带、联系现在与未来的桥梁，自诞生之日起就以社会发展的需要为导向，结合人类的社会实践经验，积极开展着收集和保护藏品、陈列布展以及科学研究等工作，进而在保存自然与人类社会的记忆、传承文化、教育公众、启迪智慧、陶冶情操、休闲娱乐以及作为国家或城市的文化象征等方面做出了重大的贡献，业已成为人类社会文化生活中不可或缺的重要组成元素。

伴随着博物馆事业的持续快速发展以及人类对博物馆认知的不断深入，融传统与现代为一体的当代博物馆不仅在现代社会文化生活中扮演着越来越重要和多样的角色，同时，作为博物馆学研究的最重要客体，包括博物馆的涵义、构成要素、特征、功用和类型等在内的基本理论研究也正在逐步丰富和完善。可以说，整个博物馆学就是围绕博物馆及其相关工作的研究而形成和展开的知识体系。因此，要学习和研究博物馆学，就必须对博物馆的基本理论予以充分的重视。

第一节 博物馆的涵义

今天我们汉语中所使用的“博物馆”一词是近代才由英语“Museum”翻译而来的。而包括英语、法语、德语、意大利语、西班牙语在内的大部分西方语言，甚至俄语中的“博物馆”一词则全都来源于希腊语“Mouseion”，意即“供奉缪斯、从事研究之处所”[①]。缪

① 〔法〕G·比代：《希腊语——拉丁语词典》。转引自文化部文物局教育处、南开大学历史系编印：《博物馆学参考资料（上册）》，1986年，第104页。

斯（Muses）就是古希腊传说中主管文化艺术的九位女神。1683年，世界上第一座现代意义的博物馆——阿什莫尔艺术和考古博物馆建成开放并正式使用“Museum”命名。自此，“Museum”遂成为博物馆的固定称谓，并一直沿用至今。

尽管我国古代文献中早有“博物”一词，但“博物”与“馆”连用，作为一种社会文化教育机构的称呼，则出现得还比较晚，仅有一百多年的时间。中国对西方博物馆的接触和了解，始于19世纪中叶。鸦片战争结束后，中国到西方出访、留学的人逐渐增多。这些追求知识和真理的人们大都被西方形形色色的博物馆所吸引，因此，在他们的游记和随笔中，时常有参观西方博物馆的记述，而他们对这些博物馆的称呼却各不相同，如“集宝楼”、“积宝楼”、“禽骨馆”、“画阁”、“军器楼”等，并没有统一的称谓。1867～1870年间，晚清著名思想家王韬在欧洲诸国游历，回国后在他所著的《漫游随录》中首先使用了“博物院”一词来称呼西方的博物馆，但这个称呼当时并没有普及开来。与此同时，亚洲的日本也积极遣使造访和学习西方。其中，赴美使节团中的名村元度于1860年便开始使用“博物馆”一词。明治时代的资产阶级启蒙思想家福泽谕吉随幕府使节团造访欧美之后，更是在其所著的《西洋情况》初编（卷之一，1866年出版）中明确指出“博物馆乃以搜集世界上之物产、古物、珍品等出示于人，以广见闻而设立者也”①。但是，直到19世纪70年代中叶以后，“博物馆（博物院）”才逐渐成为“Museum”的固定译语。我国使用这个词是直接译自英语，还是借用了日本的翻译，尚存争议。但无论如何，汉语“博物馆”一词还是准确地表达了英语“Museum”的内涵。

一、博物馆的定义

我们现在所能看到的较早的关于现代博物馆的定义可能产生于17世纪下半叶。在阿什莫尔与赫斯特关于特拉德斯干收藏归属问题

① 〔日〕伊藤寿郎、森田恒之主编，吉林省博物馆学会译：《博物馆概论》，吉林教育出版社，1986年，第97页。

的诉讼中，可以看到当时的法院将博物馆定义为：一个“贮存和收藏各种自然、科学与文学珍品或趣物或艺术品的场所”①。由此可见，虽然博物馆在当时已经被看作是为了保护藏品的安全而专门营造的建筑，但是却没有包含对藏品的测定、陈列和研究。因此，可以说，那时对博物馆的理解依然停留在与传统珍品收藏所相等同的层面上。

这种定义显然无法反映自那以后，特别是近代以来博物馆翻天覆地的变化。20 世纪以来，博物馆不仅在各国的社会生活中发挥着日益重要的作用，而且其发展也已逐渐成为国际性事务，尤其是博物馆学和国际博物馆协会产生之后，各国博物馆学者们更是对博物馆的定义提出了迫切的要求，希望就此达成国际范围内的共识。因为如果没有一个科学、合理、准确、全面的博物馆定义，现代博物馆间的交流、合作以及博物馆学的教学和研究都很难进行。可是，人们在探索博物馆定义的实践中才慢慢发现，由于博物馆形态的多样性、职能的多重性、区域性文化特征与意识形态的差异性以及博物馆内涵与外延的历史性变化等原因，恰当定义博物馆实在是困难重重。即便如此，长久以来，许多国家的博物馆组织和学者依然努力不懈，在结合本国国情和博物馆实践的基础上，提出了不少颇有见地的博物馆定义。例如，日本 1951 年制定的《博物馆法》中将博物馆定义为：“收集、保管（包括培育）、陈列展出有关历史、艺术、民俗、产业、自然科学等资料，从教育角度出发供一般市民公众利用，为有助于提高其文化素养、供其调查研究、休息娱乐等等而举办必要的事业，并对此资料进行调查研究为目的的机构。”② 美国博物馆协会 1962 年通过的博物馆定义认为：“（博物馆是）非营利的永久性机构，其存在的主要目的不是为组织临时性展览，该机构应享有免交联邦和州所得税的待遇，向社会开放，由代表社会利益的机构进行管理，为社会的利益而保存、保护、研究、阐释、收集和陈列具有教育和欣赏作用的物品及

① 〔美〕雷蒙德·阿古斯特著，周秀琴译：《博物馆的法定定义》，《中国博物馆》，1987 年第 1 期，第 87 页。

② 〔日〕伊藤寿郎、森田恒之主编，吉林省博物馆学会译：《博物馆概论》，吉林教育出版社，1986 年，第 428 ~ 429 页。

具有教育和文化价值的标本，包括艺术品、科学标本（有机物和无机物）、历史遗物和工业技术制成品。符合前述定义的机构还包括具备上述特点的植物园、动物园、水族馆、天象厅、历史文化学会、历史建筑和遗址。”[①]《苏联大百科全书》则提出：“博物馆是征集、保藏、研究和普及自然历史标本、物质及精神文化珍品的科学研究机构、科学教育机构。”[②] 我国现在普遍采取的博物馆定义是 1961 年文化学院文物博物馆干部学习班所编《博物馆工作概论》中的表述：博物馆是“文物和标本的主要收藏机构，宣传教育机构和科学研究机构，是我国社会主义科学文化事业的重要组成部分”[③]。虽然这些博物馆定义没有得到国际博物馆学界的普遍认可，但它们却都为本国博物馆事业的发展起到了积极的指导和推动作用，并为日后世界通用博物馆定义的形成提供了有益的借鉴。

其实，同各国的博物馆组织和学者一样，代表世界各地博物馆和博物馆专业人员的国际博物馆协会（以下简称“国际博协”）自 1946 年成立伊始，就在一直努力，试图给博物馆一个恰当的定义。从 1946 年至今的六十余年间，国际博协共召开了 21 届大会，其间，结合全球博物馆事业的发展，也曾多次对博物馆的定义展开讨论，并分别于 1951 年、1961 年、1974 年、1989 年、1995 年、2001 年和 2007 年先后将修订后的定义写进国际博物馆协会章程。1946 年，国际博协创立之初的章程曾规定：“博物馆是指向公众开放的美术、工艺、科学、历史以及考古学藏品的机构，也包括动物园和植物园，但图书馆如无常设陈列室者则除外。”1951 年修订后的博物馆定义为：“博物馆是运用各种方法保管和研究艺术、历史、科学和技术方面的藏品以及动物园、植物园、水族馆的具有文化价值的资料和标本，供

① 宋向光：《博物馆定义要促进当代博物馆的发展》，收入《物与识——当代中国博物馆理论与实践辨析》，科学出版社，2009 年，第 36 页。

② 《苏联大百科全书》，1974 年第 3 版第 17 卷。转引自文化部文物局教育处、南开大学历史系编印：《博物馆学参考资料（上册）》，1986 年，第 108 页。

③ 文化学院文物博物馆干部学习班编：《博物馆工作概论》，1961 年油印本。转引自宋向光：《博物馆定义与当代博物馆的发展》，《中国博物馆》，2003 年第 4 期，第 1 页。

公众欣赏、教育而公开开放为目的的，为公共利益而进行管理的一切常设机构。” 1961 年国际博协修订后的博物馆定义在形式上开始包括两部分内容，一部分（第 3 条）是对包括博物馆组织、目的、功能、工作对象和意义等基本要素的抽象表述，另一部分（第 4 条）则说明哪些机构可以被视为博物馆。这个定义在表述上较 1951 年的定义更加精炼，同时，将“历史遗迹”和“自然保护区”也列入了博物馆的范畴。1974 年国际博协于丹麦哥本哈根召开的第 10 届大会暨第 11 次全体会议形成了现代通用博物馆定义的雏形，章程的第 3 条规定：“博物馆是一个不追求营利、为社会和社会发展服务的公开的永久性机构。它把收集、保存、研究有关人类及其环境见证物当作自己的基本职责，以便展出，公诸于众，提供学习、教育、欣赏的机会。” 到了 1989 年 9 月，在荷兰海牙举行的国际博协第 15 届大会暨第 16 次全体会议通过了修订后的《国际博物馆协会章程》，其中的第 2 条总结了以往博物馆定义的经验，再次将博物馆的定义修正为：

博物馆是为社会及其发展服务的非营利的永久机构，并向大众开放。它为研究、教育、欣赏之目的征集、保护、研究、传播并展示人类及人类环境的见证物。

a. 博物馆之上述定义应不受任何主管机构、地方特征、职能机构或有关机构收藏方针等因素的限制而予以适用。

b. 除被指定为“博物馆”的机构外，为本定义之目的，以下具有博物馆资格：

i. 从事征集、保护并传播人类及人类环境物证、具有博物馆性质的自然、考古及人类学的历史古迹与遗址；

ii. 收藏并陈列动物、植物活体标本的机构，如植物园、动物园、水族馆和人工生态园；

iii. 科学中心及天文馆；

iv. 图书馆及档案中心常设的保护机构和展览厅；

v. 自然保护区；

vi. 执行委员会经征求咨询委员会意见后认为其具有博物馆的部分或全部特征，或通过博物馆学的研究、教育或培训，能够支持博物馆及博物馆专业工作人员的此类其它机构。[①]

与以往的博物馆定义相比，上述定义不仅更重视博物馆与社会的关系，强调博物馆要为社会及其发展服务，反映出了博物馆的社会参与性，而且更加关注社会公众与博物馆的关系，强调要向大众开放，反映出了博物馆与观众的互动性。同时，随着博物馆事业在全球的发展，它也体现了博物馆外延的变化，将具有博物馆性质的设施和机构都接纳为自己的伙伴。虽然在此之后国际博协还在继续努力对博物馆的定义进行调整和修订，如 1995 年和 2001 年分别对 1989 年定义的词序进行了调整，并且根据博物馆在全球发展的实际情况，对博物馆所包含机构的范畴有所扩充，[②] 而 2007 年修订的定义则只是将人类及人类环境的见证物细化为有形和无形的而已。但是，总体而言，它们都是在 1989 年定义基础上的微调。因此，可以说，经过 20 多年博物馆实践的验证，国际博协 1989 年形成的博物馆定义依然是迄今国际范围内通行且相对稳定的博物馆定义。不但许多博物馆学论著引用这个定义，而且不少国家制定本国博物馆定义时也多以此为依据。

二、对博物馆定义的理解

现在通行的 1989 年国际博物馆协会关于博物馆的定义是在各国博物馆学家们长期探索的努力和实践中产生的，它不仅比较准确地揭示了现代博物馆的性质、目的和功用，而且揭示了博物馆在现代社会文化生活中的地位及其与社会和公众的关系。因此，准确、深入地领会这一定义的内涵，对于博物馆学和现代博物馆的建设都具有重要的指导意义。

---

① 上述国际博物馆协会对博物馆的定义均译自国际博物馆协会官方网站：Development of the Museum Definition according to ICOM Statutes (2007 - 1946), http://icom.museum/hist_def_eng.html。

② 2001 年的定义中将“非营利性的艺术展馆；自然公园；符合前述定义的国际、国家、区域性或地方性博物馆组织，以及负责博物馆事务的政府部门或公共机构；从事与博物馆和博物馆学相关的研究、教育、培训、记录和其它事务的非营利性机构或组织；保护、延续和管理有形或无形遗产资源（活遗产和数字模拟活动）的文化中心或相关实体”也纳入了博物馆的范畴。参见国际博物馆协会官方网站：Development of the Museum Definition according to ICOM Statutes (2007 - 1946), http://icom.museum/hist_def_eng.html。

1. 关于“非营利”机构

博物馆定义中的“非营利”机构可以从机构性质和实际运作两个角度加以理解。

从机构性质的角度而言，“非营利”机构是博物馆的法律身份，强调的是博物馆的基本性质。一方面，“非营利”机构的工作经费和所需人力大多是政府资助或社会捐助的，提供资助的组织和个人并不在意经济报偿，而是更加关注组织行为的社会效益。因此，“非营利”机构没有向其资助者、管理者和组织成员分配经济收益的压力。另一方面，“非营利”机构多从事社会福利、教育、文化等方面的公益活动，其行为成效很难用经济收益标准加以评估。从上面两点可以看出，“非营利”机构是以其根本目的为导向的，即推进社会的积极变革和发展，提高公众素质，提供社会需要的物品和服务。对机构性质的说明和规定，有助于博物馆享受相关的优惠政策，更好地参与和其它相关机构的社会竞争。同时，也是对博物馆活动领域和运作方式的规范和制约。

从实际运作的角度来说，所谓“非营利”机构并不意味着博物馆“不应当营利”或“不能营利”，而是指它“不追求营利”或“不以营利为目的”。其实，近年来国内外的博物馆普遍存在着资金短缺的问题。虽然欧美国家博物馆的经费及其来源较我国更为充裕和广泛，它们不仅有国家拨款，而且还可以获得许多社会资助和捐赠，而我国则只能更多地依靠国家财政拨款，但是当它们面对日益庞杂的自身运作开销，藏品收购、维护、保险和陈列布展、进行科学研究所需的业务花销以及提高软硬件条件所需投入的资金等经费问题时，都难免显得捉襟见肘。在这种情况下，为了更好地发挥博物馆作为永久性社会公益机构的作用，国内外博物馆也都会积极采取诸如吸引更多观众、开办博物馆商店和餐厅、出租场地等措施来增加博物馆的收入，缓解财政压力。其间，许多经营有方的博物馆甚至还会出现盈利。但与企业经营所不同的是，博物馆的营利是维持自身生存和发展的必要手段，而不是经营的最终目的。博物馆的收入也不同于工商业收入，不会转为股票，也不能转为工作人员的工资，而只能投入博物馆的建设。

总之，对于博物馆定义中的“非营利”可以理解为：“博物馆事业像其它文化事业一样，不能像企业那样把营利作为前提和终极目的。但并不排斥尽可能地结合本馆的性质和职能，在国家政策允许的范围内，有益于社会和观众，取得合理的经济效益，以促进自身事业的发达。只要经济效益对社会效益的提高，起和谐、同步以至促进的作用时，它的存在就是合理的、积极的，它的生命力就是旺盛的。”①

2. 关于“为社会及其发展服务”

博物馆定义中所提出的“为社会及其发展服务”，“标志着博物馆界终于开始正确认识到自己与社会的关系”②。首先，博物馆之所以历经数百年而不衰，其重要原因就在于它保存和管理着人类社会发展历程的见证，就在于它满足了不同时代人们通过历史呈现出来的对现实和未来的渴望。这便是社会对博物馆的基本需求。其次，博物馆的发展与社会政治、经济、文化的发展密切相关。近现代博物馆就是在文艺复兴、自然科学兴起、启蒙运动、资产阶级革命和工业革命等一系列社会变革的推动下发展起来的。可以说，正是社会的发展推动和促进着博物馆的发展。第三，近些年来，随着博物馆界对“人”与“物”关系认识的不断深化，加上社区博物馆、邻里博物馆的兴起，博物馆和社会的联系日益强化，博物馆正在逐渐成为社会文化中心。所有这些都要求博物馆明确自身的公共责任，积极参与社会活动，关注社会的现实和未来，了解社会和公众的需求，通过科学的运作和管理，努力发挥博物馆的功用，以创造最大的社会效益，真正做到“为社会及其发展服务”。

概括地说，定义中的“为社会及其发展服务”，既可以看作是对长久以来博物馆社会化运动的总结，更是博物馆的根本使命和工作目标。

---

① 胡骏：《关于博物馆组织与人员管理的几个问题的探讨》，《中国博物馆》，1994 年第 3 期，第 30 页。

② 严建强、梁晓燕：《博物馆（MUSEUM）的定义及其理解》，《中国博物馆》，2001 年第 1 期，第 22 页。

3. 关于“向大众开放”

定义中的“大众”主要强调的是博物馆服务对象的客观性和广泛性。所谓客观性就是指作为“大众”的社会公众不是以博物馆主观意愿而决定是否成为博物馆“大众”的，他们一直是客观存在的；广泛性是指博物馆的服务对象应该是构成社会的个人、团体和机构，不应因身体状况、文化差异、教育程度、社会地位等因素而受到不同的待遇。而定义中的“开放”，一方面，体现了博物馆的社会开放性和公益性，博物馆作为公共资源，其包括收藏和基础设施等在内的有形资源和科研、智力、文化氛围等无形资源都应当对社会公众开放，“大众”有权利使用这些公共社会资源；另一方面，这种“开放”应当是双向互动的，博物馆对“大众”开放的同时，“大众”也应当积极地向博物馆开放，并对博物馆积极地给予反馈。当然，这些反馈既可以是有形的，如资金和藏品的捐赠等；也可以是无形的，如为博物馆发展出谋划策、提供志愿和义务服务等。同时，还应当注意的是，博物馆既然将“为社会及其发展服务”作为其根本使命和工作目标，那么，所谓的“开放”就应当是平等互利的开放，而不能以“知识宝库”、“学术精英”自诩，居高临下地俯视自己的服务对象。

总而言之，博物馆定义中提出的“向大众开放”，是博物馆的一个基本性质，不仅强调了博物馆作为公共社会资源的开放性和公益性，而且说明了博物馆与社会公众之间平等的双向互动关系。只有“向大众开放”，吸引更多的观众，才能更好地实现博物馆“为社会及其发展服务”的目标。

4. 关于“为研究、教育、欣赏之目的”

定义中“为研究、教育、欣赏之目的”的表述与“为社会及其发展服务”的目标并不矛盾。与作为根本使命和工作目标的“为社会及其发展服务”相比，“为研究、教育、欣赏之目的”则可以说是博物馆较低层面的目的，也可以看作是博物馆具体业务活动的指导观念和基本目的。研究和教育也一直是我国博物馆的基本性质，所以，对于将它们作为博物馆的目的我们不难理解。在这里我们重点关注的是所谓“欣赏之目的”。其实，在欧美博物馆界“欣赏”早已被赋予了崇高的地位，是博物馆重要的目的之一。但是，长期以来，由于受到传统教育思想以及纲要性陈列体系的影响，我国博物馆界一直对此认识不足。一般而言，“欣赏”具有两种不同的形式，一种是专门用于欣赏的陈列或展览，另一种则泛指所有陈列的审美价值和可欣赏性。作为博物馆业务活动的基本目的，两者兼而有之。博物馆完全可以通过陈列、展览和艺术鉴赏等活动，使观众的情操得以陶冶、修养得以提升、思维得到促进、创造力得以激发，从而达到“欣赏之目的”。

在理解博物馆“为研究、教育、欣赏之目的”的过程中，需要特别注意的是，这种表述很容易给人造成博物馆单方面要达到“研究、教育、欣赏之目的”的错觉，从而忽略了观众的主观能动性，忽视了观众自主学习、自发参与的特点。因此，我们应当将“为研究、教育、欣赏之目的”理解为：它虽然是博物馆业务活动的指导观念和基本目的，但却需要通过博物馆与观众的共同努力才能够得以实现。

5. 关于“征集、保护、研究、传播并展示”

一方面，博物馆在进行收藏保护、科学研究、陈列展览、争取更多的观众以及与观众交流互动的过程中，“征集、保护、研究、传播并展示”这些业务活动无不融入其中，发挥着不可替代的作用。另一方面，只有通过征集、保护、研究、传播和展示等这些具体的工作，才能够达到“研究、教育、欣赏之目的”，进而最终实现“为社会及其发展服务”的目标。因此，博物馆定义中的“征集、保护、研究、传播并展示”，既可以看作是对博物馆各个工作环节的抽象概括，也可以当作实现博物馆“研究、教育、欣赏之目的”的具体方法或手段。

6. 关于“人类及人类环境的见证物”

“人类及人类环境的见证物”其实就是博物馆的工作对象。这里所谓的“人类及人类环境的见证物”，既包括有形的或物质的人类和自然界的见证物，如出现在各国博物馆定义中的文物、自然标本、人工制品、物质遗产、物品、物证等；也包括无形的或非物质的人类社会和环境的见证物，即非物质文化遗产、电子信息技术生成的虚拟信息等。需要注意的是，在理解“人类及人类环境的见证物”的过程中，还应当突破我们传统的“以古是宝”、“以稀为贵”的认识误区，努力做到不仅关注古老的、稀有的自然界和人类社会的见证物，同时也应关心现当代的、活的、日常的、大众的、具有代表性的见证物。最终，见证物能否成为博物馆的工作对象，关键还要取决于它是否具有证明人类活动及人类环境状况的能力。

总之，博物馆定义中“人类及人类环境的见证物”的表述，不仅对博物馆的工作对象进行了高度概括，而且还正确地反映了现代博物馆与人类生存和发展的关系。

综上可知，现在通行的国际博协对博物馆的定义不仅明确指出了博物馆的性质，即博物馆是“非营利”的常设社会公益机构，而且指出了博物馆的根本使命和工作目标是“为社会及其发展服务”，基本目的是“研究、教育、欣赏”，它们可以通过对博物馆工作对象即“人类及人类环境的见证物”的“征集、保护、研究、传播并展示”而得以实现。此外，还可以从其基本目的和工作环节中看出博物馆具有收藏、研究、教育的基本功用。

鉴于我国的基本国情以及博物馆的实际情况，我国对博物馆的理解与上述定义存在着一些差异。首先，从性质而言，我国博物馆作为社会主义科学文化事业的重要组成部分，属于事业单位，虽然也具有非营利性和社会公益性，但在行政组织上依然具有一定的政府性，是政府的附属机构，在业务上也体现着政府的意志，在经济上仍带有一定的计划经济色彩。同时，其公益性也非志愿公益性，而是垄断公益性。其次，我国博物馆的“基本任务是为科学研究服务，为广大人民服务”①，这种表述明显具有历史和时代的局限性，也比国际博协定义中“为人类及其发展服务”的根本使命和工作目标显得狭隘许多。虽然我国博物馆界正在不断修正博物馆与社会和公众的关系，努力增强博物馆服务大众、服务社会的能力，但由于长期形成的封闭严肃、居高临下的姿态，要真正做到“向大众开放”、“为人类及其发

① 文化部文物局主编：《中国博物馆学概论》，文物出版社，1985年，第28页。

展服务”可能还需要一个过程。第三，虽然我国也规定博物馆是“收藏机构、宣传教育机构和科学研究机构”，使其在理论上也具有收藏保护、宣传教育和科学研究的功能，但却没有将“欣赏”给予充分重视，而且在我国博物馆的实际工作中，也往往更多关注其社会教育作用，而忽略审美和娱乐功能。最后，我国博物馆定义只是简单地将具体的“文物和标本”作为博物馆的工作对象，相对于国际博协规定的“人类及人类环境的见证物”而言，未能考虑无形的见证物，不仅缩小了博物馆工作对象的范围，而且也没有体现博物馆与人类的关系。虽然在我国博物馆的实际工作中，已经开始关注除“文物和标本”之外的能够体现人类活动和自然环境状况的物质和非物质的见证物，但仍亟须从理论上也对其予以科学的界定。

尽管我国的博物馆定义与国际博协的定义存在着一些差异，但我们相信，随着博物馆学和博物馆事业在我国的快速、健康、持续发展，我国博物馆组织和学者一定能够借鉴国内外的先进经验，为我国博物馆学制定出一个符合国情、科学合理的定义。

第二节　博物馆的构成要素及特征

博物馆的构成要素及特征，历来是博物馆基本理论的重要组成部分。伴随着博物馆的产生和发展，人们一直在总结和归纳博物馆的构成要素及特征，时至今日，对其认知也日趋科学和成熟。正确地认识和把握博物馆的构成要素及特征，不仅有助于加深对博物馆本质属性的理解，而且还可以有效避免博物馆工作的主观性、片面性和盲目性，从而更好地发挥博物馆作为公益性社会文化机构的作用。

一、博物馆的构成要素

所谓要素，就是构成事物的必要因素。博物馆一般都是由下述四大要素构成：

1．一定数量的藏品

藏品是博物馆社会存在和开展各项业务活动的前提和基础。一方面，藏品既是博物馆存在的基本条件，又是体现博物馆性质、实现其社会职能的重要载体；另一方面，博物馆的收藏保护、科学研究和陈列布展等一系列业务活动都需要以藏品为基础。因此，拥有一定数量的藏品是博物馆的基本构成要素。

2. 包括馆舍和设备在内的基础设施

博物馆也与其它社会文化机构一样，需要馆舍、设备等硬件基础。任何形式的博物馆都必须具备与之相适应的馆舍和设备。因此，包括馆舍和设备在内的基础设施是博物馆顺利开展各项工作、成功组织各种活动，最终实现其自身功能和社会职能的必备物质条件。

3. 持续向公众开放的陈列展览

持续向公众开放的陈列展览是博物馆不可或缺的重要构成元素。持续向公众开放的陈列展览不仅是博物馆性质和功能的集中体现，而且也是博物馆发挥其社会职能的重要手段和途径。博物馆只有具备了持续向公众开放的陈列展览，才能实现“物”与“人”的结合，才能实现为大众和社会服务。如果缺少了这个要素，博物馆就不能称之为博物馆，也就失去了存在的价值和意义。

4. 一批具有专业知识技能和职业素养的博物馆工作人员

拥有一批具有专业知识技能和职业素养的博物馆工作人员是博物馆的核心构成要素。这些博物馆工作人员既可以看作是博物馆的硬件，同时，他们身上承载的知识技能和道德素养也是重要的软件。博物馆的一切工作和功用都只有通过这些工作人员的运作才能够得以实现，如果没有他们，博物馆就成了没有灵魂的躯壳。所以，他们也是博物馆最具活力的构成要素，在一定程度上甚至可以说是博物馆的灵魂。

综上所述，只有同时具备一定数量的藏品、包括馆舍和设备在内的基础设施、持续向公众开放的陈列展览以及一批具有专业知识技能和职业素养的工作人员这四大要素，才能称之为现代意义的博物馆。

二、博物馆的特征

所谓特征，是指一事物区别于其它事物的特别显著的征象和标志。那么，作为社会文化机构的博物馆与其它社会文化机构相比，最显著的区别究竟是什么呢？有的博物馆学著作将博物馆的特征总结为

"实物性"、"直观性"和"科学性"；有的则将其总结为"实物性"、"直观性"和"广博性"；此外，还有博物馆学者认为"实物性"、"收藏性"和"开放性"才是博物馆的特征。虽然这些都从不同的角度总结了博物馆的特点，但是，当我们认真考究时就会发现，其中的"直观性"、"科学性"、"广博性"、"收藏性"和"开放性"等特点并非博物馆所专有。比如，直观性在电化教育中也有着明显的表现，学校和各类科研机构也都具有很强的科学性，广博性也同样适用于百科全书，图书馆、档案馆等机构也颇具收藏性，几乎所有的公益性社会文化机构也都具有开放性。因此，只能说它们在一定程度上体现了博物馆的特点，但并不能将它们作为博物馆区别于其它社会文化机构的最显著标志。综观上述对博物馆特征的概括，只有"实物性"为博物馆学者们所公认，也只有"实物性"才是博物馆的根本特征。

"实物性"的基本含义是指"真实、实在，并具有一定体量性和三维性的物"①。近年来，随着博物馆功能及收藏范围的扩大，一些真实、实在却非三维、非物质的东西也进入到博物馆中。例如，音像资料、利用科技手段模拟的自然现象以及包括民间传说、表演艺术、社会风俗和传统手工艺技能在内的各类非物质文化遗产，等等。这些东西虽然不是具有一定体量性和三维性的实体，但却属于真实、实在的现象和原理。同时，它们也能反映出传统"实物性"概念所面临的挑战，即伴随着博物馆的现代化发展，"物"的真实性和实在性正在向"现象"和"原理"的真实性和实在性扩展。但严格来讲，它们只能算是博物馆的一些特例。就目前博物馆的总体情况而言，传统的"实物性"界定依然有效，或至少是构成概念的核心。

事实上，不论是从博物馆的发展历程，还是从博物馆所从事的收藏、科研和教育工作而言，都正是包含着"非观念的实体性"、"非虚假的真实性"和"非复制的唯一性"这些要素的"实物性"，才将博物馆与其它类似的社会文化机构准确无误地区别开来。

首先，从博物馆的发展历程来看。尽管古代人与现代人在收藏的

① 严建强：《博物馆与实物》，《中国博物馆》，1999 年第 2 期，第 22 页。

动机、方法以及对收藏品的利用方面不尽相同，而且博物馆存在的目的和社会职能在不同的历史时期也有着重大差异。然而，不论是博物馆的原始形态还是其现代形态，都离不开实物收藏，在收藏和利用实物这一点上始终没有改变。正是搜集和珍藏实物这一点将它们联结起来，使我们得以辨识出博物馆从产生到发展的历史轨迹。

其次，从博物馆进行收藏的角度来看。除了博物馆，图书馆和档案馆等机构也从事人类社会文化遗产的搜集和保藏。但是，它们之间的收藏却有着明显的区别：图书馆收藏各种书籍，这些书籍主要是通过印刷生产的批量复制品，旨在保存和传播人类的科学文化知识，至于所收藏的是怎样的版本，是否为原作者的手稿、真迹，并不重要；档案馆所收藏和保存的是人类在社会生活中形成的各种文献和档案，一般而言，它们都是真实的原始材料，但是对于一个材料的利用者来说，真正重要的是材料所反映内容的真实性，如果这份原件遗失了，只要复印件被确定与原件并无二致，那么它在功能上是完全能够替代原件的。可见，对图书馆和档案馆而言，重要的是收藏品所携带的信息，而不是信息载体本身，它们所注重的是信息的真实性，而不是载体本身的真实性。然而，对于博物馆而言，情况就不同了，构成其收藏核心的必须是真实、实在的物品。这就意味着，博物馆的收藏品不仅其所承载的信息应当具有真实性，而且信息载体本身也必须是真实的。我们也可以通过对待艺术品的态度来说明这种区别：对于一般艺术品的欣赏者和收藏者来说，如果将艺术品复制得足够好，或许就能够满足他们欣赏和收藏的要求；但对于博物馆而言，不仅要考虑艺术品承载信息的真实性，而且要考虑艺术品本身的材料和制作工艺等的真实性，也就是说，博物馆必须获得艺术品的原件，任何高质量的复制品都无法替代它。

再次，从博物馆从事科学研究的角度来看。使得博物馆与其它科学研究机构区别开来的正是其研究对象的实物性。正如我们所知，博物馆的科学研究工作很大程度上都是以收藏的实物作为研究对象，而在学校和其它科研机构中，其研究对象则既可以是实物，也可以是纯粹的理论。任何类型的博物馆都只有从对自己收藏的实物的研究中，才能探寻和发现有关自然和人类社会的未知世界。离开了这一点，博物馆作为科学研究机构的特性便无从体现。当然，博物馆的科研人员在研究中也难免会涉及相关学科的理论知识并对其进行探讨，但这些都是以实物研究为最终目的，是为实物研究服务的。此外，我们应当注意的是，对博物馆所收藏实物的研究并不仅限于博物馆内部的研究人员，只要是以博物馆收藏实物作为研究对象的，都可以视为博物馆科学研究的范畴。

最后，从博物馆开展社会教育的角度来看。实物性也是博物馆区别于其它社会教育机构的最主要特征。这主要表现为，博物馆总是以馆藏的实物作为教育的媒介。观众之所以要来博物馆参观，就是因为博物馆陈列着蕴含历史、科学和艺术价值的实物，也正是这些实物使观众得到异于学校教育和电化教育的知识和体验。当然，在参观博物馆的过程中，也伴随着以词语等符号为媒介的传统教育方式，如阅读说明和聆听讲解等，但它们只是作为理解实物的辅助手段，只有实物及其承载的丰富信息才是博物馆教育真正的认识对象。正是由于和实物性相联系，才形成了博物馆教育鲜明的个性特征和独特的优势，这具体表现在其认识对象的直观性、形象性和权威性。实物的直观性和形象性，使得它更容易被观众接受，特别是文化水平不高的观众；实物的真实、实在而非臆测的特性，则更容易使观众产生信赖，从而使博物馆教育具有真实的权威性。

综上所述，只有“实物性”才是博物馆特征的准确概括，诸如“直观性”、“科学性”、“广博性”、“收藏性”和“开放性”等都只是片面的或由“实物性”所衍生的博物馆特征。正如英国博物馆学者阿尔马·S·威特林在《寻求光明前途的博物馆》中为博物馆所下的反定义所言：“任何机构，如果根本不利用实物，或者没有把实物作为主要的信息传达工具，不论其性质如何，都不是博物馆。”①

① 阿尔马·S·威特林著：《寻求光明前途的博物馆》，1970 年，第 203 页。转引自〔英〕肯尼斯·赫德森著，王殿明等译：《八十年代的博物馆——世界趋势综览》，紫禁城出版社，1986 年，第 6 页。

第三节 博物馆的功用

这里所谓的“功用”，其实和其它博物馆学论著中所说的“功能”、“职能”和“效能”等一样，都是指博物馆为实现自身价值而发挥的功能以及承担的社会职责。既然如此，那么为什么诸多博物馆学者还会使用“功能”、“职能”和“效能”等这些不同的说法来表述博物馆的“功用”呢？一方面，可能是出于自身的语言习惯，毕竟这些近义词都可以表达博物馆“功用”的含义；另一方面，也可能是对其认知确实存在着误解，比如，博物馆“功能说”和“职能说”的产生就是由于过分强调所谓“功能”和“职能”的区别，却忽视博物馆自身特性与社会属性的必然联系而造成的。事实上，我们应当承认，从博物馆自身具备和社会赋予的角度来说，所谓的“功能”和“职能”确实存在着表述上的差异，但我们也应看到，由于博物馆自身特性与社会属性的密不可分，必然会导致所谓“功能”和“职能”之间那种相互渗透、相互重叠、不可分割的关系。所以，博物馆的“功用”其实根本无法简单地依据“功能说”和“职能说”进行划分，毕竟它们在实质上都属于博物馆为实现自身价值而发挥的功能和承担的社会职责。而我们之所以在这里引入“功用”一词来替代“功能”、“职能”和“效能”等，对其进行讨论，一方面是因为它能够表达与它们相同的含义，即博物馆为实现自身价值而发挥的功能以及承担的社会职责；另一方面也是为了有效消除“功能”、“职能”等表述所产生的误解，避免产生歧义。特别需要指出的是，我们在本节使用博物馆“功用”的表述，并不意味着要否认前辈学者对博物馆“功能”、“职能”和“效能”等的有益探讨，而是为了帮助我们更加准确、深入地理解作为文化复合体的现代博物馆的功用。

实际上，博物馆的功用不仅是博物馆基本理论研究的重要内容，也是国内外博物馆学界长期、广泛争论的一个问题。

国外博物馆学界有学者认为，调查研究（Investigation）、教育

(Instruction）和激励（Inspirator）较好地概括了博物馆的功能。也有不少学者推崇所谓的“三 E”原则，即教育民众（Educate）、供给娱乐（Entertain）和充实人生（Enrich）。美国博物馆学者约瑟夫·V·诺布尔在《博物馆宣言》中总结了博物馆的五种功能：收藏（collect）、保存（conserve）、研究（study）、解释（interpret）和展览（exhibit）。他把这五种功能比喻为人的五个手指，各自独立，但又统一在共同的目标之下：“它们形成一个整体，就像是一只手的五个手指，每一个是独立的，它们又是统一的。博物馆如果忽略或轻视这五个职能中的任何一个，都会给自己造成很大的障碍。”① 这种观点也曾一度受到广泛的认同。直到20世纪80年代，荷兰博物馆学家彼得·冯·门施重新将这五种功能合并为三种：保藏（preserve）、研究（study）和传播（communication），才形成了现代国际博物馆学界对博物馆功用的基本共识。其实，在美国和日本，类似的观点也已经出现。美国纽约自然历史博物馆早就将“Education（教育），Expedition（探索），Research（研究）”作为自己的职能写在了馆徽上。日本博物馆学界则把“收集和保管”、“调查和研究”以及“公开和教育”作为其固有职能，而把“文化的继承和创造”、“将学术研究成果还给社会”和“教育的效果”作为其实际职能。②

同样，我国博物馆学者对博物馆的功用也进行过卓有成效的探讨。早在20世纪30年代，陈端志就曾提出博物馆的三大效能：一是社会教育，使民众的知识扩大，趣味向上；二是博物馆对于学校学生教育有辅助功效；三是博物馆对于学术研究也有积极作用。40年代时，曾昭燏在其和李济合著的《博物馆》一书中也提出了博物馆的四大功用：一是保存有价值的物品，使其历久不坏，以供今人和后人之用；二是辅助科研工作；三是实施实物教育；四是实施精神教育。同时，前北京自然博物馆馆长杨钟健也认为博物馆具有研究、教育和

① 转引自斯蒂芬·E·韦尔：《博物馆的职能》，《博物馆研究》，1990年第4期，第22页。

② 详见〔日〕伊藤寿郎、森田恒之主编，吉林省博物馆学会译：《博物馆概论》，吉林教育出版社，1986年，第5～7页和第219～232页。

保管三大功能。到了50年代，在全国博物馆工作会议上所确定的博物馆的基本性质，即博物馆是科学研究、文化教育和征集保藏机构，也被认为是对博物馆功用的总结。它与20世纪80年代门施提出的关于博物馆功用的观点已经非常接近，只不过门施使用“传播”替代了“文化教育”。尽管80年代至今依然有不少关于博物馆功用的研究，但在近五十年间我国对博物馆功用的认识基本一直持这种观点。以致在门施得知此事之后，竟发出了“不知是我过时，还是中国人走在前面了”[①]这样的感慨。

综上可知，将收藏、研究和教育作为博物馆基本功用的观点，已经成为国际博物馆学界经过长期、广泛探讨而形成的共识。

收藏是博物馆最古老也是最基础的功用。早期的收藏源于人们对具有纪念意义和特殊价值的实物的珍藏愿望，是一种自发行为，其规模和范围都很小，而且也比较零散，但正是这种自发的零星的收藏行为，为我们留下了探索自然变化与古代人类生活的线索，也成为促使博物馆萌发的重要原因。后来，伴随着人类文明的发展，现代意义的博物馆兴起并且很快取代了私人收藏和收藏室收藏，成为最主要的专事收藏的场所，其收藏行为也逐渐从自发转变为自觉。再此之后的三个多世纪，得益于人类社会政治、经济和科学文化的迅猛发展，博物馆的收藏功用也日益增强。这期间，博物馆不仅经历了从零散的、不系统的收藏到全面、系统收藏的转变，而且收藏范围也从原来的珍品、古物、动植物标本、机器设备等逐步扩大到了人类已知的方方面面，从传统的实物扩大到了自然界和人类社会物质的和非物质的所有见证物。此外，尽管博物馆在此期间依然还是有意识、有计划地收藏具有历史、科学和艺术价值的自然和人类文化遗存，但其收藏的关注点却已开始从精品向有代表性的物品转移、从过去向现在转移、从精英阶层向全人类转移。现如今，人们已经清醒地认识到，任何形式的博物馆都必须依靠收藏才能拥有作为博物馆全部活动物质基础的藏

① “中国博物馆学通讯主编就理论博物馆学问题与国际博协博物馆学委员会主席冯·门施对话”，《中国博物馆学通讯》，1993年第3期，第7页。

品，才能成为自然和人类文化遗产的收集者和保护者，才能发挥其保存记忆、传承文化的社会作用，一旦离开了收藏，离开了藏品，博物馆也就成了无源之水，失去了存在的价值和意义。

科学研究也是博物馆的重要功用，而且它同收藏一样，也是随着人类社会和博物馆的发展而逐渐强化和丰富起来的。

事实上，早在现代意义的博物馆尚未产生之前，对私人藏品和收藏室藏品的研究就已经存在了。其中，亚里士多德对其自身收藏及缪斯神庙内收集品的研究就属于较为典型的例证。17 世纪末，现代意义的博物馆诞生之后，为了更好地实现为社会及其发展服务的目标，对博物馆藏品的科学研究也开始变得更加系统和深入。起初，由于近代自然科学的兴起和发展，为数众多的自然博物馆所收藏的反映生物学和自然史的动植物标本、化石便成为当时研究的主要对象。凭借对这些自然科学藏品的研究，有些博物馆甚至成为当时著名的科研学术中心，例如，美国自然史和生物学的研究始终都是同哈佛大学比较动物学博物馆、纽约的美国自然历史博物馆以及华盛顿的美国国立自然历史博物馆联系在一起的。当然，这期间也存在着对古物珍品的研究，但大多以品玩鉴赏为目的，而非为科学的发展和人类的进步服务。后来，在启蒙运动等社会思潮和世界范围工业革命的影响下，艺术品、历史文物、工业革命成果等逐渐取代了早期的自然科学领域的动植物标本、矿石等而成为博物馆研究的主要内容。进入 20 世纪以来，随着社会生产力的发展和博物馆事业的兴盛，博物馆的种类越来越多，藏品日益丰富，研究对象扩展到了自然和人类社会发展所留下的一切有价值的遗存，研究领域也随之扩展到涉及自然科学和社会科学的诸多学科。同时，博物馆对藏品研究的关注程度也越来越高。对博物馆藏品的科学研究，不仅能够帮助我们更加科学合理地进行藏品的管理和保护，而且能够更加深入、全面地揭示藏品所蕴含的历史、科学以及艺术价值，从而更好地发挥博物馆传播知识、启迪智慧和社会教育等功用。同时，它也有益地推动了与之相关的诸多学科的发展。例如，借助对意大利乌菲齐美术馆所藏艺术品的研究，能够帮助我们更好地开展文艺复兴时代艺术史的研究；对博物馆收藏的甲骨、汉简和敦煌经卷的研究，则极大地拓展了历史学的视野，丰富了我们对中国历史的认识。如果说藏品是博物馆一切活动的物质基础，那么，科学研究特别是藏品研究，就是博物馆一切活动的工作基础，因为只有借助科学研究工作，才能够实现博物馆“物”与“人”的结合，才能更好地完成与藏品相关的博物馆其它工作，进而创造更大的社会效益。

当然，经过三个多世纪的发展，现代博物馆的科学研究已经不仅仅局限于对藏品的研究，而且还包括对博物馆学的研究，即以博物馆本身及其与社会的关系作为研究对象，通过对博物馆性质和目标的分析、博物馆历史的回顾、博物馆与社会关系的反思以及各项业务活动方法的探索，最终总结出博物馆活动的基本理论和实践工作经验。此外，在对藏品和博物馆学进行科学研究的过程中，其实还应对博物馆工作所涉及的相关学科的情况也有所了解。虽然从严格意义上来讲，这并不具备学术研究的性质，但实际上，不论是对藏品还是对博物馆学的科学研究都离不开对包括历史学、社会学、民族学、教育学、物理学、化学和管理科学等在内的相关学科知识的了解和借鉴。只有在充分了解相关学科知识背景的情况下，才能有效地进行藏品和博物馆学的科学研究。而且，博物馆的科学研究在其不断强化和丰富的同时，也确实取得了丰硕的成果。这些成果不仅表现为博物馆出版发行的各类出版物，而且绝大部分都已直接应用于包括征集、鉴选、收藏、保护、陈列、管理和教育等在内的一系列实际工作当中。所以说，科学研究不仅是博物馆作为科研机构的重要体现，而且对于博物馆各项业务水平的提高以及相关学科发展的推动都起到了不可替代的作用。

教育同样是博物馆的基本功用。早期的博物馆，其收藏仅供少数人观赏，因此，教育功用也不甚明显。18 世纪末到 19 世纪初，随着博物馆服务社会、服务大众意识的增强，博物馆的教育功用才逐渐萌发。到了 19 世纪中叶，基于对博物馆藏品的研究，有些博物馆则已开始有目的、有计划地通过组织陈列来实现对观众的教育。例如，1852 年建立的德国纽伦堡日耳曼博物馆就曾组织专门的陈列，以帮助观众了解不同时代日耳曼民族的社会面貌。这就具有明显的教育目的。1851 年举办的伦敦万国博览会也含有宣传教育的目的。当时举行这种轰动社会的大型博览会，不仅显示了实物的宣传教育价值，而且扩大了以实物教育为特征的博物馆的影响。自此之后，博物馆教育的价值便逐步为有识之士所认识。20 世纪上半叶，爆发了两次世界大战，宣扬民族主义、爱国主义便自然而然地成为当时思想教育的主题。而博物馆正是弘扬传统文化、凝聚民族向心力的有效场所，博物馆教育遂为各国普遍重视。第二次世界大战后，随着科学技术的突飞猛进，知识经济初见端倪，为了增强自身的科技实力和民族竞争力，世界各国都十分重视博物馆的科普教育。时至今日，现代博物馆正通过陈列展览、开办讲座、宣传讲解和发展旅游等手段，凭借其教育的实物性、直观性、开放性、自主性、娱乐性和互动性等特点，成为配合学校教育的第二课堂和广大社会公众接受成人教育、回归教育等终身教育的重要场所。可以说，建立在博物馆收藏和研究基础上的博物馆教育，其社会价值正在与日俱增。

当各国博物馆学者继续讨论博物馆三种基本功用之间的关系时，又出现了不同的观点。一种观点认为，收藏和保护是博物馆的基本职能，博物馆最重要的任务就是收藏和保护文物及自然标本。门施就持这种观点，所以，他强调："博物馆的三种功能中，物的保存是更重要的，而物的保存功能是博物馆所特有的，应该是核心的功能"。[①] 另一种观点将科学研究工作作为博物馆工作的核心。还有学者认为社会教育工作才是博物馆的中心职能。但更多的博物馆学研究者则认为作为博物馆三大基本功用的收藏、研究和教育之间应当是密切联系、不可分割的。收藏为研究和教育提供必需的物质基础；而研究不仅能够为收藏和教育提供科学依据，而且还能够有效推动收藏和教育工作的发展和提高；教育则必须建立在收藏和研究的基础上，同时，它又是收藏和研究活动的主要目的，而且，它还可以为收藏和研究提出新

① "中国博物馆学通讯主编就理论博物馆学问题与国际博协博物馆学委员会主席冯·门施对话"，《中国博物馆学通讯》，1993 年第 3 期，第 7 页。

任务，从而促进这些工作的有力开展。它们的辩证统一基本反映了博物馆工作的全部业务活动，所以说，三者同等重要，缺一不可。

此外，我们也应当承认，随着现代社会文明的发展以及人们对博物馆认识的不断深入，当代博物馆兼具信息中心、公共交流、休闲娱乐和文化象征等新兴功用。而且，这些所谓的新兴功用，无疑也是当代博物馆学者们结合博物馆的现代化发展，用时下流行的表述从不同角度对现代博物馆功用进行的积极有益且颇具时代气息和科学性的总结。但如果我们仔细推敲就会发现，实际上，包括我国学者对博物馆在现代化建设中所发挥作用的论述在内，它们都必须以博物馆的收藏和研究为基础，并且都不同程度地发挥着博物馆的教育功用。所以说，这些所谓的博物馆新兴功用其实也可以看作是对博物馆三大基本功用的扩展和延伸。

第四节　博物馆的类型

博物馆的类型，就是指一定数量的博物馆依据某种共同的标准相互联系所形成的类别。

对博物馆进行类型划分，其实是博物馆事业发展到一定阶段才提出的问题。起初，由于博物馆的数量较少且形态也相对单一，再加上早期博物馆的藏品多以奇珍异宝和纪念性物品为主，因此，并不需要对博物馆进行分类。随着近代博物馆事业的兴盛，不仅博物馆的数量大幅增加，而且其藏品也日渐丰富、形态日益多样，传统的方法已经不能适应新兴博物馆的经营和管理。于是，在 18 世纪末，出现了最初的博物馆分类。当时，主要是按照藏品的不同学科性质，将博物馆分为美术、考古、历史、人种学和自然科学等各种专业博物馆。此后，博物馆事业又经过两个多世纪的发展，如今已经形成了一个涉及多种知识门类和社会生活领域、藏品丰富多彩、建筑形态和管理层次也多种多样的庞杂群体。与此同时，在全世界博物馆工作者的共同努力下，作为博物馆学和博物馆基本理论研究重要内容的博物馆类型研究也得以不断进步，并且取得了丰硕的成果。

一、划分博物馆类型的意义

首先，对博物馆进行科学的类型划分，不仅在理论上有利于我们更好地认识和总结不同类型博物馆的特点和规律，明确各类博物馆的发展方向，而且在实践中也有利于不同类型博物馆的工作人员最大限度地发挥特长，更好地实现自身价值。博物馆的不同类型决定了它们在人才构成、组织管理、社会职能和经费来源等方面都不尽相同。因此，只有在对博物馆的类型及其特点有了正确清醒的认识之后，不同类型的博物馆才有可能切实有效地制定适合本馆的经营管理方针，其工作人员才有可能更加深刻地理解和把握自身工作的特点，明确自己的工作方向和目标，进而在各项业务活动中尽可能地扬长避短，最终为博物馆创造更大的社会和经济效益。

其次，通过对博物馆类型的划分，不但能够看出一个国家或地区博物馆建设的基本格局，而且可以针对其薄弱环节，对现有博物馆进行调整，对未来发展进行规划，从而使该国家或地区博物馆的布局渐趋合理，进而推动该国家或地区博物馆事业的健康持续发展。

最后，准确地划分博物馆类型，有益于国内外博物馆学术交流活动的开展。目前，伴随着博物馆事业在世界各地的蓬勃发展和博物馆学研究的日益兴盛，各国之间的博物馆学术交流活动也日渐频繁。其间，无论是对于国内外相同类型博物馆间深入、细致的对口交流，还是对于不同类型博物馆间的相互学习和借鉴而言，准确划分博物馆类型都显得十分重要。

由此可见，科学准确地划分博物馆的类型，认识和掌握各类博物馆的特点，对于博物馆的理论建设和实际工作都具有非常重要的意义。

二、博物馆的类型及其特点

从不同角度选取不同的标准，便可以将博物馆划分为各具特色的不同类型。因此，可以说，博物馆的类型划分也同博物馆自身一样具有多样性。

目前，国际博物馆学界大多是将藏品所反映内容的学科属性作为划分博物馆类型的主要标准。因为这个将藏品和科学学科相结合的划分标准，对于各国的博物馆而言都具有最普遍的适应性。所以，它也往往被认为是当代博物馆的主导性分类标准。依照这个标准，我们可以将现有博物馆较为宽泛地划分为历史、艺术、科学、综合和其它（特殊）五大类型。

历史类博物馆就是指那些以文物藏品为基础，研究和反映与人类社会发展相关的各个方面情况的博物馆。这是一个庞杂的群体，主要包括历史博物馆、纪念馆、遗址博物馆、民俗博物馆、民族博物馆和人类学博物馆等。

历史博物馆可以细分为国家历史博物馆、地方性历史博物馆和专题历史博物馆。国家历史博物馆通常能够概括一个民族或国家的主要发展历程。世界著名的国家历史博物馆主要有：中国国家博物馆、丹麦国家博物馆、匈牙利国家博物馆、前苏联国立历史博物馆、国立美国历史博物馆、东京国立博物馆和朝鲜国立中央历史博物馆等。地方性历史博物馆则指能够概括某个地区或城市发展历程的博物馆。例如，我国的上海市历史博物馆、美国科罗拉多州立历史博物馆和日本大阪历史博物馆等。专题历史博物馆就是指以某个专题的历史发展为主要内容的博物馆。我国的南京太平天国历史博物馆和美国弗吉尼亚州的奴隶制历史博物馆，就都属于典型的专题历史博物馆。总体而言，历史博物馆是历史类博物馆中数量较多的，我国尤甚。因为我国不仅有着悠久的历史和深厚的文化，而且长期以来，又有发展历史博物馆的传统，所以，历史博物馆的数量在全国各类博物馆中占据着较大的比例。历史博物馆一般都会根据自身的专业特点，搜集、整理和研究全国的、地方的或某一特定范围内的历史文物资料，通过组织通史、地方史或专题史的陈列，以达到传播知识、提高民族凝聚力和激发爱国热情的目的。

纪念馆就是纪念重要历史人物或事件的博物馆。这类博物馆所纪念的对象都是人类发展史上在不同方面不同程度推动着历史车轮前进的杰出人物和重大事件，它们大多是以所纪念历史人物的诞生地、居住地或主要活动场所以及所纪念历史事件发生的原址或遗址为基础兴建的，收藏和展出的也往往是与这些著名人物和重要事件相关的各种资料。迄今为止，全世界已经拥有为数众多的纪念馆。虽然它们通常规模都不太大，但其中的人物纪念馆就如同人类历史上社会精英的传记，能带给观众榜样式的激励；而事件纪念馆则似乎能够穿越时空的阻隔，使观众切身感受鲜活的历史。美国的林肯纪念堂、德国的贝多芬纪念馆、印度的甘地博物馆、莫斯科西郊的波罗金诺战役全景画博物馆，以及我国的杜甫草堂、中山纪念馆、鲁迅纪念馆、韶山毛泽东故居、遵义会议纪念馆、淮海战役纪念馆等都属于此类。

遗址博物馆通常都是依托考古发掘或历史遗留下来的各种遗址、遗迹而建立的博物馆。对遗址、遗迹的原貌展示，藏品与展示环境的完美结合以及充斥其间的神秘传说是这类博物馆的优势，这也使得观众对此类博物馆总是兴趣盎然。例如，埃及的帝王谷遗址博物馆、英国的铁桥工业遗址博物馆、意大利的庞贝古城，以及我国的定陵博物馆、乾陵博物馆、周口店北京人遗址博物馆、半坡遗址博物馆、大地湾遗址博物馆、秦始皇兵马俑博物馆等，每年都吸引着数以万计的国内外游客和学者前往参观考察。

民俗博物馆更多关注的是地区性民众生活的文化特征，主要包括特有语言、生产方式、生活习惯、文化传统等民间风俗。目前，国内外已经建成了许多著名的民俗博物馆，为推动民俗学和博物馆事业的发展做出了重要贡献。这其中就包括法国民间传统和艺术博物馆、韩国国立民俗博物馆和汉城民俗村，以及我国的天津民俗博物馆、安徽歙县民居博物馆等。

民族博物馆往往收藏有大量反映某个民族历史文化的丰富材料。充分研究和利用这些珍贵的实地走访所获的第一手资料，不仅能够有效提高该民族的自信心和自豪感，而且许多民族学博物馆也因此成为对该民族研究的重要学术基地。德国柏林的世界民族博物馆、日本国立民族学博物馆和我国的中国民族博物馆、云南民族博物馆、四川凉山彝族博物馆等，都是国内外知名的民族博物馆。

人类学博物馆是随着近代人类学的发展而发展起来的。同时，它产生之后也极大地推动了人类学研究。这类博物馆在国外起步较早，发展到现在，无论是包括专业人员等在内的软件还是包括建筑设备等在内的硬件都已经颇具规模。其中，比较著名的有加拿大国立人类学博物馆、墨西哥国立人类学博物馆和肯尼亚国立人类学博物馆等。虽然我国人类学的研究起步相对较晚，但经过多年的发展，现在也已经拥有了像厦门大学人类学博物馆和云南大学人类学博物馆这样的高水平人类学博物馆。需要指出的是，由于人类学兼具研究人类体质和社会文化的性质，因此，有时这类博物馆也被划入后面将要介绍的自然类博物馆中。

艺术类博物馆则是指那些收藏、研究和展示绘画、书法、摄影、雕塑、民间工艺、陶瓷、织绣、文学、音乐、舞蹈、戏剧、电影等资料的博物馆。当前比较常见的有文学博物馆、文化博物馆、音乐博物馆、电影博物馆、戏剧博物馆和美术博物馆等。

目前，在世界范围内已经建成了许多文学博物馆，以满足广大文学爱好者的需要。其中，既有包括莫斯科文学博物馆、德国现代文学博物馆和日本镰仓文学博物馆等在内的国外文学博物馆，也有像中国现代文学馆和台南文学博物馆这样的国内文学博物馆。

文化博物馆其实同我国博物馆分类中所说的专题性博物馆非常相似，它主要通过收藏、研究和展示某种主题的藏品，进而揭示其文化内涵。如今，这类博物馆在国内外都有较快发展。例如，加拿大文化博物馆、耶路撒冷《圣经》文化博物馆、法国消防员文化博物馆，以及我国的北京宣南文化博物馆、山东聊城中国运河文化博物馆和青海西宁藏医药文化博物馆等，都属于此类博物馆。

音乐博物馆承担着收藏、保护、展示和传承音乐文化的工作，是艺术类博物馆的重要组成部分。巴黎音乐博物馆、维也纳音乐博物馆和西雅图摇滚音乐博物馆都属于国际知名的音乐博物馆，我国也已经建成了黑龙江音乐博物馆，并且正在筹建中国音乐博物馆。

电影博物馆和戏剧博物馆也是现代常见的艺术类博物馆。中国电影博物馆、巴黎电影博物馆、美国的乔治·伊斯曼国际摄影和电影博物馆以及德国电影博物馆等，都堪称国际知名的电影博物馆。而意大利米兰的拉斯卡拉戏剧博物馆、英国伦敦戏剧博物馆以及我国的北京人民艺术剧院戏剧博物馆、天津戏剧博物馆和上海戏剧博物馆等，则是戏剧博物馆的典型代表。这些博物馆对于电影和戏剧的发展都具有重要的指导和推动作用。

实际上，艺术类博物馆中绝大多数都是以收藏和展出包括书法、绘画、雕塑和装饰艺术品等在内的各种造型艺术作品为主的美术博物馆。它又可以被细分为两种类型，一类是艺术史博物馆，主要保存和展示历史上流传下来的各种美术作品。正因如此，有时它也被划入历史类博物馆的范畴。这类博物馆中比较著名的有法国的卢浮宫、意大利佛罗伦萨的乌菲齐美术馆、美国的大都会艺术博物馆、维也纳艺术史博物馆、列宁格勒的艾尔米塔什博物馆和我国的故宫博物院、上海博物馆等。另外，像美国民间艺术博物馆、比利时安特卫普民间艺术博物馆和我国胡同张老北京民间艺术馆、河南安阳民间艺术博物馆这样的民间艺术博物馆往往也被划归此类。另一类则是保藏和展示现当代艺术家作品的美术馆。中国美术馆、法国巴黎的蓬皮杜艺术中心和美国纽约的古根海姆美术馆等，都属于世界闻名的当代美术馆。这些美术馆的收藏决策往往会受到流行美学判断标准、社会审美趣味和艺术品市场价格等因素的影响，而呈现出特殊的复杂性。同时，这些决策也会对艺术家的创作及社会审美起到一定的引导作用。总之，美术博物馆不仅是社会公众接受审美教育的重要场所，而且也是当代博物馆旅游的重要资源。

科学类博物馆是指那些以自然界及人类认知、保护和适应自然界所需的科学技术为主要内容的博物馆。它又可以被细分为自然类博物馆和科学技术类博物馆两大部分。

自然类博物馆可以将自然界的一切作为收藏和研究的对象。它们往往会通过研究和展示包括天文、地理和生物等在内的各方面自然藏品，使人们更加深入地了解自然界发展的历史和规律。在国外多将此类博物馆称为自然科学博物馆或自然历史博物馆，而我国则习惯称之为自然博物馆。阿根廷的拉普拉塔自然科学博物馆、日本东京的国立科学博物馆、1881 年从不列颠博物馆中独立出来的英国自然历史博物馆、巴黎国立自然历史博物馆、美国自然历史博物馆、史密森尼学会下属的美国国立自然历史博物馆以及中国地质博物馆、北京自然博物馆、上海自然博物馆等，都是颇负盛名的自然类博物馆。此外，具有博物馆性质的天文馆、水族馆、动物园、植物园、自然保护区和国家公园等也都属于自然类博物馆。

科学技术类博物馆还可以被细分为科学技术史博物馆和科学技术博物馆。科学技术史博物馆往往会系统地收藏和介绍某种科学技术的发展历程。我国的四川自贡盐业史博物馆、江南造船博物馆、湖北黄石铜绿山炼铜遗址博物馆、江苏南通纺织博物馆和美国波士顿交通博物馆、英国曼彻斯特科学与工业博物馆、法国纺织历史博物馆等都属于这类博物馆。科学技术博物馆则主要指那些反映人类社会重要科技成果、揭示科学奥秘的博物馆。虽然从博物馆的发展历史来看，这类博物馆起步相对较晚，但由于其能够与近现代科学技术实现互动，所以发展速度较快，规模也都比较大。而且，它们的现代化程度普遍较高，在运用声、光、电的现代化展示手段和鼓励观众动手参与等方面都具有开拓性作用。因而，自诞生以来，科学技术博物馆一直都是对公众进行科普教育的重要场所。著名的德意志科学技术博物馆、法国巴黎的发现宫、英国伦敦的科学博物馆、美国的奥本海姆探索馆和科学与工业博物馆、加拿大安大略科学中心、中国科学技术馆等，都是这类博物馆的典型代表。此外，众多诸如交通、电信、广播、建筑、矿冶、农林、医药、航天等与现代科学技术相关的专业博物馆，往往也都会被划入科学技术博物馆的范围之内。

综合性博物馆的藏品丰富多样，往往兼具历史类、艺术类和科学类博物馆的性质。从世界博物馆发展的情况来看，这类博物馆形成的主要原因就在于其收集藏品时始终保留着博物馆专业化之前的特征，即将所有它们认为有价值、有意义的事物都作为征集对象，而不考虑搜集品所反映内容的学科属性。因此，这类博物馆通常都具有历史悠久、规模庞大、藏品丰富等特点。英国伦敦的不列颠博物馆、埃及博物馆、加拿大皇家安大略博物馆和印度博物馆等，都是举世闻名的综合性博物馆。我国的综合性博物馆则绝大多数都属于全面系统反映某个地区自然与生态环境、社会历史、民俗风情和当代建设成果的地方综合性博物馆，也被称为地志博物馆。南通博物苑、山东省博物馆、甘肃省博物馆、湖南省博物馆、黑龙江省博物馆和内蒙古自治区博物馆等便是其典型代表。此外，需要特别指出的是，综合性博物馆如果发展得过大，往往就会像不列颠博物馆那样适时地进行分离。例如，浙江省博物馆就分离出了自然部用以新建浙江省自然博物馆，辛亥革命纪念馆也是从湖北省博物馆分离出来的。而且，随着博物馆专业化程度的不断加深，这种剥离无疑会成为国内外大型综合性博物馆未来发展的必然趋势。

虽然博物馆学者按照藏品所反映内容的学科属性对众多博物馆进行了上述的类型划分，但是，依然有不少博物馆由于其所拥有的藏品实在太过离奇，而无法被上述四类博物馆所囊括。比如说，由美国人罗拔韦利于 1949 年创办的“信不信由你”博物馆就是如此。它将稀奇古怪作为自己的宗旨，其藏品不仅有三条腿的马、两个头的牛，而且还包括长着胡子的女人，等等。不仅如此，伴随着新博物馆学运动的兴起，许多像生态博物馆和数字博物馆这样的新型博物馆，由于其藏品的特殊性，也很难进入上述四大分类体系。有鉴于此，我们在四大类型之外，将这些形形色色、奇异特殊的博物馆归为其它类或特殊类博物馆。

生态博物馆是现代博物馆家族中的年轻成员。自 1971 年乔治·亨利·里维埃和雨果·戴瓦兰两位法国学者首先提出生态博物馆的概念至今，虽然其发展还不到 40 年，而且关于生态博物馆最基本的定义也还众说纷纭，但它在保护特定地区自然和社会环境的整体性、展示和传承特定族群的历史文化遗存等方面所起的作用却已为广大博物馆学者普遍认同，作为新的博物馆类型，已如雨后春笋般在许多国家涌现。法国的勒克索生态博物馆、福尔兰生态博物馆、富尔米生态博物馆，加拿大的上比沃斯生态博物馆、“全社会之家”生态博物馆、洛格山谷生态博物馆，美国的亚克钦印第安社区生态博物馆，日本的钢铁制造区生态遗址博物馆和我国贵州的梭戛生态博物馆等，都是生态博物馆的成功例证。据英国博物馆学家彼德·戴维斯统计，截至 1999 年，全球已有生态博物馆 163 处，分布于 26 个国家。这类博物馆“不是将一定的藏品陈列或收藏于特定建筑中，而是将文化遗产、自然景观、建筑、可移动实物、居民的传统风俗的演示等原状地、自然地保护和保存在其所属社区和环境中。换言之，社区中的一切自然和文化遗产都被看作是生态博物馆的组成部分”①。因而，它们往往具有学科交融、与所反映社区有机连结、居民参与构建和运行等特征。

20世纪90年代以来，伴随着信息化时代的来临，计算机、网络技术开始进入博物馆，博物馆界随之出现了以数字化信息替代实物作为博物馆藏品的新观念，数字博物馆应运而生。数字博物馆也被称为数字化博物馆，就是指运用计算机、网络、多媒体等数字技术和手段，将实体博物馆的收藏、研究、娱乐、展示、教育等功能以数字化方式完整呈现的综合信息系统。通常情况下，一个完整的数字博物馆至少需要由数字藏品、存储平台、加工平台和互动展示平台四部分组成。但由于数字博物馆属于新型博物馆，其理论基础和实践经验都还不完善，所以，国内外各个博物馆的网站、网页和多媒体互动设备便成为当前数字博物馆的主要表现形式。即便如此，借助计算机和网络，它依然显示出诸多优势，比如，能够随意突破时间和空间的限制、实现与观众的高度互动、有效保护博物馆实物藏品、增强博物馆信息资源的开放与共享程度，等等。正因为如此，我们相信，随着信息技术的不断进步和实践经验的日益丰富，数字博物馆不但会保持现有的良好发展势头，而且会成为未来博物馆不可或缺的重要组成部分。

尽管都是依据藏品所反映内容的学科属性这一标准，但是，由于各国文化传统和博物馆的实际情况存在着差异，再加上对藏品所反映内容的理解不同、对类型范围的认识各异等原因，各国博物馆学者据此得到的分类体系也不尽相同。例如，日本学者伊藤寿朗就按照上述标准将博物馆分为五大类，即考古馆、历史馆、民俗馆、民族馆和纪

① 王宏钧主编：《中国博物馆学基础（修订本）》，上海古籍出版社，2001年，第54页。

念馆之类；美术馆、庭园之类；天文台、天象仪、理工馆、自然史馆和自然保护区之类；动物园、植物园、水族馆和天然公园之类；综合馆、乡土馆之类。而前苏联学者也是依据上述标准，却将博物馆分成了历史、纪念、地志、艺术、文学、技术和自然史七大类。我国则在很长时间内将博物馆据此分为社会历史类、自然科学类和综合类。博物馆类型划分的复杂性由此可见一斑。

除了作为主导性分类标准的藏品所反映内容的学科属性外，博物馆的隶属关系、观众形态、建筑及陈展方式等也都是当代国际博物馆学界比较常见的类型划分标准。

如果以博物馆的隶属关系作为分类指标，通常可以将博物馆划分为国家博物馆、地方博物馆、企业博物馆、行业博物馆、学校博物馆和私立博物馆。

国家博物馆，也被称为国立博物馆，隶属于中央政府，往往作为国家形象的象征，主要反映本国的自然环境和历史文化。前面提到的中国国家博物馆、故宫博物院、国立美国历史博物馆、墨西哥国立人类学博物馆、国立艾尔米塔什博物馆、匈牙利国家博物馆、日本东京国立科学博物馆等都属于这种类型。从这里我们也可以看出，即便是同一座博物馆，由于其自身的多重属性，也可以依据不同标准而被划入不同的类型。这也是造成博物馆类型划分复杂多样的一个重要原因。地方博物馆隶属于地方政府，主要反映当地的自然风貌和社会人文。美国的州立博物馆、英国的郡属博物馆以及我国各省、市、自治区的博物馆都属于此类。企业和行业博物馆隶属于某个企业或行业协会，用以收藏、研究和展示某个企业或行业的发展历程、重大变革和产业成果等。德国的奔驰汽车博物馆、美国的金融博物馆和我国的中国电信博物馆、青岛啤酒博物馆、上海银行博物馆等，都是国内外知名的企业或行业博物馆。这些博物馆不但是构成企业文化、彰显行业精神的重要元素，而且还具有宣传企业和行业形象、促销产品的广告效应。我们有理由相信，随着企业和行业管理者运用博物馆手段意识的不断增强，这类博物馆必然会成为未来博物馆发展的重要趋势。学校博物馆隶属于某所学校，特别是大学，其收藏主要服务于学校的教学和科研活动。如今，国内外许多大学都已经拥有了属于自己的博物馆。这其中就包括牛津大学的阿什莫尔艺术和考古博物馆、科学史博物馆、自然历史博物馆，剑桥大学的考古与人类学博物馆、菲茨威廉姆博物馆、动物学博物馆，哈佛大学的艺术博物馆、自然历史博物馆，早稻田大学的会津八一纪念博物馆，四川大学博物馆，北京大学的赛克勒考古与艺术博物馆，厦门大学人类学博物馆，兰州大学博物馆，等等。这类博物馆不仅为近现代博物馆的诞生和发展做出过重要贡献，而且至今依然是博物馆事业的重要组成部分。私立博物馆即隶属于私人或私人财团的博物馆。这类博物馆在欧美等国不仅起步早，发展快，而且数量多，影响大。法国的玛格画廊、希腊雅典的基克拉迪博物馆、丹麦的路易斯安娜现代艺术博物馆、美国纽约的古根海姆美术馆以及美国自然历史博物馆等，都是著名的私立博物馆。我国现代私立博物馆从 20 世纪 80 年代兴起至今，经历了从与民分享的家庭收藏馆到身份合法的私立博物馆再到产业化私立博物馆的发展历程，总数已达 200 余所。其中，观复博物馆、中国紫檀博物馆、北京古陶文明博物馆、上海包畹蓉京剧艺术博物馆、西安金泉钱币博物馆、四川建川博物馆聚落等，都堪称我国现代私立博物馆的成功范例。虽然与博物馆事业发达国家的私立博物馆相比，我国的私立博物馆在数量、规模和管理水平上都还存在着一定的差距，但我们可以预见，随着我国私营经济和博物馆事业的迅猛发展，这类博物馆必然会得到长足的发展，并在社会文化生活中发挥日益重要的作用。

同样以隶属关系作为分类标准，结合我国的国情和博物馆的实际情况，我们还可以将博物馆分为文化系统博物馆、科技系统博物馆、教育系统博物馆、军事系统博物馆、园林系统博物馆、民政系统博物馆和其它系统博物馆。文化系统博物馆即隶属于文化部门领导和管理的博物馆。国家和各省、市、自治区、县级博物馆大多都属此类。这类博物馆是我国现代博物馆事业的主体，它们不仅在数量上占据绝对优势，而且也是国家人力、物力、财力支持和投入的重点。科技系统博物馆主要指那些由中国科学院和各地方科委主管的博物馆。这类博物馆大多是自然博物馆和科技馆，例如，上海昆虫博物馆、武汉病毒所博物馆、昆明动物博物馆、广东科学中心和沈阳科学宫等。教育系统博物馆就是各大专院校兴建和经营的博物馆。中国地质大学逸夫博物馆、中山大学生物博物馆、吉林大学博物馆、西北师范大学博物馆和北京服装学院民族服饰博物馆等都属于此类博物馆。军事系统博物馆主要包括以中国人民军事革命博物馆和中国航空博物馆为代表的一批隶属于国家和地方军事机构的博物馆。园林系统博物馆即由园林管理系统管辖的博物馆，如北京定陵博物馆、南京孝陵博物馆和杭州南宋官窑博物馆等。民政系统博物馆就是指那些由民政部门主管的博物馆。徐州淮海战役纪念馆、南京雨花台烈士陈列馆和澳门艺术馆等都属于这种类型的博物馆。其它系统博物馆则是指由除上述部门外的其它政府部门领导和管理的博物馆，像隶属于水利部的黄河博物馆、由国家民族事务委员会主管的中国民族博物馆、隶属于中国人民银行的中国钱币博物馆和由国家安全生产监督管理总局主管的中国煤炭博物馆等都可以划入此类。

如果依照参观博物馆的观众形态对博物馆进行分类，则可以将其分为普通博物馆、儿童博物馆和残疾人博物馆。

普通博物馆以全体社会公众为服务对象，适合各类人群参观，我们前面谈到的各类博物馆都属于普通博物馆。儿童博物馆则是以儿童为主要服务对象的博物馆。作为孩子们游玩和学习的重要场所，其间的一切都是根据儿童的生理和心理特点来设计的，它们往往拥有五彩斑斓的色彩、奇异夸张的建筑、新颖有趣的游戏和参与性极强的陈展，这些都十分有利于激发孩子们的好奇心和求知欲，从而培养其细心观察、动手操作和认真思考的能力。美国的布鲁克林儿童博物馆、波士顿儿童博物馆、荷兰阿姆斯特丹的遗默儿童博物馆、日本的横滨儿童科学馆和我国的上海儿童博物馆等，都是世界闻名的儿童博物馆。所谓残疾人博物馆既包括以残疾人作为主要服务对象的博物馆，如希腊雅典的“光明之星”触觉博物馆等，也包括建筑设计和陈展方式充分考虑了残疾人需要的博物馆，如美国大都会博物馆的“残疾观众服务”、无障碍设计的新首都博物馆等。

如果以博物馆的建筑及陈展方式作为分类标准，还可以将博物馆分为室内博物馆、遗址博物馆、露天博物馆和水下博物馆。

室内博物馆就是指将陈展置于博物馆建筑之内的博物馆。目前，国际上绝大多数博物馆都是室内博物馆。遗址博物馆在前面的历史类博物馆中已做过介绍，此不赘述。露天博物馆是指将陈展置于露天的博物馆。这类博物馆往往将分散在各地的历史遗存转移并集中在某个特定的区域，由此产生一种摄影棚效应，从而使它既能够展示某个地区或民族在特定历史时期的生活状况，又能够动态地反映某地或某个民族的历史变迁。瑞典斯德哥尔摩的斯坎森露天博物馆、挪威民俗博物馆、芬兰图尔库的手工业博物馆、丹麦的里伯露天博物馆、美国的威廉斯堡、德国的米伦霍夫露天博物馆、日本的明治村和我国北京的石刻艺术博物馆等都属于此类。这类博物馆往往深受参观者和旅游者的青睐，能够创造可观的社会和经济效益。水下博物馆则是指那些将建筑和陈展都置于水下的博物馆。我国新近建成的重庆涪陵白鹤梁水下博物馆就是其典型代表。此外，埃及、墨西哥等国也都在积极筹建新型的水下博物馆。

除了上述国际流行的划分标准外，我国还经常会根据博物馆的建筑规模，将其分为大型博物馆（建筑规模大于10000 ㎡）、中型博物馆（建筑规模为4000～10000m^2）和小型博物馆（建筑规模小于4000m^2）三类；依据兴办博物馆的目的并结合藏品的性质，将博物馆划分为综合性、纪念性和专门性（专题性）三大类。

综上所述，尽管国内外博物馆学界都在博物馆的类型研究方面取得了一定的成绩，但考虑到未来新型博物馆的陆续出现以及博物馆类型划分的复杂性和多样性，我们依然有必要将博物馆类型研究作为当代与未来博物馆学研究的重要课题予以关注。

第二章 博物馆的历史

从博物馆现象的萌发到近代博物馆的正式诞生，再到现代博物馆成为重要的社会文化教育机构，博物馆的发展也同其它事物一样，经历了从无到有、从不成熟到逐渐走向成熟的过程。这个漫长而又曲折的过程就是博物馆自身形成和发展的历史。

了解博物馆的历史，追寻博物馆的进化过程，对于世界各国的博物馆而言，都具有非常重要的历史和现实意义。其历史意义主要体现在，有利于正确把握和理解博物馆发展过程中的重要史实，有助于理清并构建博物馆发展的历史脉络；而其现实意义则主要体现为，有利于人们对博物馆的性质、功用及其与社会关系的发展规律做出总结，进而为现代博物馆建设提供借鉴和指导，为未来博物馆的发展做出科学的分析和预测。总之，对博物馆历史的研究是博物馆学的重要内容。

第一节 世界博物馆发展简史

就世界范围而言，博物馆的发端可以追溯到古埃及和古希腊时期。而第一座具有现代意义的博物馆则诞生于17世纪的欧洲，并由此开始了在世界范围内的扩张与发展。其间虽然经历了种种曲折，但仍显示出顽强的生命力，最终形成了当代全球化、专业化和现代化的博物馆体系。

一、博物馆的历史渊源

博物馆现象最初萌发于人们对自身周围珍稀的和具有纪念意义的物品进行收集和珍藏的愿望。事实上，早在远古时代，人类就存在这种收藏行为，有的是出于虔诚的信仰，有的是出于对死去亲人的怀念和对祖先的崇拜，有的是出于对自己创造力的自豪和珍视，也有的是作为一种团体精神的象征。在4000多年以前的西方，古埃及和美索不达米亚的统治者就已经开始有意地寻找珍品奇物进行收藏。公元前5世纪，古希腊的特菲尔·奥林帕斯神殿也已经建立了专门保存战利品和雕塑等珍品古物的收藏室。但是，这些收藏的目的仅仅是用于炫耀武功和财富，或是用于商品交换，而不是用于研究和教育。因此，它们并不能算是最初的博物馆，而只能称之为原始意义的博物馆现象。

目前，西方博物馆学者普遍认为，世界上最早的博物馆是始建于公元前290年左右的亚历山大博物馆。早在公元前4世纪，马其顿的亚历山大大帝便在其建立地跨欧亚非大帝国的征讨过程中，把搜集、掠夺到的许多艺术珍品和各地稀有之物交给了他的老师亚里士多德进行整理和研究。以至于当时在亚里士多德创办的吕克昂学园内，收藏了数以百计的手稿、地图以及各种各样的动植物标本、艺术品和珍品古物，为亚里士多德进行教学和研究提供了丰富的参考资料。亚历山大去世后，他的部将托勒密·索特尔建立了托勒密王朝，继续致力于发展和传播希腊文化。公元前290年左右，托勒密·索特尔在亚历山大里亚城创建了当时最大的学术和艺术中心，即亚历山大博学园。博学园内有图书馆、动植物园、研究院，还有专门收藏文化珍品的缪斯神庙。托勒密王朝的这座缪斯神庙不仅具有相当规模的收藏，而且还设有保管收藏品的专门场所和专职保管人员，其经费由国库开支。不仅如此，当时著名的学者欧几里德、阿基米德等也都聚集于此，从事研究工作。此外，还有大批来自各地的青年跟随他们学习。因此，缪斯神庙也被称为亚历山大博物馆。但遗憾的是，这座博物馆在公元3世纪的内乱中毁于战火。

公元前2世纪，古希腊被古罗马征服。罗马人继承了希腊人喜爱收藏和崇拜缪斯的传统，征战凯旋的将军们常向缪斯神庙献物。同时，古罗马达官显贵的别墅也大量收藏、摆设着战利品和艺术珍品。因此，学者贝金曾说：“尽管当时罗马还没有博物馆，然而，整个罗马城就是一座博物馆。”① 此外，在公元前 27 年的罗马共和国时期，为了纪念奥古斯都大帝（屋大维）打败安东尼和克里奥帕特拉，阿格里帕在古罗马城内主持修建了万神庙（Pantheon），也被称为潘提翁神庙。虽然最初的庙宇在公元 80 年被大火焚毁，但随后在公元 125 年左右便得以重建，并保留至今。博物馆学家们认为万神庙便是西方最早的人物纪念馆，至今在欧洲仍以“Pantheon”泛指人物纪念馆。

欧洲进入中世纪（约为 5 ~ 15 世纪）以后，基本处在封建制度和教会统治的时代。僧侣垄断了文化和教育，科学成了神学的附庸。教堂、修道院以及教会学校成为收藏宗教文物的主要场所，而宫廷、贵族府邸和领主庄园则成为世俗文物珍品的聚集之地。教皇所在的梵蒂冈是基督教文物最大的收藏地，那里收藏着基督教重要的历史文物、艺术珍品和历代教徒供奉的贵重礼品。此外，意大利的圣·马可教堂、德国的哈雷修道院、瑞士的圣·莫里斯教堂等都是著名的宗教文物收藏地。它们都曾借助教会的文物收藏，宣传宗教教义，扩大教会影响。

二、近代公共博物馆的萌发

14 ~ 16 世纪的文艺复兴时期，欧洲开始从封建社会向资本主义社会过渡，近代博物馆产生的思想条件和物质条件也渐趋成熟。

文艺复兴运动不仅引发了人们对古希腊、古罗马时代古典文化的向往，而且解放了人们的思想，将赞美人性、反对封建和宗教专制、主张平等自由、提倡科学文化的人文主义思想传播到整个欧洲，从而为近代博物馆的产生提供了有利的思想条件。

在复兴古典文化的旗帜下，社会上掀起了复兴古希腊、古罗马文化的热潮。大量古希腊著作的手抄本和从古罗马废墟中发掘出来的古代艺术珍品一起在欧洲人面前重现了古代文明的灿烂辉煌。这些都极大地激发了欧洲各国王室和达官贵族收藏和鉴赏古物珍品的热情。当

① 〔英〕杰弗里·刘易斯著，苑克健译：《藏品、收藏家和博物馆——世界博物馆发展纵览》，《中国博物馆》，1993 年第 1 期，第 74 ~ 75 页。

时的西班牙王室、法国凡尔赛宫、意大利佛罗伦萨贵族以及法国布尔戈尼公爵等都收藏有大量的古物珍品。15世纪末，航海事业的发展和地理大发现更使得从遥远的地方搜集奇珍异物成为可能。这就进一步扩大了收藏的范围，从古物珍品到自然标本，人们都对其显示出了极大的兴趣。收藏行为也从王室、教会、贵族和学者阶层普及到了一般市民和爱好者，由此出现了大批私人收藏家，如意大利的保罗乔瓦·梅地奇家族、教皇西克斯图斯四世、学者彼特拉克，英国的查理一世、阿伦德尔伯爵、特拉德斯坎特父子，法国的M·罗宾，荷兰的约翰·毛雷斯和丹麦的奥尔·沃姆等。伴随着文艺复兴和地理大发现，不仅收藏品的数量不断增长、范围不断扩大，而且收藏者开始关注收藏品的审美和科学价值，使得收藏品的质量也有所提高。这些都为近代公共博物馆的诞生创造了良好的物质条件。

17世纪80年代，出现了世界博物馆史上第一座现代意义的博物馆，即1683年向公众开放的英国阿什莫尔艺术和考古博物馆。阿什莫尔公爵将其收藏的货币、徽章、武器、服饰、艺术品、出土文物和各种动植物、矿物标本等，全数赠予牛津大学，建立了这座博物馆。它是世界上第一座将私人收藏公诸于世的大学博物馆，也是西方近代史上第一座公共博物馆。

继文艺复兴运动之后，欧洲又掀起了声势浩大的思想启蒙运动和第一次工业革命，进一步促进了西方文明的民主化和科学化，也对博物馆事业的发展产生了重要的推动作用。18世纪的欧洲，相继出现了一批重要的博物馆，如爱尔兰国家博物馆（1731年）、维也纳自然历史博物馆（1748年）、伦敦不列颠博物馆（1753年）、威尼斯艺术学院美术馆（1756年）、哥本哈根国立美术馆（1760年）、俄国艾尔米塔什艺术馆（1764年）、意大利乌菲齐美术馆（1765年）和西班牙国立博物馆（1771年）等。其中，伦敦不列颠博物馆影响最大。不列颠博物馆也被称为大英博物馆，最初也是在私人收藏的基础上建立起来的。博物馆藏品的奠基人是当时英国著名的私人收藏家汉斯·斯隆爵士。1660年，斯隆出生于爱尔兰，从小便乐于收集喜爱的物品。1683年，他进入大学攻读医学，毕业后成为当时有名的医生，但医生的职业并没有妨碍他的收藏爱好。1696 年，他就曾把收集到的植物标本编制成植物名录。晚年时，他收藏的文物已经超过七万件，另有大量植物标本和约五万件的书籍、手稿和印刷品，总值高达 8 万英镑。1753 年初，斯隆去世。为了使自己的收藏能够公之于众、有利社会，他在遗嘱中要求以 2 万英镑将其收藏品出让给英国国会。同年，英国国会同意收购以斯隆收藏为主的、包括哈利家族和柯顿家族收藏在内的所有藏品，并通过了建立不列颠博物馆的《大英博物馆法》。随后，通过公众募集筹款，英国国会不仅正式收购了斯隆等人的收藏，而且还购置了位于伦敦市区附近的蒙塔古大楼作为博物馆建筑。至此，不列颠博物馆终于在 1759 年 1 月 15 日正式开馆，对公众开放。博物馆最初仅设印刷出版部、手稿部（包括钱币、绘画等）、自然和人工制品部。至 19 世纪前期，又先后成立了古物部、绘画部，并且不断充实东西方的文物珍品，最终成为当时世界上最大的博物馆。这时虽然有许多博物馆都宣称对公众开放，但依然明显存在着蔑视普通观众的贵族态度。

18 世纪末，在思想启蒙运动的影响下，爆发了法国资产阶级大革命。这场革命不但摧毁了法国的封建统治，震撼了欧洲的封建体系，促进了资本主义的发展，而且广泛传播了资产阶级自由民主的进步思想，有力地推动了法国甚至世界博物馆事业的发展。1792 年，法国公共教育委员会就曾经提出要“拥有更加广泛资料的博物标本室，更大规模的植物园、药园等等”[①]，并要求开放博物馆和植物园。直至 1793 年 8 月 10 日，共和政府才决定将收归国有的王室收藏集中于卢浮宫，并将其作为博物馆向公众开放，命名为中央艺术博物馆。11 月 8 日，博物馆正式开放。与卢浮宫同时开放的还有皇家植物园，开放后的植物园改名为自然历史博物馆。在随后的拿破仑战争中，法国军队掠夺的其它国家的文物和艺术品等，都被陆续运往卢浮宫（当时改名为拿破仑博物馆）收藏。1815 年维也纳会议后，许多被掠

---

① 转引自王宏钧主编：《中国博物馆学基础（修订本）》，上海古籍出版社，2001 年，第 65 页。

夺来的藏品物归原主，成为国际间归还文化财产的最早实例。卢浮宫的开放，不仅开创了法国公共博物馆的先河，也加速了法国乃至欧洲博物馆社会化和大众化的进程。

从阿什莫尔博物馆的建立到不列颠博物馆和卢浮宫的开放，都标志着公共博物馆时代的来临。这意味着过去仅供封建皇室和贵族赏玩的珍藏室，自此转化成了为社会公众服务的博物馆。博物馆工作开始逐渐成为一种独立的社会职业，博物馆事业也开始逐渐成为国家文化教育事业的重要组成部分。在这种趋势的影响下，欧洲诸国的许多收藏场所都陆续向公众开放。其中，不仅包括许多皇家博物馆和植物园，如瑞典斯德哥尔摩的国家博物馆、西班牙的普拉多宫和罗马梵蒂冈等，而且还有不少私人收藏室。

不仅在欧洲，18 世纪中叶以后，北美洲的博物馆事业也有了初步的发展。北美洲最早的博物馆是 1750 年在哈佛学院建立的专供教学使用的珍品收藏室，主要收藏化石。而第一个公共博物馆则是 1773 年在南卡罗莱纳的查尔斯顿城建立的。该馆由查尔斯顿城图书馆学会提议创办，主要用于展示南卡罗莱纳的自然历史。

不仅如此，18 世纪，随着思想启蒙运动和近代科学（特别是自然科学）的诞生与发展，博物馆为科学研究提供重要原始资料的职能应运而生。新兴的自然科学强调观察和实验，而当时许多原始资料、标本和仪器设备都集中在博物馆内，因此，博物馆也就自然而然地成为了科学研究的中心。伴随着科学研究的不断深入，博物馆也开始了服务于科学研究目的的收藏，并出现了供科学研究使用的藏品分类目录，藏品研究逐渐成为科学研究的重要课题。至此，博物馆便具备了进行科学研究的社会职能。

三、博物馆在世界范围内的发展

18～19 世纪，先后发生的两次工业革命，不仅极大地提高了社会生产力，促进了社会经济的发展，而且也有力地推动了科学技术的迅猛发展，激发了社会公众学习和研究科学知识的热情。这一切都为近代博物馆事业的发展，特别是科技博物馆的产生和发展，奠定了坚实的基础。虽然世界上最早的科技博物馆是 1799 年在巴黎创建的国立科学工业博物馆，但伦敦万国博览会的举办才真正为科技博物馆在世界范围内的兴起和发展提供了良好的契机。1851 年，在英国伦敦的海德公园举办了旨在展示工业革命成果的万国工业博览会（水晶宫博览会）。博览会由维多利亚女王的丈夫阿尔伯特亲自主持筹办。这是世界上的首次大型博览会，吸引了约 18000 家参展商，展出了包括工业产品和艺术品等在内的近 14000 件展品，展期内约有超过 600 万人参观。博览会结束后，英国就以这些展品为基础创建了维多利亚及阿尔伯特博物馆（1852 年）和坎星顿科学技术博物馆（1853 年）。此后，以博览会征集的展品为基础建立博物馆的做法便被欧美各国竞相效仿，有力地推动了科技和艺术博物馆的发展。例如，1872 年，在第一届俄国科技博览会基础上建立了莫斯科科技博物馆；1876 年，费城美国独立百年博览会的工业展品成为了美国工业博物馆的藏品基础；1893 年，为了保存美国芝加哥世界博览会上的生物和人类学等展品，建立了芝加哥菲尔德博物馆；等等。除此之外，伦敦万国工业博览会始创的对一切参观者免费的做法，也使许多博物馆看到了社会公众在参观时的纪律性，从而有力地推动了博物馆的社会化和大众化。

不仅如此，19 世纪，博物馆事业在整个欧洲都取得了突飞猛进的发展。仅以英国为例，1800 年英国只有约 10 座公共博物馆，而到了 1850 年已经发展到了 60 座左右，1887 年则已多达 240 座。此外，德国、奥地利、俄国、丹麦和瑞士等国也都陆续兴建了许多不同规模的各类博物馆，如 1830 年和 1831 年创建的柏林雕塑馆和铜版画陈列馆、1864 年建立的奥地利工艺博物馆、1883 年开放的莫斯科国立历史博物馆、1807 年建立的丹麦国家博物馆和 1898 年创建的瑞士国家博物馆等。

19 世纪，博物馆事业不仅在欧洲蓬勃发展，而且迅速扩展到了北美洲。在美国，由于缺少宫廷和教会的历史积累，早期博物馆的收藏大多偏重于反映人类学、自然史、艺术史和工业技术方面的藏品，而且许多博物馆都是以学术团体的收藏为基础建立起来的。例如，美国著名的波士顿科学博物馆就是以 1830 年创立的波士顿自然历史学会的收藏为基础建立的。19 世纪中叶以后，美国以科学研究和国民教育为宗旨，迅速兴建了一批博物馆，如 1846 年开始创建的史密森尼学会、1869 年创立的美国自然历史博物馆、1870 年建立的纽约大都会艺术博物馆和波士顿美术博物馆等。这些都极大地推动了美国博物馆事业的发展。

近代博物馆传播到日本的时间大致是在 19 世纪 70 年代，当时日本正处于明治维新时期。1867 年，参加巴黎万国博览会的日本代表们广泛接触了欧美博物馆，回国后做了大量宣传。1871 年，在设立文部省的同时设置了博物馆局。随后，日本也开始举办博览会，并大力开展文物保护和保存运动，日本的近代博物馆应运而生。1872 年，创建了日本最早的近代博物馆——位于东京汤岛圣堂的文部省博物馆（今东京国立博物馆）。1877 年，创立了教育博物馆（今国立科学博物馆）。之后，由中央到地方，兴建了大量博物馆和植物园，进而使博物馆事业在日本得到了长足的发展。

随着资本主义在全球的扩张，亚洲、非洲和拉丁美洲的许多国家和地区都已沦为西方列强的殖民地或半殖民地。特别是 19 世纪中叶以后，英国、法国、德国、俄国和美国等西方强国纷纷派出考古队和探险队前往世界各地，尤其是古代文明汇聚之地，搜集、掠夺了大批珍贵的历史文物和自然标本。这些文物、标本大大充实了欧美诸国博物馆的收藏，但却使亚、非、拉各国人民失去了许多民族文化瑰宝。中国，便曾饱受帝国主义的侵略之苦。1860 年，英法联军焚掠北京清朝皇室收藏历代珍品的荟萃之地，被誉为“万园之园”的圆明园以及畅春园、清漪园、静宜园、静明园。1900 年，八国联军攻入北京，又野蛮地抢掠和焚毁了皇宫、禁苑、庙坛、王公府第甚至民居店肆，使中国历史文化珍藏遭受了空前的浩劫。这些不仅是中国文化史上的劫难，也是人类文化史上的重大灾难。至今，许多被劫掠的珍贵中国文物精品依然流落在西方国家的博物馆中。就在西方殖民主义者大肆掠夺亚、非、拉各国文化遗产的同时，也在客观上催生了这些国家和地区博物馆的建立。这其中就包括 1814 年由英国皇家亚洲协会创办的加尔各答印度博物馆、1825 年建立的南非博物馆、1835 年始创的埃及博物馆和1818年创建的巴西博物馆等。

19世纪，博物馆在全世界范围内的扩张和发展，不仅体现为数量的增加，而且还表现在博物馆的专业化以及社会教育职能的出现和强化。

博物馆的专业化主要体现在两个方面。一方面，博物馆的种类日益丰富和专业化。随着社会的进步和科学的发展，博物馆的种类也日益丰富，科技馆、美术馆、雕塑馆、自然史馆、历史博物馆等都相继出现。同时，许多综合性的、藏品庞杂的博物馆也开始分化，如英国自然历史博物馆就是1881年从不列颠博物馆分化出来的，专门负责收藏和陈列自然标本。此外，这个时期还出现了新颖的露天博物馆和适应特殊观众群体的儿童博物馆。1891年，在瑞典斯德哥尔摩的吉尔卡登岛就建立了世界上第一座露天博物馆——斯坎森露天博物馆，用以展示传统的北欧民间生活方式。这座博物馆的建立是世界博物馆史上的一个创举，它不仅创造了新的博物馆类型，而且对包括博物馆的收藏、陈列以及管理在内的诸多工作观念都产生了重大的影响。1899年创建的美国纽约布鲁克林儿童博物馆则是世界上第一座专为儿童建造的博物馆。它不仅能够提供学校缺少的供学生观赏的实物，而且设计了许多实验和实习项目，为儿童提供了良好的学习环境。另一方面，博物馆的工作水平也日益专业化。自近代博物馆诞生以来，博物馆的工作便一直存在着藏品库和陈列室混杂不分、藏品分类不够科学、不讲究陈列方法和体系等诸多问题。19世纪，随着科学的进步和博物馆事业的发展，博物馆的工作水平也变得日益专业化。1836年，丹麦的汤姆逊撰写的《汤姆逊分类法》出版，对藏品的科学分类和有序陈列提出了自己的看法，不少国家的收藏者和博物馆竞相采用。不仅如此，1852年建立的德国纽伦堡日耳曼博物馆更是将藏品编入史前时代、罗马时代和德国时代三个系统，再分别按照法制生活、教会生活、教育生活、农业、美术、手工业等主题在六个展室组织陈列，以方便观众了解不同时代的社会面貌。它所采取的藏品分类方法和组合陈列、复原陈列等陈列方法，不但促进了博物馆藏品分类和科学陈列的专业化，而且也加速了博物馆社会化和群众化的进程。

18 世纪末到 19 世纪初，博物馆的社会教育职能开始逐渐萌发。19 世纪中叶以后，随着博物馆事业的发展，其社会教育职能也得以加强。上文提到的伦敦万国博览会的举办和德国纽伦堡日耳曼博物馆的陈列等，都对以实物教育为特征的博物馆产生了重要的影响，其教育价值也越来越为有识之士所认识。1873 年，英国皇家艺术学会就曾经提出，要“使所有的公共博物馆，皆具有教育及科学的目标”。[①] 1880 年，英国学者鲁斯金在其《博物馆之功能》一文中也强调博物馆应成为普通人的教育场所。此外，美国纽约的大都会艺术博物馆、布鲁克林儿童博物馆等诸多博物馆，也都曾公开申明其博物馆的宗旨是推行全面性的教育与休闲活动。1892 年，美国波士顿美术博物馆不仅开设了学术讲演课程，而且学生和教师可以享受免费参观，极大地密切了博物馆与学校的联系。总之，这些与博物馆社会教育相关的思想和实践都为 20 世纪博物馆社会教育职能的全面发展奠定了良好的基础。

四、19 世纪末至 20 世纪中叶的博物馆

19 世纪末至 20 世纪中叶，博物馆事业的发展可谓是喜忧参半。喜的是博物馆经过一战前和两战之间的迅速发展，不仅其数量和规模有所提升，而且专业化和社会化的程度也日益加深，已经初步具备了收藏、科研和教育的主要功用，正在逐渐走向成熟；忧的是相继爆发的两次世界大战，对世界范围内许多国家的博物馆都造成了不同程度的破坏，可以说，博物馆事业在这时遭遇了前所未有的打击和挫折。

19 世纪末到第一次世界大战爆发的 20 年间，社会对科学技术需求的日益增加、博物馆事业在全球的迅速扩展以及思想教育功能的不断强化等因素，促使博物馆的发展出现了一个高潮。在英国，博物馆的数量到一战前已经将近 300 座；德国在 1900 ~ 1920 年间新建了 179 座博物馆；截至 1910 年，美国的博物馆数量也已经达到了 600 座左右；日本从 1891 ~ 1911 年也设立了 55 座博物馆；俄国至 1917 年则

---

① 转引自王宏钧主编：《中国博物馆学基础（修订本）》，上海古籍出版社，2001 年，第 70 页。

已经拥有约180座博物馆。

伴随着这次世界性的博物馆发展高潮，博物馆工作人员的专业和职业意识也日益增强。于是，19世纪末到20世纪初，相继成立了不少国家和国际的博物馆专业组织。1889年，英国成立了世界上第一个国家级博物馆协会；1906年，美国博物馆协会成立，并出版了会刊《博物馆新闻》；1915年，斯堪的纳维亚博物馆协会成立，后来成立的丹麦、芬兰、瑞典博物馆分会均隶属于斯堪的纳维亚博物馆协会；1917年，德意志博物馆联盟建立；1921年，法兰西博物馆协会成立。这些博物馆专业组织的建立，不仅反映了博物馆事业的蓬勃发展，而且加速了博物馆专业化的进程，有力地推动了博物馆事业在全球的发展。

两次世界大战之间的短暂和平时期，世界博物馆又出现了一次发展高潮。这次高潮是在世界性博物馆组织产生后形成的。1926年，在许多国家和地区成立博物馆协会的基础上，国际联盟在巴黎成立了国际博物馆事务局。1934年，国际联盟学术合作委员会又举行了万国博物馆专家会议，同年出版了两卷本《博物馆学》。这部著作对博物馆的理论建设具有划时代的意义，不仅促进了博物馆学的研究，而且极大地推动了博物馆事业的发展。

第一次世界大战刺激了工业的发展和科技的普及，因此，20世纪30年代，在世界范围内出现了科技博物馆大发展的新局面。继意大利、英国、法国和德国之后，美国已经成为世界工业最发达的地区，自然也就成为了当时科技博物馆发展的中心。1933年，芝加哥成立了规模宏大的科学与工业博物馆，在其影响下，科技博物馆运动迅速推向全美。与此同时，欧洲也非常重视科技博物馆的建设。1937年，巴黎大学创办了发现宫。它打破了传统科技馆的静态陈列，代之以面向观众的表演或者现场进行的科学实验，并向观众提供可以自己动手操作的实验设备。可以说，发现宫不仅是博物馆走向现代化的典范，而且将博物馆科普教育的职能提高到了一个新的阶段。

在此期间，法西斯国家也十分重视利用博物馆进行法西斯教育，鼓动战争狂热。意大利于1926年建立的罗马帝国博物馆、1938年建立的墨索里尼博物馆以及纳粹德国建立的祖国博物馆、军事博物馆等，都是当时宣传军国主义、种族主义和法西斯主义的重要场所。日本文部省也于1932年接管了博物馆协会，从而将博物馆纳入了官方的战争宣传轨道之中。30年代后期，日本从教化总动员时期转入国家总体战体制时期，博物馆更是随之成为法西斯体制的重要工具，“逐步地和法西斯主义的前进步伐配合起来了”。正如日本博物馆学者伊藤寿朗所说，“三十年代是社会教育对于日本出现的法西斯运动起到了所谓‘尖兵部队’作用的时代”。[①] 因此，可以说，20世纪20、30年代，法西斯国家的博物馆运动主要是围绕战争展开的。

1917年11月7日，世界上第一个社会主义国家——俄罗斯苏维埃联邦共和国（苏俄）成立。苏维埃政府宣布博物馆为全民所有。与此同时，苏俄还确立了改造旧有博物馆、建立新型博物馆的方向和任务，决定将十月革命前的180座博物馆收归国有，加以改造。沙俄时期的艾尔米塔什博物馆便在1918年被改造成了国立艾尔米塔什博物馆。而且，政府还没收了贵族地主收藏的有价值的历史文物和艺术品，经过整理，丰富了原有的博物馆馆藏。1922年底，苏维埃社会主义共和国联盟（苏联）成立。苏联成立后，不仅延续了苏俄制定的博物馆政策，而且很快就开始着手筹建综合表现地方历史、自然资源以及社会主义革命成就的新型博物馆。同时，将马克思主义注入到博物馆建设的概念当中，从而使博物馆的理论和实践都具有了鲜明的社会主义意识形态特征。随着苏联统一博物馆网的建立，苏联的博物馆事业便开始迅速推进。1917年十月革命前，苏俄仅有180座博物馆。在苏维埃政权的领导下，到1954年苏联博物馆的数量已经达到了1000座左右。这些博物馆都非常重视社会教育，是苏维埃政府向人民宣传科学文化知识和进行共产主义教育的重要阵地。例如，莫斯科科学技术博物馆首创的以两年制“人民大学”形式普及成年教育的做法，便在苏联诸多博物馆间广泛推行。不仅如此，苏联博物馆的

---

① 〔日〕伊藤寿郎、森田恒之主编，吉林省博物馆学会译：《博物馆概论》，吉林教育出版社，1986年，第140～141页。

发展模式，也对中国和东欧许多社会主义国家的博物馆格局产生了深远的影响。

20 世纪上半叶爆发了两次世界大战，战争期间，世界上许多博物馆及其藏品都遭到了不同程度的损毁。例如，1939 年，纳粹德国就曾在柏林焚毁了将近 5000 件艺术品；法国在战争期间也有 8000 余幅绘画珍品被毁；而在苏联，仅 1941 年间就有 400 余座博物馆和大量文化珍品毁于战火。但这个时期，因正规学校教育迫于战争无法正常进行，博物馆便起到了一定的弥补作用。

五、现当代博物馆的日益繁荣

两次世界大战期间，除美国等少数国家外，世界上大多数国家的博物馆都不同程度地受到了战争的摧残。第二次世界大战结束后，随着社会经济的复苏和科学技术的发展，以及国际交往的增强和人们对博物馆认识的不断深化，博物馆事业也由此呈现出空前繁荣的局面。据不完全统计，二战前的 1933 年，全世界博物馆约 7000 座；至 50 年代末，仅据 77 个国家和地区的统计，博物馆的数量就已经达到了 13400 座左右；而 80 年代，博物馆的数量则约为二战前的 4 倍；到 90 年代末，全世界博物馆的总数已经将近 50000 座。这说明当今世界绝大多数博物馆其实都是近 50 年间建立的。不仅如此，目前，全世界博物馆的数量还在以每年 5% 的速度持续递增。

现当代博物馆的繁荣不仅表现在数量的飞速增长，而且还体现为类型日益多样、规模渐趋合理。20 世纪下半叶，随着博物馆事业的发展和营建主体的日趋广泛，博物馆的类型也日益多样化，几乎涉及人类社会和自然界发展的各个方面，小到昆虫、钱币，大到航空航天、天体宇宙，内容丰富，异彩纷呈。此外，原状联系性保护趋势也影响着博物馆类型的发展，在世界范围内先后出现了生态博物馆、数字博物馆、社区博物馆和企业博物馆等新型博物馆。同时，博物馆的规模在近 50 年间也呈现出非集中和中、小型化的趋势。长期的实践表明，规模太大的博物馆不但会增加观众的学习负担，容易使其产生博物馆疲劳，而且无形当中也会增大博物馆的运营成本。因此，现代博物馆不再盲目追求自身的规模，博物馆大型化和集中化的趋势开始改变，取而代之的是许多邻里博物馆和中、小型博物馆。这些中、小型博物馆不仅有利于营造良好的参观环境，更适合观众的参观学习，而且可以有效地节约成本。所以，中、小型博物馆是现当代博物馆发展的主流。

此外，博物馆专业化、社会化和现代化程度的日益加深也是现当代博物馆日益繁荣的重要表现。自 1946 年 11 月 16 日国际博物馆协会诞生之日起，它便一直推动着博物馆事业的专业化和现代化进程。国际博协通过召开一系列国际会议，不仅对博物馆的从业人员进行了细致的划分和认定，而且对他们的专业水平和系统培训提出了要求。1977 年，国际博协还正式宣布将 5 月 18 日确定为“国际博物馆日”，以更有效地促进全球博物馆的健康发展，吸引社会公众对博物馆事业的了解、参与和关注。而且，国际博协还积极地推动了藏品保护和研究、陈列展览、社会教育以及经营管理等博物馆工作的专业化和现代化进程，使得博物馆不断与时俱进，开拓创新，在现代社会生活中扮演着越来越重要的角色。近半个世纪以来，博物馆事业的蓬勃发展和第三次科技革命也有力地推动了博物馆学科的进一步发展，关于博物馆学理论和实践的研究不断深化，博物馆服务社会、服务公众的理念日益深入人心。它们正变得更加接近大众，也更具时代特色。同时，博物馆的社会职能也更加丰富，不仅具备传统的保存记忆、传承文化、传播知识、启迪智慧、社会教育和科学研究的功能，而且还担负着公共交流、休闲娱乐和文化象征等新的社会职能。

总而言之，从二战结束到 20 世纪末的 50 多年间，全世界的博物馆事业正在逐步走向成熟。不仅在自身的理论建设方面取得了重要成就，而且门类日益丰富、管理和业务水平不断提高、社会职能更加显著多样，已经成为现代社会不可或缺的重要公共文化机构。

西欧是近代博物馆的发祥地，以英国、法国、德国和荷兰为代表的主要国家的博物馆，虽然经历了战争的破坏，但凭借厚重的文化积淀和战后的迅速恢复建设，其博物馆事业很快就取得了突飞猛进的发展。这些国家的博物馆不仅藏品众多、门类丰富，而且经营管理水平先进、拥有良好的博物馆传统。因此，它们在世界博物馆发展史上依然占有重要的地位。

英国可以说是现代博物馆的发源地，不仅诞生了世界上第一座具有现代意义的公共博物馆，而且也是世界上最早制定博物馆法的国家，早在18世纪中叶就已经进入了依照法律对博物馆进行宏观管理的时代。由于博物馆事业在这里具有优良的传统，因此，20世纪下半叶博物馆在英国呈现出稳定发展的态势。20世纪30年代初，英国大约存在800座博物馆，到50年代末增加了约100座，而80年代初发展到1400多座，截至1994年，总数达到了2500座左右。与其它欧洲国家相比，英国的博物馆较少受到政府的限制，其收藏也更具综合性。而且，英国博物馆本身就有着悠久的历史，再加上战后的恢复与发展，其全国性的博物馆往往都具有很大的规模，除了享有“博物馆中的博物馆”美誉的大英博物馆外，还有英国自然历史博物馆、维多利亚及阿尔伯特博物馆、威尔士国家博物馆、皇家苏格兰博物馆、伦敦科学博物馆和伯明翰科学与工业博物馆等。近年来，又加强了地区博物馆的建设，全国正在重点普及中、小城市的博物馆。总体而言，大型博物馆与众多的中、小型博物馆相结合，正在英国社会的文化教育和旅游产业中发挥着重要的作用。

法国历来重视发展文化事业，近半个世纪以来，博物馆在法国也呈现出蓬勃发展的态势。二战前，法国已经拥有大约500座博物馆，其中不乏世界一流的博物馆和收藏。第二次世界大战给法国的经济和博物馆事业都造成了严重的创伤。战后，随着国民经济的迅速发展，文化建设也日益兴盛。这时，法国兴建了许多现代化博物馆，如位于巴黎的乔治·蓬皮杜国家艺术文化中心等。80年代，法国政府还对卢浮宫进行了大规模的整修和扩建，成功地完成了对它的现代化改造，使其成为蜚声世界的现代著名博物馆。到80年代中期，法国博物馆的数量达到1800余座，90年代末则超过2000座。不仅如此，法国博物馆学者还发起了试图突破博物馆现有模式的生态博物馆运动，并由此引发了新博物馆学在全世界的兴起。目前，法国博物馆事业相对比较发达，不仅博物馆数量众多、类型多样、收藏丰富，而且业务和管理观念先进，是推动当代博物馆事业创新发展的重要力量。

德国虽然发动了第二次世界大战，但它自己也深受战争的破坏。1940～1945年间，德国的许多博物馆建筑都遭到了严重的破坏，藏品则由于转移及时，才相对损失较少。同时，战争也使德国博物馆的格局发生了巨大变化。19世纪中叶以来，德国的博物馆大多都集中在柏林。战后，博物馆则开始在全国范围内纷纷涌现，特别是在慕尼黑、科隆和汉堡等地，相继建立了许多优秀的现代博物馆。此外，战后德国分裂为民主德国和联邦德国，博物馆也在两种不同的社会制度中发展，形成了各自不同的特点。民主德国的博物馆建设除了保存已有的历史与传统外，在指导思想上明显受到苏联的影响，非常重视利用博物馆对国民，特别是年轻一代，进行意识形态的宣传教育。由于德国是战争的发起者，所以，战后民主德国的博物馆特别重视进行反纳粹和重建民主精神的宣教。60年代，民主德国的博物馆更是强化了与地方文化、学校教育以及国际博物馆学界的联系。70、80年代则重点关注博物馆和文物的法律建设。截至1984年，民主德国的博物馆约有670座，观众人数高达3200万。而联邦德国的博物馆也在保留传统的基础上，通过战后的恢复和发展，日渐壮大。不仅出现了许多反映人们日常生活变迁的专门博物馆，如面包博物馆、扑克博物馆和鞋靴博物馆等，而且还出现了不少更加贴近民众生活，能够反映民众对人性、自然和环境关切的乡土博物馆。伴随着博物馆事业的迅速发展，到80年代初，联邦德国已拥有各类博物馆约1500座。这些博物馆不仅在类型和数量上大幅增加，而且质量也有所提高，其中不乏像柏林国立博物院、慕尼黑德意志科学技术博物馆、世界航空博物馆和科隆罗马－日耳曼博物馆这样的世界著名博物馆。90年代，由于两德合并和博物馆热潮席卷全国等原因，德国博物馆的总量达到了4500座左右，实力也有了显著的提高，遂成为现代博物馆事业比较发达的国家之一。

荷兰的博物馆在近50年间也呈现出快速增长的趋势。到90年代中期，荷兰博物馆的总数已达到800座左右，而且仍在以每年0.5%～2%的速度增长。如果从博物馆的密度来看，它无疑已进入世界前列。不仅如此，荷兰新建博物馆的类型也相当繁杂怪异，出现了诸如陶管道、冰鞋、圣经、钱箱、有轨电车、花卉球根及性文化等专题博物馆。由于荷兰博物馆比较重视教育职能的发挥，再加上荷兰的教育水平也相对较高，所以，博物馆观众数量众多。但同时，博物馆的藏品和展品又极度密集，甚至使参观空间显得局促。因此，许多博物馆不得不考虑多余藏品的“商业性剔除”，即将一些不太符合本馆性质的藏品进行拍卖。目前，荷兰政府已不再是博物馆的主要资助者，观众的门票和社会的赞助越来越成为资金的主要来源。

以丹麦和瑞典为代表的北欧博物馆也是20世纪下半叶世界博物馆发展史上不可忽视的重要部分。北欧非常重视对历史和文化传统的保护，因此，这里不但是露天博物馆运动的发祥地，而且也催生了现代“为未来保护现在”的收藏策略。同时，北欧博物馆近半个世纪的发展不仅特别注意培养博物馆主动服务社会的精神，而且也十分推崇博物馆的人性关怀。

丹麦的博物馆虽然总数不算很多，但其密度很大。90年代末，丹麦全国约有300多座博物馆，这意味着每1.5万人就拥有一座博物馆。其中，艺术类博物馆居多，几乎遍布每一座城市。目前，丹麦的博物馆不但数量持续增长，而且门类日渐繁杂，经过历史的积累和现代的建设，有些博物馆已颇具影响，如国家博物馆、国家艺术博物馆、奥尔胡斯艺术博物馆、路易斯·安娜博物馆和安徒生博物馆等。

瑞典博物馆经过近50年的发展，截至90年代中期，已有各类博物馆约700座。其中，主要的19座国家博物馆由国家拨款，更有国家历史博物馆、北欧博物馆、国家艺术博物馆、瑞典自然历史博物馆和国家民族博物馆5座中央博物馆被宣布为“法定博物馆”；其它大部分博物馆主要靠地方行政部门和有关的基金会资助。此外，瑞典非常重视博物馆的国际交流合作，其全国文化事务委员会有一笔款项专门用于三年期以上的联合发展规划。

美国是第二次世界大战中受益最多的国家。战后经济的迅猛增长、第三次科技革命的深入发展、大批文物和艺术珍品的收购以及博物馆服务社会的优良传统等，都为美国博物馆的发展创造了良好的物质基础和适宜的社会环境。因此，自50年代开始，美国博物馆的发展呈现出一片欣欣向荣的景象，取得了令人瞩目的成就。根据美国博物馆协会1965年提供的数据，1940～1949年间，美国博物馆的增长速度是每10.5天一座；而1960～1963年间，每3.3天就有一座新博物馆诞生。另据美国1961年出版的《博物馆消息》统计，1960年美国拥有约3900座博物馆。1983年，美国第78届博物馆年会公布的博物馆数量已经达到了6200座。目前，则可能已经超过了10000座，堪称全世界博物馆数量最多的国家。当代美国的博物馆不仅数量众多，而且类型多样。近50年间，从中央到地方各类博物馆的建设都取得了丰硕的成果，尤其是科技博物馆、艺术博物馆、露天博物馆、地志博物馆和各种创业史博物馆，以及深入居民为地区文化服务的社区博物馆。其中，既有像史密森尼学会这样被称为"博物馆王国"的大型博物馆群，也有大量与美国民俗博物馆相类似的小型博物馆。当代美国的博物馆除了具有数量大、分布广、收藏多、类型杂的特点外，其陈列水平也相对较高，且管理经验丰富。博物馆工作者们不仅十分重视陈列展览的知识性、趣味性和参与性，而且还特别注重对观众的调查研究，因此，博物馆往往都能够吸引大量观众。早在1980年，美国博物馆的观众数量就已占到全国人口的68%。管理方面，不论是公立还是私立，美国博物馆往往都会通过设立董事会来负责博物馆的运营，其经费来源主要来自捐赠和会员的会费。总之，近半个世纪以来，美国的博物馆在保护文化遗产、促进科学研究、传播科学知识和提高国民素质等方面都做出了重要贡献。

日本的博物馆事业在第二次世界大战中遭受了严重的破坏。统计显示，1948年时，全国仅有238座博物馆（包括休馆中的22座）。战后，日本虽然处于经济混乱的状态，但为了适应各阶层国民对文化和科学设施的需要，以地方城市为中心，迅速掀起了重建博物馆的热潮。根据日本博物馆学者伊藤寿朗的介绍，战后日本博物馆的发展大致可以分为四个阶段：从1945年8月战败到1951年12月制定博物馆法期间，是近代博物馆的诞生期；从1952年3月实施博物馆法到1955年修改博物馆法期间，是近代博物馆的调整期；从1955年修改博物馆法大约到1968年建立起文化厅的这段时期，是近代博物馆在社会上的固定期；1968 年至今是近代博物馆的改观期。通过战后的恢复和兴建，日本博物馆的数量有了大幅提高。1960 年，发展到 600 座左右；1975 年，数量达到 1300 余座；到 1983 年，已经拥有 2300 多座；至 1994 年，博物馆总量将近 4000 座，其中不乏像国立民族学博物馆这样的世界著名博物馆。公立博物馆和私立博物馆在此期间都有较大发展。在 3000 多座博物馆中，公立博物馆约有 2100 座，由国家和地方政府机构建立和管理；私立的也有总数的三分之一强。近 50 年间，日本的博物馆不仅数量大增，而且类型日益多样，其中，历史类、理工类和美术类的博物馆在新建博物馆中占有较大比例。另外，战后日本博物馆的发展还呈现出法制化、理论化和普及化的特点。博物馆的法制化主要体现在，1952 年 3 月 1 日日本颁布实施了《博物馆法》，不仅使博物馆作为公共机构得到了制度上的承认，而且对博物馆的建立以及从业人员的资格做了严格的规定。此后，日本博物馆便沿着法制化的道路不断发展前进。理论化主要体现为出版了众多的博物馆研究著作，其中，关于新博物馆问题的讨论，更是有力地推动了日本博物馆的现代化发展。而普及化则表现在博物馆在全国各地的广泛兴起和社会公众对博物馆认可的逐步加深。现在日本的博物馆遍及城市和乡村，连本州石川县的博物馆都多达 76 处。而且，日本博物馆正在进一步走进社会公众的文化生活，融博物、审美教育、休闲娱乐于一体的“社区总体营造”模式正在逐步兴起。总之，现在日本的博物馆，无论是在规模和质量方面，还是在设备和管理的现代化方面，都具有明显的特色和优势。

战后建立的韩国，在近 50 年间，博物馆事业也取得了长足的进展。截至 2003 年，全国已有博物馆 369 座（只包括韩国博物馆协会登记在册的博物馆、美术馆）。虽然总数不算多，但博物馆密度相对较大，而且其质量、类型以及在配合教育方面都显得颇具特色。韩国的博物馆既有公立，又有私立，还有的附属于大学。其中，由中央政府负担经费和管理的博物馆有 8 座，包括著名的韩国国立中央博物馆和国立民俗博物馆。私立博物馆数量较多，往往是由个人、社会团体或企业机构设立和管理。此外，还有不少大学博物馆，在配合学校教育方面发挥着重要作用。这些博物馆不但设施先进，而且类型多样、特色鲜明，尤其是专题博物馆和生态博物馆。

第二次世界大战后，东欧和亚洲形成了一批以苏联和中国为代表的社会主义国家。这些国家的博物馆事业在20世纪下半叶持续快速发展，也取得了举世瞩目的成就。以苏联为例，战后初期，苏联迅速着手医治战争带给博物馆事业的创伤，清理和保护藏品，重建博物馆网络。同时，高度关注博物馆自身的理论建设和博物馆学研究。1955年，成立了博物馆学科学研究所，并出版了《苏联博物馆学基础》，有力地推动了苏联博物馆和博物馆学研究的不断深入。随着博物馆事业的恢复重建，当时的苏联特别强调博物馆在社会主义意识形态宣传中的作用。1964年，苏联文化部先后成立了博物馆处和博物馆工作科学方法委员会，以便更好地协调和改进全国博物馆的各项活动。同年，文化部开始对博物馆网进行有计划的调整，进一步加强了博物馆发展的规划性。1965年，颁布了《苏联国家博物馆基金条例》，并由此掀起了一场“人民博物馆”的群众运动，以工厂企业、政府机构和集体农庄为主体建立了许多博物馆。60年代末，博物馆与旅游事业的联系不断密切，进一步发展了保护区博物馆。70年代中期，为了加强博物馆的科学管理和活动的计划性，苏联政府决定对博物馆网实行集中统一管理，到70年代后半期，还实行了固定地区的博物馆联合体。经过战后多年的恢复和发展，到1973年，《苏联国家博物馆纪事》所列举的博物馆已经达到1500座，还有几千座学校博物馆和人民博物馆。而截至80年代初，苏联的博物馆则更是达到了1800余座，其中，还不包括工矿企业、集体农庄和社会团体开办的约12000座小型博物馆。至此，苏联已经形成了深入社会各个领域的博物馆网。1991年，世界上最大的社会主义国家苏联解体。虽然苏联解体对原有社会主义阵营许多国家的意识形态和社会生活产生了巨大的冲击，但受到全球博物馆事业日益繁荣和博物馆历史文化传统的影响，博物馆事业在社会主义国家仍然保持了良好的发展势头。例如，古巴到90年代初时已有200余座博物馆；匈牙利的博物馆数量在1958年时只有89座，而到1994年，其非私人博物馆已达754座，其中还有包括民族博物馆、艺术博物馆、民俗博物馆、歌剧历史博物馆和农业博物馆等在内的10座国家级博物馆。随着政治制度的变化，这些国家的博物馆也发生了一些变化，主要表现为地方自主权的扩大、馆长的上级任命改为公开招聘等。虽然经历了80年代末90年代初的东欧剧变和苏联解体，但是以中国为代表的社会主义国家依然坚持走社会主义道路，博物馆作为其重要的社会公共文教设施，依然呈现出繁荣发展的景象。

亚洲、非洲和拉丁美洲的广袤大地，随着二战后民族独立运动的高涨，也纷纷摆脱了殖民主义的枷锁，建立了新兴的民主国家，走上了独立发展的道路。从二战结束到20世纪末，这些第三世界国家在发展本国经济的同时也非常重视文化教育事业，特别注重保存、传播和研究本国、本地区以及本民族的自然和历史文化遗产，建立了许多反映传统文化的博物馆。而且随着第三世界国家的不断崛起，它们的博物馆事业也不断壮大，日渐繁荣。

从二战结束到50年代中期，亚洲许多国家的博物馆都是独立前殖民主义者遗留下来的，独立后建立的不多。当时，据对亚洲19个国家和地区的统计，博物馆总计才有约846座。20世纪60年代到70年代末，是亚洲博物馆高速发展的时期。这个时期，经济的迅猛发展，文化水平的显著提高，都推动着博物馆事业在亚洲的快速前进。许多国家都兴建了大量门类繁多、设备先进的博物馆，尤其是科技馆、自然史馆和专题博物馆。到了80年代中期，亚洲的博物馆（不包括中国和日本），已经发展到了2500~3000座，不少国家的博物馆数量都有了大幅增长。90年代，亚洲的博物馆事业依然持续发展，其数量已经仅次于欧美地区，约有7500座。虽然中国和日本的博物馆数量最多，但其它各国的博物馆亦都有不同程度的增加。例如，这时泰国的博物馆数量约180座，印度尼西亚130多座，伊朗50余座，巴基斯坦约50座，哈萨克斯坦180座左右，马来西亚50余座，以色列超过200座，土耳其也有180余座。其它如柬埔寨、伊拉克、孟加拉、约旦、吉尔吉斯斯坦、土库曼斯坦、塔吉克斯坦、尼泊尔、黎巴嫩、新加坡、叙利亚、也门等国，也都建立了不少反映本国民族文化的博物馆。一些国家如果不是受到地区冲突或者国内动荡局势的影响，其博物馆事业可能还会有更可观的发展。

战后的50年间，非洲的博物馆事业也取得了不错的成绩。据统计，70年代中叶，非洲的博物馆总数才400余座，而到了90年代中期，则已经发展到了700多座。其中，南非有217座，埃及、尼日利亚、赞比亚、坦桑尼亚、阿尔及利亚等国各有几十座。这些博物馆主要反映的是非洲的古老文明和各民族最具特色的传统文化。例如，位于开罗的埃及国家博物馆就保存着反映古埃及文明的10多万件文物，其中包括著名的图坦卡蒙陵墓出土的珍贵文物；而埃及的伊斯兰艺术博物馆则收藏着自7世纪至18世纪的超过11万件伊斯兰艺术珍品，被公认为世界上最大的伊斯兰艺术品荟萃之地。此外，开普敦南非国家博物馆、亚历山大里亚美术博物馆、突尼斯国家博物馆、尼日利亚的乔斯博物馆和拉各斯博物馆，以及一些历史纪念博物馆、专题性博物馆等，都是非常有名的博物馆，吸引着来自世界各地的观众。不仅如此，肯尼亚、马拉维、马里、尼日利亚、中非、苏丹、坦桑尼亚和乌干达等国还积极制订了本国的文物保护法，有力地推动了博物馆事业的发展。此外，埃及、尼日利亚等国的博物馆还多次组织能够充分反映非洲特色的藏品出国展览，不仅宣传了非洲文化、促进了非洲博物馆和旅游业的进一步发展，而且有效地加强了国际间博物馆的交流合作。

拉丁美洲的博物馆事业在20世纪下半叶也显示出蓬勃发展的势头。据20世纪90年代初的统计，阿根廷已拥有近400座博物馆，巴西也有200多座，其它国家的博物馆数量也在不断增多。拉美地区各国的博物馆中，阿根廷的博物馆以历史和艺术类为主，纪念性、自然科学以及各专题性博物馆也很多，分布在全国各地，展现了阿根廷的传统文化。巴西的博物馆门类相对较多，既有现代化的大型博物馆，又有许多小型的地方史和宗教艺术博物馆，特别是露天博物馆颇具特色。墨西哥也拥有世界著名的博物馆，如墨西哥国立人类学博物馆等。这些博物馆是拉美国家社会文化教育的重要阵地，向国内外的人们展示着拉美的自然和文化遗产，传播着科学知识。近年来，拉美地区各国政府不断制定和完善对文化遗产的保护措施，使博物馆事业有了进一步的发展。博物馆已广泛进入拉美地区人民的日常生活，成为他们学习、旅游和娱乐的重要场所。

第二节 中国博物馆发展简史

中国博物馆的历史源远流长，其起源最早可以追溯到先秦时代，但具有现代意义的博物馆则是伴随着中国社会的近代化而产生的。博物馆在近代中国诞生后，虽然饱受国内外动荡局势的影响，却依然顽强不息，一直在探索中曲折前进。直至1949年中华人民共和国成立，才将博物馆的发展推向了一个空前繁荣的阶段。经过半个多世纪的发展，如今的中国已经初步建成了遍布全国的博物馆体系，博物馆事业蒸蒸日上。博物馆作为重要的社会公共文化教育机构，正在全国各族人民的社会文化生活中发挥着越来越重要的作用。

一、中国博物馆的历史渊源

中国古代没有博物馆的概念，但现代我国有博物馆学者认为，可以将公元前478年以孔子故居和遗物创建的位于山东曲阜的孔子庙堂作为中国纪念性博物馆的发端，理由是它不仅保存着与孔子相关的各种实物，而且是举行纪念仪式、研习经典和供人参观的重要场所，这些都与我们今天对博物馆的理解颇为相似。不管是否同意这种观点，有一个事实是我们应当承认的，那就是中国传统文化中的祖先崇拜思想和重视古物珍品的习惯非常有利于文物收藏的形成。

早在3600多年前的商朝，商王室和贵族们就已经开始搜集和保存珍品古物。周王朝继承了商朝的收藏传统。据《周礼》记载，西周时就已出现了收藏文物珍品的“天府”，并设有专职官员负责登记、管理。同时，周朝的宗庙、府库也收藏有诸多文物宝器。秦汉以后，既出现了保存战利品、纪念品和古物的武库，也建立了专门收藏艺术珍品、图书文物的“天禄”、“石渠”和“兰台”[①]。此后，历朝

① 严建强著：《博物馆的理论与实践》，浙江教育出版社，1998年，第72页。

宫廷王室都开始建立集藏文物珍品的专门场所。如隋炀帝时，便建立了“妙楷台”和“宝迹台”[①]，专门用于收藏自魏以来的书法名画。到了宋朝，崇尚古物、收藏鉴赏之风更胜。宣和年间，仅皇室收藏的文物就已多达万余件，因此，宋徽宗先后修建了崇政殿、宣和殿、保和殿以及稽古阁、博古阁、尚古阁等殿阁，专门收藏书画、古玉、印玺和各种鼎彝礼器。不仅皇室如此，官僚、士大夫们也竞相收藏，涌现出了包括欧阳修、赵明诚在内的一批名重一时的私人收藏家。这时，不论是宫廷皇室还是贵族官僚，他们收藏的目的都已不再是单纯的赏玩遣兴，而是更多地关注收藏品的历史和文化价值。随着收藏者对藏品价值的关注，对藏品的研究在这时也取得了重大的成就。不仅出现了官修的《宣和博古录》、《宣和书谱》和《宣和画谱》等研究著作，而且出现了不少私人藏家的研究论著，如欧阳修的《集古录》、吕大临的《考古图》和赵明诚的《金石录》等。这些著述对后世藏品的鉴赏研究、分类登录和保护修复都具有重要的指导和借鉴作用。元灭宋金，依然十分重视对古物珍品的收藏、保护和研究，不仅有秘书监收藏和保护书画，而且先后设置了典瑞院、奎章阁和宣文阁等，用以收藏和研究书画古物。明朝宫廷虽然接收了元朝的许多收藏，但规模已不如前代。然而这时，王府权贵和私人藏家的收藏却日渐丰富，甚至还出现了文物鉴定方面的专著《格古要论》。到了清代，文物的收藏和研究都有了进一步的发展，无论是收藏品的数量和种类，还是对收藏品的研究和鉴赏，都远远超过了前代。当时，不论是皇家宫廷，还是私人藏家，其藏品多以万件计，且类型众多，自书画印玺、石刻拓本、古玉陶瓷、金铜佛像至甲骨钱币、钟表奇器，琳琅满目，不胜枚举。同时，对藏品的鉴赏和研究也日益深入。不仅出现了钱大昕、王昶、吴式芬、吴大澂、端方、叶昌炽、杨守敬等著名的收藏鉴赏家，而且产生了大量官方和民间修著的关于藏品研究的理

① 据《隋书·经籍志一》记载，隋炀帝时“又聚魏已來古跡名畫，于殿後起二臺，東曰妙楷臺，藏古跡；西曰寶蹟臺，藏古畫。”参见〔唐〕魏征等撰：《隋书·经籍志一》，中华书局，1973年，第908页。

论著作，如《西清古鉴》、《宁寿鉴古》、《秘殿珠林》、《石渠宝笈》、《钱录》、《语石》等。

虽然我国对文物珍品的收藏、保护和研究有着悠久的历史，但历代的收藏多偏重于文物，对于自然科学方面的藏品重视不足，而且长久以来，这些收藏多为统治阶级和贵族官僚所有，始终处于封闭的内向环境中，不向社会开放。所有这些，都严重地阻碍了近代公共博物馆在我国的产生，但却在客观上为近代博物馆的诞生奠定了坚实的物质基础。

二、中国近代博物馆的发端

1840 年鸦片战争之后，我国逐步沦为半殖民地半封建社会。与此同时，随着资本主义思想文化的渗透传播以及国人对包括博物馆在内的近代科学知识的宣传介绍，我国境内不但相继出现了许多外国人开设的博物馆，而且也诞生了第一座国人自主创办的公共博物馆，所有这些都可以视为中国近代博物馆的发端。

1. 外国人在中国开办的博物馆

19 世纪 60、70 年代到 20 世纪初，随着帝国主义列强在华势力的不断增强，法、英、日、美等国相继在上海、天津、济南、台湾、成都等地开办了一些博物馆。这些外国人在中国开办的博物馆起初只是作为传教活动的副产品，后来，为了配合帝国主义的殖民侵略活动，遂成为掠夺中国资源、搜罗中国文物和实施奴化教育的文化侵略工具。但不可否认的是，客观上它们也对中国近代博物馆的创立起到了一定的启迪作用。

最早在中国境内开办博物馆的是法国天主教耶稣会的会士韩伯禄（韩德）。1868 年，法国传教士韩伯禄在上海徐家汇始创徐家汇博物馆，以期实现通过开展科学活动推动和促进传教事业的目的。当时的徐家汇博物馆主要收藏动物和植物标本，每日午后准入参观。1930 年，徐家汇博物馆划归同属耶稣会的震旦大学，并另建新馆，改名为震旦博物院。虽然徐家汇博物馆是由外国人创办的，但它却是中国境内出现的最早的近代意义的博物馆。随后，1874 年，英国皇家亚洲文会北中国分会也在上海创办了上海博物院，主要收藏生物标本和矿物标本，还包括一些文物和美术品。1904年，法国传教士在天津法租界海大道的新学中学内创立了华北博物院，藏品主要为地质及矿物标本。1905年，英国浸礼会教士怀恩光也在济南兴建了广智院，主要展出动植物和矿物标本，以及科技模型、历史文物等。1914年，法国耶稣会神父桑志华在天津筹建黄河－白河博物院，后更名为北疆博物院，即天津自然博物馆的前身。1928年，北疆博物院陈列馆正式向公众开放，藏品以自然标本为主。值得注意的是，在北疆博物院陈列馆建成之前，桑志华曾将在我国境内搜集的许多珍贵动植物标本运往国外，赠送给包括巴黎自然历史博物馆和伦敦自然历史博物馆在内的诸多欧美博物馆。这种行为虽然在客观上增进了欧美人民对中国自然状况的了解，但实际上却是对中国自然资源的一种掠夺，同时也进一步刺激了西方殖民侵略者的野心。此外，这个时期外国人在中国开办的博物馆还包括日本人于1915年在台湾建立的台湾总督府民政部殖产局附属纪念馆、1916年在旅顺建立的满蒙博物馆（1918年改称关东都督府博物馆）以及美国人于1919年在四川成都建立的华西协和大学博物馆等。

2. 中国人创办的近代博物馆

鸦片战争后，国内许多有识之士看到了帝国主义列强的坚船利炮和清王朝的腐朽孱弱，遂开始关注西方的科学文化，试图从中找到救国的良方。国人对近代博物馆的关注也就是从这时开始的。1848年，徐继畬在《瀛环志略》中就已经对普鲁士、西班牙和葡萄牙等国建立的相当于军事博物馆和历史博物馆的“军器库”、“军工厂”和“古玩库”等进行了详细的介绍。以后，随着出国访问和留学人员的增加，有关国外博物馆的情况也越来越多地见诸各种游记和随笔中。林鍼的《西海纪游草》、斌春的《乘槎笔记》、张德彝的《航海述奇》、王韬的《漫游随录》、志刚的《初使泰西记》、李圭的《环游地球新录》、郭嵩焘的《使西纪程》、黎庶昌的《西洋杂志》、陈兰彬的《使美纪略》和徐建寅的《欧游杂录》等，都对欧美诸国的博物馆及其陈列展览进行了客观细致的描述。这些对国外博物馆的见闻和介绍不仅使国人耳目为之一新，而且在一定程度上也激发了国人进一步了解甚至建立博物馆的兴趣。

19 世纪末，随着维新运动在中国的兴起，人们越发认识到博物馆对社会民众教育的重要性，因此，许多维新人士都提出了建立博物馆的主张。1895 年成立的上海强学会就曾在其章程中将建博物院与译印图书、刊布报纸、开图书馆一起作为“最重要四事”。同时，强学会的地方学会章程中也有创立博物馆的规定。1898 年，康有为在《大同书》中也曾提出在太平世的全国三级行政组织中均应建立博物馆的主张。此后的“百日维新”期间，以康有为、梁启超为代表的维新派们在提倡废科举、办学堂、设报馆、广译书的同时，也提出了创立博物馆的主张，并得到了光绪皇帝的支持，甚至在 1898 年总理衙门起草的章程中，还详细制订了对民办博物馆的奖励办法。不仅如此，当时清政府包括工部尚书孙家鼐、刑部侍郎李端棻和江南道监察御史李盛铎等人在内的诸多大臣也十分赞成建立博物馆，以启发民智。虽然由于维新运动的失败，这些主张没有能够实现，但近代博物馆在中国产生的思想条件和社会条件却日趋成熟。

其实，早在 19 世纪 70 年代，国人便开始了创建博物馆的尝试，如 1876 年京师同文馆设立的博物馆、1877 年上海格致书院拟建的“铁嵌玻璃房”博物馆等。虽然它们对于我国博物馆事业的初创具有一定的推动和促进作用，但它们尚不完全具备近代博物馆的特征。博物馆学界通常是将 1905 年张謇创建的南通博物苑视为中国人自主创办的第一座公共博物馆。

张謇是清朝末年的状元，也是近代著名的实业家和教育家。他认为，“欲国之强，当先办教育”，而“欲兴教育”，则应“先兴实业”。因此，他先后兴办了包括大生纱厂、通海垦牧公司等在内的一批民族企业，并以这些企业创造的利润兴办文化和教育事业。这位开明儒雅、深具社会责任心的实业家，在其从事文教活动的过程中，以及在国外所做的对博物馆社会意义的考察中，深刻地认识到博物馆在保护文物珍品、配合学校教育、开发民智和提高国民文化修养方面具有重要作用。1905 年，他相继向清政府递交了《上南皮相国请京师建设帝国博览馆议》和《上学部请设博物馆议》，建议在京师建立国家博物馆，并向全国各地推广。但是，张謇的建议并未被清政府采纳。同年，他便开始以个人财力在家乡南通筹建南通博物苑，通过购置民房、迁移荒冢、平土筑垣，先后兴建了中馆、南馆、北楼和东楼四个陈列馆，并向社会公众开放，陈列自然、历史、美术和教育四部分多达2900余号、约20000余件的藏品。此外，苑内还设有植物园和动物园，并且建造了假山、亭榭、荷池等园林建筑。经过十年的苦心经营，南通博物苑终于发展成为融中国古代园囿与近代博物馆于一体、将民族特色与科学内容相结合的"园馆一体"的园林式综合性博物馆。南通博物苑的建立，不仅开创了中国博物馆事业的新纪元，而且在中国博物馆发展史乃至中国近代文化发展史上都具有开风气之先的重要意义。

张謇不仅成功地创建了南通博物苑，而且他还积极吸取国外博物馆建设的有益经验，结合自己对博物馆长期建设管理的思考和实践，对包括博物馆的性质、职能以及具体作业和管理等在内的一系列问题进行了精辟的论述。例如，他认为博物馆具有保护祖国文物、辅助学校教育和启发民智的功用；藏品的来源既可以是内府也可以是私人藏家；藏品的征集应当自愿，且对捐赠者应予以奖励；藏品征集的范围应当全面多样；对征集品应当甄别鉴定，谨慎收藏；对藏品应当分类保管，编目登记，进而考证研究；陈列展览应具有特色，可以按展品性质，以地区、时代等为线索进行布展；博物馆的管理不仅需要严格的规章制度，更需要学识渊博的管理人才；等等。张謇的这些博物馆理论，既借鉴了西方的先进理念，又结合了中国的实际情况，实为中国早期的博物馆学理论。它不仅对中国当时的博物馆建设具有重要的指导意义，而且也为中国博物馆事业和中国博物馆学的发展奠定了坚实的基础。

南通博物苑的出现，带动了中国博物馆事业的初步发展。紧随其后，1905年，清学部侍郎严修在其家乡天津的城隍庙开办了教育品陈列馆,"陈列理化仪器,博物标本多种,纵人观览"[①]。1906年,京师乐善园(故址在今北京动物园)被辟为农商部农事试验所,陈列自然标本。1908年,山东泰安创设教育博物馆,"自日本购到教育品多种,一一陈列,任人观览"[②]。此外,两江总督端方也以个人收藏在北京琉璃厂海王村开办了陶斋博物馆。

这个时期,我国开办的博物馆以自然类的为主,而且博物馆基本都是以保护文物和标本、启发民智为主要目的,进而使之成为辅助新式学校教育的工具。在此期间,虽然早期的博物馆几乎都是依靠民间力量兴办的,但清政府却将对博物馆事业的行政领导和监督纳入了当时政府教育行政管理的职责范围。

三、中国博物馆事业的初步发展

1912到1937年间,中国社会发生了一系列变革。从清王朝的覆灭到"中华民国"的建立,从新文化运动的兴起到五四运动的爆发,全都有力地推动着中国社会的发展和变革,崇尚民主、提倡科学的观念日益深入人心。这些都极大地促进了社会文化教育事业的发展,中国的博物馆事业也在这时得以迅速发展,并取得了显著的成就。

1912年,在教育总长蔡元培的主持下,国立历史博物馆筹备处正式成立,馆址初设北京国子监旧址,并聘请京师大学堂教授胡玉缙为筹备处主任,接收太学礼器等文物作为最初的馆藏。1917年,教育部决定将该馆迁往故宫午门,以午门城楼和两翼亭楼作为陈列室,东西朝房和端门城楼作为文物库房,其中部分西朝房作为办公室。这时的国立历史博物馆除接收了大量社会捐赠和政府移交的文物外,还不断通过藏品征集和考古发掘继续充实馆藏。截至1926年,该馆藏品已达215200余件。经过多年筹备,1926年10月10日,国立历史博物馆正式对外开放,设有十个专题陈列,供社会公众参观学习。开

---

① 《东方杂志》二卷3号,1905年。转引自王宏钧主编:《中国博物馆学基础》,上海古籍出版社,1990年,第83页。

② 《东方杂志》四卷7号,1907年。转引自王宏钧主编:《中国博物馆学基础(修订本)》,上海古籍出版社,2001年,第78页。

馆后，该馆不但陆续编辑出版了《国立历史博物馆丛刊》、《国立历史博物馆讲演会讲演录》，而且还编印了《国立历史博物馆陈列物品目录》、《国立历史博物馆存储物品目录》等。1927 年，教育部还制定了《教育部历史博物馆规程》，明确指出国立历史博物馆以“搜集历代文物，增进社会教育”① 为宗旨，馆长由教育总长聘任，主持馆务。

国立历史博物馆是中国第一座由国家创办的博物馆，在推进中国近代博物馆事业和社会文化教育事业方面产生了重大的影响。虽然草创伊始，因陋就简，但却高踞昔日封建王朝的午门之上，向世人宣告着两千多年封建帝制的终结和民主共和时代的来临。

1928 年，南京国民政府改北京为北平，国立历史博物馆改属大学院。1929 年，大学院改制，历史博物馆又归属教育部。同年 8 月，又将其划归国立中央研究院历史语言研究所，更名为国立中央研究院北平历史博物馆。1933 年 4 月，历史博物馆划归在南京新成立的国立中央博物院筹备处，改名为国立中央博物院筹备处北平历史博物馆。当时，日军已侵占东北，并开始大举进犯华北，历史博物馆便将部分重要藏品运往中央博物院筹备处保存。

继国立历史博物馆之后，1913 年，内务部开始将热河（今河北承德）和奉天（今辽宁沈阳）两地清廷行宫的文物共 20 余万件陆续运往北京，在故宫文华殿和武英殿成立了古物陈列所，任命热河都统治格为所长。1914 年 10 月，古物陈列所正式对外开放。这是中国博物馆史上第一座以帝王宫苑和皇室收藏辟设的博物馆。在其影响下，1915 年，在南京明故宫旧址也建立了南京古物保存所，用以保护和陈列明故宫遗物。为了吸引观众和保护藏品，古物陈列所规定稀世珍品不作长时间陈展，要经常更换，而一般展品“或旬月一换，或逢令节纪念日等日减价期间，分别选择更易”②。据不完全统计，从

① 转引自王宏钧：《中国博物馆事业的创始和民国时期的初步发展》，《中国文化遗产》，2005 年第 4 期，第 9 页。

② 同上。

1928年7月中旬到1934年，该所共接待观众422000人次，最多一月（1932年10月）观众达17457人次。1946年12月，古物陈列所并入故宫博物院。

其实，自“中华民国”成立以来，随着近代科学教育和学校在全国的兴起，一些开明人士和社会团体便开始呼吁建立科学和教育博物馆。早在1913年，交通大学北京铁道管理学院就在北京府右街建立了教学实习性的博物馆。1915年，该馆制作的各种大桥涵洞模型还曾在巴拿马太平洋博览会上荣获大奖章。自此之后，全国各地相继建立了一批有关科学和教育的博物馆。1916年，经章鸿钊、丁文江、翁文灏等人的共同努力，在北京西城兵马司胡同成立了农商部地质调查所；同时，在兵马司胡同南面的丰盛胡同建立地质陈列馆，陈列地矿标本917件。这是我国第一座以地质矿产为内容的专门博物馆。同年，保定各学校和教育机关联合成立了保定教育博物院。1918年，直隶省教育科及天津劝业所联合各级学校建立了天津博物院（1928年改名为河北第一博物院）。同年9月，江西教育厅筹设的省立教育博物馆正式开馆。1919年10月，山西省成立了教育图书博物馆。翌年，教育部也在北京筹办教育博物馆。

1925年，故宫博物院的成立是中国博物馆发展史上的一件大事。故宫，又称紫禁城，原为明、清两代的皇宫，宫内建筑宏伟壮观、金碧辉煌，皇室珍藏更是琳琅满目、精美绝伦。辛亥革命后，根据“中华民国”政府对清皇室的优待条件，紫禁城内后三宫仍由逊帝溥仪居住。溥仪居宫内，一直与亡清残余势力图谋复辟，且以赏赐、典当、修补等名目从宫中倒出大量文物，引起了社会各界的高度关注。1924年，冯玉祥发动“北京政变”，组织摄政内阁，修改了对清皇室的优待条件，将溥仪逐出宫禁。同时，成立了办理清室善后委员会，负责清理清皇室财产及一切善后事宜。1925年9月29日，善后委员会制定并通过了《故宫博物院临时组织大纲》。1925年10月10日，故宫博物院正式宣告成立，并对社会公众开放。1928年，南京国民政府接收故宫博物院，并颁布了《故宫博物院组织法》和《故宫博物院理事会条例》，规定“故宫博物院直隶于国民政府，掌理故宫及所属各处之建筑、古物、图书、档案之保管、开放及传布事宜”[①]。国民政府任命李煜瀛任理事长，易培基任院长。院以下设秘书处、总务处以及古物馆、图书馆、文献馆，古物馆馆长为易培基（兼），文献馆馆长为张继，图书馆馆长为庄蕴宽。至此，故宫博物院大局初定。

1928至1931年间，故宫博物院不但将部分宫殿及其陈设保持原状对外开放，而且还新开辟了宋元画、明清画、玉器、铜器等37个专门陈列室，出版影印字画和图书、文献二百多种，定期刊物数种。这些都为故宫博物院赢得了大量观众，据统计，仅1934年，故宫博物院的观众数量就高达52776人次。

故宫博物院以恢弘壮丽的古代宫殿建筑群和丰富珍贵的文物收藏而为世界瞩目。同时，它的成立也对以后我国博物馆事业的蓬勃发展起到了积极的推动和促进作用。继故宫博物院之后，我国许多省市都开始纷纷兴建博物馆，主要包括：1927年开始筹建的河南博物馆、同年成立的湖南地质矿产陈列馆、1928年建立的兰州市立博物馆、同年成立的南京市立历史博物馆、1929年建立的浙江西湖博物馆、1930年成立的天津美术馆、1934年建立的广西博物馆和同年开工的上海市立博物馆等。与此同时，博物馆的类型也日趋多样化，出现了不少颇具特色的博物馆。例如，1929年由中央观象台改组建立的国立天文陈列馆，1931年由北平静生生物调查所筹建的通俗博物馆，1932年正式开馆的青岛水族馆，同年建立的北平国剧陈列馆和1934年创建的庐山森林植物园等。

另外，20世纪30年代初，南京中央博物院的筹建也是近代博物馆发展史上的重大事件。实际上，早在1924年，颜惠庆、顾维钧、章士钊等人就曾提出筹建综合性中华博物院的方案，“以搜掘陈列并研究自然科学及工业的、美术的、历史的各种物品为范围”[②]，但这

---

① 转引自王宏钧主编：《中国博物馆学基础（修订本）》，上海古籍出版社，2001年，第83页。

② 王宏钧：《中国博物馆事业的创始和民国时期的初步发展》，《中国文化遗产》，2005年第4期，第11页。

个计划并未实现。1933 年，时任国立中央研究院院长的蔡元培再度倡议创建国立中央博物院。4 月，中央博物院筹备处于南京成立，并延请傅斯年任筹备处主任（后李济继任）。筹备伊始，便将“汇集数千年先民遗留之文物及灌输现代知识之资料，为系统之陈列，永久之保存，借以为提倡科学研究，辅助民众教育”作为其宗旨。南京国民政府教育部所拟《中央博物院设立意见书》关于分设自然、人文、工艺三馆工作计划中提出：“自然馆中，求能系统的扼要的表示自然知识之进展，并求其利用中国材料；人文馆中，求能系统的表示世界文化之演进，中国民族之演进；工艺馆中，表示物质文化之精要，尤其是关于实业及国防者，用以激励国人。”① 三馆分别由翁文灏、李济、周仁负责筹备工作，院址选定在南京中山门内。1936 年 4 月，成立理事会，推举蔡元培为理事长。同年夏，第一期工程破土动工，建造由徐敬直设计的人文馆。1937 年 8 月，因日本侵略军的进犯被迫停工，第一期工程仅完成四分之三。筹备处随即迁往四川，直到 1946 年才迁回南京。1948 年，人文馆竣工开放，规划中的另外两馆因时局原因未能实现。1950 年，定名为南京博物院。

综上所述，从 1912 到 1937 年的二十多年间，我国的博物馆事业得到了初步发展，不仅将博物馆纳入国家社会教育体系，初步确定了国家对博物馆的宏观管理体制，而且制订了与文物博物馆相关的法令和规章，如《名胜古迹古物保存条例》（1928 年）、《古物保存法》（1930 年）、《暂定古物之范围及种类大纲》（1935 年）、《古物出口护照规则》（1935 年）等，使文物和博物馆的管理更加规范化和法制化。不仅如此，在这期间，我国博物馆的数量、规模、类型和专业水平也都取得了长足的进展。据统计，截至 1936 年，全国博物馆总数达 77 所，连同具有博物馆性质的美术馆、古物保存所和植物园等共计 231 所。其中，既有像国立历史博物馆、故宫博物院一样的大型国家级博物馆，又有许多省市级的中、小型博物馆；既有传统的自然、

① 《中华博物院组织大纲》，中国第二历史档案馆藏。转引自王宏钧主编：《中国博物馆学基础（修订本）》，上海古籍出版社，2001 年，第 84 页。

历史和综合性博物馆，又有新兴的科技、艺术和专门性博物馆。这些博物馆对中国博物馆事业的发展都具有重要的促进作用。与此同时，包括藏品征集、保管、研究和陈列展览在内的各项专业工作的水平也得到了显著提高。不但藏品征集的途径日益多样、范围不断扩大，而且藏品的数量持续增长、保管日趋科学；不但陈列展览的数量和质量有了明显的提高，而且对外交流和吸引观众也做得有声有色，如1935年曾组织故宫博物院、古物陈列所和河南博物馆的精美藏品赴英国伦敦参加中国艺术国际展览会，由此吸引了大量国内外观众；不但博物馆的收藏和社会教育职能日益显著，而且对博物馆及其藏品的科学研究也日渐深入，出版了许多馆刊，如《历史博物馆丛刊》、《故宫周刊》、《浙江省立西湖博物馆馆刊》等。

随着博物馆事业的发展和人们对博物馆认识水平的深化，博物馆在社会生活中的地位日益提高，从业人员的职业意识也不断增强，这些都为全国性博物馆团体的建立创造了条件。1935年，中国博物馆协会在北平成立。协会以《中国博物馆协会组织大纲》为指导，确定以“研究博物馆学术，发展博物馆事业，并谋博物馆之互助”① 为宗旨，推举马衡为会长，袁同礼、翁文灏、朱启钤、叶恭绰、李济等十五人为执行委员。协会下设专门委员会，分别负责博物馆学术研究、博物馆建筑和陈列、博物馆学论著的审查出版和学术讲演会的召开。协会的会员分为团体会员、个人会员、永久会员和名誉会员四种。协会诞生之初，团体会员有30多个，个人会员120余位。协会成立后，不仅发行了《中国博物馆协会会报》，而且编印了《中国博物馆丛书》。1936年，还在青岛召开了中国博物馆协会、中华图书馆协会联合年会，规划全国的博物馆事业。

中国博物馆协会的建立，不论是对博物馆事业的发展，还是对博物馆学的研究，都具有积极的推动作用。在其影响下，我国博物馆学者陆续编辑出版了《中国博物馆一览》、《博物馆学通论》、《博物馆

---

① 转引自梁吉生：《中国博物馆协会及其学术活动》，《中国文化遗产》，2005年第4期，第27~28页。

学概论》等资料和论著。这些成果不仅反映了当时我国博物馆事业的状况和博物馆学研究的水平，而且客观地介绍了国外博物馆的情况，对我国博物馆事业的发展具有一定的参考借鉴作用。

四、抗日战争及解放战争时期的博物馆事业

1937 到 1949 年的十二年间，中国陆续爆发了抗日战争和解放战争，举国上下都笼罩在战争的阴霾下。帝国主义的侵略、连年的战事和社会的动荡，使得社会政治、经济和文化教育都遭受了严重的打击。其间，大多数博物馆遭到破坏，大量珍贵藏品被毁，我国的博物馆事业遭遇了前所未有的重创，基本处于停滞状态。

1. 抗日战争时期的博物馆事业

抗日战争时期（1937～1945 年），中国的博物馆事业遭到了严重的摧残。虽然在抗日战争全面爆发前，国民党政府为了保护文物藏品，曾将包括故宫博物院、古物陈列所等在内的部分博物馆迁往内地。但是随着日本侵华战争的不断扩大，仍有大量博物馆受到战事的冲击，它们中有的直接毁于日寇的炮火；有的沦陷后遭到敌伪的劫掠；有的被迫关闭或转移，在辗转迁徙途中，文物藏品多有散佚毁损。即便是国民党统治区仅存的少数博物馆，也无法正常开展活动。据统计，受日本侵华战争的影响，中国的博物馆数量从 1936 年的 77 座，逐步减少到 1937 年的 42 座，再到 1942 年的 20 座，最后，到 1944 年仅剩 8 座。即使加上这期间在西南的四川等省新建的几座博物馆，截至 1945 年抗日战争结束，我国也仅有 12 座博物馆。

对于日本帝国主义侵华战争造成的文物藏品的损失，更是很难进行完整、精确的统计。1945 年 10 月，国民政府战时文物保存委员会曾对公私文物损失进行登记，根据调查分类分省编成《战时文物损失目录》，分列书籍、字画、碑帖、地图、艺术品、仪器、标本、古迹八类，文物藏品损失总计 3607074 件，又 1870 箱，古迹 741 处。

虽然战争给博物馆事业带来了巨大的灾难，但在战争期间，出于不同的目的，在国民党统治区、日伪统治区及伪“满洲国”，依然有屈指可数的博物馆得以建立。为了继续国民教育、激发爱国热情，同时，保护珍贵藏品，国民政府在中国内地建立的博物馆主要包括：

1939年在兰州创建的甘肃科学教育馆、1941年在成都建立的四川博物馆和1943年在重庆北碚创立的中国西部博物馆等。怀着掠夺中国自然文化资源、对中国进行文化侵略和对中国民众进行奴化教育的野心，日本侵略者分别在青岛和武汉开办了山东产业馆和伪“省立古物陈列所”，还在伪“满洲国”建立了所谓的“国立中央博物馆奉天分馆”、“国立中央博物馆”和民俗博物馆等。

中国共产党自1921年诞生之后，便一直十分重视文物与博物馆工作。早在1933年，中华苏维埃共和国临时中央政府教育部就曾决定在瑞金附近的叶坪建立中央革命博物馆，并向各级政府机关、党组织、部队和各群众团体征集革命文物，但残酷的战争环境使得这项工作最终未能实现。抗日战争期间，延安等革命根据地仍然非常重视文化教育事业，博物馆事业也在恶劣的环境下艰难前行。这期间，一方面，中国共产党利用革命根据地的教育馆、展览馆和庙会等，举办了各种类型的陈列展览，对广大人民群众进行爱国主义和科学文化教育。例如，1940年八路军野战政治部一二九师举办的军民死难烈士遗物展览会，从1943年开始延安每年组织的综合性展览等。据不完全统计，抗日战争期间，延安等地举办的文教、美术、生产、卫生等重要展览会不下一百个。另一方面，中国共产党不但曾经尝试建立博物馆，如1941年陕甘宁边区第二届参议会曾提出筹设历史博物馆的议案，而且努力将其付诸实施，于1940年在延安创建了成吉思汗纪念堂和蒙古文化陈列馆，1941年在延安文化沟创立了边区地质陈列馆，延安鲁迅艺术学院和陕北公学等学校也积极地筹建了陈列馆。这些都为日后新中国博物馆事业的发展奠定了广泛的物质基础和群众基础，也积累了一定的经验。

2. 解放战争时期的博物馆事业

1945年8月，抗日战争胜利以后，包括故宫博物院、中央博物院、河南博物馆等在内的各地博物馆都陆续恢复了活动。同时，国民党教育部和各地有关机构对日伪地区的博物馆也进行了接收。

1946年，国民党政府全面发动内战，中国的博物馆事业再度陷入困境。这时的博物馆，有的文物藏品被掠夺，有的因经费匮乏而被迫关闭，勉强支撑局面的也基本处于停顿状态。到1948年初，国民党统治区的博物馆只剩下10余座。1948年冬，看到解放战争即将胜利，于是，国民党政府决定将故宫博物院、中央博物院和河南博物馆留存南京的文物精品劫运台湾。1948年12月至1949年1月间，国民党政府将故宫博物院收藏的文物精粹总计2920箱，约合231910件，分三批运往台湾。中央博物院藏文物珍品852箱，计11729件，也在此时被运往台湾。这些文物便成为日后建立台北故宫博物院的藏品基础。

解放战争期间，中国共产党不但继续坚持利用小型和流动陈列、展览对解放区军民进行宣传教育，而且坚持在艰苦的战争环境中努力发展博物馆事业。1946年，在陕甘宁边区第三届参议会上，中国共产党曾提出建立革命烈士纪念堂、革命史迹博物馆等议案。同年，西北党校便设立了“四八”烈士纪念室，用以陈列烈士遗作、译著、纪念文章等。1946年，包括延安边区在内的许多解放区都建立了民众教育馆、生产馆、翻身馆、民兵馆和时事馆等，以展出各种标本、模型、图片和实物。1947年，东北行政委员会还在哈尔滨市筹建了东北抗日暨爱国自卫战争牺牲烈士纪念堂（后改名为东北烈士纪念馆），1948年10月10日正式开馆，收集有藏品2000余件。

五、当代中国的博物馆事业

1949年10月1日，中国人民经过一百多年的英勇斗争，终于推翻了帝国主义、封建主义和官僚资本主义的统治，取得了新民主主义革命的胜利，建立了中华人民共和国。中华人民共和国的成立，不仅标志着中国作为半殖民地半封建社会历史的结束，而且开辟了中国历史发展的新纪元，人民真正成为了国家的主人，新中国自此走上了独立、民主、统一的发展道路。博物馆事业也随之进入了一个崭新的历史发展时期。从1949年中华人民共和国建立至今的六十余年间，中国的博物馆事业虽然经历了不少波折，但也取得了诸多举世瞩目的成就。总体而言，当代中国的博物馆事业正沿着健康、科学的发展之路持续、快速地前进。

1. 新中国博物馆的重建（1949~1952年）

新中国成立之初，全国仅有解放前遗留的博物馆25座（其中还包括9座外国人兴办的博物馆）①，而且这些博物馆经过战火的摧残，多数已经陷入瘫痪或半瘫痪状态。因此，对于当时的中央人民政府而言，继续接管各地已有的博物馆并对已经接收的博物馆进行改造和整顿，有效保护和征集文物藏品，大力普及博物馆知识，便成为新中国博物馆重建过程中亟待解决的重要问题。

新中国成立伊始，中央人民政府文化部便设立了以郑振铎为局长的文物事业管理局，作为专门管理全国文物与博物馆事业的行政机构，并立即着手对原有博物馆进行接管和改造。同时，各级人民政府也相继成立了专门的管理机构，负责接管国民党政府和外国人遗留下来的博物馆。例如，1949年，就接收了日本人兴办的山东产业馆、青岛水族馆和旅顺东方历史文化博物馆；1950年，苏联政府将原哈尔滨工业大学科学研究所移交我国，改名为松江省科学博物馆；1951年，接收法国人创办的北疆博物院，筹建天津市人民科学馆（1952年更名为天津自然博物馆）；1952年，接收日本人经营的大连资源馆，并更名为东北资源馆；同年6月，上海文化局接收亚洲文会所属博物馆，改组为上海历史与建设博物馆筹备处。此外，1952年，山东省自然科学研究所还接管了英国人兴建的济南广智院，后成为山东博物馆的东馆和自然陈列室；上海市文化局与中国科学院上海办事处也在这年共同接收了震旦博物院。

由于新中国建立初期国民经济正处于恢复阶段，加上正在进行抗美援朝的战争，因此，当时国家决定对博物馆采取“以改造为主，仅在个别有条件地区筹建新馆”的方针，并且明确提出“博物馆事业的总任务是进行革命的爱国主义教育，通过博物馆使人民大众正确

① 参见文化部文物局《1949年到1955年全国公共博物馆发展情况详细名称表》。通常所说的1949年有21座博物馆，是因为这一年文化系统只接收了解放前留下来的20座博物馆，而北疆博物院、大连资源馆、济南广智院、亚洲文会博物馆以及上海震旦博物院尚未接收。另外，1949年还新增建了一座北京鲁迅故居。因此，新中国成立时，如果说旧中国留下的博物馆，应该是25座；如果单指文化系统的博物馆，即21座。

认识历史，认识自然，热爱祖国，提高政治觉悟与生产热情”。① 根据上述决定，文化部首先确定以北京历史博物馆和故宫博物院为改造重点，改造陈列内容，整顿藏品管理，加强群众工作，建立健全制度，努力清除旧时代的影响。与此同时，各地博物馆也都相继展开了对旧有博物馆的改造和整顿。上海、南京、东北等地纷纷举办了大量思想性很强的历史和自然展览，并结合群众的文化程度，建立了讲解宣传制度，使博物馆和人民群众的联系变得日益密切。

尽管如此，这个时期依然在个别有条件的地区筹备和兴建了一些博物馆和纪念馆。例如，1949 年新建的北京鲁迅故居，1950 年设立的中央革命博物馆筹备处和中央自然博物馆筹备处，1950 年成立的延安革命纪念馆和上海鲁迅纪念馆，1952 年创建的上海博物馆等。

不仅如此，这个时期我国政府还十分重视对文物藏品的保护和征集。1950 年，中央人民政府政务院就曾颁布《古迹、珍贵文物、图书及稀有生物保护办法》、《禁止珍贵文物图书出口暂行办法》和《古文化遗址及古墓葬之调查发掘暂行办法》等，宣布一切具有革命、历史、艺术和科学价值的文物图籍与珍贵的自然标本，都必须妥善保护，不得破坏或盗卖，严禁非法出口。随后，各级政府也相继出台了与文物保护相关的政策和法令。这些措施都及时、有效地制止了文物、标本的破坏和流失。与此同时，我国政府还在全国范围内迅速开展了对文物藏品的征集工作。新中国建立后仅 10 天，中央宣传部就发出《关于征集革命文物的通知》，并指示组建革命博物馆接收文物。1950 年，中央政府政务院又发布了《关于征集革命文物的命令》，以抢救革命文物为起点，展开了全国范围的文物保护和征集运动。政府、军队、国家领导人、私人收藏家和普通民众都积极地参与了这次声势浩大的文物藏品征集运动。其间，时任军管会文物部副部长的王冶秋就在 1949 年亲自征集到李大钊牺牲时受刑的绞架和刘胡

① 中央人民政府文化部 1951 年 10 月 27 日《对地方博物馆的方针、任务、性质及发展方向的意见》。转引自王宏钧主编：《中国博物馆学基础（修订本）》，上海古籍出版社，2001 年，第 102 页。

兰受刑的铡刀；政府也斥资将王献之的《中秋帖》和王珣的《伯远帖》从香港购回；四野政治部还一次性移交文物2645件；董必武也将1947年冬在军务倥偬中陈毅交给他的明熹宗封赠赵南星夫妇的诰命一轴和铁如意一柄捐赠国家；文化名人贺孔才和古董商霍明智也分别捐赠文物5371件和万余件。总之，由于社会各阶层的热心支持和积极参与，这次文物藏品的征集工作取得了显著的效果。仅华东地区1950年就征集到书画5287件，铜、瓷、玉器16072件，甲骨1158片，革命文物6357件。通过这次全国范围的文物征集运动，不仅及时、有效地防止了文物、标本的进一步散失，而且还极大地丰富了馆藏，锻炼了从业人员的专业素养，从而为新中国博物馆的重建和日后的发展奠定了坚实的基础。

此外，这个时期也是新中国博物馆学界对博物馆理论和专业知识大力普及和积极学习的重要阶段。1950年，我国文化部文物局就曾结合博物馆的实践指出，博物馆应注意陈列展览的科学性、思想性和艺术性。1951年，文化部又提出要将博物馆工作人员和社会一起进行思想改造，从而使博物馆的政治使命意识逐渐强化。这期间，随着我国文博界向苏联学习的不断深入，对博物馆理论和专业知识的学习和培训也在全国迅速展开。新中国成立前后，北京大学文学院便开办了博物馆专修科，学制两年，以培养博物馆专业人才，普及博物馆理论和专业知识。1950年，文化部文物局资料室开始编辑《文物参考资料》，并不断刊登苏联的博物馆理论和应用知识，如连载了米哈依洛夫斯卡娅编著的《博物馆陈列的组织与技术》等，有力地推动了我国博物馆理论和专业知识的不断更新和发展。1952年，文物局还组织翻译了苏联1950年出版的关于博物馆科学研究、材料征集和陈列方法等工作经验的五个文件，并转发全国博物馆，这也极大地促进了我国博物馆理论和专业知识的进一步发展。

2. 博物馆事业的初步发展（1953～1966年）

1953至1957年，是我国发展国民经济的第一个五年计划时期。在这期间，随着社会经济的发展和对苏联博物馆建设经验的学习，我国许多地方都开始筹建反映本土自然资源、历史发展和民主建设成就的地志性博物馆。为了取得典型经验，1954 年文化部文物局以山东省博物馆为试点，邀集北京等十余个省市博物馆的专业人员协助工作，经过一年零五个月的努力，使山东省博物馆成为我国第一座拥有系统陈列的地志性博物馆。1956 年，文化部在济南召开全国地志性博物馆工作经验交流会，推广山东省地志博物馆的经验，由此进一步推动了各地地志博物馆的建立。截至 1957 年，各省陆续筹建的地志博物馆已达 31 座。

除积极发展各省地志博物馆外，“一五”期间，专门性博物馆和纪念性博物馆的建设也取得了较大的发展。广州农民运动讲习所旧址纪念馆（1953 年）、杜甫草堂纪念馆（1953 年）、景德镇陶瓷馆(1953 年)、徐悲鸿纪念馆（1954 年）、西柏坡革命纪念馆（1955 年）、遵义会议纪念馆（1955 年）、南昌八一起义纪念馆（1956 年）、南京太平天国历史博物馆（1956 年）和李大钊故居纪念馆（1957 年）等，都相继建立起来。截至 1957 年，全国已拥有专门性博物馆和纪念性博物馆 40 座左右。

为了总结和推广这个时期博物馆建设的经验，解决博物馆工作中存在的问题，进而推动我国博物馆事业继续保持快速、稳定的发展，1956 年 5 月 21 日，文化部在北京组织召开了全国博物馆工作会议。部分省、市、自治区的文化局局长、全国主要博物馆负责人及有关专家 110 人出席会议，听取了文化部副部长郑振铎、夏衍和文物局局长王冶秋的报告，并交流了经验。不仅如此，这次会议还第一次明确地阐述了博物馆的社会地位和作用，提出了博物馆的基本性质是“科学研究机关”、“文化教育机关”、“物质文化和精神文化遗存以及自然标本的收藏所”，博物馆的基本任务则是“为科学研究服务”和“为广大人民群众服务”。随后，1957 年 4 月 22 日至 26 日，文化部又在湖南长沙召开了第一次全国纪念性博物馆工作座谈会。会议着重讨论了纪念馆的性质、特点、发展方向以及各项工作的原则与要求；批评了低估原状陈列、追求规模气魄以及把纪念馆与专门性历史博物馆混同起来的做法；提出今后应本着勤俭办博物馆的方针，有重点地逐步发展小型多样、丰富多彩的纪念馆和革命纪念馆。这两次会议，对当时及日后我国博物馆的建设都具有重大的指导作用，有力地推动了博物馆事业的前进。

总体而言，“一五”期间，一方面，我国博物馆的类型和数量有了明显的增长。据统计，截至 1957 年，仅文化部所属的各类博物馆就已经有 72 座。除青海、西藏两地外，全国各省、市、自治区都建立了博物馆或筹备处，基本改变了过去博物馆只集中在少数城市的不平衡局面，博物馆的布局正朝着更加合理的方向发展。另一方面，博物馆的理论知识和业务活动也得到了充分的发展和提高。这主要体现在：首先，我国博物馆界对苏联博物馆建设经验的学习和实践日益深化，以至于 1957 年《苏联博物馆学基础》一经翻译出版，便迅速成为中国博物馆界的重要教科书。其次，博物馆继续在全国范围内开展广泛深入的藏品征集工作，从而使馆藏品的数量和质量都有了显著提高。1957 年时，全国博物馆的藏品总数已经达到了 350 多万件，比 1952 年增长了 1.35 倍。再次，各类博物馆都举办了数量众多、形式多样的陈列展览，一些博物馆还通过流动展览的方式，将陈列展览送到群众中去，从而使博物馆的年观众达到了 1200 万人次。这些陈列展览不仅为博物馆吸引了大量观众，而且对于传播科学文化知识和提高公民修养都具有重要意义。最后，包括南京博物院和上海博物馆等在内的一些博物馆还率先组织了博物馆之友，有的还为科研咨询等业务活动搭建了良好的平台。

为了迎接新中国成立 10 周年，1958 年 8 月中共中央北戴河会议决定在首都北京建立中国历史博物馆和中国革命博物馆，中央军委也决定在北京兴建中国人民革命军事博物馆。同年 9 月 17 日，毛泽东在视察安徽省博物馆时指出：“一个省的主要城市都应该有这样的博物馆，人民认识自己的历史和创造的力量是一件很重要的事。”[①] 这更加坚定了对高水平博物馆建设的信心。随后，在党中央和中央军委的亲切关怀下，在广大人民群众和专业人员的共同努力下，经过一年

① 《文物参考资料》，1958 年第 12 期。转引自王宏钧主编：《中国博物馆学基础（修订本）》，上海古籍出版社，2001 年，第 105 页。

的艰苦奋斗，中国人民革命军事博物馆于1959年7月竣工，中国历史博物馆和中国革命博物馆也于1959年8月落成。这三座大型博物馆的建立，是50年代我国博物馆事业大发展的重要标志。它们不仅集中了新中国建立10年来全国文物工作的成果，也集中了10年来全国博物馆工作积累的丰富经验，在陈列的思想性、科学性和艺术性上都达到了我国博物馆事业前所未有的高度。

50年代末，在三大馆兴建前后，北京自然博物馆和地质部地质博物馆（今中国地质博物馆）也相继修建了新馆。与此同时，全国各地还陆续建立起一批具有相当水平的中、小型博物馆和各具特色的专门性博物馆，如荆州地区博物馆、西安半坡博物馆、泉州海外交通史博物馆、南阳汉画馆和自贡市盐业历史博物馆等。截至1959年，我国的博物馆总数一度达到480座。因此，可以说，我国博物馆事业的发展在50年代取得了一定的成绩。

但是，在这期间，博物馆事业的发展也经历了一些波折。其中，1958年在全国掀起的博物馆"大跃进"运动便严重地影响了博物馆的建设和发展。当时，不但一味追求博物馆建设的速度和数量，提出要在三五年内达到县县有博物馆、社社有展览室的目标，而且还片面强调反对资产阶级正规化和现代化，主张博物馆应当密切配合中心任务，厚今薄古，致使博物馆的建设不顾质量，盲目冒进，浮夸成风。这些都打乱了博物馆发展的正常秩序。

为了纠正1958年以来的错误倾向，从1961年起在全国范围内开始了对博物馆工作的调整。1962年，文化部文物局还制定了《关于博物馆和文物工作的几点意见》，以便及时总结"大跃进"以来博物馆事业发展的经验教训，更好地指导博物馆的调整和发展。随着对博物馆调整工作的展开，不仅关闭、合并了一大批水平极低的博物馆，使博物馆的数量从1959年的480座降至1965年的214座，而且恢复和改进了博物馆的工作秩序，进一步明确了陈列、保管、群众工作和内部管理的任务和要求，特别是藏品管理得到了较大的改善和加强。自此，中国博物馆事业又走上了健康发展的道路。

从1958年到1966年"文革"前，我国的博物馆事业是在曲折中发展的。尽管存在“大跃进”运动的干扰，却依然兴建了一批高质量的博物馆，并且还出现了文物征集入藏的新一轮高潮。在这些积极因素的推动下，博物馆的整体水平得到了较大的提高。

综上所述，在1953至1966年的十余年间，在党和国家的领导与关怀下，在老一辈博物馆工作者的艰苦努力和人民群众的大力支持下，我国的博物馆事业取得了初步发展。不但博物馆的数量有了较大的增长，类型和规模日益多样，而且博物馆工作的整体水平也得到了大幅提高，包括陈列展览、科学研究和藏品征集、保护、管理在内的各项业务活动都取得了显著的成绩。此外，随着博物馆理论学习和研究的不断深入，博物馆学教育也有一定的开展。同时，在博物馆的工作实践中培养和锻炼了一批业务骨干，进而形成了一支专业的博物馆工作队伍。虽然其间也出现过错误，经历了挫折，但都能够及时改正并汲取教训，使博物馆的发展继续沿着健康、正确的道路前行。

3. 博物馆事业的破坏和停滞（1966~1976年）

1966年爆发的“文化大革命”，使博物馆刚刚出现的良好局面又遭遇了严重的挫折。当时指导博物馆工作的“三性二务”被当成“修正主义”而大加批判，博物馆被诬为“封、资、修的黑窝”、“藏污纳垢之所”，馆藏文物也随之成为破除“四旧”的对象。[①] 在这种情况下，不但各地博物馆的藏品库房受到冲击，而且一些重要的历史遗址和古代建筑也遭到破坏，甚至大量散存民间的私人珍藏也惨遭洗劫。尽管其间广大文博工作者和人民群众为保护、抢救博物馆和文物古迹奋起抗争，做了许多工作。例如，不少博物馆派人轮流日夜值班，保护馆舍和藏品库房，抵挡了红卫兵的多次冲击；故宫博物院在危急情况下，报请周恩来总理派部队进驻保护；文博工作者甚至去金属冶炼厂和废品回收站拣选、抢救文物；等等。但是，这期间对博物馆事业特别是文物藏品和古迹所造成的损毁，依然是难以估量且无法挽回的。

---

① 苏东海：《新中国博物馆事业的发展》，《中国文化遗产》，2005年第4期，第34页。

不仅如此，随着破除“四旧”和“文化大革命”运动的不断升级，全国许多博物馆的基本陈列也因被造反派定为“大毒草”而被迫拆撤，除革命遗址纪念馆外的大量博物馆也都被迫关闭。许多地方博物馆的机构和建制甚至一度被撤销或裁并，馆舍建筑也改做它用。例如，东北烈士纪念馆就因被强加“宣传错误路线，为叛徒树碑立传”的罪名而被撤销；中国革命博物馆和中国历史博物馆的陈列被批为“又黑又粗的黑线陈列”，随后两馆即被合并为中国革命、历史博物馆；福建省博物馆除保留藏品库房和部分用房外，大多馆舍和场地都被改为农场和养猪场。到 1969 年，全国博物馆数量已减至 171 座。此外，博物馆专业人员队伍也在这时遭受了极大的摧残，大批博物馆工作者的身心都受到了严重的打击，尤其是业务研究和技术工作人员，他们有的被下放劳动，有的被批斗改造，有的被迫调离或转业。这些都不可避免地造成了日后文博工作人员青黄不接、后继乏人的窘迫局面，给我国博物馆事业留下了短期难以治愈的“内伤”。

综上所述，截至 60 年代末，全国的博物馆事业基本已陷入瘫痪状态。

中共第九次全国代表大会后，1970 年 5 月，国务院正式批准成立图博口领导小组，以期恢复图书馆和博物馆方面的工作。自此，有些博物馆便开始组织力量，筹办新的配合政治教育的展览了。随后，图博口领导小组为了进一步打开博物馆工作的局面，又决定筹办全国出土文物展和出国文物展。这两个大型文物展览的成功筹办，不仅大大强化了文物与博物馆工作恢复的势头，而且有效地提升了博物馆事业在当时社会的声望和地位。与此同时，1971 年 7 月，在周总理的关心和推动下，关闭五年之久的故宫博物院也得以重新开放。1973 年初，为了更加有力地推进博物馆工作的恢复与发展，国务院决定成立国家文物事业管理局，主管全国的文物、博物馆以及图书馆事业。同年 10 月，中国历史博物馆的中国通史陈列恢复并对外开放。在这些积极因素的推动下，全国各地的博物馆建制以及陈列、保管和研究等业务工作也开始逐步恢复，博物馆事业由此出现了令人鼓舞的转机。

然而，就在博物馆工作日渐复苏之际，1974年1月，全国又掀起了“批林批孔”运动。虽然国务院于1974年8月发出了《关于加强文物保护工作的通知》，要求各级政府在运动中注意文物保护。而且，中国革命博物馆也在1975年筹办了中国工农红军长征四十周年纪念展览，以大量的实物资料，展示了老一辈无产阶级革命者的丰功伟绩，受到了广大老红军和人民群众的热烈欢迎。但是，总体而言，面对当时动荡的国内局势，博物馆事业只能依靠党和广大博物馆工作者的共同努力，在斗争中艰难前行。

总而言之，中国的博物馆事业在“文化大革命”期间遭受了新中国成立以来最为严重的挫折和损失。不但博物馆的正常工作无法展开，就连基本的馆舍、藏品和工作人员也都受到了巨大的冲击。另外，难以计数的民间收藏和历史遗迹也在这场浩劫中惨遭毁损。这对于中国历史文化的传承而言，无疑也是无法弥补的损失。尽管十年间始终都有党政领导和博物馆工作者在坚持不懈地抗争，但面对“文化大革命”时期纷繁复杂的局面，博物馆工作只能在风雨中飘摇。

4. 博物馆事业的蓬勃发展（1976年至今）

1976年10月，“四人帮”被粉碎。1977年8月，中国共产党第十一次全国代表大会在北京召开，标志着历时十年之久的“文化大革命”结束。随后，国家文物局便组织召开了全国文博图学大庆座谈会，会议强调了博物馆的恢复和整顿，提出应健全各项规章制度，并努力消除“文化大革命”在博物馆工作中造成的混乱。同年10月，国家文物局又在苏州召开了博物馆文物保管工作座谈会，分析讨论了“文化大革命”对博物馆藏品保管工作的影响，增强了对博物馆藏品保管工作重要意义的认识，总结交流了文物保护工作的经验，并在此基础上制订了《博物馆藏品保管试行办法》，拟订了《博物馆一级藏品鉴选标准（试行）》。经过近两年的恢复和整顿，截至1978年底，不但我国大多数博物馆完成了对馆藏一级品的编目，而且藏品库房的管理水平也取得了显著的改善和提高。

1978年12月，中国共产党第十一届三中全会在北京举行，会议不仅提出要全面、认真地纠正“文化大革命”当中以及以前的“左倾”错误，而且决定将工作重点转移到社会主义现代化建设的轨道上来，同时，还确定了以经济建设为中心和进行改革开放的基调。为了贯彻十一届三中全会精神，国家文物局于1979年5月在安徽合肥召开了各省、市、自治区博物馆工作座谈会。会议提出，要采取有效措施，迅速把博物馆工作的重点转移到为实现四个现代化服务上去，要集中力量加强基本陈列和科学研究，并把征集、保管、宣传教育等方面工作带动起来，把博物馆工作提高到一个新的水平。不仅如此，这次座谈会还讨论拟订了《省、市、自治区博物馆工作条例（草案)》，对博物馆的性质、任务及各项工作做了具体明确的规定，并于同年6月29日由国家文物局正式颁布实施。这个条例不仅满足了当时博物馆拨乱返正的需要，而且也是中华人民共和国成立以来第一个系统、完整的博物馆管理规章，至今仍然起着规范博物馆建设的重要作用。自此，我国的博物馆事业进入了一个前所未有的蓬勃发展时期。

随着社会的发展和改革开放的不断深入，自20世纪80年代至今，在党和国家的高度重视和大力支持下，经过全国文博工作者的共同努力，我国的博物馆事业不仅得到了迅速的恢复和发展，而且还取得了一系列举世瞩目的成绩。这些成绩主要体现为：

（1）我国博物馆数量的大幅提升

近三十年来，基于我国社会经济的复苏和振兴、社会文化事业特别是博物馆事业的发展、社会公众对博物馆认识的不断深化以及大众旅游的兴盛等原因，我国博物馆的发展实可谓突飞猛进。特别是80年代，我国博物馆更呈现出了高速发展的态势。据苏东海的统计，1980年至1985年间，全国平均每10天就会出现一座新建的博物馆。其中，1984年达到最高峰，年新增博物馆151座，平均每2.4天就有一座新建的博物馆问世，比美国60年代初每3.3天新建一座博物馆的速度还要快。1980年，全国文物系统所属的博物馆仅有365座，到1985年便增长到了711座，1987年为827座，到了1990年则已经达到了1013座。90年代，虽然博物馆的增长速度开始逐渐放缓，但数量仍然持续上升。1993年时，全国文物系统的博物馆已达1130

座，是 1978 年的 3.24 倍。到了 20 世纪末的 1999 年，全国各省、市、自治区仅文物系统的博物馆更达到了 1357 座，如果再加上其它各种体制的博物馆，其数量已经超过了 2000 座。进入 21 世纪后，博物馆的数量依然保持着强劲的增长势头。截至 2004 年，我国仅文物系统的博物馆已有 1552 座，连同其它各类博物馆，目前，其总数已达到 2300 多座。

表 2－1　全国文物系统博物馆增长数量比较表（1949～2004 年）

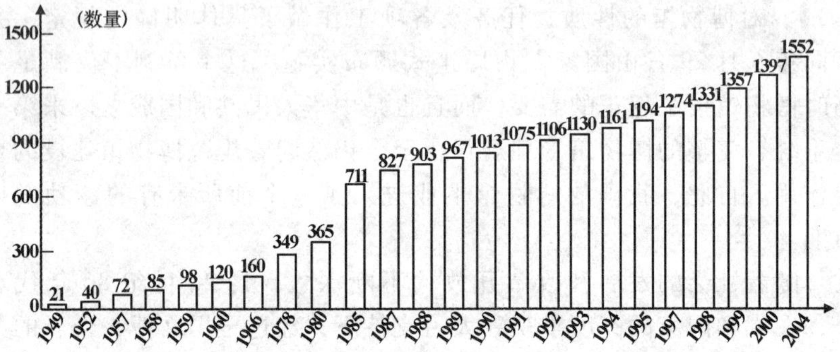

（2）博物馆的类型日益丰富多样

由于受到悠久历史和传统文化的影响，长期以来，我国历史类和纪念性博物馆的比例一直相对较高，而其它类型博物馆的发展则显得相对不足。但近些年来，随着博物馆事业的持续高速发展、博物馆学科理论的不断更新以及社会需求的日益增加，我国博物馆的类型也变得越来越丰富多样。除历史类和纪念性博物馆外，自然科学类博物馆、艺术类博物馆、专门性博物馆、反映各民族社会文化生活的民族学、民俗学博物馆以及新兴的生态博物馆、社区博物馆和数字博物馆等，也都如雨后春笋般纷纷涌现。在自然科学类博物馆方面，除了北京、上海、天津、大连等地的自然史博物馆外，还建立了诸多科技馆、古生物化石馆和地质博物馆，如中国科学技术馆（1988 年）、香港科学馆（1990 年）、台湾科学工艺博物馆（1997 年）、自贡恐龙博物馆（1987 年）、中华恐龙馆（2000 年）、贵州地质博物馆（1985 年）和黑龙江省地质博物馆（2007 年）等。在艺术类博物馆方面，新建了大量美术馆、雕塑馆和工艺美术博物馆，如云南省美术馆（1985年）、台湾鸿禧美术馆（1991年）、郑州美术馆（1997年）、深圳雕塑院（1991年）、青岛雕塑艺术馆（2000年）、北京工艺美术博物馆（1987年）、中国工艺美术馆（1990年）和苏州工艺美术博物馆（2003年）等。在专门性博物馆方面，由于经营主体扩大、各行业需求增加等原因，各种各样的专业博物馆应运而生，如宜兴陶瓷博物馆（1980年）、香港茶具博物馆（1983年）、潍坊风筝博物馆（1987年）、杨凌昆虫博物馆（1987年）、中国茶叶博物馆（1991年）、中华航天博物馆（1992年）、中国钱币博物馆（1992年）、澳门葡萄酒博物馆（1995年）、台湾木雕博物馆（1995年）和中国西瓜博物馆（2004年）等，几乎涉及人类社会和自然界发展的方方面面。在民族和民俗博物馆方面，不仅许多少数民族自治州、自治县建立了民族、民俗博物馆，如贵州雷山上郎德苗族民族村寨博物馆（1987年）、顺益台湾原住民博物馆（1994年）、云南迪庆州民族博物馆（1996年）、呼伦贝尔民族博物馆（1998年）、湖南溪州土家族民俗博物馆（1987年）和贵州民族民俗博物馆（2004年）等，而且汉民族也建立了不少民俗博物馆，如洛阳民俗博物馆（1988年）和北京民俗博物馆（1999年）等，它们共同展示着我国各民族的衣食住行、劳作娱乐、婚丧嫁娶等生活场景。不仅如此，随着新博物馆学的兴起和发展，强调原状联系性保护、力求使实物尽可能地接近其固有环境的生态博物馆和社区博物馆，近年来在我国也得到了长足的发展，先后兴建了贵州六枝梭戛生态博物馆（1998年）、贵州堂安侗族生态博物馆（1999年）、广西白裤瑶生态博物馆（2004年）、广西贺州客家生态博物馆（2007年）、南京石头城社区历史文化博物馆（2007年）和北京崇文区花市社区博物馆（2008年）等。而且，包括“数字故宫”、“数字敦煌”及众多博物馆网站、网页等在内的数字博物馆建设也正在悄然兴起，蓬勃发展。这些博物馆不仅践行和丰富了新博物馆学的理论，而且有效地推动了当代博物馆事业的深入发展。

（3）博物馆的规模和布局日趋合理

近三十年来我国的博物馆建设，一方面，充分吸收和借鉴了国外博物馆中、小型化的有益经验，新建了大量具有灵活性、适应性，并且建设和运营成本也相对较低的中、小型博物馆。据不完全统计，我国现有的2000多座博物馆中，中、小型博物馆就占据了半壁江山。另一方面，也新建和改扩建了一批现代化的大型博物馆。特别是20世纪90年代以来，我国陆续建成了陕西历史博物馆（1991年）、上海博物馆新馆（1996年）、河南博物院（1998年）、南京博物院艺术陈列馆（1999年）、西藏博物馆（1999年）、福建博物院（2002年）、天津博物馆（2004年）、中国三峡博物馆（2005年）、山西博物院（2005年）和新首都博物馆（2006年）等。由此，初步形成了大、中、小型博物馆相互结合、和谐发展的现代化博物馆体系。与此同时，我国博物馆的布局也发生了很大改观，改变了原来将博物馆主要集中在国内各大城市的布局思想，加强了中、小城市和县级博物馆的建设，呈现出非集中化的发展趋势。目前，我国大部分地区已经基本实现了各市、县均有博物馆，形成了覆盖全国大、中、小城市的博物馆网，并正在逐步向农村拓展。

（4）博物馆的营建主体日渐多元化

改革开放以来，随着博物馆事业的不断发展，全国还出现了多方动手兴办博物馆的新势头。博物馆的营建主体也开始由国家和各相关部门、集体，逐步扩大到各相关行业学会、大型企业、研究机构，甚至个人。例如，中国铁路博物馆（原铁道部科学技术馆）就是由铁道部作为营建主体建立的，中国农业博物馆（1986年）的营建主体是农业部，中国航空博物馆（1989年）是以中国航空学会为营建主体建立的，中国丝绸博物馆（1992年）是由国家纺织总会作为营建主体，中国电信博物馆（2001年）是以中国电信集团为主体营建的，观复博物馆（1997年）、深圳玺宝楼青瓷博物馆（1998年）、中国紫檀博物馆（1999年）、成都鹿野苑石刻博物馆（2002年）、天津华蕴博物馆（2003年）和南京长风堂博物馆（2004年）等，则都是由私人作为营建主体建立的。尽管上述这些博物馆的营建主体多样、体制不同、类型各异，但它们的建立无疑都有力地推动了我国博物馆事业的持续发展。

(5) 博物馆的各项工作水平都得到了显著提高

改革开放以来，包括陈列展览、藏品保管和研究、社会教育以及经营管理等在内的博物馆各项工作都取得了可喜的成果，呈现出日益专业化和现代化的发展趋势。

在陈列展览方面，近三十年来，全国博物馆解放思想、实事求是、与时俱进、开拓创新，采取全新的设计理念，通过新颖的陈列技术和手段，使陈列的内容和表现形式都越来越专业化和现代化。不但吸引了大量观众，有效地提高了博物馆的参观率，实现了良好的社会效益和经济效益，而且在长期的实践中已经基本形成了一支由初、中、高级职称人员组成的，包括陈列内容规划、艺术设计、制作、施工以及宣教等多工种、多层次的专业陈列工作队伍，建立了以基本陈列为主，以临时陈列、流动展览、借展联展等为辅的现代陈列体系，积累了丰富的陈列经验。尤其是1998年国家文物局开始组织评选年度“十大精品陈列”以来，更加有力地推动了全国博物馆的陈列布展工作。目前，我国博物馆每年举办的陈列展览近万个，年观众量超过1.5亿人次，不仅在宣传爱国主义、普及科学文化知识、提高公民素质和配合学校教育等方面起到了非常重要的作用，而且极大地深化了社会公众对博物馆的认知。

在藏品保管和研究方面，首先，改革开放三十年来，在党和国家的正确领导和大力支持下，在全体博物馆工作人员以及社会公众的共同努力下，我国各级博物馆收藏和积累了大量珍贵的文物、标本。据不完全统计，截至2005年底，全国各级各类博物馆共拥有文物2000余万件，标本百余万件。其中，文物系统的文物收藏单位馆藏一级文物总数达4.6万余套，109197件。其次，对藏品的保护和管理越来越法制化和现代化。自1982年至今，国家有关部门相继颁布实施了一系列针对文物、藏品保护和管理的法律法规，如《中华人民共和国文物保护法》(1982年制定，2002年修订，1991年和2007年两次修正)、《博物馆安全保卫工作规定》(1985年)、《博物馆藏品管理办法》(1986年)、《文物藏品定级标准》(1987年)、《关于打击盗掘和走私文物活动的通告》（1987年）、《中华人民共和国文物保护法实施细则》（1992年）和《中华人民共和国文物保护法实施条例》（2003年）等。这些法律法规不仅有效地规范了博物馆的藏品工作，使其得到了应有的法律保护，而且极大地促进了藏品保护和管理水平的提高，推动了藏品工作的专业化进程。与此同时，随着科学技术的飞速发展和博物馆事业的蓬勃兴盛，对藏品的保护和管理也日益现代化。博物馆从藏品入藏的各个环节到藏品的日常维护和管理，正逐步应用许多专业化和现代化的技术手段，如利用热释光和X射线等技术对藏品进行分析和鉴定，使用计算机对藏品进行编目、建档和数字化管理，采取空调、温湿调节柜等设备创造适宜的保藏环境，通过现代防火防盗系统与计算机的结合实现对藏品的安防监控，等等。最后，对藏品的研究也日益深入，且成绩斐然。改革开放以来，博物馆也越来越关注对馆藏品的研究，大多数博物馆都配备了专业的研究人员，一些有实力的博物馆还购置了先进的仪器和完备的资料，以期通过深入的科学研究，更加全面地揭示藏品价值，打造精品陈列，进而提升博物馆的社会地位，创造更大的社会和经济效益。凭借良好的科研条件，近三十年间，我国博物馆的藏品研究也是硕果累累。不仅发表和出版了一批具有较高学术价值的研究报告、论文和专著，而且还将许多研究成果应用于陈列展览、对外宣传等实际工作当中，从而实现了较好的社会效益和经济效益。

在社会教育方面，随着改革开放新形势下社会主义精神文明建设的日益加强，通过博物馆，利用历史文物和革命文物宣传党和国家的路线、方针、政策，进行爱国主义、集体主义和社会主义教育的工作，变得越来越重要。例如，1997年中央宣传部颁布的“百个爱国主义教育示范基地”中，文物系统的博物馆、纪念馆等便占有相当大的一部分，它们在提高社会公众的思想道德修养方面发挥着不可替代的作用。不仅如此，伴随着社会的发展和博物馆事业的进步，我国博物馆在对社会公众进行养成和终身教育、公共意识教育以及环保教育等方面的职能也日渐显著。总而言之，近三十年来，我国博物馆作为公益性社会文化机构，正通过包括陈列展览、讲座报告、博物馆旅游和博物馆之友等在内的诸多途径，努力实现着提高社会公众的思想道德水平和科学文化素质的目标。

在博物馆的经营管理方面，改革开放以来，我国不少博物馆积极改变观念，不仅实现了与包括英国、法国、美国、加拿大、日本、澳大利亚等在内的世界多国博物馆的交流与合作，而且还吸收和借鉴了许多国外博物馆经营管理的先进理念，如在上海博物馆等大型博物馆内试行“一条龙”的专业部门设置，利用博物馆市场营销学对博物馆进行经营管理，对文物系统所属的博物馆基本陈列实行免费参观，等等。此外，随着社会经济和科学技术的发展，特别是电子计算机和多媒体技术的广泛应用，近些年来，我国一些博物馆还实现了博物馆的数字化管理。例如，故宫博物院、秦始皇兵马俑博物馆、河南博物院、上海博物馆、敦煌研究院等都已开发和使用了各自的文物信息管理系统，已有近百家博物馆在互联网上设立了自己的站点、开辟了与网友互动的论坛，等等。目前，博物馆的数字化建设和管理正如火如荼地在全国展开，国家文物局也正在制定博物馆数字化建设的具体标准，相信以数字化管理为代表的现代化博物馆经营管理手段也必将得到国家更多的资金和技术支持。

（6）建立了群众性和非盈利性的学术团体——中国博物馆学会，从而有力地推动和促进了全国博物馆事业及学术研究的健康、持续和快速发展

20 世纪 70 年代末，随着改革开放政策的实施和不断深化，博物馆事业也在全国范围内得以复苏和快速发展。因此，及时地建立起一个统一和务实的博物馆学术团体，用以引导和协调我国诸多博物馆持续、健康地发展，便显得十分必要和紧迫。于是，中国博物馆学会应运而生。1982 年 3 月，参与筹建博物馆学会的广大博物馆工作者在北京召开中国博物馆学会成立大会，会议讨论通过了《中国博物馆学会章程》，并选举产生了理事会和常务理事会。此后，伴随着博物馆事业的不断发展，结合博物馆的具体工作，又相继成立了隶属于中国博物馆学会的陈列艺术专业委员会、保管专业委员会、社会教育专业委员会、数字化专业委员会、传媒专业委员会和博物馆学专业委员

会等20余个分支机构。截至1998年底，中国博物馆学会已发展会员4925人，团体会员289个。

自成立之日起，中国博物馆学会便密切关注我国博物馆事业的发展，不仅积极地为博物馆提供业务咨询、专业人才培训和技术援助等服务，有效地提高了我国博物馆的业务和学术水平，而且还成功地组织和举办了多次专题学术研讨会，极大地推动了我国博物馆学的研究和学术活动。特别是1983年7月被接纳为国际博物馆协会成员之后，学会更是以学习和借鉴国外先进经验、竭力推动我国博物馆事业和博物馆学研究的健康发展为己任，广泛地开展了国际间的博物馆学术交流活动，增进了同国外博物馆工作者的联系，使中国的博物馆事业迅速融入了世界博物馆发展的洪流。不仅如此，中国博物馆学会还编辑、出版有《博物馆学论集》、《博物馆陈列艺术》等多部博物馆学学术著作以及《中国博物馆》（季刊）、《中国博物馆通讯》（月刊）等刊物，及时地反映着国内外博物馆学研究的新成果和新动态，为我国博物馆学理论建设做出了重要贡献。总而言之，在其创立至今的近三十年间，中国博物馆学会在党和国家的领导和关怀下，团结广大博物馆工作者，始终坚持“保护为主，抢救第一”和“有效保护，合理利用，加强管理”的文物工作方针和原则，贯彻发扬“百花齐放、百家争鸣”和实事求是、理论联系实际的学风，积极开展学术活动，极大地促进了我国博物馆事业的发展和博物馆学术研究，为社会主义物质文明和精神文明建设做出了重大贡献。

综上所述，改革开放以来，我国博物馆事业便进入了一个适应国情、讲求实效、持续稳定、开拓创新的蓬勃发展时期。在这期间，不仅博物馆的数量和质量得到了显著提升、类型日益多样，而且其规模和布局也日趋合理、营建主体日渐多元。此外，博物馆的各项业务工作以及博物馆的学术研究也越来越专业化和现代化。可以说，近三十年来，我国的博物馆工作取得了累累硕果，成绩卓著。尽管如此，目前我国博物馆事业的整体状况，同社会公众文化生活的需要、社会主义建设发展的要求以及现代国际博物馆的先进水平相比，其实都还存在着一定的差距。例如，我国博物馆的法制化建设尚不健全，亟待改善；博物馆社会化的程度也比较低，不论是博物馆服务社会的能力，还是社会公众对博物馆的认知都还不够深入和全面；许多博物馆的专业化和现代化水平也急需提升，特别是藏品的管理、保护问题较多；博物馆产业化的步伐相对滞后；等等。因此，未来我国博物馆事业的发展，必须继续坚持从中国的实际情况出发，把握重点发展、讲求实效、与时俱进、开拓创新、稳步前进的原则，不断加强博物馆自身的专业化和现代化建设，不断更新和提高博物馆服务社会的内容和能力，争取尽快建立一个门类多样、法制健全、专业现代的具有中国特色的博物馆体系，从而更好地利用博物馆特有的优势，吸引更多的社会公众前往博物馆，创造更大的社会效益和经济效益。

第三章　博物馆的藏品

藏品，就是博物馆以社会教育和科学研究为目的，并根据自身的性质，搜集保藏的自然界和人类社会物质文明、精神文明发展的见证物。

这些见证物的种类，几乎包括了自然界和人类社会曾经存在过的和陆续出现的一切。设想如果所有这一切都成为博物馆藏品，既不可能也没必要。博物馆只能依据社会需求和自身性质，有目的、有计划地广泛搜寻，精心鉴选，将其中具有历史、科学或艺术价值的代表性、典型性实物资料入藏，形成自己的藏品。尽管如此，博物馆的藏品仍具有收藏的广博性。而且，藏品除了必须具有历史、科学或艺术价值及广博性外，还需要具有不可进行再生产的特性，即作为原始的实物资料，不能进行再生产，也不能用其它物品代替，即使能够按照藏品的原状制作出来，或者能够找到类似的物品进行替代，也已失去了原物固有的意义和价值。

藏品是根据博物馆的性质及其实现自己主要社会职能的需要而征集的，因此，它既是建立博物馆必备的条件，也是博物馆开展各项业务活动的物质基础。具有重要历史、科学或艺术价值的博物馆藏品，既是进行科学研究宝贵的实物资料，又是进行社会教育的生动教材。总之，博物馆藏品是国家珍贵的科学文化财富，也是自然界和人类智慧的结晶，对博物馆事业和人类社会的发展都有着重要的作用。

第一节　藏品的搜集

藏品的搜集就是博物馆根据其性质及社会的需求，通过各种途径，有目的地不断补充作为自然和人类社会生活见证物的各种文物与标本的一项基本业务。

藏品是博物馆存在的物质前提，任何一个博物馆都必须拥有藏品，离开了藏品，博物馆就失去了赖以生存的基本条件。藏品也是博物馆开展各项业务活动必不可少的物质基础，没有一定数量和质量的藏品，博物馆就无法正常地进行各项业务活动，无法发挥其特有的功用。因此，博物馆藏品的数量和质量，直接影响着博物馆的业务水平和社会效益，同时，也是衡量一个博物馆社会地位和影响力的重要标志之一。

不但博物馆的建立需要有一定数量的藏品，博物馆建成后，依然要不断补充和丰富藏品，这样才能保证博物馆各项业务的持续开展，才能更好地提升博物馆的社会地位。如果藏品的搜集工作中断，博物馆也就成了无源的一潭死水，无法发展。

一、博物馆搜集藏品的原则

对我国现有的大多数博物馆来说，藏品搜集工作的主要困难是，既要搜集到更多更好的藏品，又要考虑到有限的资金和有限的库房空间。为了解决这个问题，博物馆工作者在长期的工作实践中总结出了一些藏品搜集的原则，使得博物馆的藏品搜集工作在这些原则的指导下，能够高效合理、有条不紊地进行。

1. 真实性

博物馆是一个社会教育机构，肩负着向广大社会公众传播科学文化知识的使命，由于其传播具有广泛性，因此，博物馆搜集品出现的任何问题都会在社会上流传开来，造成不良的影响。这不仅有损博物馆在公众心目中的权威形象，更重要的是会对公众造成一种误导。所以，在藏品搜集过程中，搜集品的真实性显得尤为重要。

2. 计划性

藏品搜集的计划性，既要着眼于本馆的收藏现状和未来发展，又要考虑到本馆的财政状况和保护水平。这种计划性是建立在调查研究基础上的。具体而言，藏品搜集者应当注意：

（1）对本博物馆的性质、任务要有充分的了解，进而从博物馆的性质和社会需要出发，制定藏品搜集的范围和对象。

（2）藏品搜集者必须对本博物馆的藏品现状有全面的了解，包括藏品的数量、质量、类型、保存状况等，特别是对需要补充的藏品，要做到心中有数。

（3）藏品搜集者需要与博物馆其他业务人员进行积极的沟通和交流，以便了解本馆目前和未来陈列、研究、教育的重点及发展方向。

（4）需要了解藏品搜集的来源及市场价格，从而确定需要补充的藏品有无搜集的可能，经费是否充足。

3．系统性

由于藏品搜集是博物馆的首要任务之一，与博物馆其它各项业务工作的展开有着密切的联系，因此，藏品的搜集绝不能孤立地进行，而是要与其它部门相配合，力争建立一个与本馆性质相适应的完整的藏品体系。其间，必须注意藏品搜集的长期性、完整性和全面性。

（1）藏品体系的建设绝非短期所能见效，需要长期坚持努力，不断充实提高。因此，博物馆的藏品搜集也不是临时性的任务或者突击性的工作，而是一项长期的、经常性的业务工作。藏品搜集者往往常年奔走在外，工作充满艰辛。

（2）藏品搜集过程中，除了要注意文物、标本本身外，还应当注意对其相关资料的搜集和整理，以确保搜集品及其相关资料的完整性。在实际操作过程中，不论是考古发掘品还是传世文物，都应该在接收的同时尽可能获取与其相关的各种资料，如出土情况、整理记录、照片、绘图、流传经过等等。因为这些资料对于发掘搜集品的价值以及日后的编目、整理、分类等工作都具有重要的意义。

（3）搜集藏品时，除了按计划搜集预定的藏品外，还需要从保护国家科学文化财产的角度出发，遇到虽不属于计划搜集范围但极有价值的文物、标本时，应向有关博物馆及时通报，如有可能应先搜集入馆，留待日后妥善处理，以免珍贵的文物、标本湮没损失。这既是博物馆藏品搜集全面性的重要体现，也是博物馆义不容辞的社会责任。同时，藏品搜集的全面性还体现在，要考虑教育和陈列的需要，注意收集与搜集品处于同一系统的其它物品，主要包括各种背景性的相关物品和资料，从而为日后的陈列、教育补充素材，提高其水平。

4．先进性

博物馆搜集的藏品都应该是符合本馆性质、对本馆的社会教育和科学研究具有重要意义的物品，要达到这个要求，藏品搜集的先进性也是应当遵循的一个重要原则。

（1）要保证藏品搜集的先进性，搜集者就应当掌握相关学科的最新研究动态，并据此判断搜集品的价值，力争搜集到最能满足目前博物馆和社会需求的有价值藏品，进而使博物馆的收藏、陈列和科研都更具生命力。

（2）藏品搜集的先进性还体现在搜集品质量的提高。博物馆不应只重视搜集品的数量，而应更多地关注其质量的提高和品种的丰富。

（3）藏品搜集要考虑到环境和社会的变化发展，应有前瞻性。以前我们进行藏品搜集时，更多地关注过去而忽视现在，缺乏发展的眼光，没有预见性。随着社会的高速发展，许多目前存在的事物正在逐渐消失，博物馆有责任为了明天而保存今天的一切历史文化。因此，现在的藏品搜集还应当注意立足当前，面向未来，以保持其先进性。

二、藏品搜集的主要途径

藏品是博物馆一切活动的基础和出发点，博物馆的搜集工作就是将作为自然界和人类社会发展的各种见证物，包括文物、标本等收集到博物馆中来，并通过一系列的技术处理，使搜集品转化为藏品。当然，并不是所有的搜集品都能成为博物馆的藏品，只有经过甄别鉴选，符合博物馆规定和要求的搜集品，再经过一系列收藏手续和技术处理之后，才能成为藏品。因此，搜集藏品可以说是博物馆建立收藏的首要环节，要建立和扩充博物馆的藏品，就必须先拥有丰富的搜集品。目前，藏品搜集主要可以通过考古发掘、田野采集、民族学调查和社会搜集等手段得以实现。

1. 考古发掘

考古发掘就是博物馆运用科学的方法发掘史前或各个历史时期有意无意地留在地底或水底的各种遗存，包括各类化石、生产生活用具、文化遗址和墓葬及其留存的各种遗物。考古发掘品内容广泛、门类丰富，具有很强的收藏研究价值，是博物馆藏品的重要来源。因此，通过开展田野考古，有计划、有系统地搜集藏品，是现代博物馆建立收藏的重要渠道。

我国有着悠久的历史，埋藏着丰富的文物和标本，因此，各博物馆通过考古发掘获取藏品是行之有效的重要途径。在程序上，各博物馆在发掘前，必须履行考古发掘的审批手续。在发掘过程中，必须严格地按照科学的发掘方法，随时如实、细致地填写发掘报告（包括文字、照片、测绘图等），做好保护工作；对出土的文物标本要及时进行整理和研究。在具体操作的过程中，由于考古发掘品保有与一定的地层位置及其它遗物的特定关系，我们就有可能据此比较准确地确定年代和地点，并由此揭示和复原当时的历史面貌。因此，考古学材料的收集必须严格按照现代考古学的要求，对整个发掘过程做出完整的记录，包括出土物件的环境、位置及与其它物品的关系。这些记录即原始材料，是藏品搜集过程中重要的第一手材料，必须保证这些原始材料的真实、准确、清晰、详尽。科学的考古发掘应当能够根据考古记录恢复原状，为日后建立藏品档案、布置陈列、进行研究提供丰富的材料。如果这些材料记录不全或有误，就会严重影响博物馆教育、研究的科学性。

2. 田野采集

田野采集是博物馆获得自然标本的主要途径。自然标本主要包括动物标本、植物标本、矿物标本及岩石、土壤等。进行田野采集应事先做好各种准备工作，要有配备合理的采集队伍、周密的采集计划和完备的工具设备。采集人员不但要具有专业的采集技术，而且还应具备相关的专业知识，才能更好地完成任务。采集计划包括具体而明确的采集时间、地点，科学严谨的采集步骤等。除此之外，还应当准备必要的采集用具，主要包括采集、处理、保护以及运输的器具，如采集袋、麻醉药、酒精、记录本、生物测定卡、动植物名录、检索表、标签、尺子、标本夹、箱子等等。在进行采集的过程中，最重要的就是保证标本的完整性，而且还要做完整的原始记录，包括采集时间、地点、标本的名称、产量和栖息的环境等。如有条件，可以拍摄图片、录像，进行实地的简单测定和研究，形成的所有文字记录、图像和数据都是难得的第一手材料，对以后的陈列、研究意义重大。

无论采集何种类型的标本，只要有可能，都要采集复本，一般要求五份，以便替补、交换和更好地进行陈列、研究。采集到的完整标本要及时进行保护性加工处理，如浸泡、入夹等，防止标本腐烂、变质、变形。对不同的标本要分别装箱，以确保将标本完好无损地运抵博物馆。

3. 民族学调查

民族学调查是指通过对目前尚存的民族生活的直接观察来获得博物馆所需要的各种民族学材料。这些材料反映了某一民族的生产劳动、文化习俗、宗教信仰和日常生活，具体涉及各种生产工具、交通工具、商业用器、日常用具、建筑、服饰、武器和宗教文化用品等。获得民族学材料的主要方法是到实地进行调查研究，包括观察、访问、举办座谈会、记录和摄像等手段。

随着社会的发展和博物馆学的完善，民族学调查也从原来遵从低技术水准理论的关注少数民族和文化不发达地区，转向关注更广阔的各民族社会文化生活上来，从而催生了以露天博物馆和生态博物馆运动为代表的新兴博物馆学研究。

不管怎样，民族学调查始终是博物馆藏品的重要来源之一，也具有重要的理论和现实意义。首先，通过对各民族的社会调查和民族文物的搜集，不仅有利于我国民族历史发展和民族学的研究，也有利于我国多民族国家历史和现状的研究。其次，民族文物是不可多得的文化宝藏，它们可以“复活”某些已经消失的事物和文化，如在调查中发现了钻木取火的具体操作、纳西族的象形文字等，甚至可以与考古材料相互印证，填补空白。最后，民族学材料的搜集应该和民族学的调查研究紧密结合起来，搜集者也应该掌握调查的方法与技术，具备较强的民族研究的专业素养。在调查过程中，必须严格执行国家的民族政策，尊重各民族的风俗习惯，争取各民族人民的支持与配合。

4. 社会搜集

我国历史悠久，文化积淀深厚，收藏传统源远流长，不论出于经济的、审美的还是家族的原因，大量珍贵的历史文物、艺术品和非物质文化遗产都保存于民间。这些民间收藏品往往都具有较高的经济和艺术价值，承载着丰富的历史文化信息，对反映当时的工艺水平和审美情趣等都具有重要的意义。因此，博物馆通过开展社会搜集将符合本馆性质和需要的文物标本收集起来，也是建立和扩大收藏的重要途径。

博物馆进行藏品搜集时，专题搜集是一种行之有效的手段。专题搜集就是博物馆为举办某种专题展览而进行的有目的、有计划的搜集活动，获得的藏品有较强的系统性和完整性。为保证专题搜集的有效性，在具体操作前，要先确定搜集专题，检索相关的各种信息，制定详细的搜集方案，包括选定搜集对象、搜集路线和地点等。

藏品的社会搜集主要通过收购、接受捐赠、交换与调拨、接收移交或借展等方式进行。

收购是社会搜集的重要手段，就是博物馆利用经济手段合法收购持有者自愿出售的文物、标本等，从而为博物馆获得藏品的一种途径。博物馆在进行收购时要注意：首先，属于国家所有的文物和受国家保护的动、植物标本，都不准买卖，不得作价收购，以免刺激盗墓取宝和伤害稀有动、植物等不法行为的发生；其次，收购对象以个人和文物商店为主，搜集品既包括博物馆需要的传世文物、标本，也包括需要“抢救”的近现代文物和颇具价值的当代艺术品等；最后，个人收藏的所有权受国家法律保护，收购必须坚持持有者自愿出售的原则。博物馆应对文物进行认真负责的鉴定，根据其价值给予公平合理的代价，决不允许以欺骗或强制手段收购藏品。在收购过程中要依法办好一切收购手续，以免日后发生纠纷。

当前，随着市场经济的发展、民众对文物标本认识的不断深入，加之拍卖行和私人收藏的兴起，博物馆的收购工作正受到严峻的挑战。

博物馆收购藏品的来源主要是民间收藏者和文物商店，但有时在废品收购站和有色金属冶炼厂也可能会有意想不到的收获。由于种种原因，一些文物很可能流落到废品收购站、有色金属冶炼厂等地，其中不乏珍品，如著名的青铜器马踏飞燕、四羊方尊等都曾湮没于此。在这种情况下，博物馆往往只需花很小的代价就可能得到重要的文物。所以，博物馆还应该与废品收购站和有色金属冶炼厂等地保持密切的联系。

接受团体或者个人的捐赠，是博物馆通过社会搜集获得藏品的又一重要途径。西方国家有着捐赠藏品给博物馆的悠久历史。随着博物馆事业的发展和人们对博物馆认识的提升，社会捐赠也日益成为我国博物馆藏品的重要来源。因此，如何吸引更多更好的捐赠来充实博物馆藏品，也成为现代博物馆关注的一个热点。社会捐赠的门类丰富，质量较高，有些甚至是稀世珍品，捐赠理由也多种多样，但最终能否获得捐赠主要还是取决于两个因素：一是博物馆的声誉和影响力；二是博物馆工作人员的公关能力。对于捐赠的收藏品，博物馆应进行认真的鉴定，确认符合捐赠条件并可以作为藏品的，方能办理接受捐赠手续。根据受赠品的价值，可以给予捐赠者适当的物质和精神奖励，贡献巨大的还可报请政府，由国家给予嘉奖。受捐藏品在藏品档案中应作详细记录，包括受捐时间、地点、受捐人的相关资料、捐赠品的流传情况等。受捐藏品陈列展览时，应注意尽量采取各种手段向观众说明藏品的捐献者等情况。随着个人收藏的升温和博物馆宣传的加强，相信社会捐赠的数量和质量都会有所提高，博物馆应当抓住机遇，更好地开展动员和接受捐赠的工作。

博物馆还可以通过交换的方式获得所需藏品。交换就是博物馆间、博物馆与其它收藏单位间在自愿互利的原则下相互交换藏品。为此，博物馆在搜集藏品时应该体现全面性，将那些虽不符合本馆性质和要求，但具有收藏价值的物品也搜集回来，以备交换之用。藏品交换不仅可以互通有无，以余补缺，丰富收藏，而且还可以使藏品配置更加合理，更好地发挥藏品价值，产生更大效益。随着博物馆法律法规的完善，现在不但馆际间、博物馆与文物单位间的交换频繁开展，而且国际间的藏品交换也得以展开。

调拨也是博物馆获得藏品的方式之一。所谓调拨，就是上级主管部门按各馆的性质与需要，有计划地拨给有关文物、标本；或是馆际之间，一方支援另一方，拨给对方所需的藏品。这种方式对于丰富我国博物馆的藏品曾经起到过重要的作用，但随着市场经济的发展和政治体制改革的深化，已不再是获得藏品的主要途径。

不论是交换还是调拨，都需要完备合法的手续，需呈报上级主管机关批准。如果是一级品，则需报国家行政主管机关批准。

除上述几种途径外，接收移交也能在一定程度上增加博物馆的收藏。移交就是公安、海关、法院、工商管理等部门将依法收缴的文物、标本，通过一定手续移交给博物馆收藏。但这些搜集品应当有专门的记录，以便日后解决归属问题。

此外，借展也可能使博物馆获得藏品。借展指博物馆因补充陈列内容或举办专题展览的需要而向单位或个人暂借文物、标本等资料。借展应在双方同意的前提下签订借展协议，明确借展期限、展出地点、借展代价、文物安全等责任。通过借展，很多私人收藏者看到藏品在博物馆得到更好的保管，能发挥更大的作用，也可能由借转赠，丰富博物馆藏品。

三、博物馆藏品搜集工作者的职责

在博物馆的工作中，藏品搜集是专业性、科学性、政策性和社会性都很强的基础性业务工作，对博物馆的建设发展意义重大。因此，从事藏品搜集的工作者必须具备比较全面的专业知识和道德素养，才能出色地完成藏品搜集的任务，具体要求如下：

1．负责藏品搜集的工作人员，不但要有广博的知识和鉴定文物的能力，而且还要懂得相关的政策法规，有良好的交际能力；既要适应博物馆的工作，更要适应奔走在外的艰苦生活。

2．要密切联系博物馆各部门，掌握馆藏空白及陈列、科研、宣教工作的需求情况，结合博物馆的发展规划，使用有限的资金搜集到本馆急需的有价值的藏品。

3. 做好文物保护工作的宣传员。在搜集藏品的过程中，向社会各界宣传文物政策法规，普及文物知识，说明博物馆藏品搜集的目的、意义、范围和对象，动员社会各界人士提供线索，协助搜集。

4. 藏品搜集工作人员必须严格地做好科学的原始记录，既包括文字材料，也包括音像和实物资料，并确保记录的真实、准确、详尽、全面，以便为日后建立藏品档案、进行陈列和科研提供完整的材料。

5. 要及时做好搜集品的整理移交工作。移交是搜集工作的结尾，要将所有搜集品、有关原始记录及其它各项资料逐一点交博物馆接收部门，办理入馆手续。搜集所得均为国家文化财产，搜集人员必须全部移交，不能拖延、隐瞒或据为己有，违者依法严惩。凡未办理移交入库的文物、标本等资料，不论有何理由，搜集人员都无权将其借给任何单位或个人使用。

第二节 藏品的入藏及管理

所谓入藏，就是通过对搜集品的接收、鉴选和记录等，将符合博物馆收藏要求的搜集品转化为藏品的过程。入藏作业不仅是将搜集品转化为藏品的过程，而且也是将藏品科学化、资料化的过程。只有经过严格的入藏以及渗透其间的管理流程，转化为藏品的搜集品，才能被更为妥善长久地保存、被更为全面科学地研究，进而更好地发挥其自身价值。事实上，藏品的入藏及管理也是一个逻辑性很强并且包含大量技术细节的专业工作，具体而言，它包括接收、鉴选、登录、编目、入库、保管、提用、核对、注销、统计等诸多环节。博物馆藏品的入藏及管理既要科学严密，又要简便易行，通常应遵循“鉴定明确，账目清楚，编目详明，保管妥善，制度健全，查用方便”①的原则。

---

① 中华人民共和国文化部：《博物馆藏品管理办法》〔1986年6月19日文物字（86）第730号〕（第三条）。

一、藏品的接收

博物馆准备收藏某件文物、标本时，都要由保管部门的工作人员负责具体的接收，然后再经过一系列的手续将它们转化为藏品。将文物、标本送达博物馆有多种渠道，可能是物品的所有者，也可能是考古或田野采集人员，还可能是博物馆的藏品搜集人员等，但无论如何，博物馆的接收人员都应当在接收文物、标本的同时，记录与该物品相关的原始信息，尽可能全面地反映该物品的情况，如名称、出土（采集）地点、流传经过、质地、用途、保存状况、生产者、所有者、测绘图、勘察记录、原始图片等。这些材料越丰富，我们就能越深入地了解文物、标本的内涵，更好地进行科学研究和陈列展览，更充分地发挥它们的教育、科研作用。

一般情况下，在办理接收手续时，这些材料也将一起交给保管部门，形成接收清单，这是博物馆藏品入藏及管理工作的开始。如果是捐赠品或调拨品，必须同时得到完备的捐赠证明或交拨清单，一式两份，由收授双方分别保存；如果是收购的，则要收购凭据及复印件。如果博物馆使用了计算机，则可以将这些资料录入，建立数据库，以备查阅。因为这些文物、标本并非都有资格转化为藏品，所以它们都被暂时移交给保管部门，先放置在临时库房，等到经过鉴选，确定收藏后，才能入库存放。

二、藏品的鉴选

藏品保管部门对新入馆的文物、标本都要进行科学的鉴选，只有那些符合博物馆的需求、达到入藏标准的文物、标本，才能最终成为博物馆的藏品。所谓鉴选，包括鉴定和选藏两个方面。

1. 鉴定

鉴定就是用科学的方法，对文物、标本的真实性和科学性做出正确的鉴别，确定其真伪、年代、地区、作者、来源、用途等，定出科学的名称，评定它在历史、科学和艺术方面的意义和价值。鉴定工作是一项专业性极强的、细致的科学研究工作，也是博物馆藏品入藏及管理工作的重要环节，其主要任务就是辨明真伪，揭示内涵，评定价值。只有对文物、标本做出正确的鉴定，才能对其是否入藏做出选择，从而确保藏品的质量。所以，鉴定是鉴选工作的基础，也是做出选藏决定的重要依据。

在我国，文物作伪由来已久。据文献记载，早在春秋时就已出现了文物作伪。直到今天，由于种种原因，文物作伪现象依然十分普遍。我们把作伪的文物称为“赝品”。有伪就需辨伪，所以，文物的鉴定也同样历史悠久。同是在春秋时期，文物的辨伪和考证工作就已开始。随着时代的发展和科技的进步，鉴定工作也日趋成熟和完善。目前，我国不仅拥有一批专业的文物鉴定专家，而且业已形成文物鉴定这门学问。

由于鉴定是技术性和学术性都很强的专业工作，所以，各博物馆一般都有训练有素的鉴定人员对接收的文物、标本做出真假和优劣的判断。他们的鉴定工作一般都是以在长期实践中获得的经验为基础，采取直观与科技手段相结合的方法。直观的传统方法主要是依靠鉴定人员丰富的知识和经验，对文物、标本进行分类、比较和辨识。同时，还要吸取历代鉴定的经验，充分利用相关的各种知识和成果，结合文献研究，鉴别文物、标本。随着科学技术的飞速发展，现代科学方法和手段也在鉴定工作中发挥着重要的作用，如采用放射性碳元素、热释光技术、古地磁法、电子自旋共振、裂变径迹等进行年代测定，用各种光谱、质谱等鉴别化学成分，用电子显微镜、金相显微镜、X射线、穆斯堡尔谱、核磁共振谱、激光全息技术鉴定质地与结构等。总之，将传统方法与科技手段相结合，取长补短，有利于提高鉴定的科学性和准确性。文物、标本的鉴定经过长期的发展和完善，已经形成了专门的文物鉴定科学，具体包括铜器、玉器、陶瓷、书画、货币、印玺、砖瓦、牙骨器、古生物化石、动植物标本、岩矿标本等的鉴定。它们的鉴定方法都因物而异，各自拥有科学、完整的体系。

鉴定工作还包括对文物、标本的准确定名。定名是对文物、标本的主要内容和本质特征的一种概括，以便相互区别。文物的定名一般包括三个部分：（1）时代、款识、作者；（2）特征、纹饰或颜色；

(3) 类别、器形或用途。例如，唐 韩滉 五牛图 一轴；商 司母戊 方鼎；清乾隆 粉彩 双蝠盘。在定名过程中，需要注意的是：(1) 有残缺的文物应注明；(2) 不能分割的文物，定名时应标在一起，成组的文物，完整无缺的要集体定一个名称，失群者应在单体名称前标注集体名称；(3) 没有铭文、款识和特殊纹饰的，器名前应标明质地；(4) 文物附属的附件，如剑鞘等，不标在名称内，只在注中说明；(5) 一般情况下，文物的质地在定名时可不标明。自然标本则按照国际通用的有关动物、植物、矿物和岩石的命名法规定名。

博物馆在进行鉴定工作时，一般都要做鉴定记录。鉴定记录包括历次鉴定意见及主要的分歧意见等。鉴定结束后，应由鉴定人审阅签名，作为档案保存，以作为进一步鉴定、研究的基础。

2. 选藏

选藏就是在鉴定的基础上，参考文物、标本的历史、艺术和科学价值，结合博物馆的性质和需求，对是否入藏做出选择，并对入藏品进行处理的过程。随着博物馆事业的发展，博物馆的功能也日益多元化，承担着保护国家文化财富、科学研究、社会教化等多方面的责任。因此，在选藏时，既要考虑物品的真伪及其历史的、艺术的、科学的价值，又要考虑物品与博物馆的性质及需求的关系，还要考虑博物馆本身的收藏空间、保护能力等问题。除此之外，在进行选藏时还要注意，有些物品虽然与博物馆收藏要求不完全相符，但具有较高价值和抢救意义，也应及时予以收藏，可以日后通过交换、调拨等形式形成馆际交流，取长补短，以便更好地履行博物馆的社会职能。选藏工作意义重大，需要慎重考虑，往往要通过馆内相关专家结合上述因素共同讨论、协商，才能做出最后的选择。

对于最后确定入藏的藏品，要进行入藏前的处理。因为我们所获得的藏品多种多样，状况不一，有的残存污垢、寄生虫、病菌等，有的即将腐朽变质，有的残损，如果不加处理，不但本身会继续损坏，而且还可能影响到库房内的其它藏品。所以，在入藏前我们针对不同的情况必须做出相应的处理，如清洁、消毒、修复、拓片、装裱、加固、脱水等，以确保藏品的安全。

经过藏前处理，就要办理相关的入藏手续，填写《原始登记簿》，即入藏凭证。入藏凭证不同于接收清单，对象仅限于所接收文物、标本中的入藏部分；也不同于后面要提到的博物馆的《藏品总登记簿》，它只是入馆的记录册，无需上报有关主管部门。入藏凭证填写的主要内容包括批号、登记号、名称、件数、质地、尺寸、现状、来源、经办人、价格、回批账号和备注等。批号是指所接收的物品为该年度入馆的批次；登记号按照入藏的顺序依次编制；时间指的是入馆的时间；物品的名称要与入馆时各种单据上保持一致，如果需要更名，则应在备注栏中说明；现状描述要注明残损的准确位置、面积和程度；来源即收集的途径；经办人指主要搜集人。入藏凭证的填写应当详实，除了入藏前所填写的相关记录外，入藏后为该藏品所编制的分类号、入库凭证号、藏品档案号、绘图号、拓片号、照相号，以及它的原始编号、可能因某种原因而决定不作为藏品的注销号等，也都要全部回注到入藏凭证上来，使人看到这份凭证就可以清楚地知道它的所在和与它有关的所有资料。这项工作并不是一次性完成的，应当严格按照规定程序，随时回注。

而确定不入藏的物品，也并不是都作为非文物、标本处理。其中，有些一时难以明确判断的和具有一定参考价值的文物、标本，被称为参考品，主要包括各种器物的残片、近现代的高仿伪作和由于缺乏证据还无法判断其重要性的文物、标本等。参考品虽然暂不作为藏品入藏，但其具有重要的参考和研究价值，也应当同作为科研资料和辅助展品的其它文物、文献、标本及数量众多的待处理品、复制品等物品一起登记保留，认真填写《资料品或参考品登记簿》，在选藏时应给予足够的重视。

三、藏品的定级、分类及登录

决定入藏的藏品，为了今后能够更好地管理和利用，我们必须对其进行定级、分类和登录。这是博物馆藏品入藏和管理流程中重要的环节之一，只有对藏品进行科学的定级、合理的分类和全面的登录，才能更有效地保证藏品的安全，更便捷地对其进行研究，更深刻地挖掘藏品的内涵，最大限度地发挥其价值。

1. 藏品定级

为了合理地配置博物馆有限的人力、设备等资源，更好地保护、研究和利用藏品，我们就要依据价值大小给藏品划定等级，区别对待，对于珍贵文物要重点保护。

根据《中华人民共和国文物保护法》及其《实施细则》的规定，我国博物馆一般将文物藏品分为珍贵文物和一般文物，珍贵文物可分为一、二、三级。一级文物就是我们常说的“国宝”或“特藏品”，指具有特别重要的历史、艺术、科学价值，具有确凿的科学依据，出土或传世数量稀少，形体完整，极具代表性的珍贵文物。这类藏品要上报国家文物局，建档监管，但由各收藏博物馆负责日常保管。二级文物指具有重要的历史、艺术、科学价值或虽符合一级标准但有残损的贵重文物。它们是博物馆的基本藏品，是陈列的主体。三级文物则是具有比较重要的历史、艺术、科学价值，数量较多，保存较好的重要文物。它们也用于陈列、研究，但频率较少。而只具有一定价值的文物就是一般文物。在一般文物外，还有我们前面提到的具有参考价值的参考品。

藏品定级是一项复杂、细致的工作，要求定级的工作人员最大限度地排除个人的主观因素，摆脱“唯古是宝”、“唯少是贵”① 的传统观念，建立具有客观性、稳定性和统一性的判断标准。为了保证定级的客观性和合理性，可以将大家共同认定的、最具代表性的藏品作为参照，不断地进行对比、讨论，最后由定级工作人员共同商议决定。随着博物馆学的日益成熟，其标准也日益规范化和具体化，国家也统一制定了定级的标准，这就保证了定级的稳定性和统一性。我们上文提到的藏品的历史、艺术、科学价值，就有其具体的判断标准。历史价值指藏品具有的说明重要历史现象的能力；艺术价值指藏品能反映各历史时期的品种、流派、风格的特点，或各时期的典型作品；科学价值指在科学史上的首创性或转折性。

藏品分级后，要将一级品编印简目，建立档案，上报国家文物

---

① 严建强著：《博物馆的理论与实践》，浙江教育出版社，1998 年，第 140 页。

局。我国规定，一级藏品在博物馆内使用，需经馆领导批准；借出、调拨和交换都要国家文物行政管理部门审批；出国展览要由国家文物行政管理部门上报国务院审批，或由国务院委托审批。

藏品定级虽然具有稳定性，但也不是一成不变的。任何事物都是发展变化的，我们对藏品价值的判断标准也会随着考古和采集工作的新发现、科学研究的新成果、价值观的新趋向等而变化，对原定藏品等级进行升级或降级的调整。但要注意，定级调整后的结果要呈报上级主管部门批准改正。

2. 藏品分类

在藏品定级后，我们要根据藏品的质地、性质、内容等对藏品进行分类，为日后的整理、登录、编目、检索等工作提供便利，以便更好地进行藏品保护和管理。实际上，藏品分类就是根据构成藏品基本物质的自然属性和社会属性的差异性，将它们区分组合成不同的类别。这也是藏品入藏和管理的一个中心环节。

既然要分类，就必须有标准。目前，自然标本的分类已有了全球统一的规范，但文物藏品由于藏品特征和文化传统的多样性，很难形成划一的标准。在具体的操作过程中，文物藏品分类一般都要考虑两方面的内容，既要使分类符合科学分类的逻辑性，又要考虑分类是否方便实际应用。我国博物馆文物藏品的分类工作自20世纪30年代开始至今，积累了大量行之有效的经验。如果以单一的标准分类，可按藏品质地、时代、用途、征集来源、工艺等进行分类。但在实际工作中，按各种单一标准分类往往是有利有弊，经常会顾此失彼。因此，在单一标准的基础上就产生了复合分类法，即先依据藏品的质地、时代、用途等特征划分大类，再依据藏品的具体特征在各大类中进一步分类，逐层细化，直至将各藏品划归所属。现在，我国的博物馆多采取这种复合分类法，它在一定程度上克服了单一标准的弊端，比较容易达到科学性和实用性的统一。近年来，科技的发展推动着博物馆的数字化，计算机技术与传统的藏品分类方法相结合，出现了许多思路新颖的藏品分类方法，如何直刚提出的“三系三段分类法”[①]、宋伯胤提出的“四部四项十进位分类法”[②]、孙美琦提出的“三维分类法”[③]、祝敬国提出的“多层次组面分类法”[④]、严建强提出的“质地优先四层次十进位分类法”[⑤]等。这些方法总结了传统分类方法的利弊，扬长避短，又采用了先进的计算机技术，使得藏品的分类变得更加科学合理，使用变得更加简单快捷。无论采取何种分类形式，都应当充分考虑博物馆的性质及藏品的体系，根据博物馆自身的特点，选取适合的分类体系，使分类既具有科学的逻辑性，又便于藏品的整理、检索、研究、利用。

3. 藏品登录

藏品登录是藏品入藏及管理流程中的关键环节之一，是藏品资料化的过程，可以为藏品的整理、研究、利用等提供详尽的资料，有利于藏品的保管和使用。传统的藏品登录是指对藏品的入馆、保管、提用、进出统计、残损注销情况等的登记手续，主要包括要填写的各种登记簿，如前面提到的《原始登记簿》、《资料品或参考品登记簿》，我们要介绍的《藏品总登记簿》、《藏品分类登记簿》以及下文要提及的《藏品借出登记册》、《藏品借入登记册》、《藏品修复登记册》、《藏品注销登记册》等，其中最根本、最重要的是《藏品总登记簿》。随着计算机技术的发展及其在博物馆中的广泛使用，现代的藏品登录还应该包括对藏品数字化的过程，即建立藏品的数字档案，内容与传统的各种账簿相同。但它可以发挥计算机的各种优势，与照相机、智能扫描仪、测量仪等电子设备相结合，提供更完整、更形象的藏品资料，使得藏品在保护管理和研究利用时更加安全和便捷。利用计算机

---

① 详见何直刚：《藏品分类略说——附述三系三段分类法》，《中国博物馆》，1986 年第 3 期。

② 详见宋伯胤：《论博物馆藏品分类（上、中、下）——兼述“四部四项分类法”》，《东南文化》，1991 年第 4、5、6 期。

③ 详见孙美琦：《藏品电脑管理的三维分类法》，《中国博物馆》，1987 年第 1 期。

④ 详见祝敬国：《博物馆藏品分类标准化研究》，《中国博物馆》，1991 年第 1 期。

⑤ 详见严建强：《文物藏品质地优先四层次十进位分类法》，《中国博物馆》，1997 年第 1 期。

进行藏品登录及管理，不但可以缓解藏品的使用与保藏的矛盾，而且还有助于加强博物馆对社会的教育和科研服务的职能，可以更大程度地将数字藏品公开，更好地服务社会。

《藏品总登记簿》是藏品登录的核心，是国家的科学文化财产账(见表3-1)。凡是经过鉴定，符合博物馆入藏标准的文物、标本，都必须依据入馆凭证核对藏品，及时地登录由国家统一制定的《藏品总登记簿》，并将副本上交国家和地方文化行政管理部门备案。这样，藏品就成为了受法律保护的属于国家的科学文化财产。鉴于总登记簿的重要性，其登记和管理都必须配备专人负责，并且管理人不能兼管藏品。登记时要严格按照规定的格式，逐条、逐项用不褪色的墨水笔填写，字迹要清晰。总登记簿登记完成后，不能私自涂改，登记过程中的订正，要用红墨水笔画双线，并由经办人在订正处签章。总登记簿不作为查询资料，它的使用必须经过馆长批准并办理使用手续后，方可实施。

表3-1　×××博物馆藏品总登记簿

（　　　年）　　页

总登记号	分类号	时代	名称	数量	尺寸、重量、容量	完残情况	级别	入馆凭证号	注销凭证号	入馆日期及来源	备注

总登记号　藏品的总登记号是按照藏品入藏的时间顺序给出的阿拉伯数字编号，一件一号，一旦编定就具有永久的性质。每一件藏品

都有属于自己的一个唯一的总登记号，不能重复、缺失，也不能改变。如果某藏品因为借出、毁损等原因注销了，它的总登记号不能由其它藏品代替，只能让其一直为空。这样，如有需要，就可以按照这个总登记号查到这件藏品相关的一切信息。如果从别的博物馆接收了某件藏品，这件藏品原来的总登记号就不能再继续使用了，而应根据它入藏本馆的顺序编录新的总登记号，原来号则作为该藏品的历史记录记入总登记簿。

分类号　藏品分类号是标记藏品类别的编号，除了有阿拉伯数字号码外，往往还要前缀各种符号，以反映该藏品在博物馆中所属的类别及在分类体系中的位置和次序，以便于保管和检索、查用。

藏品的总登记号和分类号统称为藏品编号。藏品编号确定后，一般都应将其直接书写在藏品器体上，如果不便直接书写，则可以使用标签，粘贴或挂系在藏品上或藏品的囊匣、纸袋上，以便账、物相符，易于保管和提用。书写编号时，以不损坏藏品为根本原则，字迹要清晰、端正，要尽量不影响展出和鉴赏，不影响器物的美观。

时代　这是指藏品制作或者形成的年代。它是揭示藏品内涵和判断价值的重要依据，应当力求准确。在藏品登记时，时代应按不同藏品所属的天文时代、地质时代、考古文化期、历史朝代或历史时期而定。如果藏品本身标有具体年代，我们只需照录，并加注公元纪年。但如果藏品上没有纪年标识，我们就只有通过鉴定考证和测量来确定其时代了。除旧石器时代和新石器时代外，时间都要尽可能地具体明确，经过碳 14 测定的要注明。中华人民共和国成立以前的文物，写朝代或历史时期。近现代文物，一律用公元纪年，具体年代不明的，可写历史时期。

名称　藏品的名称可以反映藏品的基本信息和特征，揭示藏品的个性。不论是文物还是标本，其名称都要力求简练，以利于辨识和记忆，但却要全面反映藏品的基本信息，特别要突出特点，揭示内涵。具体要求见鉴定环节的论述。

数量　藏品数量在统计时情况比较复杂，要根据藏品的实际组成情况来计算，一般以“件”为单位。一“件”就是指一个完整的、不可分割的整体。单件藏品每一件给出一个唯一的总登记号。成组藏品的情况比较复杂，成组但不能独立存在的，如鞋子是两只一双，故一双为一件，在备注栏内注明二只；成组并且可以各自独立存在的，则以“组”为单位编一个总登记号，如十二辰俑、十八罗汉等，即以一组计，实际数量则填写具体件数，其独立存在的个体可各给出一个分号。但如果这组藏品不全，那就不能以一组为一件。其中，失群的单件仍是一件藏品，可以单独占一个总登记号。遇到像古钱币这样有许多重复品的情况，可以通过鉴定，将其中的一、二级品编录总登记号，三级品可选择若干逐件登记，每件给一个总登记号，其余不论多少，都列为重复品，给一个总登记号，记上总的个数，每件再给一个分号，记入重复品账中。如上所述，藏品的数量统计，有时以一个总登记号为一件，有时以一个分号为一件，所以博物馆藏品总登记号的数目并不一定等于藏品的总数。

尺寸、重量和容量　测量藏品的尺寸、重量和容量，无论是文物还是标本，都要采用国家计量总局公布的统一法定计量单位。测量尺寸以厘米为基本单位，特大者以米计；重量以克为基本单位，特大者以公斤（千克）计；容量以毫升为基本单位，特大者以升计。平面物体只需测量其长度与宽度；三维的立体物品则要依次测量其长、宽、高。由于藏品的形态各异，所以，在测量时也要具体藏品具体对待。有时要测量颈长、肩宽、腹圈、口径、底径、耳高、足高、足距、柄长等反映藏品特征的具体项目。藏品造型不规则的，测量器身的通高或最长、最宽处。器物本身的各部位，如有专门名称的，要按部位测量填写。如果藏品残缺，则要注明残高等。自然标本长度一般以直线距离取其最长处和最宽处。藏品重量的测量，一般仅限于贵重的藏品或者特大、特小的藏品，采用各种测量质量的科学仪器，如电子秤等，进行测量。容量的测量则多选择灌注其它可称量的物质，如水、沙等，再通过计算测量。需要注意的是，在测量藏品时，都要以藏品保护为根本，要小心谨慎，以免对藏品有所损坏。

完残情况　此项指藏品及其附件完整或残缺的情况。藏品的完残程度直接关系到藏品的价值和保管者的责任，也是检查藏品变化的重要依据。所以，必须仔细检验，详细、认真地填写，如有残损，要注明残损的原因、性质、程度、位置等。特别是一级藏品，不但要有详细的文字记录，而且还需附带整体和局部的放大照片。

来源　这项可以根据入馆凭证填写藏品直接来自的单位、地区或个人，并注明“发掘”、“采集”、“征购”、“调拨”、“交换”、“移交”、“捐赠”、“旧藏”等。出土文物，要写明出土时间、地点和发掘单位；传世文物要写明使用者和保存者以及他们与藏品间的关系。自然标本要写明采集的时间和地点。

入馆凭证号　即入馆凭证上的编号。

注销凭证号　若藏品由于外拨、交换、退还、损毁等原因而注销，应将注销凭证上该藏品编号回注此项，同时，在该藏品各栏上划红线，并在备注中标明注销的原因。此项的填写要客观及时，登记人员在填写完毕后要加盖私章。

级别　即藏品鉴定后所定级别。

备注　需要补充说明的关于藏品的信息都可以填写在这一项，如捐献的奖金等。

《藏品总登记簿》是各级博物馆唯一的国家科学文化财产账，但并不是各博物馆唯一的登录账册。博物馆根据日常工作的需要，还应该建立由《藏品分类登记簿》、《藏品借出登记册》、《藏品借入登记册》、《藏品修复登记册》、《藏品注销登记册》，以及入藏凭证、出入馆凭证和出入库凭证等构筑的辅助登录账册凭证。辅助账册凭证的建立种类要根据博物馆的实际情况，尽量避免重复繁琐，力求简单实用。各类账册凭证项目的设立，也要根据藏品和账册凭证的用途而定，目的都是为了更好地保护和管理利用藏品。

博物馆的藏品登录除了使用较为传统的文档外，现代先进的计算机及多媒体技术也得到了广泛的应用。博物馆可以利用这些技术制作藏品的数据库，将藏品的各种信息数字化，其中，既包括藏品登记的各项信息，也有文档无法反映的藏品的图像、立体模型、相关背景材料等重要的相关信息。利用计算机和多媒体技术进行藏品登录，我们称之为数字化采集。数字化采集主要有两种形式，即直接采集与间接采集。直接采集就是直接对藏品进行光学扫描。出于对藏品的保护，这种扫描与传统的扫描不同，它是与计算机及相应的软件结合进行的智能化三维立体扫描，即允许文物在自然打开状态下进行扫描，扫描结果由软件自行校正处理。它不仅能够全面客观地采集藏品信息，而且有利于立体动态画面的还原。但它也有自身的弊端，如扫描过程中光源对藏品的影响；藏品有大有小，要得到精确度较高的数字化结果，就要使用不同规格的设备，无形当中增加了博物馆的经济负担；扫描结果与计算机的兼容性等。间接采集就是对已经转换为其它形式的藏品信息进行数字化处理，主要是藏品照片、录像等的数字化。它最大的优势就是在数字化过程中，基本不会对藏品产生损伤。但它存在采集的客观性问题，即拍摄过程中，拍摄人员主观认识的局限性会影响藏品信息的客观性和全面性。间接采集从藏品实体到数字化结果之间经过了二次转换，必然会增加信息的损耗。不论是直接还是间接采集，都是要在确保藏品安全的前提下尽可能地提高数字化的精确度，完成藏品的登录。藏品的数字化登录可以更好地保护和管理藏品，方便了各类使用者对藏品的查询使用和研究，解决了藏品保护与使用之间的矛盾，是博物馆数字化的重要组成部分。

四、藏品编目、建档

对藏品进行目录的编写和档案的建立是藏品入藏和管理流程中的重要步骤，是藏品资料化的关键环节，也是博物馆科学研究工作的基础。

1. 藏品目录及其编写

藏品目录就是博物馆按照征集、保管、展览和研究的需要编制的专题性目录。博物馆藏品目录的编制，既要考虑博物馆藏品体系的特点和本馆的性质，又要满足博物馆咨询、检索、科研和举办陈列展览的各种实际需要。藏品目录的种类多样，最常见的就是按藏品质地分类体系编制的分类目录。除此之外，还有按照不同标准和实际需要编制的各种目录，如一级藏品目录、工作目录和公用目录、藏品时代目录等等，它们共同构成了博物馆的藏品目录体系。所编制的藏品目录不仅可以为检索提供方便，而且可以通过目录发现馆藏品的空缺，为征集提供依据。藏品目录的形式主要有卡片式、书本式和活页式。卡片式目录较为灵活，可以随时增减，也可以进行多种组合，便于携带、复印，是藏品目录的主要形式。书本式目录比较符合我们日常阅读的习惯，使用起来也比较方便，就是灵活性不够高。活页目录则只适用于藏品数量较少的专题目录。近年来，计算机和网络技术的广泛应用推动着博物馆的智能化和数字化发展，藏品目录也有了电子版，可以通过计算机终端实现方便快捷的检索查询。特别是网络技术的使用，甚至突破了馆际之间的界限，使得各馆的资源通过互联网得以共享，增强了博物馆藏品信息的开放性，促成了联机检索目录的发展和完善。

藏品编目既包括对文物藏品的编目，也包括对自然标本藏品的编目。自然标本藏品的编目，主要是以自然学科的知识体系为依据，有自己的标准，已经比较完整规范了。而文物藏品的情况则比较复杂，编目的标准和方法各异，但我们相信，随着博物馆学的发展完善，文物藏品的编目也必将形成自己的统一标准。由于目前我国博物馆还较多地使用卡片式目录，所以，我们就以它为例来说明藏品编目的过程。藏品编目的过程主要包括撰写卡片和编制目录。

撰写卡片是编目工作的基础。编目卡片的内容简要概括了藏品的外部特征和内涵，能使检索者了解藏品的梗概，为其提供选择依据。编目卡片的撰写应具有准确性、完备性和一致性。准确性是藏品目录的基本要求，对编目卡各项目的撰写都必须实事求是，力求准确无误；完备性要求编目卡的项目要从各种角度全面反映藏品的信息；一致性主要指撰写的标准化和规范化。藏品编目卡片的内容主要分为基本项、鉴定项、叙述项和记录项（见表 3－2 和表 3－3）。

基本项主要记录藏品的基本情况，包括总登记号、分类号、原来号、照片号、尺寸、重量、数量、来源、附件等。基本项能够反映藏品的基本信息，撰写时要全面、准确。

鉴定项就是鉴定的结果，主要包括藏品的名称、时代，质地、作者、款识图记、出土地点或产地、现状和有关的鉴定意见等。

表 3－2　博物馆藏品编目卡（正面）

<table>
<tr><td colspan="2">总登记号</td><td></td><td>编目号</td><td></td><td>参考号</td><td></td><td>照片号</td><td></td></tr>
<tr><td colspan="2">来　源</td><td colspan="3"></td><td>级　别</td><td colspan="3"></td></tr>
<tr><td rowspan="2">名称</td><td>原名</td><td colspan="5"></td><td>时　代</td><td></td></tr>
<tr><td>现名</td><td colspan="5"></td><td>作　者</td><td></td></tr>
<tr><td colspan="2">质　地</td><td></td><td>件　数</td><td colspan="2"></td><td colspan="3" rowspan="4">照
片</td></tr>
<tr><td colspan="2">重　量</td><td></td><td>尺　寸</td><td colspan="2"></td></tr>
<tr><td colspan="6">简　述</td></tr>
<tr><td colspan="2">方　位</td><td colspan="4">柜（架）　　层</td></tr>
</table>

博物馆藏品编目卡（背面）

<table>
<tr><td colspan="5">著录和文献</td></tr>
<tr><td colspan="5">款识、图记</td></tr>
<tr><td colspan="5">出土地点或产地</td></tr>
<tr><td colspan="5">鉴定意见</td></tr>
<tr><td colspan="5">现状</td></tr>
<tr><td colspan="5">备注</td></tr>
<tr><td>审核人签章</td><td></td><td>制表人
签　章</td><td></td><td>制卡日期
年　月　日</td></tr>
</table>

表 3-3 博物馆自然标本编目卡

学名（中名）：		
标本描述：		
采集地点：		
时代层位：		
标本来源：	入藏日期：	
采集人：	鉴定人：	负责人签章：

鉴定项的有些信息，如作者、款识图记等，在藏品本身或相关的资料中已经有明确反映的，我们只需将它们如实抄录；但在缺乏有关标识和材料的情况下，则需要通过认真的鉴定加以辨识。藏品的名称、时代、质地均需记录鉴定结果。款识图记应当按照藏品本身的署款、印章、铭记、题跋等原样抄录，行数、字数、格式均应与藏品相同，但需加注标点。如有不易辨识的，则要通过研究给出必要的注释。若内容过多，可节录主要部分，注明总体情况。地点和产地要尽可能地具体和详细。现状要客观地描述藏品的完残情况和修复情况等。鉴定意见要如实填写，并注明历次鉴定的时间、鉴定人或单位，鉴定使用的方法、仪器，鉴定的结论等。

叙述项主要是对藏品的内涵做出简单的叙述和科学的评价，并揭示其价值。这是一项科学性和专业性很强的工作，所有内容的撰写都必须建立在认真研究的基础上。文字要求准确、客观、简洁。此项还应该留出专门的空间，对藏品照片或线描图等进行分析记录。

记录项主要撰写有关该藏品的研究记录，即国内外对这件藏品的研究论著的索引，包括论著的作者、题目、出版物、出版时间和出版社等。这是一件长期的工作，不能遗漏，也不能间断。博物馆还可以根据需要，在此项撰写藏品的使用记录等，记录有关该藏品用于陈列展览、科学研究、参考鉴赏、临摹复制，或进行照相录像、整理修复的情况。

藏品编目卡撰写完毕，制卡人应认真核对，确认所有项目的撰写都准确无误后，就可以在最后填写制卡人和制卡日期了。

编目卡片撰写完成后，就是编制目录的工作。博物馆以藏品编目卡片为前提，结合各自的性质和需要，依据查询、科研、展览等实际工作需要，确定不同的标准，再按照标准将卡片有序地组成一个逻辑体系，就能最终编制完成所需的各种藏品目录。

2. *藏品建档*

藏品建档就是建立藏品档案，即科学、准确、完整地反映藏品全部情况的记录材料。藏品档案包括每件藏品的相关历史资料、鉴定记录、修复记录、使用记录、照片、拓片、绘图及相关研究论著等。藏品档案不仅可以帮助我们对藏品进行更加全面、深入的认识，也是我们开展进一步研究的基础。由于藏品档案中包含着大量该藏品的信息，使用者可以在不接触藏品的情况下，通过阅读档案材料深入和全面地了解藏品，这就在很大程度上缓解了藏品保藏和使用的矛盾。藏品档案的建立是一个逐渐积累、由简到繁的过程，从藏品入藏开始，要随时注意收集、整理藏品相关的资料，及时记录其在博物馆的动态，经过长期的积累，才能形成真实全面的藏品档案。藏品档案内容全面详细，保有藏品的大量信息。藏品档案的封面一般要填写藏品的名称、总登记号、分类号、级别、档案编号、制档日期和制档人等；内容则包括藏品的基本情况（如时代、名称、件数、类别、质地、来源、出土或采集的时间地点等）、鉴定情况（如级别、测量记录、现状记录、款识、铭记、印章、题跋、形象及内容简述、鉴定意见等）、修复使用情况（如修复记录、流传的经历、使用动态记录、各种凭证等）以及科学研究情况（如藏品作者、价值的考证、研究的成果、音像图片资料等）。藏品档案建立后，应由专门的人员负责管理，制定查阅管理制度。随着科学技术的迅速发展、计算机及多媒体技术的使用，博物馆藏品档案也开始了数字化进程，可以通过对藏品的登录、编目及管理等过程的数字信息化，建立数字化藏品档案。数字化藏品档案不仅信息容量大，而且登录、修改和统计等操作也十分简捷，更有利于藏品检索使用、保管查阅和鉴赏研究等工作的展开。如果使用密码保护，还可以增强其安全性。通过互联网，则可以更加快捷、有效地实现资源共享。总之，藏品档案记录了藏品的历程，反映了与藏品相关的各项工作成果，是对藏品进行科学管理保护、陈列展览和研究利用的重要依据。

五、藏品的入库排架

藏品经过上述入藏和管理流程之后，应及时交给藏品库房收藏。藏品入库时，要办理交接手续，填写藏品入库凭证。藏品入库后，首要问题就是将数量众多的藏品妥善安置，以便科学地保管使用。这就需要科学合理地进行藏品的入库排架工作。入库排架的合理性直接影响到日后藏品的提取、保护、核对和统计等工作。排架一般都建立在藏品分类的基础上，文物藏品的不同分类方法，各有利弊，但从利于藏品保护的角度出发，多按藏品质地进行分类；自然标本则依照国际通用的科学分类法进行分类。总体上讲，分类后将同类藏品排列在一起，不但有利于藏品的保护，而且有利于藏品的排比研究，能够帮助我们更深入地揭示藏品的价值。但分类排架也会不同程度地破坏藏品之间的关联性，破坏相关藏品的原始形态，对此我们则可以通过原始记录来弥补。为了使排架更加细致、科学，博物馆还可以考虑在初步分类后，再按照藏品的入藏时间、藏品的各项特征（如器形、时代、纹饰等）、藏品的级别等具体分类标准进行二次分类，然后排架。

藏品上架时要考虑核对和使用的安全与便利，同一架藏品应遵守“上轻下重”的原则；同一层藏品尽量将小件放前，大件置后；超过藏品架高度或者特大的藏品，应单独放置在库房的合适位置；同类过小的藏品，可以集中若干，装在特制的多格屉匣中，这样既可以节省空间，又可以避免小藏品的丢失。在具体操作过程中，摆放藏品时一般都是从左到右，自上而下。摆放藏品的柜架也要排列整齐，柜架间要有足够的空间，以便上架、存取等操作。各个藏品柜架都不应放满，以便新入藏藏品的上架。出库藏品的空位，不能用别的藏品填补，以免造成排架错乱。为了保证藏品的安全，柜架及其部件最好选用防滑材料。特别注意，对于借入或者寄存的藏品最好使用专门的柜架摆放，以免混乱。

藏品入库排架后，每件藏品在库房中就有了自己固定的位置，博物馆工作人员应按其所处的库别、柜架号和柜架层格号等情况，制作藏品的方位卡，并将方位卡的信息回注到藏品登记簿、目录等账册中，以便更好地管理和使用藏品。博物馆的保管人员也可以绘制库内柜架排布平面图，标注藏品的类别、柜架的编号等，以便更好地掌握库内藏品排架情况和存放位置。现在，许多博物馆运用电脑多媒体技术，制作反映藏品排架情况的索引，通过检索可以直接得到藏品在库房的存放信息。有的甚至还利用三维技术制作出了库房的全息仿真图像，不但可以从平面和文字资料了解藏品入库排架的情况，而且可以通过电脑反映和监控库房的藏品排架情况，更加强了藏品的安全性，更有利于藏品科学地入库排架，可以方便快捷地检索到库存的藏品及存储的相关信息。

藏品入库排架后，为了保证库房内藏品的安全，预防藏品丢失损坏，博物馆保管部门要制定严格的制度，依据其方位卡定期进行清点核对，发现问题及时处理，力求藏品安全。

六、藏品的保管和使用

藏品的保管主要指博物馆对藏品的科学保护，即创造最佳的环境，尽可能长时期地保持藏品的原状，最大限度地防止或避免藏品变质。关于藏品的保护我们将在下文专门论述。藏品的使用则是一个动态过程，主要指藏品出入库，即入库保藏和提用退还。藏品的保管和使用之间存在着尖锐的矛盾，既要时刻保证藏品的安全，又要做到快捷、高效地服务于博物馆的各类使用。当然，这种矛盾可以通过博物馆各部门之间的相互理解和配合来缓解。此外，现代化的计算机和多媒体手段也减少了藏品使用时的直接接触，提高了藏品的安全系数，但并不能完全避免藏品因提用而出入库房。因此，要更好地解决保管与使用的矛盾，还是需要对库房进行科学的管理。科学的库房管理，既可以确保藏品在使用中的安全性，又可以保证藏品使用的快捷便利，使藏品科学有序地流动。

藏品使用时，保管人员要做到热情周到，高效安全。为了便于提供高效优质的服务，博物馆的保管人员可以根据实际需要制作各种便于使用的辅助检索卡。为了确保藏品的安全使用，藏品出入库必须遵循严格的库房管理制度，办理各种手续。其中，藏品的出入库凭证就是藏品使用时要办理的重要手续。我们前面已经提到，藏品入库时要真实客观地填写入库凭证，它是库房保管员接收藏品时的凭证，也是库房管理员用来管理、核对和统计藏品的重要依据，具有法律效应。藏品因陈列、研究、拍摄、修复、借用等原因被提用，无论时间长短，都必须办理出库手续，填写出库凭证，包括上级部门的批示、藏品提用单（包括提用的目的和时间、退还的时间、退还人、点收人等）及领导的批准签字。出库凭证填写时要特别注意对藏品现状的描述，以便退库时对藏品进行验收。藏品在库外使用期间，使用部门或单位要负责保管，确保藏品安全，避免藏品的损伤。验收时如发现藏品出现新的损伤，双方都要出具相关的报告，经有关领导做出处理意见后再进行验收，并将验收情况和新的损伤情况在凭证上注明。藏品出入库房的手续，应由库房管理员及相关领导负责办理。藏品使用后，各种手续均应作为藏品使用档案予以保留。

有条件的博物馆也可以使用计算机，配合相关软件对藏品的使用进行监控管理。藏品出库时，核对出库的密码；搜索并匹配存储的该藏品现状、特征和存放位置；自动记录藏品的出库时间；自动删减藏品的库存数量；打印藏品出库单据。藏品退库时，提供该藏品现状、数量等核对资料，以便工作人员验收；自动添加藏品库存数量和使用记录；如有损伤，可打印事故通知单等。使用计算机对藏品进行出入库的管理，可以提高藏品管理的工作质量和效率，有效地避免人为的错误，减轻保管人员的工作强度，保证藏品的安全性，更好地实现博物馆的信息化和数字化。

七、藏品的注销、核对和统计

藏品的注销、核对和统计是博物馆藏品管理工作的重要内容，对于掌握藏品的动态信息、保证藏品的安全、更好地利用藏品都有着重要的意义。

1. 藏品注销

注销就是将藏品从博物馆的收藏中永久去除。一般情况下，博物馆的藏品一经收藏就将永久保存。但在一些特殊情况下，博物馆不得不对藏品进行注销。导致藏品注销的原因主要有调拨、交换、索回、失盗、经复查不再有保存价值或严重破损而不能或没有必要继续在博物馆保藏。一旦出现了上述情况，博物馆就需要考虑藏品注销。先要向上级主管部门提出申请，在得到终止收藏的批文后才能履行藏品的注销手续，填写注销凭证、出馆凭证等。注销凭证主要应说明注销的具体理由以及各级经办人。藏品注销涉及与该藏品相关的各种记录账册，要一一对其进行回注，注明批准注销文号和藏品去向等。藏品注销的相关手续和记录，包括报请注销审批的批文、注销凭证、出馆凭证、注销后的藏品档案、编目卡等，都应予以保存，以备查用。如果藏品转交其它博物馆，则应将该藏品的相关档案材料同时转交给接收单位，并办理好交接手续。

2. 核对和统计

博物馆藏品入藏及管理的各个环节，基本上都需要严格的核对，即复核和检查，以确保藏品的安全。同时，博物馆为了掌握藏品的总体和动态变化情况、有计划地指导博物馆的各项工作，也要对藏品进行各项统计。对藏品的核对和统计，可以更准确地了解藏品的情况，有利于藏品的安全保护；也可以为藏品的征集、使用、保护等工作提供指导，有利于藏品作用更好地发挥；核对和统计的数据还可以反映出藏品的动态变化情况和博物馆的发展概况，为本博物馆史和年鉴的撰写提供翔实的资料。

藏品的核对除了在入藏及管理的各环节同时进行外，也可以有计划地定期施行。特别是藏品比较丰富的博物馆，其工作量大，要求较高，因此，通常采取分库、分类、分批进行核对的方法，按藏品排架目录逐一清点核对。藏品核对时，要以相关的藏品账册为依据，用藏品编目卡与账册核对，用藏品编目卡与藏品实物核对，做到账、物、卡相符。如藏品提出陈展或者外借，无法核对实物，则要核查相关的凭证手续。如果发现短缺、损坏、账物不符等情况，必须及时追查并上报主管领导，查清原因，确认责任，酌情处理。为了避免藏品定期核对带来的制度化弊端，博物馆还应采取不定期的藏品核对，既可以有针对性地对某库或者某类藏品进行，也可以系统地对馆藏品清查，使藏品与记录时刻保持一致，保证藏品的安全。

藏品统计就是对藏品的计量化管理，用准确的数字反映馆藏文化财产的数量、质量及藏品使用和变动情况，主要包括各类各级藏品的实际库存数量、藏品增减和流动利用的统计数据等。藏品统计的依据也是藏品的各类账册及有关凭证。统计可以是定期的也可以是不定期的，既可以是分类统计也可以是系统统计。但无论如何，每年至少都要进行一次全面统计，并造表存档，呈报上级管理单位，以便掌握作为国家文化财产的藏品情况。藏品统计应当制定科学规范的统计表格，依照表格的项目要求，收集和积累原始统计数据，经过计算，查对核实后，认真填写。目前，博物馆的统计表主要有两种：一种是藏品数量增减表，主要统计藏品的类别、级别、上年总数、本年增加数、本年减少数、本年总数等；一种是藏品流通使用统计表，主要统计使用原因、藏品级别、藏品数量、使用次数、博物馆名称和统计截止时间等。所有的统计表最后都要有统计人、主管人和复核人的签字、盖章。统计所采取的所有标准都应保持前后一致，统计数据要确保准确无误。

计算机在博物馆的使用，使得核对和统计工作变得更加便利、准确。博物馆工作人员可以将计算机中存储的要核对藏品的相关信息打印列表，作为核对的依据；也可以利用存储的各类藏品信息实现藏品的自动化统计，以摆脱繁琐的手工统计，提高统计的精确度，节约工作时间；还可以直接通过网络传输，将结果呈报相关部门，或者制作光盘存档。

第三节　藏品的保护

藏品保护就是研究藏品在内外因素影响下的质量变化规律，进而应用科学的技术、手段，以对抗一切形式的劣质变化、阻止或延缓其劣化过程为目的，对藏品进行的综合防治。其在长期的理论和实践研究中不断发展完善，现已形成独具特色的藏品保护学。藏品保护虽然在学科分类上被划为工科，属于自然科学，但它却涉及历史学、考古学、图书馆学、档案学、科学技术史等众多社会科学领域，是博物馆工作重要的组成部分。

藏品保护涉及博物馆工作的诸多环节，如搜集、整理、入藏、保存、展览、修复和研究等，是博物馆的基础工作。随着博物馆事业的发展，藏品数量和种类的迅速增加，藏品材料质地的日益新颖，藏品保护的重要性和迫切性也日见显著。这就要求博物馆的藏品保护工作必须与时俱进，争取在理论和实践上都有所突破。只有尽快实现基础理论的系统化、保养修复技术的科学化以及维护管理方法的现代化，才能更好地履行保护国家文化财产的职责。

一、藏品保护的内容和原则

藏品是博物馆开展各项业务工作的物质基础，藏品保护则是要认真研究如何保护作为物质基础的藏品。藏品种类繁多，发生劣变的原因各异，保护的方法也各不相同，因此，藏品保护是一项技术性和专业性都很强的基础工作。博物馆要使藏品能够妥善、长久地保存下去，充分发挥其价值，就必须对藏品保护给予足够的重视，认真做好藏品的保护工作。

1. 藏品保护的基本内容

(1) 分析藏品的成分结构

博物馆的一切藏品都是由不同材料组成的，要实现对藏品切实有效的保护，就必须先对藏品的成分结构进行科学的分析。只有利用先进的检测设备和科学的分析手段，对藏品成分结构进行分析检测，探明藏品内部的微观世界，掌握藏品的元素组成、物质结构和物理性能，才能进一步研究藏品劣化变质的原因，寻求最佳的保护途径。

(2) 测定藏品的年代

断定藏品的确切年代，既是藏品鉴定的重要内容，也是藏品保护的基础工作。对藏品确切年代的测定，可以为探索藏品的历史、制作工艺、质变规律、保养措施、修复方法等提供科学依据，是保护藏品不可或缺的重要工作。

(3) 探索藏品的质变机理

博物馆藏品由于本身质地和外界因素的差异，其发生的劣化变质现象也各不相同。从理论上探究不同质地藏品在不同的外界因素影响下变质的原因和规律，掌握藏品的质变机理，就可以选取适当的保护措施，更加行之有效地保护藏品。

(4) 查明藏品的发掘环境

历史文化遗存由于长期处于地下或水下，往往会形成相对稳定的密闭状态。考古发掘则会破坏这个相对稳定的密闭状态。保存环境的骤变会引起文化遗存质量的急剧变化，导致其在发掘过程中和发掘之后的损毁。其中，水土的酸碱度、环境的温湿度、其间的微生物和微量元素、微环境的气体等因素，都影响着文化遗存的质量。为了将发掘的文化遗存妥善、长期地保存，最好在发掘前和发掘过程中，采集文化遗存保存环境中的土壤、液体、气体等，进行分析研究，观察记录文化遗存出土或打捞时的保存状态，获得藏品发掘环境的原始资料。

(5) 研究藏品在博物馆的保存环境

博物馆应当根据各种藏品的保存要求，进行环境监测，制定保存环境标准，从而为各类藏品提供最佳的保存环境。同时，博物馆还应不断加强对藏品保存环境的管理，积极消除不利因素，控制、改善藏品库房和陈列展厅的环境。为了给藏品创造良好的保存环境，博物馆通常会采取按藏品质地分类保存的方法。

(6) 重视藏品的保养

藏品保养就是为了维护藏品的质量，采取科学的养护技术阻止或者延缓藏品的劣化变质。博物馆需要对藏品进行日常的科学保养，最大限度地减少藏品受损，根据不同藏品的性质采取防潮湿、防干燥、防污染、防灰尘、防光辐射、防虫蛀、防霉菌、防腐蚀、防变色、防老化等防护措施。保养既要采用先进的科学技术手段，又要重视整理并继承民间传统的养护方法。

(7) 积极开展藏品修复

藏品修复指运用物理的、化学的技术手段，对已损藏品进行修整复原。通过修复处理，消除藏品的病害，恢复其原貌，有效地控制其进一步劣化。在博物馆藏品保护工作中，既要继承和吸收藏品修复的传统工艺，又要利用科技手段，引进和开发藏品修复的新技术，使两者相互补充，从而更好地开展藏品修复工作。

(8) 藏品的复制技术

藏品复制就是依据藏品的原状进行重新制作，以复制品替代原件使用。藏品复制的原则是复制品必须忠于藏品原状，力求客观真实；复制工艺和过程一定要保证藏品的安全无损。复制藏品是藏品保护的重要内容，它既可以起到藏品保护的作用，又可以作为藏品的替代品，为博物馆的陈列、研究等工作服务。但要注意，复制品在使用时应注明，以免混淆。商业性的仿古制品和粗制滥造的劣质复制品，不属于藏品保护的范畴。

(9) 自然标本的制作

从自然界采集的动植物标本，只有采用必要的手段对其进行技术处理后，才能在博物馆完好、长期地收藏。自然标本既包括含有大量有机物的生物标本，也包括岩矿、土壤和化石等无机物标本。其中，含有机物的生物标本如不及时给予科学处理，很容易变质损坏。所以，可以通过干制、浸制、剥制、包埋等方法加工制作易于保存的标本。制作的标本必须保持原生物固有的形态、色彩和外观特征等。自然标本的制作是融科学性、专业性和艺术性为一体的技术工作，是标本能否长久、完好保存的关键。

2. 藏品保护的原则

(1) 预防为主，防治结合

预防为主，防治结合，是藏品保护的基本原则。从藏品的搜集、藏前处理、入藏到日常的保存、管理、使用，都应当重视藏品的保护，特别要注意预防藏品的变质毁损。博物馆必须将预防性保护放在藏品保护的首位，对藏品采取预防性的保护措施。具体而言，只有在对藏品质地、年代和质变机理进行探索研究的基础上，安装先进的仪器设备，创造、调节、控制博物馆的收藏环境，采取科学的养护措施，为藏品的收藏养护提供最佳状态，才能有效预防藏品的变质毁损。对已经出现变质毁损的藏品要及时进行修复，应用各种工艺技术延缓或者消除各种有害因素的影响，使藏品得以长久的保存。总之，要将预防与治理两者结合起来，不但要消除或延缓藏品的劣化变质，更要积极预防对藏品产生损害的各种因素。

（2）保持原状，消除隐患

藏品最初制作或形成时所具有的状态，即产生时的状态，我们称之为始状。但藏品往往都不是以始状出现的，因为藏品流传至今，通常都会受到自然或人为因素的影响而发生不同程度的变化，使其始状发生变异甚至不复存在，形成经历变化后的藏品状态。这种藏品状态，我们称之为原状，它包括藏品的造型、工艺、色彩、质地等方面的特征。如商代铸造的青铜器就是始状，而它埋藏千年后，形成了铜锈包裹其身，这时的青铜器便是原状。因此，原状包含未经改变的始状，但绝不能理解为藏品最初的原始状态，它与始状有着本质的区别。藏品保护需要做的是保持藏品的原状，而不是恢复藏品的始状。

保护藏品的实质就是保持其历史的、艺术的、科学的价值，只有保持原状，保留其历史的标识，才能保存其承载的信息和具有的价值。但保持原状的前提是要消除藏品变质毁损的隐患，切不可因片面强调保持原状而放弃对藏品的保护处理。藏品在被发掘、流传的过程中都会产生或沾染有害物质，这些有害物质不但长期伴随藏品，而且还会危害藏品。因此，要查明并清除藏品上的一切有害物质。但在具体的操作过程中，仍要尽量保持藏品的原状，做到“修旧如旧”，切不可草率行事，必须慎重考虑，采取安全的材料和方法，以免造成隐患。

(3) 继承传统，推陈出新

在藏品保护工作中，藏品的养护修复意义重大。藏品的养护修复工艺源远流长，对古文化遗存的保护、修复、流传起着不可磨灭的作用。但传统的工艺技术多通过言传身教，师徒相续，没有得到很好的保护研究。博物馆的藏品保护应当系统挖掘整理传统养护修复工艺，揭示其科学原理，奠定其理论基础，继承弘扬优秀的传统技艺。同时，也要利用先进的科学技术，在继承传统的基础上推陈出新，应用新的技术设备，装备博物馆的藏品养护修复室；采用现代分析仪器和养护修复设备，对藏品进行分析检测和养护修复；不断探索藏品养护修复的新工艺，研究、使用新材料，提高藏品养护修复的技术水平，从而使藏品保护工作更加成熟、完善。

(4) 区别对待，科学养护

博物馆藏品丰富，其质地材料、制作工艺、造型纹饰、保藏环境、完残情况、搜集地区等各不相同，因而对于不同的藏品，其保护方法也各具特色。即使对于同类藏品，也要依据其各自的特殊状况，区别对待，采取相应的养护修复措施。

藏品的养护修复应具有科学性和安全性。在对藏品进行养护修复处理的过程中，要应用科学的检测手段和工艺，以确保藏品的安全，达到藏品保护的要求。对藏品进行养护修复时要注意，必须采取科学成熟的工艺，不能因为操作工艺的不成熟造成保护性损害；必须运用安全的材料，应保证对藏品处理后不留隐患；必须在保证修复效果的长期性和藏品安全的前提下，满足处理的可逆性或可再处理性。

二、导致藏品变质的因素及应对措施

要对博物馆的藏品进行长期有效的保护，就应当了解导致藏品变质毁损的原因，以便对症下药，从源头治理。导致藏品变质毁损的因素大致可以分为两类，一类是社会和人为因素，一类是自然因素。来自社会和人为的因素主要包括战争或暴力事件、火灾、失窃、使用过程中出现事故对藏品造成的损害、不恰当的养护修复造成的变质毁损、城市化及规划不当引起的环境污染对藏品的影响等；自然因素则主要有地震、洪水、台风、雷击等各种不可抗力，以及日常保藏环境中的气候环境、空气污染、光线辐射和生物影响等。其中有些因素，如战争、城市化及各种天灾等，是博物馆本身无法控制的。对博物馆而言，藏品保护通常只是局限在博物馆内部的有限范围。防止人为因素对藏品的损毁，可以通过提高从业人员的业务素质和技能、规范藏品的保护与管理来实现；而要避免自然因素导致的藏品变质损毁，则需要利用现代科学技术，尽量改善博物馆藏品的保存环境，最大程度地防止、延缓其老化，从而使其尽可能长时间地保持原状。

博物馆可以控制的导致藏品变质的因素主要是气候环境、空气污染、光线辐射和生物危害。藏品在这些因素的影响下，其外表和内部结构都会产生不易察觉的变化，即变质。但藏品的变质损毁可能并非是其中某种因素的作用，而往往是几种因素共同作用的结果。这种变化与藏品的质地，以及导致藏品变质诸因素的性质、程度和时间都密切相关。因此，为了更好地进行藏品保护，就需要对博物馆内部导致藏品变质的因素进行系统的研究。

1. 气候环境

博物馆的气候环境就是指博物馆建筑内外空间的大气特征，主要包括空气的温度和湿度。它们既是反映博物馆气候环境的主要物理特征，又是环境因素中最基本并且经常起作用的因素。

空气温度就是空气的冷热程度，简称气温。空气温度可以用温度计测量，计量温度的标准是温标，主要有摄氏和华氏两种温标。我国通常采用摄氏温标，温度通常用 t 表示，单位是℃。

空气湿度则是空气的潮湿程度，以空气中水汽含量的多少来表示。空气中水汽含量多，空气湿度就大；反之，空气湿度就小。空气湿度分为绝对湿度和相对湿度。绝对湿度是指单位体积空气中所含的水汽量，即空气中水汽的密度，用每一立方米空气中所含的水汽重量来表示，单位是克/立方米，通常用 Q 表示。而相对湿度则是指在一定温度下，单位体积空气中所含水汽的含量与相同温度下该空气中可含水汽的最大含量的百分比，通常用 RH% 表示，即相对湿度 = 绝对湿度/同温度下的饱和湿度 × 100%。

相对湿度的数值表示在该空间内，一定的温度下，空气中充满着多少水汽，还差多少就接近露点，即相差多少就使水分从空气中凝结。百分数值越大，表示湿度越大；反之，湿度越小。在温度不变的情况下，相对湿度与绝对湿度成正比，即空气中所含水汽量越大，相对湿度也越大。此外，气温也是影响相对湿度的重要因素，因为它直接影响着饱和湿度。在绝对湿度不变的情况下，提高温度，相对湿度会变小；降低温度，相对湿度则变大。

研究博物馆藏品所在空间的空气温度和湿度的变化规律及其对藏品的影响，可以为藏品保存营造更加有利的气候环境。

衡量博物馆内部气候环境的主要指标就是建筑内空气的温度和相对湿度。国内外博物馆已经在对藏品保护进行长期研究和实践的基础上，总结出了博物馆建筑内空气温度和相对湿度的标准，即温度15～25℃，相对湿度45%～65%。这个标准很宽泛，实际上，不同质地的藏品，有其更严格的温湿度控制范围，即最佳保存环境。多数藏品只要将温度控制在15～25℃的范围内即可，但收藏书画、碑帖、文献、古籍和纺织品等，则应将温度控制在16～18℃的小范围内为宜。有些藏品如皮毛类等，甚至要放置在低温冷库保存。相对湿度总体要控制在45%～65%之间，因其质地不同也各有要求，木漆类藏品为55%～65%，纺织品、纸制品为50%～55%，金属类藏品为45%～50%。从博物馆内气候环境的角度来看，对藏品进行分类、分库收藏，以区别控制气候环境，是藏品保护的理想方式。但鉴于各种原因，目前要实现这个要求，尚有许多实际困难。所以，通常只是保证藏品保存的温湿度达到保存各类藏品的宽泛数值范围即可。温度和相对湿度在此范围内缓慢波动，适于藏品的保存。但其变化波动不能过快，一旦过快，就可能对藏品造成伤害。因此，一般要求博物馆内的气温日较差不得高于2～5℃，相对湿度的波动不得大于5%。

温度是博物馆内部气候环境中的重要因素，也是影响藏品质量的主要因素之一。我们通常将超过30℃的室内温度称为高温。在高温环境下，某些藏品会脱水、收缩，出现变形等物理性损伤；而且，一些化学反应的速度也会因高温环境而变得迅速，使各种腐蚀藏品的过程变快；此外，霉菌、昆虫等生物和微生物在高温下的生长、繁殖速度很快，也会加速它们对藏品的侵蚀和污染。-4℃以下则被称为低温环境。它虽然有利于抑制化学反应和生物特别是微生物的生长，但也会伤害某些藏品，如纸张会因强度下降而变硬变脆，锡质藏品会出现“锡疫”等。此外，温度的骤变和剧变都会对藏品产生伤害，如各种金属镶嵌物、景泰蓝等，因为其制作选用的不同材料膨胀系数的差异，会导致在温度剧变时脱落解体。温度过高、过低以及剧变，都可以导致不同质地的藏品发生劣化变质。但总的来说，温度本身对藏品的影响并不是很大，其与相对湿度的共同作用，特别是相对湿度的变化，才是藏品劣化变质的最主要原因。

不适宜的相对湿度是造成博物馆藏品变质毁损最危险的因素之一，应当给予足够的重视。首先，它能够导致藏品的物理性损伤。特别是有机藏品，它们都具有极强的吸湿性。如木材、纸张、丝织品等，它们在相对湿度过高时会迅速地吸收大量水分，发生溶胀现象，使其变形膨胀、重量增加、强度降低，而且容易使各种污染物侵入，加速其变质；而相对湿度过低则会使它们失水，变得酥脆干翘。这些藏品随着空气中的相对湿度变化，一直处于持续的膨胀和收缩的机械运动中，更易加速其老化过程。此外，如果水分渗入陶瓷、石器等藏品，再加上温度的骤变，则会导致藏品腐蚀或开裂。其次，水是许多化学反应发生的必需条件，所以，不适的相对湿度引起的化学反应也能够导致藏品变质毁损。这些反应可以使金属氧化，造成丝织物的褪色、石制品的风化，甚至连玻璃制品在水和温度的共同作用下也会发生侵蚀。再次，相对湿度不当还会使藏品受到生物与微生物的侵害。相对湿度过高，纸张、纺织品、皮革等有机质地的藏品，就会滋生霉菌等微生物，使藏品腐朽变质。总之，相对湿度不能达到70%，即霉菌形成点，也不能低于45%，因为在这以下对吸湿质地的藏品保护极为不利。相对湿度如果超过70%，就属于高湿环境；45%以下则属于低湿环境。这两种气候环境都会使藏品受到损害。

博物馆建筑外的气候我们难以控制，但是博物馆内的小气候环境，特别是温湿度，通过长期的观察和研究实践，利用科学的设备和手段是可以得到改善的。要设法改善博物馆的内部气候环境，我们就要先使用仪器对温度和相对湿度进行测量，从而掌握博物馆内部气候环境的准确数据，以此作为营造最佳保存环境的前提。测量温度的仪器主要有：液体膨胀式温度计（包括水银温度计和酒精温度计等）、固体膨胀式温度计（如双金属温度计等）和电子温度计（包括热电偶温度计和热电阻温度计等）。测量空气相对湿度的仪器也有很多种，如普通干湿球湿度计、通风干湿球湿度计、毛发湿度计和自记式湿度计等。其中，将双金属温度计和毛发式湿度计组合而成的自动记录温湿度计，经济实用，测量准确，是当前值得在博物馆推广使用的测量仪器。随着科学技术的发展，目前又开发出了新型便携式微电子温湿度记录器，不但测量精确、使用简捷，而且可以避免因测量对藏品保存空间的影响，并可以配合电脑进行分析研究，是博物馆对珍贵藏品进行温湿度测量分析的最佳选择。

为了获得稳定适宜的博物馆内部温湿环境，更加安全可靠地保存藏品，各博物馆可以根据现有条件，因地制宜地采取下列措施：

（1）合理利用自然因素，调控藏品保存环境。要掌握和利用自然的气候规律，当室外气候条件适宜时，可以利用自然通风方式，即开窗通风，降温去湿。在气候不适宜的季节，库房和陈列展厅都应紧闭门窗，悬挂窗帘，以减缓空气对流和日光辐射。此外，由于地区差异，自然气候环境也各不相同。北方寒冷干燥地区，要防止相对湿度过低及尘土等；而南方炎热湿润地区，则要注意防止温湿度过高。另外，博物馆内部结构以及藏品的密闭保存也会导致空气温度和相对湿度分布不均匀，导致藏品变质，这种情况则可以通过保持良好的通风来解决。

（2）使用调湿材料和温湿度调控设备。比较常见的具有吸湿性能的调湿材料主要有氧化钙、无水氯化钙、变色硅胶、木炭等。氧化钙比较常用，且经济实惠，但效果不是很好。变色硅胶虽然吸水性强，可重复使用，但价格较贵，只适用于少量珍贵藏品的去湿处理。使用温湿度调控设备最常见的就是安装空调，以保证藏品保存环境的空气温度和相对湿度恒定在标准范围之内。此外，还可以使用柜式恒温恒湿机、去湿机、加湿器、蒸汽暖气片及冷热风机等设备，在温湿环境不佳的房间或不利的季节，用机械的方法调控温湿状况。

（3）改善藏品保存的硬件条件。藏品保存最主要的硬件条件就是库房的藏品柜和展厅的陈列柜。藏品在密封性强的柜内，能避免温湿度的剧烈变化，温湿环境稳定，可以有效地减缓外界的各类影响。藏品柜和陈列柜本身应使用结实、稳定、无污染的材料，如常见的铝合金、不锈钢等，应注意其密闭性，并且应当配合各种适宜的温湿度调节材料或设备，以创造良好的保存环境。

2. 空气污染

空气是一种复杂的多种气体的混合物。在其恒定组成成分中，氮占干燥空气总体积的78.9%，氧占20.95%，加上氦、氖、氩、氪、氙、氡等稀有气体和二氧化碳等，共占干燥空气总量的99.999%。此外，还有占其总量0.001%的空气污染物，它们包括硫氧化物、碳氧化物、氮氧化物、氯氢化物、碳氢化物、硫氢化物、臭氧和尘埃、微生物、虫卵等。空气污染物的主要来源可分为：工业排放源、汽车排放源和家庭炉灶排放源。

空气污染物是导致博物馆藏品变质的重要因素之一。硫氧化物、碳氧化物、氮氧化物、氯氢化物等均为酸性物质，它们在一定的空气条件下可以转化成硫酸、碳酸、硝酸和盐酸，继而形成具有强腐蚀性的酸雨和酸雾。不但会对各类露天文化遗存造成伤害，而且其一旦侵入室内，对博物馆各类藏品均有破坏作用，会使金属锈蚀，纸张、纺织品变得酥脆，绘画、彩塑等变色甚至褪色，毛皮制品断裂脱毛等。以二氧化硫为例，二氧化硫可以直接与空气中的水作用，形成亚硫酸；二氧化硫也可与空气中的氧结合形成三氧化硫，再与空气中的水发生反应，形成硫酸，破坏藏品。

硫氢化物主要是硫化氢，它能与铜、铁、银、锡、铅等金属反应，生成相应的暗色金属硫化物，从而使由这些材料制成的藏品失去光泽。同时，如果绘画颜料中含有这些金属，则会使绘画色彩发生变化。

空气污染物中的氯化物对藏品的损害也很严重。除形成盐酸的氯氢化物外，滨海地区的潮湿空气中还含有大量氯化钠，它们可能随风飘入博物馆，与水反应造成盐雾污染。氯盐对金属有腐蚀性，特别对青铜器的腐蚀，可使粉状锈迅速滋生蔓延。氯盐的结晶颗粒具有吸湿性，它附着在藏品上，会使藏品局部的相对湿度变大，加速霉菌等微生物的繁殖，破坏藏品。

此外，空气污染物中的氨、氢氧化铵等会与铜、银以及颜料发生化学作用，造成藏品变质。

空气中还有许多有害的尘埃，包括具有酸性的化学微粒、金属粉尘、动物毛皮、植物纤维、昆虫排泄物、微生物细菌孢子和虫卵等。其中的化学微粒会与水发生化学反应，造成对各类藏品的毁损。灰尘落在藏品上，不但会改变藏品的外观及色彩，而且容易形成污垢层，对藏品造成损伤。微生物孢子落在藏品上，环境适宜时会滋生霉菌。虫卵也会孵化繁殖，蛀蚀有机纤维质地的藏品。

目前，博物馆的建筑材料、装修材料、藏品保存设备材料、陈列辅助材料等含有的挥发性有害物质，也是导致博物馆室内空间空气污染的重要因素。特别是藏品柜、陈列柜内使用化学纤维材料、胶合板材及装饰涂料所挥发的有害气体，在库内、柜内的微环境中，直接且严重地危害着藏品。

面对日益严重的空气污染，博物馆有必要在建筑内外采取相应的措施，以改善博物馆藏品的保存环境，防止空气污染对藏品造成伤害。从博物馆外部环境治理来看，排除污染源是保护博物馆环境的根本方法。但由于种种原因，实现彻底排除污染源并不现实，只能尽量排除。在实际工作中，我们还可以通过对博物馆环境的绿化来减缓污染。树木、花卉、草坪等都具有抗污染、吸收空气中有害气体和灰尘、净化空气的作用。此外，许多花木还具有杀虫灭菌、消除噪音、遮阴降温、调节气候等作用。所以，在博物馆周边加强绿化是改善博物馆环境污染状况的积极措施。从博物馆内部环境来看，可以采取下列措施防止或者减少空气污染物进入藏品保存空间，控制和改善藏品的保存环境。博物馆可以在库房和展厅入口处安装清除尘土的设备；在库房和展厅内安装空气过滤设备；增强库房和展厅门窗以及藏品柜、陈列柜的密闭性，防止空气污染物从缝隙侵入；馆内禁止吸烟和集中取暖；室内清除灰尘应采用湿法，或用吸尘器；墙面、地面材料要选用有利于防尘、除尘的材料；慎重选用建筑材料、装饰材料、藏品保存设备材料等，防止有害物污染藏品保存环境。

3. 光线辐射

光线辐射也是导致博物馆藏品变质的一个重要因素。采光照明是博物馆工作的基本要求，但光线辐射又会对藏品造成伤害。如何在保证博物馆正常工作的基础上，尽量减少光线辐射对藏品的危害呢？只有深入研究博物馆光环境对藏品的影响，才能采取科学合理的措施，解决照明与藏品保护之间的矛盾。

光线辐射导致藏品变质主要取决于光照强度、光照时间、辐射类型和被照物质的特性。

光照强度也叫照度，指物体被照明的程度，即物体表面得到的光通量与被照面积之比，单位是勒克斯（lx）。光照时间即藏品被光线照射的时间。经过长期的实践和研究表明，光化学反应对藏品造成的损害与光照强度和光照时间成正比。光照强度越大，藏品受到的伤害越大；光照时间越长，藏品毁损的程度越大。因此，博物馆的光照强度和时间应当予以严格控制，其国际标准为：对光特别敏感的藏品，照度要控制在50lx以下，时间在8小时内；对光敏感的藏品，照度要控制在150lx以下，时间在8小时内；对光不敏感的藏品，照度可以控制在300lx下，时间在8小时内；藏品库房一般情况需保持无光，需要时照度标准为50~100lx。

博物馆的光源包括自然光源和人工光源。目前，我国博物馆的照明光源主要为自然光源，兼用人工光源。但不论是自然光源还是人工光源，它们发出的光线都包括可见光、紫外线和红外线。其中，紫外线和红外线会对藏品造成伤害。紫外线辐射所具有的能量可以引起光化学反应，使有机物化学键断裂，导致有机藏品的毁损。红外线是热辐射线，能产生热量，使被照物体表面及内部温度急剧上升，使其产生内应力，从而导致翘曲和龟裂。不同类型的光源所含的紫外线和红外线不同，它们对藏品的毁损程度也就不同。自然光源具有较强的紫外线和红外线辐射，人工光源稍弱，荧光灯辐射较多的紫外线，白炽灯则辐射更多的红外线。此外，在摄影和录像过程中，闪光灯和照灯等的强光也会对藏品造成伤害。

光线辐射对藏品的破坏程度还取决于藏品本身吸收辐射并受其影响的能力。博物馆通常将对光辐射稳定性很弱的有机质地藏品称为光敏性藏品，而受光辐射影响较小的无机质地藏品则称为非光敏性藏品。光敏性藏品又可分为特别敏感和敏感的藏品。特别敏感的藏品包括丝毛棉麻纺织品、书画、拓片、古籍文献、邮票、壁画、彩塑、彩陶、动植物标本等，敏感的藏品包括油画、皮革、骨角质品、象牙制品、竹木制品和漆器等。这些光敏性藏品在光辐射作用下易发生光化学反应，导致藏品褪色、变色、酥脆、断裂等。光辐射对有机纤维的破坏作用是渐进变化的，在潮湿环境中会加速其变质的过程。非光敏性藏品包括青铜器、铁器、金银器、玉器、陶瓷、玻璃、珐琅器及岩矿标本等。

博物馆为了防止光线辐射对藏品造成的伤害，在藏品保护和使用过程中可以采取相应的措施调控博物馆的光环境。

(1) 建立各种屏障，隔绝或避免光照。藏品库房可建成密闭库房或地下库房，最好不开窗，有窗也不宜多，窗口要小，还要使用百叶窗、遮阳板、窗帘等，以防止直接光照。库房窗户和藏品柜、陈列柜玻璃的选择，也会起到一定的阻止光线辐射的作用。普通玻璃本身可以过滤一定量的紫外线，但对于藏品保护的效果不大。但在普通玻璃上涂抹紫外线吸收剂，则不仅能吸收大部分紫外线，透入可见光，而且还能将紫外线能量转变为无害的热能。常用的紫外线吸收剂有羟基二苯甲酮类、芳香族酯类、苯骈三唑类等。它们的使用简单，只需溶于透明的清漆，制成一定浓度的溶液，喷刷在普通玻璃上即可。乳色玻璃、毛玻璃、花纹玻璃和有色玻璃也可以过滤、柔化光线，弱化光照质量。其中，蓝色玻璃具有良好的吸热性，含氧化铈的黄褐色玻璃具有良好的阻止紫外线的能力。此外，保存藏品的柜、箱、盒、匣、囊、袋等，要尽量密封避光，以防止有害光线侵害藏品。

(2) 要选择适当的光源。无论是库房还是展厅，博物馆照明光源的选择都应该尽量避免紫外线。选择自然光源为博物馆提供照明时，应防止阳光直射，最好使用通过反射等手段得到的柔和的自然光。除了合理利用自然光源外，人工光源的选择也很重要。荧光灯发光表面温度低，但会放射较多的紫外线。因此，在使用时应采取紫外线过滤措施。白炽灯虽紫外线辐射较少，但也需注意防止红外辐射。此外，在选择照明光源时，还要考虑由此引起的温度和相对湿度的变化。

（3）尽可能降低照度，减少光照时间。库房没有工作需要时，最好关闭照明，以减少光照时间，减少对藏品的危害。展厅的照明设计也要充分考虑控制好光环境，减少光化学反应，严格将照度控制在标准范围内，特别是光敏藏品，更需注意。我们也可以利用各种科技手段，自动控制各类陈列品的照度和时间。观众参观时，适当提高照度；观众离开，则降低照度。

4. 生物危害

在博物馆藏品保存的环境中，生物因素对藏品的危害主要来自害虫和微生物。

害虫主要通过蛀蚀危害藏品。由于地域及气候差异，各博物馆库房所见的害虫种类各异，主要包括毛衣鱼、烟草甲、档案窃蠹、鳞毛粉蠹、竹蠹、黑皮蠹、白腹皮蠹、花斑皮蠹、书虱、家白蚁、怪甲、蟑螂、东方蜚蠊、德国蜚蠊等。它们由于多种原因进入藏品保存的环境，如未对藏品进行妥善的藏前处理，因门窗等关闭不严而随空气中的尘埃飘入，各类建筑材料本身带有虫卵等。这些害虫多具有喜温畏寒、喜湿畏干、喜暗畏光等习性，一旦博物馆藏品的保存环境适宜，即温度在22～32℃间，相对湿度在70%～90%间，它们便迅速孵化，滋生蔓延，对藏品造成伤害。但是如果其适宜的环境遭到破坏，即造成温湿度不适，就可以有效地抑制其繁殖、生长，甚至将其杀死。

博物馆保存环境中，对藏品造成危害最大的微生物是霉菌，常见的霉菌主要有根霉、曲霉、青霉、木霉、毛霉、枝霉等。霉菌产生的主要原因就是藏品保存环境中不适宜的温湿度以及尘埃中携带的霉菌孢子。霉菌在通风不良、阴暗潮湿、气温偏高的环境下会迅速滋生繁殖，其适宜生长的温度在25～37℃间，相对湿度在80%～90%之间。

因此，控制温湿度环境对抑制霉菌具有重要作用。霉菌的滋生繁殖会使有机质地藏品遭到破坏，特别是纸张、纺织品等，使其强度降低，泛黄脆裂，腐朽霉烂。菌群的发育还会使纸张、纺织品等，胶结粘连成砖块状。霉菌感染的藏品会因霉菌分泌不同色素而呈现不同颜色的霉斑，而且霉斑也会加速藏品的腐蚀变质。

对导致藏品毁损变质的生物危害，博物馆应采取积极的手段予以防治，以保证藏品的完好无损。对害虫和霉菌的防治主要以预防为主，从其传播途径和保存环境入手，杜绝虫卵和霉菌孢子的侵入，做好藏前处理，注意空气过滤，合理选择建筑材料并经常对藏品的保存空间和设备进行检查和消毒处理，始终保持洁净的环境和凉爽干燥的内部气候。在不损伤藏品的前提下，还可以在藏品的保存环境中施放杀虫防蛀药物，对部分藏品进行防虫防霉处理。一旦发现虫害，则需采取有效的杀灭措施。一般情况可采用局部处理，若虫害严重则需采取全库杀虫处理。害虫的治理方法主要包括天然动植物、矿物杀虫和物理杀虫、化学品杀虫。

我国利用天然动植物和矿物防治虫害古已有之，经过长期杀虫避蠹的探索和实践，已经积累了大量的经验。传统使用的具有防蛀杀虫功效的动植物及矿物有：麝香；芸草、莽草、地椒、狼毒、银杏、苦楝子、黄檗、山矾、青蒿、马鞭草；铅丹、白矾、雄黄等。这些天然药物中含有生物碱、挥发油、甙类和有机酸等物质，对害虫具有显著的熏杀效果。

防治害虫的物理方法主要是利用物理手段创造特殊环境，破坏害虫的生理机能，从而达到防虫灭虫的目的。物理杀虫法主要有：高温杀虫法，如远红外线辐照杀虫法、微波杀虫法等；低温杀虫法，如冷冻杀虫法等；绝氧杀虫法，如充氮法、液氮法、除氧封存法等；高能射线辐射杀虫法，如伽马射线杀虫法等。这些方法效果显著，无残留，不污染环境，操作简单，是博物馆杀虫的重要方法。

利用化学药品防治虫害收效很快，但经常会出现药物残留，使藏品受损或污染。长期使用化学药品不但可能引发药品的毒副作用，而且还可能使害虫产生抗药性。因此，使用化学药品杀虫消毒要注意，尽量选用高效、低毒副作用的药品，采用熏蒸的方法防治虫害。常见的化学杀虫药品有樟脑、磷化氢、溴甲烷、硫酰氟、环氧乙烷等。虽然化学杀虫法效果显著，但由于其引发的其它藏品问题较多，所以，应慎重选用。

霉菌的防治主要是防止滋生，一旦沾染，则需及时进行消毒灭菌处理。消毒的方法很多，但既要起到消毒除菌的目的，又要保证不对藏品造成伤害，就比较困难了。博物馆可以采取药物熏蒸的方法，如使用福尔马林或氧化乙烯气体，在特制的真空熏蒸消毒设备或空间内对藏品进行熏蒸，以达到消毒除菌的作用；也可以使用副作用较小的化学试剂，如涂抹一定比例的石碳酸或来苏尔药液，来杀灭霉菌；还可以使用 X 射线等射线进行辐射杀菌。但要注意，对待霉斑，切不可用布或脱脂棉等擦拭，这样只会扩大霉菌的污染范围，而要及时采取措施进行消毒杀菌处理。

三、各类藏品的保护

博物馆藏品保护的关键是防治，即保养和修复。藏品保养就是采取一切防护性技术措施阻止或者延缓藏品的劣化变质。博物馆应当建立完善的藏品保养体系，以保护藏品不受任何有害因素的侵害。一旦藏品出现变质毁损，则应当积极地对藏品进行修复，即对已损藏品进行技术处理，消除其病害，控制其劣化现象，恢复其毁损。无论藏品的保养还是修复，都要严格遵循藏品保护的原则，尽量使博物馆藏品能够长期、完好地保存和使用。

博物馆藏品种类丰富，质地各异，其保护技术也各有特色。藏品保护工作者应当学习研究各类藏品的结构、特征及保护技术，针对不同藏品采取相应的保护措施，切实做好博物馆藏品保护工作。

1. 金属藏品的保护

金属类藏品是博物馆藏品的重要组成部分，它主要包括铜器、铁器、锡铅制品、金银器等。金属藏品受到外界环境的影响，在电化学或化学反应的作用下，会出现从金属向较稳定的矿物质转化的过程，导致矿化腐蚀。因此，金属藏品保护就是要把矿化物质还原为金属，消除造成腐蚀的因素，克服和隔绝外界的化学作用，阻止金属藏品的进一步腐蚀。此外，金属藏品在保存时不应重叠放置，以免造成相互损伤；取用时要戴手套，不要用手直接接触器物，特别是手上有汗时。不同种类的金属藏品，其保护技术也各不相同。

(1) 青铜器

铜器就是用红铜、青铜、黄铜、白铜等制作的各种器物。其中，以青铜器最为常见，在博物馆藏品中数量众多，特别是西北地区，更是不乏青铜器精品。青铜的主要成分是铜、锡、铅，其化学性质比较稳定，腐蚀是在一定条件下缓慢进行的，最终形成矿物覆盖层，即铜锈。并不是所有的腐蚀都是有害的，如青铜器通过经过长期的水浸土埋，在空气、水、电解液的作用下，自然形成的红、绿、蓝、黑、紫、灰、白等颜色的铜锈，它们的性质较稳定，色彩瑰丽，不但不会对器物造成损害，反而更能增加青铜器的艺术效果，显得古朴庄重。此外，空气腐蚀也会使青铜器表面形成一层薄膜，它能有效地阻止青铜器的进一步氧化，使其内部免遭腐蚀。这些腐蚀形成的铜锈和保护层对青铜器的保护是有益的，应当保留。而造成青铜器变质的锈蚀则主要是通过一系列化学反应形成的淡绿色粉状锈，其主要成分是碱式氯化铜。青铜器与氯化物接触就会形成氯化亚铜，而氯化亚铜与水作用则生成氧化亚铜和盐酸，氧化亚铜与水、氧气和二氧化碳又会生成碱式碳酸铜，氧化亚铜与水、氧气和盐酸则可直接生成碱式氯化铜，而其间生成的盐酸也可与铜、氧化亚铜、碱式碳酸铜继续作用生成碱式氯化铜。如此长期反复作用，青铜器的腐蚀就会不断蔓延、深入，导致器物变形、纹饰脱落、铭文模糊，直至溃烂、穿孔，完全损坏。而且粉状锈还会将病害感染至其它青铜器，危及整个馆藏青铜器。所以，此类有害粉状锈也被称为“青铜病”。粉状锈的发生蔓延需要含有氯离子的潮湿环境，因此，青铜器的保存必须处理好氯离子。可以采取相应的措施，将铜的氯化物转化为不含氯离子的稳定物质，或者将铜的氯化物用物理和化学的方法封存，使其与氧气和水隔离，创造干燥适宜的保存环境，即相对湿度低于35%，使青铜器处于稳定状态，以防止病害发生，或阻止病害发生后的蔓延传染。

如果青铜器出现了粉状锈，则要及时进行处理，以防止和消除病害。可以采取物理的机械法、超声波除锈法、喷砂法等，它们均能有效地清除锈垢，但不能根除病害；也可以采取一些化学的方法，如锌粉封闭置换法、碱浴法（倍半碳酸钠浸泡法）、过氧化氢法、局部电蚀法、氧化银局部封闭法、苯骈三氮唑（BTA）法、2－氨基－5－巯基－1，3，4－噻二唑（AMT）及其复配剂等方法，将铜的氯化物转化为不含氯离子的稳定物质或将其与氧气和水隔绝，最终达到缓解、消除腐蚀，防止病害扩散的目的。

（2）铁器

铁的化学性质活泼，在空气中极易氧化，生成铁的氧化物，再与水作用，最终变成铁锈，即氢氧化铁。铁锈质地疏松，具有充满毛细管的多孔性表层，会吸附大量水、无机盐和污垢，会使铁器腐蚀加剧。此外，氯化物也是铁器腐蚀的主要因素，它能与铁作用生成三氯化铁，三氯化铁又会与水作用形成氢氧化铁和盐酸，盐酸继续与铁反应，这样周而复始，使铁器不断腐蚀。总之，铁器的腐蚀机理复杂，是化学、电化学和细菌腐蚀交错作用的结果。

铁器的保护应当以精确的检测为基础，确认铁器的质地和锈层的组成，根据实际情况，选择适当的方法进行除垢防腐处理。通常在进行处理前，先要对藏品进行去污处理，去除表层的污垢；然后可以采取如青铜器一般的机械除锈、化学除锈、电化还原除锈等方法进行除锈处理。需要注意的是，锈层下质地坚硬、化学性质稳定的磁铁矿对铁有保护作用，处理时应采用带锈保护法，除去外层疏松锈，通过稳定内部锈层来强化对铁基体的保护。已腐蚀的铁器经过除锈处理后仍有可能再被腐蚀，还应作保护性技术处理，通过加入碳酸环乙胺等缓蚀剂、进行磷化处理、使用环氧树脂等高分子材料的手段，增强锈层的强度和防水性，形成稳定的保护膜，提高其抗腐能力。然后，使用微晶石蜡、三甲树脂等封护渗透材料对铁器藏品进行表面封护，以防止其再次腐蚀，形成良好的微环境。经过上述技术处理后，藏品可能会发亮失真，但可以通过消光处理使其保持原貌。

（3）锡铅制品

锡制品通常比较稳定，但其受温度的影响较大。其保存和使用时，环境温度不得低于18℃，否则，锡就有变态趋势。当环境温度低至－30～－40℃时，具有金属光泽的白锡就会变成质地松脆的灰锡，出现“锡疫”。一旦发现，应当立即隔离处理，即置于蒸馏水中煮沸使其恢复白锡状态。但当环境温度高于160℃时，它又会变成脆锡，使器物呈沙砾状甚至剥落。此外，锡器在潮湿环境下也会氧化，可以采用电化还原法处理。

铅制品容易形成稳定的灰色氧化薄膜，对藏品有一定的保护作用。铅制品在潮湿环境和二氧化碳的作用下也会发生腐蚀，而且在空气中极易受到有机酸及油脂类物质的污染。其腐蚀可以使用稀盐酸溶液浸泡等方法去除，最后采取表面封护处理。

（4）金银器

金器的保护相对简单，因为金的化学性质稳定，不易腐蚀。金器上的灰尘可以用柔软的毛刷或羚羊皮等拂拭；有机污垢可用氢氧化钠水溶液清洗；出现腐蚀物，多为其它氧化所致，可使用酸类去除。金器最好放置在木匣或布袋中保存，避免碰撞引发机械损伤。

银器则比较活泼，极易与其它化学元素作用。在空气中，银器会与含硫物质反应，产生一层均匀稳定的黑色硫化银薄膜，具有一定的保护作用。但如果继续与硫化物反应，则会变得又黑又脆，需及时处理。银器还会和氯化物、盐酸等物质反应，形成腐蚀。因此，银器的保存要特别注意，库房要保持清洁，无尘埃及气体污染；照明灯光最好用黑布蒙上；不要在其藏品柜和陈列柜内放樟脑；不要与其它金属接触；不要与毛织物接触等。已腐蚀生锈的银器，则可先对器物表面原封护膜清洗，再使用机械法、氰化钾法、硫代硫酸铵溶液或硫脲溶液法、电化还原法和电解法除锈，然后清洗、干燥、封护，最终使其恢复。

2. 石质藏品的保护

博物馆收藏的石质藏品种类繁多，主要包括石刻造像、碑铭墓志、玛瑙、水晶、玉石、翡翠、各色宝石等。它们虽然形态各异，但其性质基本相同，保护技术也是大同小异。

从墓葬、石窟寺或野外入藏博物馆的石质藏品需要进行表面除垢以及清除可溶性盐如氧化钠、硫酸镁、硅酸钠等和微生物的处理。因为可溶性盐和微生物都可以导致石质藏品剥蚀、断裂、生霉、变质，最终毁损。所以，可以先使用机械法、超声波法、应用化学试剂等方法除垢；然后将其在流水中浸洗数周，再改用蒸馏水浸洗或使用纸浆涂敷，干后揭取等方法清除可溶性盐；采用辐射等方法杀灭微生物；最后对其残损部分使用环氧树脂等粘合剂和高分子有机聚合物如聚氨酯等进行修复保护处理。温湿度的变化也会导致馆藏石质藏品的损坏。因为石质藏品的内部成分存在自然差异，各成分的膨胀系数不同，受外部温湿度变化的影响，就可能会造成石质藏品的开裂。过低的温度和潮湿的环境，也会造成石质内部结冰，导致开裂。此外，潮湿环境下，石质藏品遇到酸性、碱性物质都会造成藏品变质。所以，保存石质藏品的适宜条件是温度和相对湿度分别在16～25℃和50%～65%之间。空气中的污染物引起的化学反应也是石质藏品毁损的重要原因。空气中的二氧化硫和二氧化氮等气体与藏品表面的水汽结合会形成硫酸和硝酸等。这些酸本身对藏品就有影响，而且其与碳酸钙类石质藏品发生作用会形成硫酸钙的壳层，壳层在酸的长期作用下又会溶解，如此反复，藏品就会逐渐剥蚀酥化。所以，石质藏品的保存除了注意温湿度外，还要求空气洁净，防止大气中的各种酸性气体污染。一些大型的石质藏品还应采取相应的措施，防止人为的碰撞、打击和刻画，在使用和运输过程中注意各种因素的影响。

3. 硅酸盐类藏品的保护

硅酸盐类藏品是指以天然硅酸盐为原料制成的器物，包括陶瓷器、砖瓦、玻璃制品等。

其中，陶瓷器与玻璃器是比较常见和典型的硅酸盐类馆藏品，我们就以此为例简要介绍本类藏品的保护技术。

(1) 陶瓷器

陶瓷器是由长石、高岭土、黏土和石英等硅酸盐材料制成。陶器的主要原料是含有少量高岭土的黏土，而瓷器的主要原料是高岭土。它们都经过配料、制胎、成型、干燥、焙烧等工艺制成，但陶器的烧制温度远低于瓷器，一般不超过1000℃，且其表不施釉或施低温釉，故其胎质粗松多孔，具有较强的吸附性；而瓷器则需要1200℃以上的高温焙烧，表面施高温玻璃釉，其器表光滑，胎质致密坚硬，不易吸水、渗透。陶瓷器都容易受到机械作用导致器物的破碎，因此，在取用时应轻拿轻放，使用时要用棉垫或塑料泡沫保护，避免震动、重压、撞击和摔打造成的毁损。考古发掘得到的陶器，长期埋藏在地下，器物表面容易沾染污垢或覆盖凝结物，可溶性盐类和其它杂质也会渗入内部。出土后，由于环境气候的变化，渗入器物内的盐类会反复出现重结晶和溶解现象，使器物强度降低，变得酥脆易碎，故出土时许多陶制品已成碎片，保存完整的器物较少。而瓷器由于其质地坚硬，不易渗透，所以，出土和传世的瓷器保存完整的较多，其中不乏珍品。

破碎的陶器在收藏时需要给予科学及时的处理，经过碎片对接、粘结、补配、仿色、修复等过程，才能恢复其原貌，重获其历史和艺术价值。陶器表面如果有可溶性污垢，可以用蒸馏水冲洗，但要注意防止将彩陶的色彩洗掉。覆盖在表面的不可溶凝结物可以根据其成分选择可溶性试剂，如用10%的盐酸或硝酸溶液去除碳酸盐凝结物，用浓硝酸去除硫酸盐物质，用1%的氢氟酸溶液清除硅酸盐沉积等。无论采取任何方式，处理完后都要将残余的酸液冲去，以免造成隐患。陶器内部的污垢和沉积物，则应在测定其成分的基础上，根据其成分采取相应的措施去除。对带釉的陶器，只能用盐酸溶液除垢，不能用硝酸等强酸，以免腐蚀釉料。对质地酥脆和已经剥落的陶器，则需要及时采取加固措施。可以使用聚醋酸乙烯酯乙醇溶液、丙烯酸酯乳液等作为渗透剂，采取加压渗透加固法对酥脆陶器进行加固；对颜色或釉粉脱落的陶器，可用5%浓度的尼龙酒精等溶液进行加固。

瓷器表面的污垢可以用洗涤剂清除，其表面和内部的凝结物也要根据不同的成分，采取与陶器相同的方法处理。对于破损的瓷器也可以采用与陶器修复相同的粘结剂如硝基纤维素、环氧树脂等进行修复。

近年来海洋打捞的陶瓷器，其主要保护技术措施就是脱除其中的盐分和清除水生沉积物。海水由于含盐量高，所以，其对陶瓷器的损毁机理同出土陶瓷器相同，但危害更大。故在打捞前后都应保持其潮湿环境，为防止盐分析出，最好先在淡化海水中浸泡。而海洋生物形成的碳酸钙沉积层，质地坚硬，可以采用超声波或化学溶液等予以去除，然后再对陶瓷器进行浸泡脱盐等处理，使其得以更好地保存和使用。

陶瓷器的保存环境应当相对干燥洁净，相对湿度不能太高，因为过分潮湿加上低温会使陶器胎体内的水分冻结，引起碎裂；而水分过多也会使瓷器表面的玻璃质破坏分解，导致瓷器毁损。所以，陶瓷器的保存温度应控制在 15 ~25℃之间，相对湿度在 45% ~65%。

（2）玻璃器

熔制玻璃的主要原料是石英砂。考古发现证明，西方的古代玻璃主要是以石英砂、碳酸钠和石灰为原料制成的。我国也有悠久的玻璃制造历史，自西周以来历代皆有出土。但我国古代的早期玻璃含有较高的氧化铅和氧化钡，属于铅钡玻璃。汉代以后的玻璃，情况变得复杂，既有原有的铅钡玻璃，又有新出现的钾钠玻璃。这些玻璃的化学稳定性不如现代的钠钙玻璃。至于我们见到的有色玻璃制品，则是加入显色剂的结果，如呈绿色的氧化铁，呈蓝色的氧化铜，呈紫色的氧化锰，呈琥珀色的硫化亚铁等。

玻璃器也极易遭到机械性的破坏，因此，在保护和使用过程中要格外小心谨慎，轻拿轻放，以免碰撞、重压、震动造成的藏品毁损。此外，玻璃器还会出现粉化剥落、变色炸裂、失去光泽等劣化变质现象，它们的发生都与环境的温湿度变化等有着密切的关系。玻璃中所含的氧化钠和氧化钾容易与水反应，使玻璃腐蚀变质，产生晕色、闪光膜、起雾、粉化剥落等现象。含氧化铅的玻璃则不稳定，容易风化变色。在湿度过高的环境下，玻璃还容易变得表面模糊，失去光泽，甚至炸裂。因此，保存玻璃的环境应该干燥低湿，温度应为 16 ~25℃，相对湿度以 45% 为宜，一般控制在 35% ~55% 之间。保存环境中的空气污染物对玻璃也会造成影响，所以，空气的清洁也非常重要。

对已经出现风化、粉化等变质毁损的藏品，可使用无色透明的丙烯酸类树脂进行封护加固，减缓其腐蚀。对透明度下降的玻璃器，程度较轻的可用稀醋酸擦拭，中和玻璃表面的游离碱，使玻璃器恢复其透明度。对已开裂破碎的玻璃器，可选用快速粘合剂、环氧树脂等高分子材料粘结加固。

4. 动物有机质地藏品的保护

动物有机质地藏品是指用动物的皮革、牙、角、骨等为材料制作的各类藏品，它们也是博物馆藏品的重要组成部分。

（1）皮革制品

皮革主要由蛋白质纤维的网状结构组成，此外，还含有大量维持皮革弹性的水和油脂等物质。影响皮革制品变质毁损的因素主要有光照、高温、不适宜的湿度及各种有害微生物等，并且它们往往是交织作用的。

高温会使皮革制品变得僵硬、易碎、易裂。过分干燥则会使其失去水分，变得脆弱；而过分潮湿，又容易滋生霉菌，使其腐败损毁。在不适宜的温湿度环境下，皮革最容易成为霉菌和微生物繁殖的温床，从而使其受到蛀蚀。因此，皮革的保存环境要求其相对湿度以55%～65%为宜。

脆弱的皮革制品可以使用甘油、羊毛脂、蓖麻子油等进行日常养护。对于较薄的皮革则可用甘油和水、蛋黄制成的乳剂进行养护。对于已经变干、变硬的藏品，可先用湿海绵在皮面和褶缝处擦拭，然后使用以羊毛脂为主的混合液体进行鞣皮处理，使其恢复原状。特别糟朽、脆弱的藏品，则可以在其背面裱层帆布进行加固，使其长久保存。

（2）骨角器与象牙器

温湿度的剧烈变化是骨角器与象牙器发生翘曲、开裂的主要因素。不适宜的温湿度和空气污染还会促使它们老化变质，颜色发黄或变深。因此，保存骨角器与象牙器的环境温度应为16～25℃，相对湿度为60%～65%。考古发掘得到的藏品，由于长期埋藏地下，表面可能形成锈层和霉斑，也容易遭受其它各种因素的侵蚀，使其质地变得疏松，易断裂、酥碎。

出土的骨角器及象牙器，如保存完整，可使用缩胀法去除锈层。表面的霉斑，可用2% ~5%的草酸溶液或柠檬酸液清洗，再用稀氨水中和，并用蒸馏水冲洗。清除锈层和霉斑的操作进行后，要将藏品放在玻璃器皿或塑料袋中，使其缓慢干燥，以免变形开裂。出现脱层和残缺的藏品，可使用松香、蜂蜡等的混合剂加热修复。对于质地疏松、断裂剥落的藏品，则可以使用15%的聚醋酸乙烯酯甲苯丙酮等溶液进行渗透加固。

5. 竹木质藏品的保护

竹木质藏品就是博物馆中以竹、木等材料制成的各种用品和工艺品。由于其质地相同，保护技术也极为相似，所以，我们从宏观角度简要介绍其保护工艺。但漆器是这类藏品中比较特殊的，因为漆器是复合体藏品，性脆弱，有较强的吸湿性，并且漆皮与胎骨性质各异，因而形成了一套独具特色的保护修复工艺，我们在这里暂不论述。

竹、木等材料都是纤维质物质，由多糖纤维素、半纤维素、多糖尾酸、木素等组成，它们属于有机物，因此，竹木质藏品不论是埋藏地下还是保存在空气中，通常都会变质朽蚀。虫类、菌类和环境的变化都会造成藏品的腐朽、变色、霉斑、虫蛀、干裂、翘曲、饱水等。构成竹、木的主要成分是碳水化合物，它们往往是昆虫和微生物的良好养料，在一定的温湿度和酸度条件下，竹木质藏品很容易滋生各种竹木虫、白蚁等害虫和霉菌，使藏品腐朽变质，生斑脆化。一旦发现害虫和霉菌，应该立即将发生病害的藏品隔离，并进行杀虫灭菌处理。常见的消毒杀菌方法主要有：破坏害虫和病菌生存环境的真空处理法；使用甲醛、环氧乙烷等熏蒸药剂进行的熏蒸法；将各种化学药剂，如氟化钠、氯化汞、五氯苯酚等溶液，采用喷涂、注射、浸泡、减压渗透等手段进行药剂杀虫消菌法等。通过考古发掘发现的藏品，由于长期在化学和微生物的作用下，其质地和结构都发生了很大的变化，会变得组织松软，强度降低，腐朽潮湿。转移到干燥的环境后，竹木质藏品中吸收的水分会从细胞壁的微胶粒之间蒸发出来，藏品在突然失水的情况下就会彻底损坏。因此，对于出土的竹木质器物应该首先进行脱水定型处理。饱水竹木质器物的脱水方法主要有：真空冷冻干燥法、缓慢干燥法、明矾干燥法和醇-醚连浸法等。其中，醇-醚连浸法适用于含水率在60%以下、腐朽情况不严重的器物；而与其原理相同的醇-醚-树脂连浸脱水法则适用于含水率高、腐朽严重的器物。使用这种方法脱水加固的竹木质藏品不但有较好的脱水、整形效果，而且色泽美观、不易变形开裂。经过处理的竹木质藏品应当在适宜的环境保藏，不但要营造适宜的温湿度，而且要注意避免光照和空气污染物对藏品的影响。因为纤维素物质光敏性强，容易受到伤害，紫外线甚至可以导致藏品的彻底毁损；而空气污染物则是虫卵、霉菌等的主要来源。所以，竹木质藏品的保存环境应当保持通风、清洁卫生，温度在15~25℃之间，气温日较差不超过2~5℃；相对湿度宜控制在50%~60%间，日湿度变化不超过3%~5%。

6. 纺织品的保护

纺织品主要指用棉、麻、丝、毛等动物或植物纤维为原料制作的各种织物。这类藏品也被称为有机纤维质地藏品，其特点是质地柔软，弹性较强，具有很强的吸水性，特别是由多孔角质构成的丝、毛制品。它们吸水后体积会膨胀，干燥后水分蒸发，又会恢复原状。但膨胀超过一定限度，就不能再恢复。植物纤维由于会出现纤维水解，所以它们在长期膨胀后往往难以恢复。纺织品很容易燃烧，并且不适宜的温湿度、光照、害虫霉菌等因素都能造成其变质毁损。

纺织品保存环境温度过高，容易使纺织品纤维中原有的水分蒸发，造成藏品干裂、发脆。温度波动过大，内部纤维热胀冷缩，会产生剧烈摩擦，降低其强度。湿度过大，则容易生虫、发霉，使藏品受到蛀蚀和伤害。因此，博物馆纺织品的保存温度最好控制在14~18℃之间，最高不能超过25℃，气温日较差不超过2~5℃；相对湿度控制在50%~65%之间，日湿度变化不超过3%~5%。

可见光和不可见光对纺织品都有影响。其中，紫外线的破坏性最大，会使藏品的颜色褪变，破坏有机物的结构，使其强度降低。因此，它们在保存时还要严格防止日光照射，应降低光照度，减少光照时间，照度最好不要超过50lx。珍贵的纺织藏品更是严禁拍照摄像。

纺织品也很容易发生虫害和霉菌。其中，毛衣鱼和皮蠹是主要害虫，它们会蛀蚀藏品，使其变质毁损。霉菌则会使藏品出现菌斑，并使其变得潮湿、发粘，甚至导致藏品变色。因此，纺织品要展开存放，不应折叠，入藏前一定要经过严格的藏前处理。此外，还应定期检查，保持库内清洁，一旦发现病害，要及时采取措施杀灭虫菌，保护藏品。

对于已经糟朽断裂的纺织品，需要立即采取科学的方法进行加固养护处理。目前，加固纺织品的有效途径主要有传统的托裱加固法、夹衬固定法，以及利用高分子材料进行的丝网加固法、派拉纶真空镀膜法等方法。它们均各有利弊，博物馆在具体操作过程中，应该结合实际情况，遵循藏品保护的原则，选择适宜的方法进行藏品保护修复。

7. 纸质藏品的保护

纸质藏品泛指以纸张为载体的各种藏品，包括拓片、古文献、典籍经卷、书法绘画品等。自汉代发明造纸术以来，纸张的应用日益普及，留下了大量的纸质藏品。纸是由经过制浆处理的植物纤维水悬浮液通过脱水、压榨和烘干而形成的纤维制品。纸质藏品的保护与酸度、微生物、温湿度、光照及空气污染等都有着密切的关系。

纸张的耐折力和它的酸度密切相关。纸张的酸性是由于年代久远变质或造纸过程中的遗留造成的。中性纸张（PH 值为 7 ±0.3）的耐折力高，而酸性纸的耐折力低。当纸张的 PH 值低于 4 ~4.5 时，就变得相当脆弱了。因此，为了使纸质藏品更长久完好地保存，应注意防止其酸化，保存时尽量使用无酸纸制作的盒、匣、箱、袋等放置藏品，或在保存藏品的封闭容器内放置除氧脱酸剂。当发现纸张的 PH 值低于 5.6 时，就应当立即采取脱酸措施。纸张脱酸的主要方法有：水溶液法，即使用低浓度的氢氧化钙饱和溶液或碳酸氢钠、碳酸氢镁溶液等浸渍纸张，使纸张的酸性中和；有机溶剂法，就是使用甲醇镁溶液、甲氧基碳酸镁溶液等有机溶剂浸渍纸张，达到脱酸的目的；气相法，以二乙基锌等作为气相脱酸剂，对酸性纸作脱酸处理。但要注意，这些脱酸方法都有不同程度的副作用，要慎重地选择使用，做好善后处理。

纸张中的纤维是有机物，在制纸过程中还要加入动物胶、淀粉、矾和树脂等，再加上装订裱衬时所用的糨糊等，这些都可作为昆虫和霉菌生长所需的食物。一旦环境气候适宜，很容易滋生害虫、霉菌，造成纸张变色，甚至变脆、掉渣，直至彻底毁损。所以，纸质藏品的保存必须先经过消毒处理，以达到防霉、杀菌的目的。对纸张的杀虫防霉处理，可以利用麝香草酚、环氧乙烷等进行如前所述的熏蒸；也可利用10%的麝香草酚酒精溶液等制成防霉药纸夹在藏品中，防虫杀菌。

不但保存环境的温湿度会引起纸张本身的变质、造成微生物对纸张的影响，而且光照和空气质量也对纸质藏品影响重大。因此，纸质藏品最好保存在通风洁净的环境，温度应保持在15.5℃，相对湿度保持在60%。在光线作用下，纸张内部的纤维分子结构断裂，强度降低，会出现颜色发黄、酥脆粉化等病害。所以，其保存环境的光照强度应予以严格控制，一般不能超过50lx。此外，还需要注意，纸质藏品在保存时应当展开平放，不应重叠，取用时必须戴手套。

对于已经出现变质毁损的纸质藏品，要及时地进行加固、修复处理。它的加固方法基本与纺织品相同，主要采用派拉纶真空涂膜法和夹衬法，即在纸张前后两面各罩上一层丝网，用淀粉糨糊粘合，或者把纸夹在两层醋酸纤维素或天然蚕丝织成的丝网薄膜中间，通过加热压合固定。残损藏品的修复方法主要有配纸粘补法、纸浆修补法等。

8. 生物标本的保护

自然标本是博物馆藏品的重要组成部分，而生物标本又是自然标本的主要组成。生物标本包括动物标本和植物标本，其均由有机质构成。当它们被采集而停止生命活动后，就要及时地对其进行处理，制成标本，使之得以妥善保存。否则，就会腐烂变质。生物标本的制作方法主要包括：适用于哺乳类、鸟类等脊椎动物标本制作的剥制法；适合昆虫等标本制作的干制法；适于较小动植物标本制作的浸制法；制作一般植物标本使用的压制法；以及制作小型动植物标本使用的包埋法。此外，由骨骼支撑身体的，还可以制成骨骼标本。无论采取何种方法制作标本，在制作及保护生物标本时，都应保持生物原有的形态特征、色彩和质感。

生物标本的保护，主要以预防为主，要求创造良好的保存环境，严格控制环境的温湿度、光线辐射、空气污染、害虫霉菌等因素，防止其对藏品造成侵害。因为生物标本的主要成分属于有机质，所以，它的保存环境与有机质地藏品基本相同，温度在 16～18℃之间为宜，相对湿度以 50%～55%为最佳。

各种生物标本因制作方法不同，其保护也各有特点。干制标本要使标本保持原形，应该注意脱水处理环节。脱水处理可以通过冰冻升华和真空干燥来实现。冰冻升华就是将生物标本置于－15～－20℃的低温环境中冰冻数小时，使标本中水分凝结，然后在相同温度下与干燥剂一起放在真空罐中，用真空泵抽成高度真空，促使标本中的水分升华，逐渐脱去，其重量逐渐减轻，直至恒重，表明脱水完成。而真空干燥则是先将标本在低温箱中冰冻，然后放置于装有干燥剂的玻璃干燥器中，再抽真空，抽真空和干燥过程是在室温下进行的。经过脱水处理的标本，在保存时还应注意防潮、防虫、防光，所以，除了要有适宜的保存环境外，还应放置吸湿剂和熏杀剂。浸制标本主要会出现由于化学反应、生物作用、光线辐射而造成的变色、褪色、变形、霉变等变质现象。因此，除了注意保存环境外，针对浸制标本的质变机理，其保护技术还包括：（1）选择适宜的固定剂，保持标本形态。其中，浓度为 70%的酒精溶液、5%～10%的福尔马林溶液的固定效果最佳。（2）选择合适的保存液，避免标本质变。动物标本一般使用 10%的福尔马林液保存，而植物标本则宜使用 5%的福尔马林溶液。（3）选择适当的添加剂，抑制生物标本的劣化变质。添加适量的亚硫酸钠等酚酶抑制剂，可有效控制酶促褐变作用的发生；添加柠檬酸等抗氧剂，可制约自动氧化反应。压制标本可以使用吸水纸法和硅胶法分别对平面标本和立体标本进行固定处理。在固定和保存各种生物标本的过程中，都要严格地控制其环境气候，控制好温湿度、光线、空气等因素，防止标本出现变色、褪色、萎缩、变脆、虫蚀、霉变等现象。

9. *岩矿标本和化石标本的保护*

岩矿和化石标本都是博物馆自然标本的主要组成部分。不同类型的标本，它们质变的机理和保护的方法各异。在温湿度、光线、水分等各种因素的作用下，标本会出现如潮解、氧化、变色、酥碎等损毁变质现象。因此，在保护和使用过程中，除了依据不同的标本创造适宜的保存环境，预防病变，还应采取积极的方法保护各类岩矿和化石标本。常见的保护方法有：密封容器保护法、真空容器保护法、渗透保护法、薄膜保护法、包埋保护法等。

密封容器保护法主要适用于保护那些易挥发、蒸发以及粉末状的岩矿标本，如石油、汞等。容器主要使用玻璃制品，开口处使用蜡、凡士林等物质进行密封处理。

真空容器保护法主要用于保护那些易因潮解、氧化而遭到破坏的岩矿标本，如钾石盐、钠硝石、芒硝、黄铁矿等。容器多用玻璃制品，需用真空泵将其抽成真空状态使用。

渗透保护法主要用于保护质地松散、易掉粉末的岩矿标本，如煤、雄黄、高岭土、硅藻土、辉钼矿、矾类矿物等。通常先将这些标本较长时间地浸泡在丙烯酸乳液、聚醋酸乙烯酯乳液等试剂制成的溶液中，使其对标本起到渗透加固的作用，然后取出烘干，以便长久保存。

薄膜保护法主要适用于质地致密、孔隙细小的岩矿标本，如橄榄岩、金伯利岩、各种硫化物等。可以先用甲基丙烯酸甲酯预聚物、丙烯酸清漆6号等高分子有机化合物试剂加入适量的抗氧剂和紫外线吸收剂制成化学试剂，然后将标本放入配制好的试剂浸泡一定的时间，或将试剂直接涂抹在标本表面，使标本表面形成一层无色透明的薄膜，利用这层薄膜隔绝空气，防止其氧化、潮解，以达到保护的目的。

包埋保护法主要用于保护那些在温湿度、紫外线等因素的作用下容易发生变色、失去光泽、出现毁损等现象的岩矿标本，如辰砂、雌黄、孔雀石、辉锑矿、各类铜矿等。具体方法是使用甲基丙烯酸甲酯预聚物和紫外线吸收剂配制的试剂对标本进行包埋处理，经过抽真空、加温聚合等工艺，形成透明的固体岩矿标本。这种方法不但能够长期有效地保护岩矿标本，而且具有色彩鲜艳、透明度好、外形美观、坚固耐用、携带方便等优点。但要注意，在包埋时应同时放入科学全面的文字说明，以备查用。

化石标本的保护主要应从造成变质毁损的温度、湿度、光线、空气污染等因素考虑，采取科学合理的加固防护措施和防潮、防光、防尘等手段，确保化石标本完好、长久地保存。

第四节　藏品的研究

博物馆既是各类藏品的主要收藏机构，也具有作为科学研究机构和社会教育的职能。为了更好地实现博物馆科学研究和社会教育的功用，就必须对藏品进行研究。只有对博物馆藏品展开全面深入的调查研究，才能更好地收藏和利用藏品，发现蕴含其中的历史信息，挖掘隐藏在它背后的丰富科学内涵，揭示其所具有的艺术价值，进而为博物馆的陈列展览和社会教育活动提供丰富的材料和科学的依据。建立在藏品基础上的科学研究，是沟通社会公众与自然及人类社会历史文化的桥梁，也是博物馆其它业务工作的基础。

一、藏品研究的性质和意义

博物馆的科学研究主要包括博物馆学研究和藏品研究。博物馆学研究是对博物馆自身的反思性研究，主要以博物馆本身及其与社会的关系为研究对象，通过对博物馆性质和目标的分析、博物馆历史的回顾、博物馆与社会关系的反思以及各项业务活动方法的探究，总结其基础理论和实践工作的规律，为博物馆理论和实践的合理化提供科学依据。藏品研究则是以博物馆收藏的藏品为基础进行的科学研究，是博物馆科学研究的重要组成部分，并且它也体现了博物馆科学研究的学术性质。实际上，藏品研究包括两种类型：一类是关于藏品的基础研究，研究的对象是藏品本身，内容包括藏品的定义、质地、命名、分类、保护等。这类研究是博物馆业务活动的重要组成部分，它既属于博物馆学研究的范畴，也是藏品研究的重要课题。另一类则是对藏品进行的深入研究，即通过揭示藏品承载的信息来认识自然和人类社会。藏品在这时便成为我们认识自然和社会的一种媒介、一种载体。其研究成果也将融入人类探索自然和社会的科学活动中，为相关的科学研究提供有力的证据和有益的借鉴。

藏品研究是人类科学活动中以藏品为媒介进行的科研活动，其本质仍是以藏品为载体的实物研究。博物馆通过各种途径建立自己的收藏，并对其进行研究，遂成为以藏品为代表的实物研究中心。博物馆开展的实物研究与博物馆以外的科学机构所进行的实物研究在本质和方法上是一致的，它们一起与文献研究及实验等手段构成人类探索未知世界的科学活动。因此，藏品研究体现了博物馆作为科学研究机构的性质。

藏品研究的意义不仅体现在证明博物馆是科学研究机构上，同样也体现在它可以为博物馆的陈列展览和社会教育提供科学依据。通过对藏品的全面研究，可以更深入地揭示藏品的历史、科学和艺术价值，使社会公众更好地接受博物馆教育。所以，无论从博物馆的科学研究性质出发，还是从博物馆的社会教育功能来看，都离不开博物馆的藏品研究，其具有重要的理论和现实意义。

二、藏品研究的内容与特征

博物馆藏品研究的许多工作都是随着藏品资料化的过程完成的，在这个过程中充分地体现了藏品研究专业、细致、通俗易懂及具有较强可操作性等特点。实际上，从藏品的征集开始到随后的入藏及管理流程，许多环节都包含着具体的藏品研究工作。如在藏品的征集过程中，遇到真假莫辨或时代等相关信息不明的文物标本，征集人员就必须通过开展研究活动为收藏决策提供依据。其实，这是一件相当复杂的专业性工作，它不仅需要深厚的学术造诣，而且还需要丰富的实践经验。具体操作过程中所作的判断和推理并不像其他学者那样用论文的形式表现出来，而是蕴含在具体的实践操作过程中。成果的体现往往就是对藏品相关信息的判定和评述，表现为藏品资料中说明藏品时代的记述或鉴定意见中言简意赅的定性文字。在藏品的编目过程中，也涉及对藏品价值的判断，即要对藏品的历史价值、科学价值和艺术价值做出科学的评估。如前所述，在藏品编目卡的叙述项中，就需要对藏品做出科学的评价。在有限的空间内，要用简练、明确的语言概括藏品的本质，揭示其承载的信息，对其进行客观合理的评价，难度颇高。不仅是对藏品研究者学术修养的一个考验，也是对其文字能力的一个挑战。因此，博物馆的藏品研究是伴随着与藏品相关的各个环节展开的，是一项涉及面广、专业性强的科学研究工作。

博物馆的藏品研究不是单纯的实物研究，而是通过物质表象探究其所反映的自然、社会生活本质的研究。从信息论的角度来看，藏品研究的实质就是一个将信息载体与信息分离的过程。面对一件藏品，通过研究，应当揭示其所蕴含的丰富的历史、科学和艺术信息。如通过对某件藏品的研究，应当了解该藏品制作的动机、材料和工艺等，并且探究其使用价值和内在价值；如果是考古发掘品，还要研究它的作用及与其它藏品的关系等；如果是传世藏品，则需要搞清它背后隐藏的经历、收藏者的信息等。这种具体琐细的个案研究是藏品研究的基础，但它们具有较强的个性，不具有共性。因此，仅凭这些个体的、孤立的个案研究无法全面揭示其背后隐藏的与自然、社会之间的关系，更无法体现其变化和发展的趋势。所以，博物馆还应重视对藏品系统的、综合的和比较学方面的研究，对同类藏品可以进行系统综合的研究，揭示其反映的政治、经济、文化等各方面的信息，探究其与自然和社会发展的互动关系，勾画出其历史发展变化的轨迹；对不同类型、不同地域、不同时代的藏品还可以进行比较研究，总结发现其各自的特点。总之，博物馆的藏品研究应当将个案研究和系统研究相结合，力求揭示藏品所蕴含的一切信息，通过藏品探究其反映的自然和社会的本质，更好地发挥藏品价值，实现博物馆的社会职能。

博物馆是一个人才密集的机构，藏品研究者不仅包括馆内各方面的专家学者，而且许多工作人员在长期的实践和学习中也积累了丰富的经验，形成了独具特色的研究专长，他们都是藏品研究的重要力量。但由于藏品研究涉及面广，而且随着研究的不断深入，要取得突破性的成果，特别是在系统研究和比较研究领域，往往是比较困难的。因此，只有通过团队合作、依靠集体的智慧才能完成。这不仅需要博物馆内部相关研究人员的合作，而且还需要馆外相关科研机构和专家学者的密切配合。与馆外科研机构和专家学者的合作，既包括利用馆外机构和学者们所掌握的研究资源，全面系统地搜集藏品研究的成果，不断充实博物馆的科学研究，为深入开展藏品研究奠定资料基础，创造良好的软硬件环境；又可以直接邀请馆外的专家学者进行合作研究，使他们成为博物馆藏品研究的参与者，实现各种资源的共享。藏品研究所取得的重要研究成果，可以以论著的形式发表，与国内外博物馆藏品研究者开展学术交流，促进博物馆学术水平的提高；也可以直接应用于博物馆的藏品鉴定、陈列展览、社会教育等各项业务工作中，以提高博物馆的服务质量和工作水平。总而言之，博物馆的藏品研究不仅有助于扩大和深化博物馆科学研究的成果，而且有利于强化博物馆作为藏品信息中心和科学研究机构的形象，提高其学术质量和知名度。

三、藏品研究的方法

藏品研究是以藏品为媒介进行的，虽然博物馆的藏品种类繁多，但绝大多数都属于实物藏品。因此，藏品研究的主体就是实物研究。一方面，它具有与文献研究或实验等研究不同的独具特色的研究方法；另一方面，各类藏品都有自己的学科归属，在研究过程中它们也要受到各自学科研究方法的制约。所以，博物馆的藏品研究人员在其研究过程中，应该同时考虑藏品作为实物研究的方法和各自的学科特点。

1. 藏品研究要注意实物研究与文献研究相结合

以藏品为主体的实物研究与以文献为主体的文献研究，虽然在研究方法上有各自的特点，但在学术发展和具体操作过程中是紧密结合、相互补充的。特别是在涉及历史学、考古学、民俗学、人类学等学科的藏品研究中，文献资料和实物资料都是必不可少的资料来源，两者相辅相成、互为印证。没有相应的文献资料，缺乏对背景及其变化的了解，要充分深入地研究实物就非常困难，所以实物研究必须结合文献资料，把实物放到由文献研究揭示的历史背景中去考察。同样，文献资料由于实物的发现和研究而被赋予了某种实证的色彩，不但可以使两者互为印证，更可以增强文献资料的说服力和可信度。如同历史研究有了考古学的加盟，就极大地丰富了实物史料，使历史研究的深度和广度都获得了突破性的进展。例如，甲骨文的发现、秦俑的出土、海底沉船的打捞和古文化遗址与古墓的发掘，都使我们对中国古代文明的起源、物质文明的发展和人类历史生活的了解变得更加形象生动、真切具体。同样地，许多重要的考古发现也需要依靠文献材料的指导与印证，如依据文献记载我们得以发掘许多尘封地下或海底的历史遗迹，历史文献中关于丧葬礼仪的记述对古代墓葬的考古发掘具有一定的指导作用等。不但要重视实物资料与文献资料的结合，还应该对用于研究的实物资料和文献资料的选取给予充分的重视。既要选择反映统治阶层社会生活的各类资料，还要注意使用反映普通民众生产和生活的各种文献和实物资料。至于人类学和民俗学，则是实物性更强的研究领域，实物资料占据着更加重要的地位。总之，藏品研究需要注意将实物研究与文献研究相结合。

2. 藏品研究要注意将实物研究与理论研究相结合

藏品研究还应当注意将实物研究与理论研究相结合。通常我们认为，正确的结论应该来自于对实物认真、细致的观察与考证，理论是实物研究的结果，只要我们对实物进行科学地研究就能够得到真理。而事实上，任何一位研究者都不可能从一种真正的空白状态开始其研究工作，在他着手观察实物之前，其认知结构中关于实物对象的知识和理论已经开始起作用，并由此构成他观察中对所需信息进行选择、判断的依据。我们应当承认直接经验对人类的知识是第一性的，但对于从事藏品研究的专家学者而言，通过学习获得的间接知识即他们在学习和研究中形成的知识及理论，才是其从事藏品研究工作的基础。因此，他们进行的所谓科学的观察工作，其实也是从他们知识结构中某个相关理论的角度展开的。因此，实物研究和理论形成的关系，并不是在观察实物的基础上进行归纳和抽象，最后上升为总结性的理论。相反，研究者必定先根据某种理论假设来决定其观察的目的和方法，所以，观察的结果不可避免地受到理论前提的干扰。但观察也有其自身的主动性，观察的结果可能印证和支持理论，也可能修正甚至证伪理论。正是这种从理论开始进行观察实践，再由观察结果证明或证伪理论假说的模式，构成了以藏品为主体的实物性研究的工作程序。综上所述，从事博物馆藏品研究的研究者必须经过良好的专业训练，具备广博的知识和深厚的科学理论素养。

其实，关于博物馆藏品研究与理论研究之间的关系，博物馆学界曾进行过有益的讨论。特别是日本博物馆学界，他们通过对大学的研究工作和博物馆研究工作的对比发现，大学的研究主要是在搜集和研究资料的基础上，用一种创造性的思维，通过归纳总结的方法制定理论假说。所以，它总是新鲜的、归纳的、质的和创造性的，具有一种指导者或是开拓者的地位；而博物馆的研究则是从这些理论假说出发去研究那些具体的直接实物材料，同时反过来印证或者补充理论假说和规律。也就是说，博物馆进行藏品研究的方法是已知的、现存的，其研究特色则是演绎的、量的、技术的。① 这个观点说明，归纳的、理论性的研究使大学成为规律的生产者，而博物馆则利用这些规律从事具体的、个别的、演绎性的研究，使它成为规律的消费者。

3. *藏品研究应重视实验方法的运用*

藏品研究有时也可以通过实验的方法来进行。藏品研究工作者可以设计各种实验，由此获得研究所需的资料和数据等。如设计复原制作工艺的实验，可以通过我们对某些藏品的重新制作过程，大大加深研究者对藏品制造材料及工艺的了解，并由此扩大对制造者及当时的社会生活状况的进一步认识。学者托思在研究肯尼亚考古遗址的工具时就设计了一个制造工具的实验，在这个过程中他发现，在他研究的那些工具中大多数是用右手制作的，这表明工具的制造者中右利手占了绝大多数，而在猿群里右利手和左利手的数量相当，没有占优势的一方，只有原始人类才是独一无二的右利手。通过这项实验，托思不仅加深了对这些早期工具的理解，而且使我们对人类进化史有了新的

---

① 陈宏京未刊译稿，见《博物馆学讲座》第五卷《调查研究和资料的搜集》，日本雄山阁出版社，1978 年。转引自严建强著：《博物馆的理论与实践》，浙江教育出版社，1998 年，第 212 页。

重要认识。

4. 藏品研究要求研究者的知识结构具有广博性和先进性

藏品研究是以博物馆藏品为研究对象展开的，由于博物馆藏品数量丰富、品种多样，涉及的学科领域广泛，因此，博物馆藏品研究具有学科综合的特点。这就要求藏品研究者的知识结构应具有广博性和先进性。广博性不是要求研究者对所有藏品的相关学科都有深入的研究，而只是要求对所研究的藏品及其涉及的相关学科有较为深入的了解。正因为研究者都有自己的研究专长，所以，博物馆藏品研究需要进行团队合作、取长补短，需要众多方面专家集思广益、共同努力。同时，博物馆藏品研究者除了知识的广博性外，还应当保持对自己的研究方向及其相关学科发展的关注，关注学术前沿，注意知识的更新，在研究过程中应当尽量体现知识和技术的先进性。

总之，藏品研究是博物馆的基础性业务工作，是一个深入挖掘藏品蕴含的重要历史、科学、艺术信息的过程，是一种体现博物馆科学研究性质的学术活动。它在长期的探索和实践中，以博物馆实物藏品为媒介，把探究藏品的内在价值作为主要研究内容，总结出了一套行之有效的科学研究方法，也取得了丰硕的研究成果。通过开展博物馆的藏品研究，不仅丰富和深化了人们对藏品所反映的自然和社会政治、经济、文化等方面知识的认知，促进了科学事业的发展，而且为博物馆实现高水平的陈列展览和社会教育奠定了基础，提供了必要的条件。

第四章 博物馆的陈列展览

陈列展览是博物馆最主要的业务活动之一，也是实现其社会教育功能的重要手段。根据博物馆的性质和社会需要，以博物馆藏品及其研究为基础，经过精心筹划的各种陈列展览，其实是融历史文化、科技知识、主题创意、空间艺术和美工技巧等为一体的有机统一体。它们用自己特有的艺术语言，营造出与陈展主题相一致的文化氛围，诠释自然界和人类社会生活的深刻内涵，在传播展示科技、艺术知识和历史文化信息、丰富社会公众的文化生活、为社会及其发展提供服务等方面起着不可替代的重要作用。同时，博物馆的陈列展览集中反映了博物馆的性质和类型，体现着博物馆藏品、科学研究和管理工作的水平，是博物馆各项业务工作的综合成果，也是衡量博物馆质量高低的重要标准。

第一节 陈列和展览

博物馆陈列就是在一定空间内，以文物、标本为基础，配合适当的辅助展品，按照一定的主题、序列和艺术形式组合而成的，进行直观教育、传播科学文化知识和提供审美欣赏的展品群体。博物馆既有长期展出、比较稳定的陈列，也有短期展示、经常更换的陈列。在我国博物馆学界，一般习惯将前者称之为陈列，而将后者叫做展览，或称为临时展览。但实质上，陈列和展览二者并没有根本的差异，展览也是陈列的一种形式。总而言之，陈列是博物馆重要的业务活动，是博物馆特有的语言，也是其进行社会教育、信息传播、提供审美欣赏和为科学研究提供参考服务的主要方式。

一、陈列的类型及特点

博物馆可以根据不同的需要制定相应的标准，将陈列划分为多种类型，且每种类型都有其自身的特点。国内外的博物馆学者都曾对陈列类型的划分及其特点做过有益的探究，下面我们就选择几种常见的分类，对其进行简要介绍。

1．根据陈列的自然属性，可以将其分为永久性陈列和临时性展览

永久性陈列，也叫基本陈列，是指能够反映该博物馆性质，由比较稳定的主题、内容、展品和较完美的艺术表现形式构成的、常年开放的陈列体系。这里所谓的永久是一个相对概念，当原有的陈列已经不再适应现代的社会需求和认知水平时，或由于重大考古发现取得了新的材料和藏品，需要对原有陈列进行充实、改进和完善时，基本陈列就应当及时做出相应的变化。如果基本陈列总是一成不变，则表明该博物馆在征集和研究方面没有取得新的进展，势必会削弱该馆的社会影响力和权威性。由于基本陈列通常持续时间较长，并且要求能够体现该博物馆的性质、水平和质量，反映该馆的藏品特色。所以，博物馆的基本陈列多为该馆诸多陈展中的精品，其在内容和艺术设计上必须周密细致、力求完美，在空间分配上应当优先照顾，布展材料的选择和装饰手段也都要体现永久性的特点。同时，基本陈列也经常会因为内容相对固定、缺乏变化而造成观众的审美疲劳。因此，博物馆应注意与时俱进，不断发展完善其基本陈列，以适应公众认知和社会发展的需要。

临时性展览一般规模较小、周期较短，但展览的主题和内容多样，展品的选择也比较自由，可以较多地利用模型、复制品和照片等，表现的艺术形式也比较灵活，是博物馆陈列的重要组成，各博物馆一般都为临时性展览留有专门的空间。博物馆举办的流动展览、巡回展览、馆际交换和合作展览、商业性展览等都属于临时性展览。临时性展览不仅可以满足不同观众的多方面需求，而且有利于促进馆际之间的互助合作和经验交流，还可以为培养和锻炼业务工作人员提供良好的实践机会。同时，临时性展览也可以作为组织基本陈列的前期

准备。博物馆可以通过举办临时性展览，逐步积累展品资料和实践经验，有计划地充实提高陈列内容和形式，最终将其发展为基本陈列。总之，博物馆经常举办品种多样、内容丰富且质优价廉的临时性展览，不但能够使公众得到更多的科学知识和文化享受，而且可以更大限度地实现博物馆的社会效益和经济效益。

2. 以陈列内容为标准，可以将陈列分为自然类陈列、社会历史类陈列、艺术类陈列和科学技术类陈列四种基本类型

自然类陈列就是通过展示自然界的各种组成，来揭示其发展变化的历程与规律，使观众对自然界本身及其与人类和人类社会的关系有更为深刻的认识，从而增强观众合理利用和保护自然环境的意识。自然类陈列包括自然历史陈列、人类学陈列以及像地质陈列、天文陈列、动物陈列和植物陈列这样的自然物单科陈列。陈列内容涉及动植物、人种、古生物、地质、土壤等的形态、分类、遗传、进化等各个方面。博物馆往往可以利用分类陈列法、生态陈列法和复原陈列法等方法，使其变得丰富多彩，进而更好地起到传播知识和社会教育的作用。

社会历史类陈列主要是从政治、经济、文化、军事等方面，系统地展示全国或某一地区在特定历史阶段社会发展的主要过程和基本线索，从而勾画出一定时期的社会历史概貌，使观众更直观地感知历史。它包括通史陈列、断代史陈列、地方史陈列、专题史陈列、革命纪念陈列等。陈列内容涉及社会生活的各个方面，充分地挖掘和揭示着展品承载的历史信息。通常在陈列主要展品的同时，还要利用辅助展品，采取复原等方法才能使观众穿越时空，真切地感受历史的气息，品味社会历史类陈列蕴含的深厚内涵。

艺术类陈列能够充分利用造型艺术作品，反映人类审美意识和艺术实践的发展，揭示美的本质，使观众得到美的享受，提高审美情趣。艺术类陈列包括各类艺术品的陈列，如书画陈列、雕塑陈列、摄影陈列等。生产和生活中处处充满美，古往今来人类也一直在追求美。因此，艺术类陈列的内容涉及人类生产生活的各个方面，既可以是综合性的，也可以依据不同的标准选择展品。但无论如何，其对展

品的真实性都有着较高的要求。随着科技的发展，艺术类陈列也可以借助多媒体技术进行陈展，以减少对展品的损伤。

科学技术类陈列展示的是在人类认识和改造自然以及人类社会发展的过程中，人们发现、掌握和应用的各种科学知识与实践技术。这类陈列包括人类社会生产生活的各类科技成果，如制茶技术、航天技术等。科学技术类陈列多采用动静结合的陈列方式，具有较强的参与性和互动性，寓教于乐。许多科技类博物馆的基本陈列都属于此类。

3. 按照陈列的学术属性，可以将博物馆陈列分为主题性、系统性、展品定位性和互动性四种类型

主题性陈列是指陈列具有一个独创性概念的主题，陈列的展品与陈列脉络相符，且侧重对主题的叙述。

系统性陈列则是指陈列内容以一个特定的分类系统为主轴，并根据展品分类系列或者时代顺序排列出各种情况。

展品定位性陈列就是以展品本身作为陈列布局的依据，整个陈列没有一定的主题和系统，主要突出展品的特色和价值，使其在陈列中占据特别显著的地位，使观众在欣赏精品的同时了解其承载的信息，得到美的享受。

互动性陈列则是利用各种传统与现代的技术手段，增强观众的参与性，通过观众与展品之间的互动，实现观众对展品的深入理解与认知。

4. 根据陈列的形式，可以将其分为有形陈列和无形陈列

有形陈列其实就是博物馆常见的传统陈列，即以突出实物展品为主，配合其它辅助材料构成的陈列体系。而所谓的无形陈列，其实是博物馆陈列运用现代高新科技后的新发展，它通常没有可以触摸的实物，但会利用科技手段营造视听甚至嗅觉感受，用虚拟技术和视听技术来代替具体的实物，展示传播非物质的文化信息。与传统的有形陈列相比，这类陈列不仅形式新颖、表现真实、更加形象化、更具娱乐性，而且还可以展示许多不能用具体实物表现的内容，如火山爆发、地震、海啸等自然现象，以及传统民俗、民间技艺、音乐、戏曲等非物质的文化遗存。如果将它与其它陈列方式配合使用，则能够更好地

营造氛围，增强陈列效果。

此外，博物馆还可以选取其它不同的角度和标准对陈列进行划分。如依据参观对象的情况，可以将陈列划分为儿童陈列、聋哑人陈列等；按照陈列场所的差异，可以将陈列分为室内陈列和室外陈列；根据陈列的状态，可以将其分为固定陈列和流动陈列；等等。英国的博物馆学者帕特里克·波依兰结合陈列的内容和性质，不仅将陈列分为固定的和临时的两大类，而且在其下又分出审美性、主题性、模拟性、原状性、体系性和开放库房式陈列六种类型。

二、组织陈列的基本原则

各个博物馆根据本馆的性质和社会需求，会选取不同的展品，举办不同主题、不同类型的陈列。但无论如何，所有的陈列都应该遵循其基本的组织原则，具备科学性、先进性、实物性、艺术性和普及性。

1. 科学性

博物馆陈列应当反映自然界和人类社会的发展规律，揭示自然界和人类社会各种现象的本质，准确地诠释展品的内在联系。它所提供和传播的信息必须真实客观、科学可靠。陈列的科学性是博物馆科学研究的重要体现，也是其实现社会教育的必要条件。只有科学的陈列才能体现博物馆的知识性和权威性，提高博物馆的社会地位与影响力，更好地起到传播知识、指导社会实践的作用。

2. 先进性

博物馆陈列的先进性就是指陈列要力求体现先进文化的成果和发展趋势。组织博物馆陈列时应当密切关注博物馆陈列理论与实践的学术前沿，将最先进的理论与实践研究成果应用于博物馆陈列。具体而言，就是要博物馆努力将与时俱进、开拓创新作为指导思想，采取先进的陈列方法和技术，组织适应时代发展、社会进步和观众需求的高水平陈列。保持陈列的先进性不仅是博物馆可持续发展的动力，也是博物馆作为科学文化与信息传播中心的重要职责。

3. 实物性

作为博物馆展品的文物、标本是人类社会和自然界变化发展的见证物，具有无可辩驳的说服力与感染力。通常情况下，博物馆陈列就是由这些实物展品构成，并且通过它们传递信息，表达观点，达到将陈列主题具体化和形象化的目的。即便是将非实物作为展品的陈列，其实也是建立在对实物深入研究的基础上的。所以说，无论是实物展还是非实物展，在本质上都具有实物性。实物性既是博物馆陈列的重要特征，也是博物馆陈列的重要组织原则。

4. 艺术性

艺术性也是博物馆组织陈列的重要原则。博物馆陈列不仅要考虑内容的科学性和先进性，还需要给观众提供审美欣赏，即注重其艺术性。陈列的艺术性体现在诸多方面，不但要注意挖掘展品本身的艺术价值，而且在陈列的内容和形式设计、陈列选取的方法与手段等方面都应注意观众的审美需求。只有根据不同的内容选择与之相适应的艺术表现手法，才能全面、形象、深刻地揭示展品的内涵，使观众在参观过程中既增长知识，又得到美的享受。

5. 普及性

博物馆陈列面对的是全社会，要满足社会多层次知识结构观众的需求，就必须使陈列雅俗共赏，体现其普及性原则。为了增强陈列的普及性，陈列主题应当突出，内容应该简单明了、通俗易懂，形式可以多种多样，但要努力做到新颖独特，使观众喜闻乐见。只有具备普及性的博物馆陈列，才能吸引更多的观众，更好地实现博物馆社会教育的主要职能。

三、博物馆陈列的作业流程

博物馆陈列展览的组织是一项复杂的系统工程，必须经过认真地研究、设计，并且需要多方面专业人员和多工种技术人员共同协作才能完成。在长期理论和实践研究的基础上，博物馆已经总结出了一套行之有效的陈列作业流程，主要包括陈列内容设计、陈列形式设计、制作安装、布置存档等环节。整个作业流程环环相扣，参与者必须协同合作，才能展示给观众一个内容丰富、形式新颖的优秀陈列。一般来说，筹办博物馆陈列要做好如下工作：

1. 结合博物馆的性质和社会需求，通过对藏品的系统研究，联系相关的文献材料，吸取前人研究成果，考虑观众的实际情况，确定作为陈列中心思想的主题以及预期的目的，并确保实现陈列主题所需的场地、经费、设备物资和实施技术等。

2．根据对主题内涵、相关资料情况、受众认知程度与兴趣点、展示条件等问题的深入研究，形成能够反映主题的陈列框架即陈列提纲。依据陈列提纲选择展品，结合展品需要确定辅助材料及其制作要求，并编写相关的文字说明。

3．根据陈列提纲的要求，将陈列内容具体化和形象化，进行陈列艺术设计，即运用各种技术和艺术手段，将各陈列要素与具体的陈列空间相结合，形成一系列具有可操作性的设计图。

4．组织相关的技术人员，按照陈列艺术设计的要求，选取适当的材料，保质保量地进行制作。制作完成后，在博物馆陈列设计人员的指导下，依据内容与艺术设计的具体要求，进行现场安装调试和陈列布置。

5．在筹办陈列的每一个工作阶段，都需要及时听取馆内外专家学者与观众代表等各方面的意见和建议，进行必要的评估和改进，使陈列产生最佳效果。陈列过程中，应建立观众反馈信息档案等，了解陈列效果。陈列完成后，要注意整理陈列工作过程中积累的全部资料，包括陈列提纲、各种图表资料和文字说明等，还要保留陈列过程中的记录，如陈列形式照片、陈列效果图等，以备查询，并为今后组织陈列提供有益的参考。

四、陈列语言

陈列语言就是一种依靠二维或三维物品排置的序列、情态及与其它必要的辅助材料配合而构成的以视觉形象为媒介的传播手段或交流方式。陈列语言可以赋予展品本身一种自行表达的能力。它是博物馆陈列特有的表达方式，也是博物馆教育最理想、最典型的形式。

陈列语言的运用主要体现在展品排置的序列、情态及与辅助材料的配合表达上。序列就是指将展品象征性地放回到它应有的时空坐标中，由此指明它与其它展品的关系以及它本身的意义。如将一系列钱币按其时代顺序排列，无需做任何解释，观众也可以轻易地理解它们的发展脉络。情态则是指展品排列的特定格局，根据展品间或展品与辅助材料间的内在联系做出有机组合，以恢复它们之间原来所具有的关联性，揭示它们的作用和价值。如中国古代盥洗器匜和盘的陈列，就可以利用陈列语言，将它们按照使用时的情态展出，把盛放清水的匜斜置于上方，使出水口与平置其下的盘相对，向观众揭示它们配合使用的情况。如果通过背景在它们之间穿插一双手，并利用背景表现其时代特征，就简洁明了地向观众复原了古代生活的一个场面。由此，沉默的展品就具备了一种自我表达的能力。各类辅助材料和现代的多媒体技术与展品的配合，也都可以帮助展品创造陈列语言，更好地表达陈列的思想与内容。如在自然博物馆可以制作许多神态逼真、栩栩如生的恐龙等动态模型，配上巨型环境背景，利用声光装置，就会使观众有身临其境之感。此外，博物馆的陈列要素如空间、色彩、照明、材料等与展品的配合使用，也能很好地强化陈列语言的说服力与感染力。

总之，在陈列实践中对陈列语言的运用，主要包括三个不同的层次：其核心部分是真实展品的组合及与辅助材料的配合；在它的外围有人工制作的景观与模型，它们在配合说明原理和介绍相关背景方面起着重要作用，并具有相对独立的自我表达能力；最外层的是包括空间、色彩、照明和材料等陈列要素的处理，尽管它们本身不具有自我表达能力，但通过烘托气氛，也可以有效地深化观众对陈列主题和内容的认识。

在博物馆陈列中运用陈列语言，不仅能够体现博物馆教育的特点，而且在沟通陈列与观众、丰富陈列的表现手段等方面，也有着不可替代的重要作用。

首先，陈列语言的自行表达能力，可以使那些受教育程度较低、阅读说明牌存在困难的观众，尚没有足够阅读能力的儿童以及外国观众，避开词语符号方面的障碍。因为对以直观形象为媒介的陈列语言的理解，较少受到教育程度和语言的限制，可以让博物馆陈列具有更普遍的适应性。

其次，陈列语言有助于陈列表达用文字语言无法表达的不可见信息和艺术感受。利用文字语言描述某些展品的结构、质地、工作原理等不可见信息时，大量枯燥乏味的表述和专业词汇都会使观众感到厌倦。陈列语言的直观形象则能帮助观众很容易地理解它们。同时，只有通过陈列语言才能将陈列中的艺术感受真切地传递给观众。

最后，陈列语言还可以增强陈列的吸引力和感染力。博物馆教育的特征就是在行走中非强制性地学习，这就要求陈列必须对观众具有较强的吸引力和感染力。运用陈列语言，就可以使陈列组合变得灵活丰富，背景气氛显得新颖轻松，极大地增强陈列的观赏性、娱乐性、生动性和休闲性，寓教于乐，进而吸引更多观众，更好地发挥博物馆社会教育的职能。

五、陈列方法

陈列方法也叫陈列手段，是陈列内容的表现方式，也是组成陈列艺术形式的基本因素。博物馆只有依据陈列内容和艺术形式选择恰当的陈列方法，才能组织出高水平的陈列。目前，博物馆陈列采取的陈列方法主要有如下几种。

1. 系统分类陈列法

系统分类陈列法就是将文物、标本等展品结合陈列主题分门别类地进行陈列布展。这虽然是一种传统的陈列方法，但却具有诸多优势。其优势主要体现为：方法简单明了，陈列脉络清晰，适用于各种类型的陈列，可以使观众对陈列的层次结构和展品内容一目了然，而且，将同类展品集中陈列，有利于观众的选择参观。但如果陈列只使用系统分类陈列法，则会显得形式呆板，缺乏变化，内容单一，气氛沉重，无法激发观众的参观兴趣。所以，现在这种方法多与其它陈列手段配合使用。

2. 复原陈列法

复原陈列法就是通过科学的或艺术的处理把观众从现实推进展品存在的时空，从而帮助观众更加全面深刻地理解展品的意义及其相互的关系，了解陈列的主题和内容。它是现代博物馆陈列的核心概念，是目前经常使用且效果较好的陈列方法。展品的复原陈列主要包括三种类型：全复原陈列法、半复原陈列法和象征性复原陈列法。

（1）全复原陈列法

全复原陈列就是将真实的文物、标本等展品以原先使用或存在的状态布置在原来的地点，由此将观众带入一个真实的现场中，使观众获得真切的时空感受。由于它完全保持了陈列各种因素之间的原有关系，因而无需求助于任何辅助手段。这种陈列手法可以使观众产生强烈的现场感，深切地体验陈列所展示的时空经历。它适用于各种故居博物馆、遗址博物馆和露天博物馆。比如，南京的梅园纪念馆、著名的林肯纪念馆、西安的秦始皇兵马俑博物馆和北欧的诸多露天博物馆采用的都是这种陈列方法。但全复原陈列也存在局限性，由于其具有开放性，所以，它不利于文物、标本等展品的安全和保护；而且，全复原陈列对展品及展示空间的要求较高，成本也相对较高；此外，它受展品的限制较大，只有真实和系统的展品，才能更好地营造穿越时空的现场感受。

（2）半复原陈列法

在博物馆的陈列展厅要全方位地复原自然与历史的现场是不可能的，但通过陈列设计，可以在一定的陈列空间部分地复原现场，这就是半复原陈列。在半复原陈列中，主要的展品都是真实的实物，而周围环境多为人工制作的替代品，它们以原始环境为依据，但却是人为营造的。半复原陈列所使用的道具、背景等辅助材料，都具有一定的科学依据，并且制作工艺精良，大多能够达到以假乱真的程度。半复原陈列法也可以使观众产生身临其境的感受，并且展品的表达形象直观，具有较强的观赏性。但要人为地营造某些场景，对于设计人员来说是一项挑战。他们要使场景制作得精致逼真，不仅要解决许多技术性问题，而且往往耗资巨大。半复原陈列法很适合像甘肃大地湾遗址、银川西夏王陵这样的考古遗址博物馆。而且，这种陈列方法在民族学博物馆和自然博物馆中也被大量使用。如甘肃省博物馆中黄河象陈列厅就利用这种方法陈列布展，营造了黄河象生存的自然环境，使观众参观时意趣盎然。

（3）象征性复原陈列法

象征性复原陈列就是把展品放置在一系列精心安排的道具中，这些道具并不要求与原物酷似，只求神似，以此激发观众的联想，象征性地复原现场氛围。如中国革命博物馆就曾利用折断倒地的青天白日旗、人民解放军攻占南京“总统府”的历史照片、缴获蒋介石用过的办公用品等，象征性地复原了解放军推翻蒋家王朝的历史场景。这种陈列方法运用得成功与否，主要取决于陈列设计人员能在何种程度领悟并复原出现场的精神实质。陈列道具的设计可能会有多种方案，不同的设计会产生不同的效果。象征性复原陈列法能使陈列具有某种舞台效果，象征性地反映自然和历史生活的情节，渲染陈列的时空氛围，具有较强的艺术感染力。而且，它具有很强的启发性，给观众以更多的发挥空间。同时，陈列所需的实物展品也比较少，布展形式灵活多样，陈列效果形象生动，深受各类观众的欢迎，是一种效果较好的陈列方法。但采用象征性复原陈列，必须注意艺术感染力与历史真实性、陈列把握能力与陈列传播能力之间的平衡，照明、色彩和道具也必须精心而妥当地安排，不能因为过分追求戏剧化效果而忽略陈列的科学性和信息的传播能力。

3. 对比陈列法

对比陈列法就是通过打破固有的时空关系，运用逻辑比较的方式，造成思想内容和视觉的冲击，进而给观众以强烈的震撼，使其留下深刻印象的一种陈列方法。这种陈列手法，可以通过揭示展品的过去与现在、真实与虚假等具有强烈反差的信息，使观众对展品特点有更为深刻的认识。对比陈列法适用于具有对比性的各类展品，如真品与赝品、原始的茅屋与现代的建筑等都可以形成鲜明的对比，有利于观众更好地理解展品的价值。这种方法虽具有较强的适用性，但必须注意展品的选择，它们必须具有一定的共性（比如都是同类物品），同时还要具有强烈的差异性（如真假、完残、原始与现代等），才能使对比陈列达到最佳效果。

第二节　陈列的总体设计

博物馆组织陈列的作业流程其实是一个内容丰富、涉及面广、系统复杂的创作过程。从内容上看，需要历史学、美学、教育学、心理学、工程人类学等诸多专业学科的知识；从组织管理上看，这个过程需要由博物馆学者、艺术设计人员、各种专门的工程技术人员、熟练工人和各级管理人员密切配合、协同作业，才能出色地完成。

博物馆组织陈列的作业流程主要包括三大部分，即陈列的总体设计、陈列的内容设计和陈列的艺术设计。其中，内容设计和艺术设计是决定陈列水平、质量和成败的主体工程，而总体设计则是统帅全局、指挥全局的核心计划。博物馆陈列的总体设计主要解决全局性的重大问题，对陈列的内容和形式给予指导与协调。如果说陈列内容设计主要运用逻辑思维，而陈列艺术设计主要运用形象思维，那么，陈列总体设计则需要逻辑思维和形象思维的综合与统一。鉴于陈列总体设计的重要性和必要性，博物馆可以根据各自的实际情况，组成专门的领导小组或委员会负责这项工作。陈列总体设计领导小组或委员会，应在博物馆馆长、主管业务的副馆长或具有高级专业技术职务的博物馆专家指导下，由陈列部门主要负责人及从事内容和艺术设计的负责人共同组成。

一、陈列总体设计的主要任务

陈列总体设计主要是为陈列内容和艺术设计提供指导性的意见或建议，对陈列内容和艺术设计方案进行可行性的论证和审查，协调陈列内容与形式之间的矛盾，使之浑然一体，相得益彰。陈列总体设计工作主要包括以下内容：

1．提出陈列选题的建议以及对陈列基本内容与艺术风格的设想和要求；

2．审定陈列选题，对陈列内容设计方案进行可行性论证；

3．审定陈列艺术设计方案，对平面设计图、立面设计图等图纸进行评估；

4．审定陈列重点以及陈列的文字说明和辅助材料；

5．审核陈列所需设备的预算及加工工艺，确保设备质量；

6．从全局出发，协调陈列的内容与形式、建筑与设备、整体与局部、重点与一般的关系，使陈列各要素达到最佳配置；

7．陈列布置完成后组织专家学者及观众代表进行评估和审查，提出调整和修改意见，最终审核陈列效果。

二、陈列总体设计中存在的主要问题及对策

现代博物馆进行陈列总体设计的过程中，存在的最主要的问题就是，如何从理论和实践上解决陈列内容与形式在理论和实践中的矛盾，处理好陈列内容与形式之间的关系。

陈列内容设计与陈列艺术设计之间的关系，其实就是内容与形式之间的关系。在博物馆陈列的理论和实践方面，往往对内容与形式的关系把握不准确，出现重视内容、忽略形式或者强调形式、忽视内容的情况。重视内容、忽略形式的陈列总体设计认为，“内容决定形式，形式服务于内容，对于形式对内容的反作用，及其在某种程度上对内容的决定作用认识不够”①。在具体的操作过程中，对内容设计方案要反复审查论证，而缺乏对艺术设计方案的重视。内容设计往往备受关注，投入大量的时间和精力，一旦设计方案确定后，工作重点就转向撰写文字说明和讲解词，并且一般不会再作修改；而留给艺术设计人员的创作空间和时间都很有限，艺术设计方案通常只是内容设计的图像化，在陈列内容的艺术构思、陈列氛围的营造、陈列方法与手段的创新等方面都得不到充分地发挥。与此相反，在陈列总体设计中也存在强调形式而忽视内容的现象，他们认为“陈列的形式决定内容”②，陈列内容必须通过形式才能得以存在和表现，才能展示给观众。这种观念过分强调了艺术设计的独立性和创造性，却忽视了内容对形式的决定作用，没有意识到形式是为了表现内容而存在的。如果脱离了内容，过分地强调形式，则会使陈列缺乏内涵，出现陈列不能全面准确地表现主题等问题。

陈列内容与形式的矛盾还体现为，陈列内容设计人员和艺术设计人员由于知识结构存在差异以及工作程序不同步等问题而造成的两者

---

① 沈庆林：《关于陈列总体设计工作的几点随想》，《中国博物馆》，2000 年第 3 期，第 43 页。

② 《一场关于内容与形式的讨论》，《中国博物馆》，2000 年第 4 期，第 2 页。

不能融合统一。在博物馆组织陈列的实际运作过程中，往往是内容设计在先，形式设计在后，这就难以避免地造成了内容与形式的割裂。内容设计人员在制定内容设计方案时，通常使用逻辑思维，更多地注重陈列的内在逻辑联系，而很少运用形象思维，缺乏对陈列艺术效果的考虑，形成的陈列提纲类似于教科书的纲目，容易忽略形象的陈列构思。提供给陈列艺术设计人员的陈列方案基本是提纲加文物，很少考虑陈列的形象构思要求。在讨论内容设计方案时，艺术设计人员由于知识结构、程序安排等原因而缺乏兴趣，不能积极地参与其中。而一旦内容设计方案通过验收后，内容设计人员将方案交给艺术设计人员后就觉得完成任务了，很少就内容设计思想与艺术设计人员进行沟通和切磋。这就容易造成陈列艺术设计人员在艺术设计过程中出现对内容设计要求理解的偏差，使得陈列艺术设计过多地注重艺术效果而忽略了主题和内容。长此以往，陈列内容设计人员与艺术设计人员在具体工作实践中就会出现难以调和的矛盾，使得内容和形式无法达到和谐统一。

要解决博物馆陈列总体设计中存在的上述问题，就必须先从理论上认清内容与形式的关系。其实，陈列的内容与形式是互为表里、相得益彰的。内容需要依靠形式才能表现出来，而形式的存在则需要内容作为基础，二者相互依存、相互制约，在特定的条件下甚至会相互转化。从陈列语言的角度来讲，陈列的艺术设计本身就是陈列语言的主要内容，而内容设计的文字说明、辅助材料等，就成为了陈列语言的形式需要。所以，正如黑格尔所总结的那样，“形式不是外在的，是内容的形式，是质料和形式的统一。内容和形式的关系是辩证的，相互作用，相互转化”①。在博物馆陈列实践的具体操作过程中，要解决好内容与形式的矛盾，处理好内容与形式的关系，就必须重视陈列的总体设计，在领导人员和陈列设计人员的素质、陈列总体指导思想和陈列整体的组织形式等方面进行有益的探索与改进。首先，要建立强有力的陈列总体领导，在陈列创意阶段就将内容和形式同等对

---

① 转引自《一场关于内容与形式的讨论》，《中国博物馆》，2000 年第 4 期，第 4 页。

待，并且注意在陈列作业的过程中将陈列内容与形式结合起来考虑。要达到这样的效果，必须提高领导人员和陈列设计人员的整体素质，使他们对内容设计和艺术设计所需的专业知识都有所了解，并在此基础上建立良好的合作关系。特别是主要领导，应该具备全面的知识结构，既要懂自然和人文科学知识，又要熟悉艺术设计的基本情况。其次，树立正确的陈列总体指导思想，对陈列内容设计与艺术设计的工作任务和性质要有正确的认识。不但要充分认识具有科学研究性质的陈列内容设计的基础性和重要性，更要加强对艺术设计的认识，不能将其作为内容设计的附属品，而要认识到它是一个深化陈列主题、完善内容设计的复杂而艰苦的再创作过程。艺术设计需要对陈列内容进行充分的研究与探索，只有这样，才能最大限度地利用形式所特有的艺术语言，准确地表达、补充和丰富陈列内容，进而增强陈列的可视性和趣味性，吸引更多的观众。此外，它还要考虑完成设计所需的各种特定的材料以及施工工艺方面的可操作性。因此，可以说，陈列艺术设计是一门综合学科，是将逻辑思维转化成形象思维，把文字语言转变成艺术语言的一个复杂的艺术创作过程。第三，打破传统的先内容后形式、将它们割裂进行的工作程序，形成内容与形式互动融合、交替进行的陈列整体组织形式，加强内容设计人员与艺术设计人员的沟通与交流，形成互相关注、和谐统一的工作关系。陈列总体设计人员从确定陈列立意与主题时，就必须将陈列内容设计与艺术设计结合起来考虑。在进行内容设计期间，内容设计人员也要注意考虑艺术设计的因素，其设计的内容要受到形式的制约。同样，艺术设计人员从接受陈列的设计任务开始，就应当与内容设计人员交流切磋，熟悉了解陈列内容、主要展品，构思符合陈列主题的陈列布局、参观路线、陈列设备、陈列环境等。只有将内容与形式的统一贯穿陈列设计的全过程，而对具体问题具体分析，使内容设计和艺术设计反复磨合、浑然一体，才是陈列设计的正确组织形式。

总之，博物馆陈列的总体设计，不但要处理好陈列的内容与艺术设计及其关系，而且还要注意陈列与博物馆建筑的关系、陈列的科技含量、陈列的组织管理以及陈列的社会服务等因素。博物馆只有合理安排陈列场地，不断增强陈列的文化和科技含量，认真组织，科学管理，才能有效提高陈列的知识性、观赏性和娱乐性，体现以人为本的精神，进而适应各类观众的需求，更好地发挥其应有的教育、审美和为社会服务的作用。

第三节　陈列内容设计

陈列内容设计，也被称为内容编辑，是博物馆陈列作业流程中的重要环节，是一个以文字和展品为载体的创作活动，主要包括确定陈列的选题、主旨，组织策划陈列的结构，选择规划陈列所需的展品，编写文字说明，并规定其实施作业等工作。陈列内容设计的成果主要体现为陈列主题设计方案和陈列内容设计方案。

一、陈列主题设计方案

陈列主题设计方案是一个关于陈列主题、内容及其实施构想的文本。它主要阐述举办陈列的理由和依据、陈列的主旨和目的以及实现的构想，具体包括选题的目的、理由和依据、陈列的定位等要素。这些要素构成了举办陈列的基础，对陈列的实际操作具有指导和制约的作用。

1. 陈列选题

陈列选题就是要结合博物馆的实际情况以及社会和观众的需求，通过深入谨慎的调查研究，选择确定陈列的主题。陈列选题既是总体设计的主要任务，也是内容设计的具体工作。陈列主题是陈列作业的中心思想，因此，陈列选题不仅是陈列内容设计的最基本要素，也是整个陈列作业中最基础的工作。

陈列主题是指由实物、说明文字及辅助材料组合而成的三维形象体系所表达的中心思想，即用实物及其组合等博物馆特有的手段所要揭示的主题。它是陈列作业的核心与灵魂，是博物馆陈列工作全面展开的基础。但是，由于陈列是博物馆特有的与观众互动进行社会教育的手段，要求以实物为基础组成它所要展示的整个事件的发展序列，即要使用博物馆特有的陈列语言，所以，并不是所有可作为理论研究的问题都可以成为陈列主题，陈列主题的选择必须要适应陈列语言的表达。

那么，究竟应当怎样确定一个陈列的主题呢？在具体的操作过程中，要确定一个科学合理、切实可行的陈列主题，必须从博物馆的实际情况、社会需求以及对观众的影响三个方面进行考虑，通过广泛征求、咨询博物馆内外各方面专家学者和群众的意见，才能得以实现。

(1) 陈列主题的确定应当从博物馆内部的实际情况出发，结合博物馆的性质和特色，对所要陈列的客观内容以及用来体现它的文物、标本进行全面、系统的研究后方可提出。在陈列选题的过程中，要对博物馆的性质、展品的数量和质量等内部因素进行全面考虑，才能为陈列主题的确定提供真实可靠、丰富翔实的理由和依据。

第一，陈列主题要适合博物馆的性质。陈列选题应当结合博物馆的性质，在其主体业务范围内进行拓展和延伸。这样既有利于发挥该馆的业务优势，确保陈列质量，又有利于树立该馆鲜明的公共形象，提高其社会知名度和权威性。否则，就可能会造成无法保证陈列质量的低水平陈列，引发负面影响。

第二，陈列主题的确定要考虑博物馆是否拥有或者是否能够补充征集到能够说明该主题的充足的展品材料。博物馆具备足够数量和质量的展品，特别是实物展品，是陈列选题得以成立的物质前提，展品不充实或者其质量不高，主题再好也无法实施。即使展品及其相关材料很充实，但因不是馆藏品，而且没有能力补充征集或借展，选题同样也不具备可操作性。

第三，要考虑对陈列主题的提炼是否准确，即是否与展品材料的系统内涵相一致。这就要求不但要考虑展品的数量和质量，还要确保对展品及其相关材料认识的客观性以及对其内涵揭示的准确性。只有对展品及其相关材料有了客观、准确、全面的认识后，陈列主题才可能客观、准确地反映展品的内在价值及其间的本质联系，达到与展品及其相关材料思想和内涵的统一。

综上所述，只有结合博物馆的性质，拥有反映一定主题思想的丰富展品及其相关材料，并保证对它们进行客观的认识和科学的研究，准确地揭示其内涵和逻辑后，才具备了进行陈列选题的内在条件，才有可能科学合理地确定陈列主题。

（2）陈列主题的确定要考虑陈列与社会的相互作用。陈列是博物馆业务活动中与社会交流最多的业务工作，因此，陈列选题就既要充分考虑社会的需要，包括政治、经济和文化等方面的内容，又要注意其对社会的影响。这些都属于陈列选题过程中的外部因素。陈列主题与社会的互动主要体现在三个方面。

第一，陈列主题应当具有严格的科学性。因为陈列的作用之一就是对社会公众进行科学知识的传播，所以，作为陈列中心思想的主题必须揭示人类和自然发展的客观规律，具有严格的科学性。

第二，陈列主题应当体现与时俱进的时代进步性。博物馆陈列应当为社会提供健康文明的精神食粮，所以，陈列选题要弘扬时代的主旋律，倡导积极向上的人生观、价值观，宣传新思想、新道德、新风尚。

第三，陈列主题应当对社会实践具有一定的指导和推动，能够产生有益的影响。博物馆的陈列选题要与各方面社会需求相结合，通过陈列传播知识、启迪智慧，为现实社会提供有益的借鉴。

（3）陈列主题的确定还要考虑观众的认知、情趣和接受程度等因素。陈列面对的是观众，就是要通过陈列，让观众认识到陈列设计者所要表现的主题思想，从而满足社会公众求知、审美等多方面的要求，达到传递信息和社会教育的目的。所以，在陈列选题时，应先对观众进行调查研究，了解观众的实际需求和兴趣所在，使陈列主题尽可能地满足观众的需要，激发观众的热情。此外，还要注意考虑选题针对的目标观众，使得主题的表现与目标观众的知识结构、认知程度、审美情趣等相一致，进而形成固定的受众。陈列主题的确定最终还需要征求观众的意见，只有得到大多数观众的认可，具备一定的社会基础，陈列主题才具有实际意义，陈列才能取得良好的社会效益。

2．陈列定位

陈列主题确定后，还要进一步确定设计思路，考虑题材展示的最佳角度和最佳切入点，确定陈列的风格、实现构想等要素。这个过程就是陈列定位，也被称为主题定位。

由于设计者知识结构、观念水平和设计意图的不同，同一主题可能出现多种不同的定位。比如，同是社会历史题材，有的定位在历史发展概貌的展示，有的则定位在重大历史现象、历史事件的展示；同样是重大的墓葬题材，有的定位在丧葬制度和风俗仪轨的展示，有的定位在精品文物的展示，还有的定位在表现墓主的生活状况等。定位不同，陈列所表达的主题思想就不同，传达给观众的信息以及观众的感受也就不同。一个成功、确切的定位，应该能最大限度地揭示展品的内涵，最大限度地反映主题的本质特性，最大限度地得到社会和观众的认可。

要实现成功、确切的定位，就要在具体的设计工作中把握四方面的情况：一是主题的情况，要搞清主题的本质特性和研究现状；二是资料情况，要掌握展品资料的分布及展品可资利用的情况；三是观众情况，要搞清观众对主题的认知程度和兴趣点；四是展示条件的有关情况，要了解展出场地、环境、设施、资金等方面的有利和不利因素。陈列展示是一门综合艺术，受多方面条件的影响和制约，只有把上述情况都搞清楚，并综合在一起进行通盘考虑，才有可能做出正确的决策，完成设计的准确定位。

进行陈列定位需要很强的专业素养，既要运用内容设计需要的逻辑思维，又要注意使用艺术设计需要的形象思维。还要求设计者既要有丰富的学识，又要有较高的艺术素养，从这个环节开始就将内容与形式很好地融合在一起，使其和谐统一。因此，设计者应不断提高自身修养，不断增强设计功力，力求使每一个陈列的主题定位都能达到最佳。

陈列主题设计方案确定之后，要提交总体设计领导小组或委员会审定，批准通过后，才能着手编辑陈列内容设计方案。

二、陈列内容设计方案

陈列主题设计方案主要解决陈列的主旨和内容构想，而陈列内容设计方案则要具体地解决如何实现陈列主题和定位，如何组织展品实现陈列的构想。它主要包括陈列的主体结构、展品的组织、文字说明和辅助材料四个方面的内容。陈列内容设计方案是建立在主题设计方案基础上的，是对主题设计方案的具体化和可操作化，也是整个陈列内容设计的主体部分。由于陈列是通过将实物有机地组合在一个确定的空间来实现的，所以，在编写陈列内容设计方案时，设计人员除了对设计意图和库存的藏品了如指掌外，还应当充分熟悉陈列空间和场所，对内容设计的艺术表现给予充分的重视。否则，就不可能设计出合理有效、易于操作的陈列内容设计方案。

1. 陈列主体结构

陈列主体结构，也叫陈列提纲，是实现陈列主题的主体框架结构。它主要由陈列主题思想和陈列结构组成。陈列主题思想是陈列内容本质的概括，陈列结构则是陈列策划的纲目和具体要求，一些事关陈列全局的问题，如陈列重点、展示风格、陈列节奏、展品组合、辅助展品等都与框架结构有关。所以，陈列主体结构是制定内容设计方案的关键环节，它不仅对能否充分表达陈列的主题思想、实现陈列的意图有重要的影响，也决定着陈列布局和展品的选择等要素。

陈列的主题思想就是对陈列主题及其定位的概述，主要表述陈列主体结构所要反映的中心思想，对陈列结构具有指导作用。而陈列结构则需要解决如何展开对主题的阐述，换而言之，就是要确定结构中每个单位的意义、地位、层次及其相互之间的内在联系。在具体的编写过程中，陈列结构主要是由纵向的“层”和各层中横向的“点”构成的。纵向“层”的数量依陈列内容的繁简而定，简的仅需一个层次，繁的则需几个层次。横向“点”的数量也没有具体的规定，完全依据内容和设计的需要而定，但在具体的把握上要尽量少设，否则，只有一个个标题，内容就显得单薄空洞了。设计人员在编写设计时，“层”通常用部分、单元、组等逐级表示，如第一层为部分，第二层为部分下的单元，第三层为单元下的组等；“点”则由平行的各个部分、单元、组等构成。具体的“层”和“点”就成为陈列结构中规则排列的各类大小标题。

成功的陈列主体结构应当充分地表达陈列的主题思想，围绕着鲜明的主题思想展开结构设计；应当条理清晰、逻辑明确，层与层之间为整体与局部的关系，循序渐进、步步深入，各层中点与点之间为平行关系，相互呼应，共同揭示主题；还应当充分体现个性，以独特的构思、独有的气质、独到的魅力赢得观众，给观众留下深刻的印象。

2．组织展品

陈列主体结构确定后，内容设计人员的工作就是要依据主体结构的具体要求组织展品，为陈列的框架结构填充实物内容，形成预期的陈列。因此，组织展品也是陈列内容设计方案的重要组成。展品的组织工作主要包括对馆藏藏品的选择和对馆外展品的征集。

博物馆的藏品多种多样，并不是所有的藏品都可以成为展品，必须以陈列主题为中心，依据陈列主体结构的具体要求进行选择。选择展品就是在博物馆的藏品中挑选出适合表达该陈列主题思想的文物、标本，并将它们合理地安排在有关的主题及层次中。因此，选择展品的过程其实就是一个将藏品转化为展品的过程。要合理准确地选择展品，就要求设计人员一方面要对陈列的主题思想和主体结构有充分的了解，因为主题对文物、标本的选择起着统率的作用，是做出选择判断的重要依据；另一方面，要对馆藏品有充分的了解，包括藏品的内涵和外延。展品选择是否得当，对主题思想的表达，甚至陈列的整体质量和水平都起着重要作用。因为实物是博物馆教育的认识客体，观众到博物馆接受知识主要是通过观察实物来实现的。如果展品选择不当，陈列的主题思想就无法很好地体现，这是用文字说明与讲解工作也无法弥补的。

设计人员在对藏品进行选择的过程当中，应该从藏品的真实性、适应性、典型性和表现能力四个方面着手对其进行考察，最终才能做出恰当的选择。

首先，在选择展品时要再次考虑藏品的真实性问题。尽管在藏品入藏的过程中已经对其进行过鉴定，但慎重起见，不要完全依靠过去的经验和记录，应当结合新的认识和利用新的设备手段，对藏品进行再审查和再认识。选择展品时，决不允许将不真实的藏品作为真实的材料安排展出。如果在陈列中发现有赝品，要坚决及时地撤除；对没有绝对把握的材料，不能轻易使用。这既是尊重科学、向社会负责的表现，也是捍卫博物馆科学权威的原则问题。当然，这并不意味着复制品和仿制品不能陈列展览，在一些特定的场合也是可以利用它们的，但使用时必须附有明确的说明。

其次，选择展品时还要考虑藏品的适应性。所谓适应性，就是指所选的藏品应当符合表达主题的要求。博物馆藏品众多，其中不乏珍品和精品，但并不是所有的陈列都要选择它们作为展品，而是需要切合、贴近主题，能够充分表达主题思想，并且具有一定内在联系的藏品才可能成为展品。这就像撰写论文时要选择支持论点的论据一样，论据本身的生动感人固然重要，但论据是否切题则更为重要。所以，陈列所需的展品必须选择那些适合表现陈列主题的藏品。

再次，对藏品的选择还要重视藏品的典型性。典型性是在藏品满足适应性的基础上对选择提出的更高要求，主要是针对所选藏品对主题的表达能力而言，具体是指在众多具有适应性的藏品中最能从本质上反映陈列主题的藏品，其本身具有较强的表达能力。典型性并不是指藏品的绝对价值，而应结合陈列主题进行考虑。不同的主题要求选择不同的典型展品，在一个主题下典型性很强的展品，可能在另一个主题下便毫无典型性可言。博物馆在筹办陈列时，面对丰富的藏品，尤其要注意展品选择的典型性问题，否则就有可能使陈列变得臃肿。

最后，展品选择也应当考虑其外在的表现能力。展品的外在表现能力包括两方面内容。一是纯粹的外观形象，包括展品的色彩、造型、质地、完整程度等。它们能为观众提供更好的视觉效果，提高陈列的观赏性，使观众在参观过程中得到更多美的享受。所以，在表达能力相同的前提下，应当优先考虑色彩和造型优美、纹饰字迹清晰、完整程度好的藏品。二是反映现象的原始特征，主要指展品上原有的铭文题记、生产日期、纹饰标识等。它们会增强陈列的真实性和权威性，使观众对展品有更加科学具体的认识。

上述操作都是指陈列所需的展品可以从馆藏品中选择时的情况。当馆藏品不能全面具体地反映陈列主题时，则应该对所需的馆外展品进行补充征集，征集过程中也要认真审查征集品的真实性、适用性、典型性和外在表现能力等因素。

确定了展品之后，就要根据表达主题的需要对展品进行组织排列，即依据其内在本质、价值和表达能力确定它们在陈列中的位置及所扮演的角色。为此，必须认真研究每件展品在承担表达主题时的地位和作用，根据它们的适应程度和典型程度，安排其具体的位置和序列，最终将那些最典型的、表现能力最强的展品确定为主导展品。所谓主导展品，就是指对于主题最具表现力的展品，它们在反映某一主题的展品群中起着重点承担表达主题的作用。在确定主导展品时，要考虑其历史的、科学的和艺术的价值，更要注意它们与主题的关系。之后，就是对所选展品的组合排列，这项工作必须建立在对展品和陈列内容深入研究的基础上，形式可以灵活多样，不拘一格。由于展品组合排列也同时牵涉艺术设计，很多组合在展出时需要进行背景、展具、灯光、色彩等的处理。这就要求内容设计者要有形式的概念，设计时能够把形式的因素融合到内容中去。

3. 文字说明

博物馆陈列的文字说明，对于帮助观众理解陈列主题、满足其求知欲来说是必不可少的。同时，它在传达和补充展品信息方面也具有不可替代的作用。恰当的文字说明可以帮助观众更好地理解陈列主题，增强陈列的知识含量，加深观众对展品的理解。但过多或过少的文字说明则都会影响陈列主题的表达。文字说明过多会分散观众的注意力，阅读文字说明会妨碍观众对展品的欣赏；而文字说明过少，则可能无法使观众了解陈列的主题及展品的价值，导致观众对陈列表达信息理解不足或出现偏差。因此，博物馆陈列内容设计人员应当重视陈列文字说明的编写工作。

博物馆陈列文字说明的编写，主要包括标题、标题说明和展品说明三部分。

(1) 标题。标题就是对陈列总体和各部分、单元、组概述性的说明，包括陈列的总标题和各部分、单元、组的题目。标题是以文字形式对陈列整体和各部分内容的高度概括，往往言简意赅，力求使观众看到后，就能够对主题思想和各部分的中心内容有大致的了解。标题的编写必须表述清楚、凝练工整、风格统一。好的标题，不仅可以使陈列的层次更加分明，内容表达更加清楚，而且能引起观众对陈列层次的重视，激发他们的参观兴趣。

（2）标题说明。标题说明即通常所说的前言以及对各部分、单元、组的说明，是对所属内容进行的文字诠释。标题说明往往用简洁的语言概括其统摄的展品内容，是陈列的内容导语，对观众有指示和引导作用，能够帮助观众在有限的时间内对各部分陈列内容有较为全面的了解。虽然标题说明具有重要作用，但并不是所有陈列都需要设置。有的陈列内容单一，一个标题就足以说明问题，无需再加说明。有的陈列第一层次内容宽泛不便说明，需细化到第二层次才开始介绍。因此，在标题说明的设置上需灵活把握，要根据陈列的具体内容，考虑是否需要、何处需要。

（3）展品说明。展品说明是对展品进行的必要注释，一般包括三部分内容。第一是对展品科学性的简要说明，主要对展品基本情况进行标注，包括展品的名称、时代、出土或采集的时间、地点及来源、创作展品的时间和创作人等。这部分内容不论什么展品都应该有，通常标注在展品说明的开头。第二是知识性说明，主要给观众提供展品的相关知识，如制作技艺、用途、价值等。第三是提示性说明，主要揭示展品内涵的社会属性，以及它与主题的内在联系，如其历史地位、学术地位等。关于展品的知识性和提示性说明，需要灵活把握，根据展示需要，或全部介绍，或部分介绍，或从不同角度介绍。有些展品内涵清楚，也可以不作介绍。介绍时要注意从总体上去把握，因为任何一件展品都不是孤立存在的，都是整个陈列系统中的一个必要元素，所以，对展品的介绍不能就展品说展品，而是要围绕陈列主题去说，讲明展品在主题展示中的价值与作用。

在陈列内容设计过程中，虽然各种类型的文字说明在其编写时的具体要求各不相同，但它们都应遵循博物馆陈列文字说明编写的共同原则。

首先，编写文字说明，要求准确和切题。在文字说明的编写过程中，说明要严格遵循科学规范，符合客观真理，并要通过说明将观众的思路引向主题的本质。

其次，说明文字应当是精炼和简洁的。博物馆陈列是让观众在站立和行走中接受知识的特有方式，主要依靠实物及其组合的无声语言作为传播媒介。因此，陈列使用的文字说明决不能冗长累赘，否则会导致观众的疲劳和厌倦；而且，过多的文字会淹没实物，分散观众的注意力，减少观众对展品的观察时间。加拿大安大略皇家博物馆委员会研究指出，“每位观众在一个展柜前停留的时间平均为30～40秒钟。在这段时间内，观众要熟练而迅速地阅读文字说明和另一些能吸引他的材料，要较好地获得对展品的总的印象，因此，在任何情况下，说明都必须简洁明了，不能面面俱到，贪多求全”①。斯密桑宁学会的一位说明撰写者乔治·魏内也提出，展柜说明的撰写“决不能超过75个字，而对每一件展品的说明则要更短些”②。

再次，说明文字应当通俗易懂。博物馆是一个面向所有社会公众的教育机构，它必须用一种深入浅出、通俗易懂的方式解释陈列主题和内容。如果因为把博物馆看作是科学研究机构，必须体现科学的严肃性和专业性，从而在说明文字中过多地使用专业术语和科学表述的话，那实在是对现代博物馆的一种误解。要判断撰写的说明文字对于观众的理解程度是否适中，可以采用一些心理学的方法，如填充测验法等；或者组织观众进行咨询、探讨。总之，只有通过调查研究，使文字说明变得通俗易懂，才能帮助观众更好地理解主题，获取知识。

最后，说明文字还应当是富有趣味和个性的。即便是严肃的科学教育陈列展览，也完全没有必要在说明文字中排斥其艺术性和个性特征；相反，文字编撰人员应当尽量避免使用陈旧老套、枯燥乏味的文字，想方设法使自己的说明文字生动活泼，富有趣味性，让其新颖独特，显示其个性特征，从而激发观众的参观兴趣，给观众留下深刻印象。

此外，在撰写文字说明的过程中，还应注意说明文字的文体风格

① 加拿大安大略皇家博物馆委员会著，刘颂译：《关于安大略皇家博物馆的设计意见》，《博物馆研究》，1985年第4期。转引自文化部文物局教育处、南开大学历史系编印：《博物馆学参考资料（下册）》，1986年，第198页。

② 同上。

应与陈列的总体风格相一致，编写人员应当与总体设计人员交流沟通。文字说明本身的风格也要统一。因此，撰写人员不宜过多；编写的秩序也应当遵循统筹安排的原则，先写那些需要讨论商定、需要艺术处理的部分，再写相对简单和固定的部分。

4. 辅助材料

辅助材料，也被称为辅助展品或再生展品，就是陈列中运用的非实物的展示材料，包括各类帮助观众认识和理解陈列的材料。它们是为了帮助观众更好地认识实物展品，加深对陈列主题的理解而专门制作的。陈列中的实物并不会表达自己，只有通过对展品及其组合进行剖析和提示，才能使观众认识并理解它们。在陈列中制作辅助材料，就是为了加强博物馆教育的实际效果而采取的必要手段。

辅助材料类型多样，作用不一，既有帮助确定展品时空坐标的，如历史年表、谱系和各种各样的地图等；又有帮助揭示展品结构、阐明其原理机制的，如各种模型、沙盘、景观箱等；还有帮助表明展品质量、数量和关系的，如分析表、统计表、曲线图等；有帮助了解展品的生态或时代背景的，如各类相关文献、文字说明、图片和艺术作品等；也有帮助观众进一步了解展品价值的，如复制品、仿制品、释文、拓片、幻灯片等。随着科学技术的发展和博物馆陈列形式的多元化，更出现了许多新颖的高科技辅助材料，如三维虚拟展品、Flash效果、智能模拟等，它们都能够帮助观众更加逼真和形象生动地认识展品的本质。

虽然辅助材料在现代博物馆陈列中被广泛地使用，并且在帮助观众认识和理解陈列方面起着越来越重要的作用，但无论如何，它们都只是起着一种辅助的作用。对于实物展品而言，它们只是辅助其进行自我表达的助手；对于观众而言，它们只是帮助其认识和理解实物的向导。它们不能超越自己的这种特性，如果它们在陈列中占据了比实物展品更加显赫的位置，出现喧宾夺主的现象，不仅博物馆陈列的教育特征会丧失，甚至博物馆本身的独特性也会发生改变。

在博物馆陈列内容设计过程中，辅助材料的设计制作应遵循下述原则。

第一，辅助材料的设计必须切合陈列主题和实物主体，忠实地服从于主题和实物展品的表达，恰如其分地做好配角。贴近主题、配合实物是辅助材料设计的最基本要求。

第二，辅助材料的设计在内容上要力求精要，能说明问题即可；在形式上要注意其观赏性和艺术性，但同时也要符合陈列的主体风格。

第三，辅助材料的设计制作必须严格遵守历史和科学的真实，要具有科学性和真实性。每一件辅助材料的设计制作都要有充分的理论依据和现实的需要，设计者需要对陈列主题、展品及相关资料进行认真系统的科学研究，并保证辅助材料内容的真实。

第四，严格控制辅助材料的数量和质量。博物馆陈列的主流是实物展品，因此辅助材料在数量上应当严格控制，以免喧宾夺主。但也决不能因为辅助材料是为实物展品服务的，就在制作上掉以轻心，草率行事，而应当保证其设计和制作的质量。因为粗制滥造的辅助材料会刺激观众的感官，转移其注意力，造成陈列水平和质量的下降，只有高品质的辅助材料才会带来陈列的最佳效果。

需要特别注意的是，在一些特殊的陈列场合下，为了更好地表现主题思想和陈列内容，也可以将文物、标本等实物作为辅助材料。这些实物本身就可以成为展品，可以成为独立的认识客体，但它们作为辅助材料时，却是为了帮助观众理解其它实物展品而存在的。比如，在陈列中国古代青铜镜的使用方法时，就可以将顾恺之的《女史箴图》作为辅助材料，更加形象直观地帮助观众认识其具体使用方法。由于被选作辅助材料的实物展品比较贴近展品的时代，有些甚至就是那个时代的物品，因而也就有较强的说服力和权威性。另一种性质比较特殊的辅助材料是照片。它是一种介于实物和人工制品之间的东西，一方面，它以实物作为拍摄对象，部分地具有实物性；另一方面，它又具有可复制性和批量生产的特点。与那些根据考证和研究成果制作的辅助材料相比，它具有更大的真实性。所以，在现代博物馆陈列展览中，采用照片尤其是大型照片作为烘托时代背景的手段，受到了越来越多的关注。

第四节 陈列艺术设计

陈列艺术设计，也被称为陈列形式设计，是陈列设计过程中不容忽视的重要环节。如果说陈列内容设计是一种科学研究活动，那么，陈列艺术设计就是一个对陈列内容设计进行艺术再创作的过程，即运用形象思维将一件件互不联系的自然形态各异的展品有机地组合起来，使之成为能够鲜明准确地表达陈列主题和内容的、具有一定艺术风格的陈列形象并形成系列。陈列艺术设计并不是简单地对内容设计的图纸化设计，而是对内容设计艺术再创作的过程，需要对陈列主题、内容和特定陈列空间进行深入地研究，然后运用形象思维对展品进行策划组合，将内容设计的文本转化为形象直观的设计图纸，并采取适当的艺术手段，创造博物馆陈列语言，构筑形象生动的陈列艺术体系。

陈列艺术设计的指导思想和基本要求就是，要正确地理解陈列主题与陈列内容，力求达到内容与形式的统一；依据内容设计开展艺术再创作，科学合理地组织展品，做到主次分明、详略得当，给各件展品以恰如其分的陈列地位；要有统一的基调、统一的艺术风格，同时，也要在统一的前提下追求艺术表现手法和风格的多样性，坚持统一中求变化、变化中求统一的原则；设计要新颖独特，勇于创新，才能使其富有艺术感染力；要重视空间、色彩、照明等设计要素，使其各得其所，营造出良好的展出与参观环境；陈列艺术形象要具有准确性、鲜明性和生动性；陈列设备应当美观实用，确保展品安全；要借鉴和吸收先进的艺术设计成果，创造具有民族特色与时代精神的艺术形式。

一、陈列艺术设计的基本作业

陈列艺术设计的主要工作就是在陈列内容设计形成的主题和内容设计方案的基础上，合理利用各种设计元素，采取相应的设计手法，将上述文字表达的陈列构想转变为各种图纸，使陈列主题和内容变得直观具体，具有较强的可操作性，为陈列的制作和布展提供依据。博物馆陈列艺术设计工作是陈列设计的重要组成，对陈列的质量和水平起着至关重要的作用。因此，对陈列艺术设计的基本作业要有全面充分的认识，认真对待每一个工作环节。

1. 设计的准备工作

博物馆陈列艺术设计人员在着手开始具体工作之前，应当先进行一系列的准备，包括了解陈列艺术设计的原则、处理好与相关部门的关系、熟悉陈列的内容和材料等。这样，才能在具体设计的过程中，更好地达到艺术设计的基本要求，拿出切实可行的出色设计方案。

博物馆陈列艺术设计既要遵循一般的艺术设计原则，又要符合博物馆陈列的特殊要求。因此，在进行具体的陈列设计工作前，设计人员要充分认识博物馆陈列艺术设计的特殊性，了解博物馆陈列艺术设计的基本原则。设计人员可以根据以下四个原则综合考虑其设计构思。第一，艺术设计是否具有适用性和可操作性，即当前的设计能否运用各种技巧恰如其分地表现陈列主题和内容，设计方案是否合理，能否顺利地实施完成。第二，艺术设计是否符合经济性原则。这就要求设计人员应从经济角度对设计进行周密细致的考虑，要尽量避免因设计不当造成的资金浪费。第三，艺术设计是否符合展品保护的要求，即陈列的安全性。应当保证陈列艺术设计的实践不会对展品本身造成伤害。第四，设计人员要考虑陈列的视觉效果和艺术感染力，即陈列的艺术性。一方面，设计人员要对陈列美学有充分的认识和了解，要理解博物馆美学的特点，在设计时应尽量使陈列体现高雅、凝重、有深度和内涵的美；另一方面，要准确把握艺术性的尺度，陈列的形式美感、视觉效果、娱乐性和艺术感染力都应当是陈列主题和内容的体现，要最大限度地发挥陈列艺术设计的能动性，但不能突破陈列主题和内容的限制，使设计人员的艺术思想无拘无束地自由表达，造成陈列形式与内容的严重脱节。

在博物馆艺术设计的准备工作中，设计人员除了要了解博物馆陈列艺术设计的原则外，还应当处理好艺术设计工作与相关各部门的关系。首先，应当解决好内容设计与艺术设计的矛盾，加强交流合作，协调统一地开展工作。在博物馆陈列设计过程中，内容设计人员更重视陈列的知识性，强调陈列的科学性和逻辑性；而艺术设计人员则更关注陈列的视觉效果、艺术感染力和陈列的表达能力。因此，在陈列主题设计方案确定后，也应尽快将其交给艺术设计人员，使得在内容编写的同时，艺术设计人员也开始对陈列做出初步的设想，并能够及时地与内容设计人员进行讨论和协调。内容和形式设计人员在陈列的共同目标与陈列主题上的共识，会使双方对各自的工作产生更客观的认识，促成双方的交流切磋。通过内容和形式设计人员的沟通交流，就能够很好地解决他们之间的矛盾，使整个陈列达到内容与形式的统一。除了与内容设计人员保持这种良好的合作关系外，艺术设计人员还应当处理好与制作人员、藏品保护工作人员和后勤管理人员的关系，从而为艺术设计工作的顺利开展铺平道路。

在了解了陈列艺术设计原则和如何处理好与相关各部门的关系之后，艺术设计人员还应当熟悉陈列的内容和相关材料，对影响陈列艺术设计的要素进行调研，为艺术设计搜集信息，准备必要的条件。首先，艺术设计人员应该熟悉陈列主题和内容，为设计做好素材的准备。这就要求设计人员认真阅读陈列主题设计方案和陈列内容设计方案，对陈列的主题思想、展示意图、陈列的层次结构、展品情况和所需的辅助材料等有充分了解，特别对展品的质地、形状、大小、数量、色彩、完残等基本情况和相关的学术研究动态要做到心中有数，要明确各展品在陈列体系中的地位和作用，还要考虑到展品的保护和安全等问题。其次，艺术设计人员要对影响陈列艺术设计的要素进行调研，包括对展示空间、照明、色彩等因素的考虑。设计人员应当研究陈列空间，要参看陈列展厅的建筑图纸，并尽可能到现场对照图纸进行复测核对，对所有影响设计的管道和不适宜布展的设施进行标注记录，尽量详细准确地掌握展厅的面积、展线长度及其可变幅度等。此外，还应当实地了解陈列空间可利用的各种照明方式和展示空间的色彩等情况，为艺术设计准备条件。最后，为了保证艺术设计的各种图纸具有良好的可操作性，使制作和布展能够更好地贯彻设计意图，设计人员必须关注艺术设计的研究前沿，尽可能地将先进实用的手法应用于实践，并且应当了解设计所需各种材料的市场供应情况、价格情况及其实际操作的技术条件和工艺水平等。

2. 设计的基本内容

陈列艺术设计的准备工作完成后，就可以开始着手进行具体的设计工作了。博物馆的陈列艺术设计工作主要包括总体艺术设计和部分艺术设计两部分。

(1) 陈列总体艺术设计

陈列总体艺术设计就是在陈列总体设计的指导下，根据陈列内容设计对陈列艺术设计提出的总体构想，是对陈列艺术设计工作各个环节的总体规划。陈列总体艺术设计的主要任务就是，提出陈列艺术设计的设计思想、原则和要求，包括艺术风格、设计规格等；制定陈列布置的总体安排，包括陈列空间的合理分配、采光和照明的设计以及色调的运用等，进而选择适当的艺术风格和装饰手法；进行陈列参观辅助设施的设计，如参观路线、休息场所、路标、展板等；注意艺术设计的整体质量，掌握好工作进度，处理好相关各部门的关系。

陈列总体艺术设计方案是陈列总体艺术设计思想和内容的具体体现，其内容主要包括：根据陈列主题和内容确定陈列艺术风格、氛围和效果；各个部分艺术设计的主要内容和表现原则；陈列面积的分配、展线及参观路线等平面总体布局；陈列空间的布置使用和立面空间的总体安排；展品和辅助材料的数量和疏密程度；对展品和辅助材料艺术加工的要求；陈列设备和辅助材料在形式、色调与规格方面的要求；陈列的照明方式及效果；重点场景与重点展品的安排；等等。

陈列总体艺术设计方案的确定，需要内容设计人员、艺术设计人员、博物馆相关工作人员和各工种技术人员之间的密切合作。初步确定后，要由总体设计领导小组或委员会审核，审核时应邀请教育部门、安保部门及后勤管理等部门的有关人员和观众代表参加，以力求方案的完善。只有经过反复的论证与修订后，才能最终形成完善的陈列总体艺术设计方案以及相关的一系列设计图纸。

(2) 陈列部分艺术设计

陈列部分艺术设计也被称为分段分组设计，是一个将总体艺术设计方案进一步深化和具体实施的阶段。通过这个环节，陈列内容设计和总体艺术设计会转变为具体形象的展示方案。如前所述，各部分的艺术设计必须在总体艺术设计的指导下进行，逐个单元地进行具体的艺术设计，最后完成总的组合。但不论是陈列总体艺术设计还是部分艺术设计，要形象直观地反映其效果并使其具有可操作性，都必须绘制一系列设计图纸，包括陈列平面设计图、陈列壁面设计图、陈列效果图、主导展品效果图、陈列施工作业图等。在陈列艺术设计的具体操作过程中，所有这些图纸的绘制都要求清晰准确，应具体标注出尺寸、材料、规格及施工技术的注意事项等，对复杂的设计还要做出详细的说明。

陈列部分艺术设计主要包括陈列场景艺术设计、展品艺术设计、陈列设备和辅助材料的艺术设计等。

场景艺术设计主要体现为以陈列平面设计图和陈列壁面设计图为代表的一系列设计图纸。陈列平面设计图是以陈列展厅平面为背景，根据陈列主题和内容将展品组成陈列体系，在图中标明主题的位置，每件展品、说明文字和辅助材料的位置，观众的参观路线以及辅助设施的位置等。设计可以直接利用原来建筑展厅的平面，也可以根据陈列的具体要求做出临时分割。在平面设计图中，主要应注意陈列空间、参观空间和辅助空间的合理分配和利用，科学地进行空间设计。陈列壁面设计图则是以陈列空间的展壁为背景，以观众视线为出发点，包括展柜内外壁面的设计。在壁面设计图中，通过调动空间、照明、色彩等设计要素，可以体现展品和辅助材料的立体效果。此外，场景艺术设计还包括陈列的效果图、重点场景的效果图等。这些图纸都要征求各方面的意见，经过反复修改，通过总体设计领导小组或委员会审定，才能最终确定。之后，还应当以此为基础，绘制具体的施工图纸，作为制作布展的依据。施工图纸应当符合实际情况，严格根据实物的实际尺寸，按比例绘制。

展品是陈列的主体，因此，对于展品进行的艺术设计意义重大。展品的艺术设计主要包括展品本身的艺术加工和展品的艺术组合设计两方面。展品本身的艺术加工，就是常说的“文物穿衣”，即运用装饰等手段对文物、标本等展品进行艺术加工。其主要目的是为了突出展品形体、色彩、质地等方面的美感，更好地反映陈列主题和内容，增强陈列的艺术气氛和效果。其手段多种多样，既可以为展品量身设计一些辅助材料，如台座、支架等，以突出其艺术性；也可以通过残品修复，或对展品进行复原等组合，更好地体现展品的真实性和科学性，增强陈列的感染力；还可以通过图示、多媒体技术等手段，反映展品的内涵，更好地揭示其历史的、科学的和艺术的价值。但在对展品进行艺术加工的过程中，必须要保持文物、标本的原貌，做好保护工作。而展品的艺术组合设计则要充分表达陈列的主题思想，使展品的特征和内涵得到恰当的表现，显示出展品间的联系，最终形成比较完美的陈列艺术形象。对于重点展品和需要艺术加工的展品，也应当绘制其艺术设计的效果图。

陈列设备和辅助材料也是陈列的重要组成，对于它们的艺术设计也应引起足够的重视。陈列设备主要包括展柜、屏风、镜框、展板等；辅助材料即辅助展品，则包括沙盘、模型、图表、文字说明等。对于它们的艺术设计，要求贴近陈列主题，配合展品，以达到预期的陈列效果。在进行艺术设计时，要简单明确，使观众一目了然，既不影响主要展品的艺术表达，又要传递展品本身无法表达的信息；其体例、规格、色彩等都要与陈列总体艺术风格和色调保持一致，使得整个陈列和谐统一。此外，陈列设备和辅助材料的艺术设计还要考虑采光、通风、防火、防盗等安全因素。陈列设备和辅助材料的设计图，应当标明色彩、规格、陈列位置等。

二、陈列要素的艺术设计

博物馆陈列的参观过程就是观众在特定的时空中，通过被精心设计安排的展品接受信息的过程，是一个展品与观众的交流过程。所以，在陈列艺术设计中，不仅要用三维的形象体系忠实、能动地反映陈列的主题和内容，而且还要从生理和心理两个方面为观众创造最佳的参观环境，从而使陈列达到预期的效果。这就涉及对陈列要素的艺术设计，主要包括陈列的空间设计、照明设计和色彩设计等。

1. 陈列空间设计

博物馆陈列是以实物展品的形象体系为媒介的展览艺术，它是在特定的三维空间展开的。因此，空间设计对博物馆陈列具有至关重要的作用。博物馆的陈列空间主要包括环境空间和展厅内部空间两部分。

环境空间也被称为展区空间，主要是指博物馆建筑的展厅。它虽然是由博物馆的建筑设计师来确定的，但也会对陈列设计造成一定的影响。博物馆的环境空间主要可以分成两种类型。一种类型是由实墙永久分割的比较传统的中、小型展厅。它们与人们日常生活的空间环境比较吻合，容易使观众获得亲切感。但它们的变通性较小，在具体进行陈列布展时往往会令设计人员有削足适履之感。中、小型展厅多为矩形或方形，它们会对观众造成刻板、单调的感觉，而且直角也会使观众感到压抑。所以，设计人员往往会对其作必要的调整，把它们改造成随意的多边形空间样式。另一种类型是可以根据具体的陈列需要进行临时性分割的现代大型展厅。它们具有极大的灵活性，适合各种陈列展览的需要，可以为陈列设计人员提供更广阔的创作空间。上述环境空间都是在博物馆建筑设计时经过建筑设计师们综合考虑陈列展厅构成的要求和特征后确定的，具有一定的普遍适应性。但建筑设计的适应性与陈列空间设计的多样要求并不是总能达到一致，因此，陈列空间设计人员面对需要适用于多种陈列展览的既成空间时，往往要根据陈列的独特要求来利用这个空间，必要时还必须对这个空间做出适合陈列自身需要的调整。

陈列空间设计关注的主要是展厅的内部空间，包括展示空间、参观空间和辅助空间。

(1) 展示空间设计

展示空间也被称为信息空间，是陈列展览最重要的空间，主要包括安装陈列设备、陈列实物展品和辅助材料的空间。它的设计就是在确定的展示空间内安排布置陈列设备、实物展品和辅助材料，运用各种技术手段和美学法则更好地体现陈列的主题内容和艺术风格，创造一个功能合理、舒适优美、能够满足观众物质和精神生活需要、愿意驻足停留的良好参观环境，为观众提供视觉上、行为上和心理上的享受。博物馆陈列的展示空间设计是陈列艺术设计的重要元素，出色的展示空间设计是创造现代博物馆陈列语言的灵魂，对于实现完美的博物馆陈列具有举足轻重的作用。虽然陈列的主题内容和艺术风格多种多样，展品类型各异，使得展示空间的设计也是千变万化，我们无法给出一个统一的设计规范，但是在设计过程中，也存在许多需要解决的共有问题，需要遵循一些共同的设计原则。

首先，展示空间设计要解决好陈列密度与陈列设备密度。

陈列密度就是展品与展示空间的比例关系。在早期的博物馆中，藏品的储藏空间和展示空间是同一的。随着博物馆事业的发展和教育功能的增强，参观人数不断增加，展示空间才逐渐从储藏空间中独立分离出来，但在一定程度上还保留着储藏空间藏品的高密度特征。直到近代，许多著名博物馆的展示空间依然保持着较高的陈列密度，如法国卢浮宫的绘画陈列和意大利佛罗伦萨乌菲奇博物馆的绘画陈列就都在展壁上布置了三层展品，埃及国立博物馆也保持着很高的陈列密度，等等。这种较高的陈列密度虽然能够在一定程度上给观众造成视觉冲击，而且还可能激发观众的发散性思维，从而引导他们主动发掘展品的内涵。但是它也很容易分散观众的注意力，使其减少对每件展品的关注时间，并且极易造成视觉疲劳和心理畏惧。近年来，由于博物馆学的发展和陈列设计经验的不断丰富，博物馆陈列设计人员逐渐认识到，适当地降低陈列密度，有利于为观众创造更加轻松舒适的参观环境，进而提高陈列教育的实际效果。目前，各国博物馆陈列都呈现出低陈列密度的趋势。但需要注意的是，过犹不及，过低的陈列密度也会造成陈列空间的贫乏枯燥，同样无法提起观众的参观兴趣，甚至会引起观众的厌倦。因此，现代博物馆进行展示空间设计时，必须掌握合理的陈列密度。从当前博物馆陈列的情况来看，大多选择1∶1的陈列密度，即1平方米的空间展示1件展品（包括辅助材料）。陈列密度的确定与展厅的情况（包括展厅的大小、高低等）有直接的关系，此外，陈列展览的规模和形式、展品的基本情况（包括展品的大小、高低、形状等）、参观的视距、参观人数等因素都会对陈列密度造成一定的影响。所以，在展示空间设计过程中，应当综合考虑上述因素，选择适宜的陈列密度。

陈列设备密度是指陈列设备和展品与展示空间的关系，它通常是以百分比来计算的。博物馆在进行陈列展示空间设计时，陈列设备一般应控制在10%～15%之间。这样既能满足陈列的基本需要，又不至于让过多的陈列设备影响观众的参观。

其次，展示空间设计应当符合人类工程学的原理。

人类工程学是第二次世界大战后逐步发展起来的一门新兴学科，它主要研究人类、人造物品与环境三者之间的关系，以实测、统计、分析作为基本的研究方法，力求解决它们之间存在的效能、安全等问题，提高人类使用人造物品的效率和舒适度，保证人类的健康安全，更好地适应环境。博物馆陈列的参观过程就是观众通过在展厅观察展品获得知识和乐趣的过程，这一过程始终贯穿着三者间的关系。因此，人类工程学的有关成果可以为博物馆的展示空间设计提供相关的依据，从而增强设计的合理性，让观众的参观变得更加舒适便利。

在博物馆展示空间设计中，人类工程学的成果主要体现在陈列带的设计方面。所谓陈列带，其实就是博物馆展品在立体空间的最佳分布区域。陈列带的确定主要是依据观众的平均身高，通常博物馆的陈列展示区域一般应控制在距地面80cm至320cm的区间。因为受到观众身高及视角的限制，展品的陈列高度不宜超过350cm，一般应保持在80～240cm之间。如果以标准视线为准，其上20cm至其下40cm的水平区域就是展示空间内墙面和版面上的最佳陈列带。以我国博物馆陈列带的设计为例，观众身高的平均标准为167cm，最佳的陈列高度就应该确定在127～187cm之间，将展品布置在这个区域内，容易产生良好的视觉效果，使观众在参观过程中感到轻松舒适。

再次，展示空间设计应当重视展示空间的安全性和可靠性。

在博物馆展示空间的设计过程中，必须重视展示空间的安全性和可靠性，不但要为观众营造一个轻松舒适的参观环境，而且要保证观众参观和陈列展览的安全。因此，展示空间的设计应当充分考虑到各类突发事件，如火灾、盗窃、停电和包括地震、海啸、雷电在内的各类自然灾害等，安排相应的预防控制设备，设计相应的应急措施。现代博物馆的展示空间设计，都应当高度重视防火、防盗、防震、防御自然灾害的设计，在展示空间内设计安装防火、防盗、防震等装置，设计安排清晰明确的应急指示标识和示意图，安排设置足够的疏散通道和应急照明系统等设施。这样，一旦出现紧急情况，就可以安全快捷地疏散观众和抢救展品，确保观众的人身安全，实现展品的安全保护。此外，展示空间设计为了更好地保证观众参观的安全便捷，还应当在其设计中尽可能地考虑到特殊观众如伤残者、儿童等的需求，保证他们参观的安全可靠，确保他们的参观不会对展品造成伤害，以谋求“无障碍”的展示空间设计。

第四，展示空间设计应符合观众的视觉习惯，从而创造良好的视觉效果。

视觉是人类感知外部世界最重要的渠道，外部世界许多方面的信息都是通过视觉观察获得的。博物馆陈列其实就是以实物展品为对象的视觉艺术，观众的参观学习也主要通过观察完成。因此，在进行博物馆展示空间设计时，了解并合理利用人类视觉规律是非常重要的。

展示空间设计应当充分利用视觉研究的成果。对人类视觉的科学研究表明，在人类日常的书写和阅读活动中，视线的移动方向习惯于从左到右、自上而下。出于这种视觉习惯，则可依据受重视程度将视区顺序排列为左上→右上→左下→右下。展示空间设计人员可以据此安排重要程度不同的各种展品。实验还表明，人类的视觉阅读习惯是跳跃式的，阅读一行文字一般会跳跃 3 ~7 次。每次跳跃的距离与阅读文字的熟悉程度有关，一般为三个词的距离，这也可以成为设计人员安排版面及文字说明的重要参考。此外，人类的视觉还会受到接近性法则、相似性法则、连续性法则和封闭性法则等规律的影响。在展示空间设计过程中，充分地利用视觉运动的规律，可以帮助设计人员更合理地安排布置展品，规划展示空间，为观众营造一个良好的参观环境。

展示空间设计还应当更有利于提高视觉接受的效率。合理的展示空间设计能够更有效地传递视觉信息，让观众看到陈列所要表达的视觉信息，而屏蔽影响观众参观的视觉信息。要达到这样的效果，就要求展示空间设计人员必须对陈列所要传达的信息进行组织，分清主次，恰如其分地调动视觉传输手段，进而加强传输信息，减弱无效信息。加强视觉信息的手段主要有两种。一种是增强视觉信息的绝对强度，如设计更大的体积、更饱和的色彩、更独特的形象等，使视觉信息的强度高于其它信息。但过强的视觉信息可能会突破观众的视觉极限，同样会使观众产生疲劳和厌倦的情绪，不利于观众生理和心理的健康。另一种就是增强视觉信息的相对强度，即通过弱化环境及其它次要视觉信息的方式来突出需要强化的主要信息。这是现代博物馆展示空间设计中比较常用的强化视觉效果的设计手段。

展示空间设计还要注意选择最有效的信息表达方式。实验表明，人类视觉对一条直线在方向上的变化比其长短上的变化要敏感，对三角形比对圆形更敏感。这些事实都表明，展示空间设计中不同的信息表达方式对观众的视觉冲击程度是有差异的。因此，博物馆展示空间的设计还应当根据具体的陈列需要选择最有效的表达方式。

第五，展示空间的设计要遵循艺术设计的形式法则。

展示空间设计的重要目的之一就是要增强陈列的把握能力，即将观众的注意力有效地吸引到展品的能力。这就要求展示空间的设计必须遵循艺术设计的形式法则，主要包括比例、对比、和谐、节奏和韵律等，从而使观众能够很好地接受陈列所要表达的信息，始终保持参观的兴趣，增强陈列的观赏性和休闲性。

比例就是指整体形式的部分与部分之间或者部分与整体之间的关系。合理的比例关系就是陈列各种元素的最优组合，可以增强陈列的艺术性和观赏性，是博物馆陈列审美功能的重要体现。在博物馆陈列设计中，展示空间内的各种元素，无论是展品、辅助材料、陈列设备，还是空间分配、照明、色彩等，都要注意比例的问题。展示空间的设计应当根据比例的形式法则，处理好展示空间内陈列整体与各种元素以及各种元素之间的关系。展示空间传统的比例设计遵循的是黄金分割率法则，但随着观众审美水平的提高和新设计元素的产生，现代的展示空间比例设计大多是以人为本，根据观众的视觉规律和具体的陈列设计需要来确定比例关系，以求设计的新颖性和视觉的新鲜感。

对比也是艺术形式设计的重要法则，就是要使各种性质相反的要素之间产生比较，通过形态、色彩、明暗、疏密、虚实、运动与静止、具体与抽象等方面相反要素的比较，使相异的特点得以强化，给观众留下深刻的印象。在设计展示空间时，设计人员可以通过强化或弱化对比，使陈列达到预期的效果。

如果说对比是通过强化矛盾达到突出特点的效果，和谐统一则要求弱化矛盾，将陈列中不协调的因素利用各种手段加以调和，力求营造和谐的参观环境。陈列设计人员可以依照整体的艺术风格，采取统一的设计理念和规格，使用相同或相似的色彩、材料等，使陈列的各要素在展示空间内的组合搭配获得融洽的秩序感与和谐的整体效应。博物馆的设计人员应当擅于利用对比与统一的形式法则，在矛盾中寻求平衡，在统一和谐的整体效果下，适当运用局部对比来活跃气氛，以营造多样统一的参观环境，激发观众的参观兴趣。

韵律和节奏也是博物馆展示空间设计的重要考虑因素。设计人员可以通过对陈列诸元素的合理设计，如空间的合理分配、展品的详略错落、色彩的组合搭配、明暗的多样变化等，使观众在参观过程中体验到陈列本身特有的韵律与节奏，增强陈列的情趣。要在陈列空间内形成韵律与节奏，可以通过反复和渐变的设计来实现。相同或相似的形象重复出现，就会形成一种整体形象的统一感和单纯的节奏美；如果形象的变化以渐变的方式展开，并且有规律地出现，就会形成陈列的韵律感。韵律和节奏的形成有不同的体现，如起伏的、旋转的、交错的、渐变的、自由的，等等。但无论如何，韵律和节奏的设计都要符合陈列的主题内容和艺术风格，才能产生良好的视觉效果，减缓观众参观的疲劳感，更好地发挥展示功能。

最后，展示空间设计必须积极地调动各种视觉元素，使陈列更加丰富多彩、细腻完美。

博物馆陈列设计人员在进行展示空间设计时，应当了解各种视觉元素对观众视觉及心理产生的影响，在设计中巧妙地组织和利用这些要素，营造更好的视觉空间和良好的参观环境，使陈列更加具有吸引力。

展示空间的设计经常使用各种直线和曲线，它们传达的视觉与心理信息是不同的。直线的不同类型及多样的排列组合会产生不同的效果。水平的直线一般具有引导观众视线的作用，而垂直直线则更多地具有分割画面、限定空间的作用。陈列空间的水平线设计往往起到导向的作用，符合人类的视觉习惯，但不利于突出重点；在需要重点突出的地方适当使用垂直线，则会打破水平视线，将观众的注意力引向重点区域或展品。陈列空间内排列成行的展品、版面、展柜、文字说明等能形成各种直线或直线的组合，设计人员应当恰如其分地运用直线的视觉特征，将观众视线有意识地导向展品。曲线会因其曲率的不同而呈现不同的视觉效果。但曲线在设计中具有自由、柔和、轻松和活跃的特征，不仅能丰富陈列的整体效果，而且可以调节直线带给观众的刻板和冷峻，使观众感觉轻松，为陈列增加亲切感和韵律感。

展示空间设计过程中，各种图形也会产生不同的视觉效果和心理感受，因此，应当合理使用各种图形进行陈列设计。矩形是比较常见的图形，包括正方形和长方形。长方形在博物馆陈列展示空间设计时，通常作为陈列的界面，即作为展品或展示内容的边界。一般长宽比较小的长方形更容易捕捉观众的注意力，直立的长方形则更能引起观众的关注。它们也常被作为文字说明或者图片版面的主要排版形式。在陈列展示空间设计中，将展品、说明文字或图版置于长方形的背景当中，则会产生正规、严肃的效果，但可能会使观众感到单调、呆板。正方形由于缺乏变化，在设计过程中使用的频率较低，但当它与背景形成优化组合时，便具备了特有的审美价值。圆形也是展示空间设计经常运用的图形。圆形包括正圆和各种椭圆，它们都能带给观众节奏感，为展品陈列和空间设计提供有效的背景，产生良好的视觉效果。圆形可以与直线、矩形形成强烈的对比，产生较强的视觉震撼；但也具有多种适应性，能与扇形、球形等形体和谐共存，给观众带来灵动、活泼、舒适的心理感受。所以，在进行陈列设计时，可以利用圆形的这些特点，在考虑它与周围环境协调的同时，突出重点展品或展区，营造良好的参观空间。展示空间设计中常用的图形还有三角形，其不同的形态和不同的放置方式都会产生迥然不同的视觉效果。水平放置的三角形，特别是等腰三角形，具有稳定、庄重和牢固的视觉效果；而且，几何学和力学的研究成果证明，三角形物体具有较强的稳定性。因此，陈列展示空间内道具或版面的形态多为三角形。但如果将三角形倾斜放置，就会使人感到不稳定和不平衡。陈列设计人员正好可以利用这种险峻的视觉形态，造成陈列空间内生动的视觉焦点。由四个三角形组成的金字塔形，也是经常被运用的设计形体。它在陈列设计中显得沉稳、神秘，可以呈现出丰富的视觉效果。

（2）参观空间设计

参观空间是陈列空间的重要组成部分，主要是指观众在参观过程中的活动空间。参观空间设计应主要考虑观众的参观活动，尽力营造一个舒适、轻松的参观空间。它的设计主要涉及陈列通道设计和参观路线设计。

陈列通道就是陈列展示空间之间的参观通道。陈列通道既不能太过狭窄，给观众的参观和紧急情况下的疏散带来不便；也不能太过疏松，浪费陈列空间，造成参观的空旷感。它的设计主要需要解决通道宽度的问题，通道宽度则主要取决于参观者的身体宽度和参观视距。参观者的身体宽度即人体宽度约为50cm。在参观空间设计时，陈列通道宽度一般是以人流股数为单位计算的，每股人流计60cm。在博物馆陈列参观空间设计过程中，应主要控制陈列通道的宽度下限，当通道宽度过小时，观众参观就会受到影响，特别是团体参观的观众。对于一般的陈列展览，其陈列通道设计的宽度下限应为3～4股人流，即180～240cm。也就是说，陈列通道设计的下限应当控制在200cm左右。但这还不是陈列通道的最佳宽度，因为陈列通道的宽度还取决于参观的视距。人类工程学的研究表明，人类的视距与观察对象的大小存在一定的比例关系。观众在博物馆参观时，其视距一般应为展品高度的1.5～2倍。在展示空间设计时，一般陈列带的上限为240cm，最佳陈列带高度应为127～187cm，由此推算，参观视距应保持在200cm左右。因此，博物馆陈列通道宽度最好保持在400cm以上，可根据陈列的具体情况做出调节。但应注意，陈列通道也不能过宽。否则，既占用了有限的展示空间，又会使观众产生空旷、单调的感觉，不利于观众注意力的集中，同样会影响参观的效果。

参观路线，也被称为观众流线或人流线，是陈列参观过程中可变的观赏系统，也是参观空间设计的重要环节。参观路线的设计是现代博物馆陈列设计中特别值得注意的地方，它的设计是否合理，直接影响到观众参观陈列的实际效果。博物馆在进行陈列空间设计时，应遵循参观路线的设计原则，即参观路线应当清晰明确；尽量避免重复，不应交叉，不应缺漏；既要确保其连续性，使观众的参观自然流畅，又要具备灵活性，使观众可以自由选择参观。同时，参观路线的设计还应当注意协调观众参观行为和展示空间利用之间的关系，在确保观众行动方便的基础上，考虑如何更合理有效地利用展示空间。此外，参观路线的设计与陈列展厅的结构和展线的安排也密切相关。帕森和芦米思心理学实验表明，观众在典型的矩形展示空间的参观行为与其在步行街的参观行为十分相似。他们一旦进入展厅，多会驻足停留在头几件展品前，然后逐渐减少停顿次数，直到完成参观活动。由于人类运动的经济度原则，即尽量少地走路，只有少数人能够认真地完成全部的观赏。同时，由于观众日常生活习惯和视觉习惯等的不同，展厅两侧对观众的吸引力是不同的。造成上述结果的原因，不仅与观众的体力消耗有关，而且与观众在参观过程中一直保持视觉的高度紧张密切相关。观众花较长的时间集中注意力观赏几件展品后，就开始对参观环境产生饱和心态，通常对观众最有吸引力的是具有中等复杂性的参观环境。因此，现代博物馆在进行参观空间设计时，往往会结合展厅结构（口袋式、穿过式和混合式）和展线安排（单线、双线和三线），规划清晰连贯且灵活多样的参观路线（见图 4 - 1），从而有效地缓解观众参观的疲劳感。

（3）辅助空间设计

辅助空间是陈列空间的必要组成，主要包括服务区、休息区、购物区、设备区、工作人员区等空间区域。辅助空间的设计因陈列需要而各不相同，但其设计都应尽量满足陈列的各种需求，为观众的参观休息创造便利，从而为陈列和参观提供良好的服务。因此，辅助空间的设计是现代博物馆陈列空间设计必不可少的重要因素。

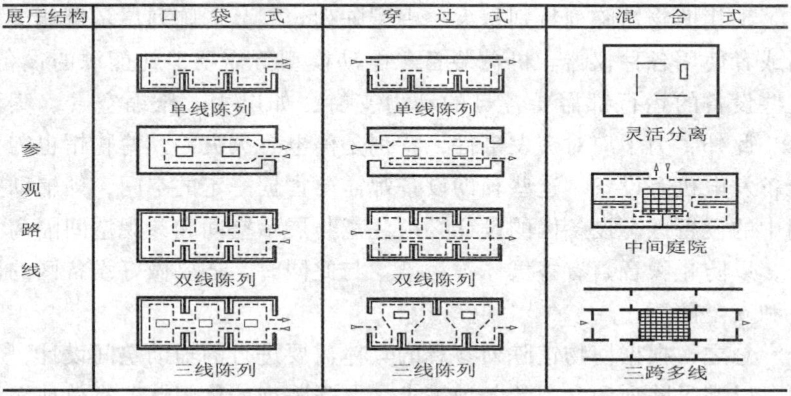

图4-1 常见参观路线设计

服务区是各类陈列中常见的辅助空间，其设计主要是满足陈列参观的某些需要，一般不会占用过多的空间区域。设计风格应与整个陈列的总体风格相一致，但还要有所区别，如采用醒目的色彩或独特的设计，以免与展示空间混为一体。其目的就是为观众提供必要的服务，如提供寄存物品的服务、提供相关的宣传材料、提供陈列的路线图等。

设置科学合理的休息区也是辅助空间设计中的一项重要工作。休息区的设计就是要有效地解决观众参观过程中的休息问题，提高观众的参观质量。观众在参观陈列展览特别是大型陈列的过程中，为了缓解体力和视觉的疲劳，大都需要间歇的休息，这就要求设计人员科学合理地设计休息区。休息区的设计应当结合展线的长短、复杂程度等因素考虑，注意空间的合理有效分配，安排简单舒适的休息设施和指示标识，为保证观众完整轻松地观赏整个陈列提供必要条件。

随着市场经济的发展和观众参观的实际需要，部分陈列还需要进行购物区的设计，以满足观众餐饮和购买纪念品、复制品、明信片等需要。购物区的设计绝对不能影响整个陈列的效果，不能为了追求经济利益，过分突出购物区间；而是要在服务整体陈列的前提下，设计适当的购物区，最好是隔离出单独的空间，营造出与陈列区间和谐统一的购物环境。

现代博物馆陈列特别是大、中型陈列，展品的陈列展示可能会包括或者使用各种仪器、机械装备、电动模型等需要消耗能源的设备。这些设备的运行都需要各自的动力支持，如电力、压缩空气、蒸汽等。此外，为了应对突发事件，特别是停电、火灾等，博物馆也需要准备发电机等设备。这些辅助设备都需要占据一定的空间，即辅助空间中的设备区。设备区的设计必须注意与展示空间和参观空间隔离开来，以防止噪音、有害气体等污染。与此同时，还要做好设备区的监控和安全防范。

总之，根据博物馆陈列参观的具体需要进行的辅助空间设计，不但可以满足陈列和参观的各种需求，增强陈列的休闲性，有效地缓解观众参观的疲劳，而且可以帮助陈列达到更好的实际效果，吸引更多的观众，有效地增加博物馆的经济收入。

2. 陈列照明设计

博物馆陈列的照明设计是陈列艺术设计的重要组成部分，对于博物馆陈列和观众参观都起着至关重要的作用。成功的陈列照明设计能够更好地表现陈列内容和艺术风格，渲染出陈列所需的氛围，为观众提供良好的视觉环境，帮助他们更好地理解陈列主题，使其在参观过程中得到美的享受。虽然因陈列主题和艺术风格的不同，陈列照明设计灵活多样，但其都要遵循设计的基本原则，即以陈列展品的保护为前提，保证陈列的光学效果，努力为观众创造一个良好的视觉环境。因此，博物馆在进行陈列照明设计时，应当注意选择合适的光源和采光方式，并根据照明的视觉效果采取恰当的照明方式，从而为陈列提供有效的照明条件，提高陈列的艺术性和观赏性。

(1) 博物馆的光源及采光方式

博物馆陈列可供选择的光源主要有自然光源和人工光源。

自然光源包括日光和天光两种类型。日光就是太阳直接照射的光线；而天光则是阳光经过大气层后，经过各种化学元素、水分和尘埃微粒的吸收和反射形成的。日光虽然显色温暖，但含有较多的紫外线和红外线，容易导致展品变质，其照射强度也会随着朝暮阴晴的变化而变化，照射强度过大时容易损伤眼睛；天光则显色偏冷，经过吸收其紫外线和红外线的含量也较少，分布相对均匀，虽然也受天气变化的影响，但总体来说视觉感受比较舒适。

人工光源即人造的各类灯具，主要包括白炽灯、荧光灯和高压放电灯等。白炽灯是靠灯内钨丝升温而发光的，光色温暖柔和，具有较强的指向性。特别是专供展示使用的白炽灯，不但光色柔和、色彩多样、聚合力强、紫外线少，而且成本相对较低，与各种灯罩、轨道灯架和隐蔽装置等配合使用，具有相当的灵活性，并能产生很好的造型效果。但白炽灯也有其自身的缺点，如发光效率较低、耗电较多、表面温度较高、使用寿命较短等。低压双向卤钨灯克服了传统白炽灯的部分缺点，不但提高了发光效率、降低了表面温度、延长了使用寿命，而且可以提供广泛而准确的冷光束。不过它仍然含有紫外线和红外线，长时间照射会使展品褪色变质。近年来，博物馆陈列照明设计人员通过安装分光镜、滤光镜等手段，有效地克服了白炽灯的缺点，使之成为博物馆陈列照明的首选光源之一。荧光灯也被称为低压汞灯，是利用低气压的汞蒸气在放电过程中辐射出的紫外线，激活灯管内壁的荧光物质而发光的。荧光灯的光色接近自然光，分布均匀，发光效率高，耗电较少，表面温度低，但显色偏冷，会辐射出较多的紫外线。随着照明要求的提高，荧光灯也在不断改进，如使用稀土元素三基色荧光粉的高效节能荧光灯，有效地提高了传统荧光灯的显色指数；使用套管和滤光镜的无紫外线荧光灯，能够有效地减少传统荧光灯的紫外线辐射等，但它们的成本相对较高。这些新型荧光灯基本能够满足博物馆陈列照明设计的要求，也是陈列照明设计的优选光源。高压放电灯主要是利用高压电刺激灯内的气体和化学元素发光，包括霓虹灯、高压汞灯、高压钠灯、高压混合气体灯等。传统的高压放电灯一般体积较大，主要应用于工业和街道照明，而博物馆陈列照明使用的高压放电灯则经过改进，体积较小，发光率较高，表面温度低，使用寿命长，但显色性较差，光的可控性较差。

总之，不同的光源具有各自的特点，对展品会产生不同的影响，对整个陈列的氛围、艺术风格、光亮色彩等也会产生不同的视觉效果。因此，陈列照明设计人员应依据陈列展览的具体需要，选择合适的光源进行陈列照明设计。

除了选择合适的光源外，陈列照明设计人员还应当根据博物馆展厅的建筑特点和陈列的需要，以及各种光源的特点，选择适当的采光方式。目前，博物馆陈列照明设计通常采取下列三种采光方式：自然采光、人工采光和混合采光。

自然采光就是将室外的自然光源引入展厅，使展示空间的照度满足陈列参观的需要。博物馆的自然采光主要包括顶部采光和侧面采光两种方式。

顶部采光包括天顶采光和侧顶采光。天顶采光就是利用展厅顶部的透光设计引入自然光，它不但采光效率高，能为展示空间平面提供均匀的照度，有效地降低明暗对比，减弱阴影；而且可以避免在墙上开窗，能够在整个墙面布展，无形中增加了陈列布展的面积。天顶采光也存在一些缺点，如在很大程度上受到建筑设计和气候、时间的影响；在墙面上无法提供均匀的照度；参观者视线处的垂直照度往往达不到要求；天顶与墙面的亮度对比容易造成眩光；展品表面也易形成反光；缺乏视觉的内外界对比等。但随着博物馆建筑设计和照明设计技术的发展完善，现代博物馆天顶采光系统已经克服了许多天顶采光的不利因素，使其成为博物馆陈列照明重要的采光方式。美国的耶鲁中心、波士顿美术馆西厅等都选择了天顶采光系统作为照明的主要手段。侧顶采光则主要利用展厅顶部或侧顶部的天窗将自然光侧向采集，通过各种技术处理，改变其光谱、方向等，以满足陈列参观的照度需要。与天顶采光相比，它可以使陈列空间获得更均匀的照度，有效地防止各类眩光的发生，也是现代博物馆陈列照明的重要途径。日本东京国家博物馆、法国梅艾特基金博物馆、丹麦北欧艺术博物馆等，都主要运用的是侧顶采光。

侧面采光主要指由高侧窗采光和低侧窗采光构成的侧窗采光。侧面采光也可以有效地引入自然光，如果设计合理，还可以使窗外的景色与陈列相辅相成，增添陈列的艺术气息。但侧窗采光势必会减少墙面的陈列面积，容易造成眩光，而且易受天气、季节变化的影响。高侧窗采光属于侧面采光，一般要求将侧窗底边设置在距地面 250cm

以上，双面开启，以保证提供更充分的光照，有效地扩大墙面陈列面积，减少眩光。高侧窗采光也是现代博物馆陈列照明的重要采光方式，纽约的古根海姆博物馆、德国的帕德堡博物馆等都通过高侧窗采光取得了良好的照明效果。低侧窗采光一般为两面墙壁设对称的窗户，由于开窗较低，所以，可以有效地减少眩光。但低侧窗采光不利于布置陈列，一旦要遮挡利用墙面，就会出现照度较低、衰减幅度大的问题。因此，经常与其它采光方式配合使用。

自然采光是一种经济无污染的采光方式，而且其光谱全面，能够真实反映展品的原貌，加上合理的设计，可以产生较好的视觉效果。但其含有的有害射线，如 X 射线、紫外线、红外线等，容易对人体和展品造成伤害，而且难以控制其照射时间、区域、强度等。此外，自然采光受博物馆建筑以及所处地理位置的制约较大，顶部采光要求建筑设计天窗，仅适用于顶层展厅或单层展厅，且成本较高；侧面采光要设计侧窗，且光线利用率较低。利用自然采光进行照明的博物馆所处地区必须阳光充足，光照时间每天不少于 6 小时；博物馆应当裸露于自然光照之中，周围没有建筑或植物等的遮挡；窗户应不小于墙面的 1/2，以确保充足光线的射入。

人工采光主要依靠各种人工光源提供照明。博物馆陈列的人工采光，应该结合人工光源的属性，如光照的强度、光色和投射方向等，进行综合考虑，实施合理设计。

光照的强度主要指光亮的强弱。各种人工光源由于照射方式、环境的差异以及与被照射物体的角度、距离等的不同，其强度是不一样的。光照的强弱会直接影响到观众的视觉感受和情绪，明暗适宜的光照会让人感到舒适愉快，过强或过弱的灯光则会造成明暗对比的剧烈反差，加剧观众的视觉疲劳，影响陈列的实际效果。因此，在博物馆陈列照明设计过程中，应当根据陈列内容、照明气氛和被照物体的特质来确定相应的光照强度，以便更好地创造陈列氛围和照明效果，增强陈列的观赏性。

光色有两类：一是人眼直接观察光源时所看到的颜色，即光源自身的颜色；二是光源的光照在物体上所产生的客观效果，即显色性。

人工光源都有色彩的倾向性，如白炽灯倾向泛黄的暖色调，而荧光灯则显出泛青的冷色调。不同的光色也会给观众的心理和情绪带来不同的影响。心理学和视觉的实验证明，观众对黄绿色区的视觉感受清晰敏感，而对蓝紫色区的视觉感受较弱。红黄系色调的灯光会带给观众强烈的暖意，容易形成欢愉活跃的气氛，激发亢奋的感情；而蓝绿色系的灯光则会带给观众凉爽的感觉，造成冷峻的氛围，引发观众清醒的思绪。所以，博物馆陈列照明设计人员在人工采光设计时，应在注意保持展品真实性的前提下，考虑观众参观的心理和视觉感受，结合具体的陈列展示对象，配合展品类型和场景布置，选择合适的色光，为陈列创造其所需的展示气氛。

光线的投射角度也会在一定程度上影响被照射物体的视觉形象。根据光线投射方向的不同，一般可将人工光线分为顶光与顶侧光、侧光、背光、底光与底侧光、内光等。同一件展品，选取不同的投射角度就会产生不同的视觉效果。而且，有的光源发射的光线较为集中，如白炽灯、射灯等；有的光源放射的光线则相对分散，如荧光灯等。它们对展品的照明也会产生不同的视觉效果。所以，在进行陈列照明设计时，应当根据不同光源的特点，选取恰当的投射角度，创造良好的视觉形象。

人工采光具有较强的可调控性，其照明时间、亮度、色彩和方向都可以人为地控制，而不受博物馆建筑和环境的限制，而且照明稳定，可以灵活设计使用，容易达到与陈列气氛、环境和整体艺术效果相协调的效果。但人工采光所需的相关设备庞杂，需要专业技术人员进行日常的检修维护，且能耗较高，成本较高。而且，人工采光如果设计不够科学合理，还会使陈列展品的质感和色感发生偏差，破坏陈列效果，甚至还会增加事故隐患。

综上所述，无论是自然采光还是人工采光，都各有利弊。因此，在博物馆陈列照明设计的实际操作过程中，为了满足各种陈列丰富多样的光效需要，为观众参观营造舒适的光环境，往往会同时运用两种采光系统，取长补短，相辅相成，形成全面高效的混合采光体系，即结合博物馆的建筑设计和地理环境，充分合理地利用自然采光，同时，科学有效地运用人工采光，从而为陈列参观提供和谐舒适的光环境。

（2）照明方式

博物馆的陈列照明设计并不仅仅只是为陈列提供基本的照明需要，而是要根据陈列和参观的具体需要进行艺术设计，创造一个丰富多彩、舒适和谐的光效环境。在具体的操作过程中，就需要通过陈列照明设计，运用各种照明方式，营造陈列参观所需的气氛，进而增强陈列的艺术性和观赏性。

博物馆陈列的照明方式多种多样，但依据其照明范围，主要分为整体照明和局部照明。

整体照明就是通过自然采光或在陈列空间顶部均匀地安装固定照明装置，为陈列空间提供均匀的照明，使观众能够清楚地欣赏展品，阅读相关的文字说明。整体照明分布均匀，能够为陈列空间提供均衡的光效环境。传统的陈列照明设计一般要求较高的整体照度，但实践证明，过高的整体照明会使参观空间的照度大于展示空间的照度，使观众参观时产生眩光，并且不利于将观众的注意力导向重点展品。因此，在进行陈列照明设计时，应当注意保持合适的整体照明，不但要分布均匀，而且要与展品照明等局部照明保持和谐统一。现代博物馆陈列设计中整体照明的照度多控制在展品明亮度的1/3，展柜内照度的1/3～1/2。这样不仅能够为陈列提供良好的整体照明，而且可以有效地避免由于整体照度高于展示空间照度而引起的眩光，使观众能够更好地欣赏陈列。

局部照明就是为展柜、展板、复原场景等陈列空间局部提供照明的方式。局部照明不但可以更加灵活多样地营造展示气氛，制造丰富多彩的特殊效果，而且能够更好地起到突出展品、塑造形象的作用。

博物馆常见的展柜主要有垂直型展柜和水平型展柜两种。垂直型展柜一般采用顶部照明的方式，在展柜顶部安置光源，光源与展品之间用磨砂玻璃、光栅或遮光板隔开，以保证光源均匀。而水平型展柜则一般采用底部透光照明，或在展柜内安装低压卤素灯。但有时为了进行重点展示，突出展品的某些特征，也可以将展柜内外的光源进行有角度的投射，利用投射形成的顶光和顶侧光、侧光、内光、背光、底光和底侧光等，营造特殊的造型和视觉效果。展柜内的顶光和顶侧光设计比较符合观众日常的视觉习惯和心理，可以使展品顶部的造型和纹饰、大型展品内部的铭文和正面的浮雕纹饰得到合适的照度，对于重点展品的造型有良好的表现力，具有较强的气氛照明效果。其不足之处就是，展品顶部受光部分清楚明亮，但下部投影过重，明暗对比过大，观众参观展品下部的纹饰等细部比较困难。所以，在展柜内采用顶光与顶侧光照明时，可以在展柜内设置辅助灯光或利用反光板，从而达到比较理想的照明效果。但照度不能过高，以免破坏展品的立体感。侧光则具有充分展现展品侧面造型、纹饰及凹凸明暗的作用，特别对浮雕、圆雕、青铜器、金银器、陶瓷器等展品的纹饰造型，能形成侧面亮点和整体投影的效果。但侧光照明不太符合观众观察的视觉习惯。内光照明设计多采用小型射灯，主要用于大型展品内部的采光。背光，也称逆光，就是安排光源从展品背面投射的光照形式。其主要用来勾勒展品的轮廓线条或突出表现玻璃、水晶等透明器皿，对外形线条变化丰富的展品尤其适用。背光对增强展品的立体感和色彩感具有特殊的作用，故多用于雕塑、动物标本等外轮廓变化较大的陈列背景。但背光照明容易引起观众参观时的视觉疲劳，应谨慎地设计使用。底光与底侧光是指光源从低于展品底部平面的角度下投射的光线。它多用于对大型展品器物底部及下部造型纹饰的表现。底光与顶光的有机结合，可以使展品清晰完美地展示在观众面前，营造精品展示的光效气氛。无论采取任何形式的照明，放置在展柜内的光源都可能放射出对展品有害的射线。因此，在展柜照明设计时，应同时考虑利用通风散热装置、遮蔽反射装置等减少照明对展品的伤害。

展板、图片和书画作品等的照明，通常采取垂直于表面的局部照明。这类局部照明设计既可以利用自然采光，又可以采用人工照明。在利用自然光线进行照明时，多是通过设计让自然光线投射在反射板上，利用反射板与展品、展板形成的适当角度，将反射光线集中、柔和地投射在展品、展板上。为了防止过分集中生硬的光束，可以通过反射、过滤等装置对光线进行柔化处理，使其达到使用要求。而人工照明则一般采取直接照明的方式，主要有两种类型。一种是利用排布在展区上方的射灯提供照明。这些射灯通常安装在展厅天花板下的滑轨上，射灯的位置和角度可以自由调节，并且配备有遮光板和滤光镜等，以保证照明范围和质量。对展板、图片和书画作品等的照明，应当使射灯的照射角度保持在30°左右，并适当使用遮光板和滤光镜等，才能为陈列提供安全有效的照明。这种照明方式聚光效果强，视觉效果强烈，适合作为图片、书画作品等的重点照明。另一种照明方式就是在展板、图片和书画作品等的顶部设置灯檐，内设适当光源提供照明。这种照明方式提供的光线柔和均匀，但不易吸引观众的注意，适合作为一般展品和展板、文字说明等的照明。

陈列展览的复原场景通常都是露置的，规模相对单独展品较大，其照明效果类似于舞台效果。因此，对于复原场景的局部照明设计，可以参照舞台灯光设计的技巧。博物馆陈列复原场景的照明设计，同样可以既采取自然采光，又利用人工采光。但自然采光不能提供很好的舞台效果，仅能满足基本的照明需要，因此，只限于对照明氛围和效果要求不高的陈列，如自然标本的复原场景等。人工采光则相对更加灵活，具有普遍的适应性，可以满足各种复原陈列的需要。复原场景的照明设计多采用高压放电灯、射灯等聚光性较强的人工光源，可以在展示空间直接安装光源，也可以利用滑轨等装置安排光源。为了突出陈列重点，表现复原的立体效果，更好地将观众的视线引向展品，可以利用上述多种投射角度形成的光线；为了营造气氛，制造特殊的视觉效果，也可以利用各种光源的特点，采取不同的照明方式，使观众更好地感受复原场景。

(3) 光照的艺术设计

在博物馆陈列照明设计的实际操作过程中，光照的设计方式变化多样，不同的光照组合和艺术设计会形成不同的光效环境。因此，照明设计人员应当了解主要的光照艺术设计手段，根据不同的陈列需要对陈列照明进行适宜的光照设计，为陈列提供良好的参观环境。现代博物馆陈列光照艺术设计的手段主要包括：主光与辅光的有机结合、光色的叠加组合、频闪光照的动态组合、模糊界面设计、光照虚拟设计和声光电组合设计等。

主光与辅光的有机结合是光照艺术设计的重要手段。主光就是指陈列照明设计方案中最强有力的光线，起着主要的视觉作用，在观众的视野中具有明确的方向性。作为陈列照明的主要塑型光，它的作用就是展现最精彩的展品和展品最精彩的部分，塑造陈列表达给观众的主体印象，实现理想的陈列效果。主光能够使陈列的照明效果层次分明，对比度更强。辅光也被称为次光，一般是各种环境的反射光和低于主光功率的辅助光源放射的光线。它能够为展品提供相对均匀的照明，较好地表现展品的质感和立体感，特别是阴影部分的质感。在陈列照明设计中，主光与辅光必须有机结合，配合使用，才能产生理想的光照效果。否则，就会发生因为辅光过强而出现两个阴影的现象；或由于辅光太弱，造成展品暗部细节交代不清，最终给观众的参观造成不便，影响参观质量。主光与辅光照度的配比，决定着展品光照效果明暗强弱的变化。在主光亮度不变的情况下，减弱辅光亮度，展品的明暗反差增大，其对比度就会增大；反之，辅光增强，展品的明暗反差减小，光照效果也会发生变化。属于立体造型展品的石雕、陶瓷器、金银器和青铜器等，适合采用主光与辅光反差较大的光照设计。这样，既能突出展品造型变化的精巧，又能使其艺术形象和内涵得以生动的再现。属于平面造型展品的艺术品、丝织品、文献等，则适合采取反差较小的光照设计。使其不但具有更加细致入微的表现力，能够更好地反映展品的质地、色彩、纹饰、图案等特征，而且更符合观众的视觉习惯。主光与辅光的协调关系主要体现在其照明面积和主辅光的明暗比两个方面。从照明面积来看，主光照明面积较大，而辅光照明面积较小；从明暗比的角度来看，主光相对明亮，主要用以展现展品的形态、质地、色彩和纹饰等，辅光较暗，主要用来弥补主光照明效果的不足。

光色的叠加组合设计在博物馆陈列照明中的应用也十分广泛。博物馆使用的各种光线是用以构建陈列所需物像的重要虚拟材料和手段，它们自由灵活，在视觉领域中可以轻易完成许多实体手段难以完成的设计。因此，进行光色叠加组合在陈列艺术设计中可以改变原本平淡无奇的展品，营造无穷的新奇和精彩，给展品和观众全新的形象和感受。光色叠加组合设计时，要考虑其组合面积、比例以及边界的清晰度，这些均可通过对光线的强度与透视聚焦进行双向调节来实现。

频闪光照的动态组合也是照明设计经常使用的手段之一。频闪就是利用光源的连续闪动而发出时断时续的光线。在频闪光线下所见的物体运动是不连续的，光照时有视像，光灭时则无视像。频闪对人眼的刺激较大，长时间处于频闪光照下容易出现视觉疲劳。因此，它通常用于为取得热烈的气氛或震撼的视觉效果而进行的短时间光照设计。延时的频闪则可以模拟自然界闪电的光效，配合音响、色彩等，可以构成真实感很强的动态陈列场景。在博物馆陈列艺术设计中，这种频闪光照的动态组合可以将展示空间延伸到四维，为陈列内容注入时间和速度的内涵。所以，这种特殊的光照设计多用于自然、科技或综合性博物馆的陈列展览，以营造所需的特殊氛围和光效。

展品在单一的自然光下会因明暗、色彩的变化而呈现出清晰的棱角，但在多种方向、多种色彩的人工光源下，其面貌特别是界面轮廓会变得模糊而不确定，具有柔光镜的效果，给人以虚幻不定的梦幻感觉，这种光照设计就是模糊界面的光照设计。它非常适合在陈列展览中创造梦幻、迷离、虚妄、缥缈的气氛，可以制造模糊虚化的背景，以达到突出重点展品或陈列精彩部分的目的。

通过光照的艺术设计构造陈列的虚拟空间是现代博物馆陈列照明设计的新趋势，因为三维空间的压缩或扩张都会带给观众无穷的新鲜和刺激。光线所构造的虚拟空间既包括在观众心中造成的心理空间，又包括陈列界面的虚拟空间。观众的心理和思想在光照设计营造的虚拟空间可以随意穿行，但又能够在视觉上切实分辨不同的展示领域。因此，通过光照设计形成的虚拟空间，其独到之处就在于能够在陈列布展和观众参观过程中使空间自然融通。追求朦胧感和神秘感的现代艺术陈列和天文宇宙馆的陈列等，都经常采用这种设计手法。

随着科技的发展，各种多媒体技术得到了突飞猛进的发展，也推动了博物馆陈列照明设计的创新发展。声光电组合设计就是现代博物馆照明设计的一个新方向，它要求在传统光照设计的基础上，结合音响效果和热感、机电一体化等技术手段，提高陈列的真实性和与观众的交互性，为陈列营造更加适宜的照明参观环境。其设计形式多样，效果丰富，能够更好地为陈列制造所需的光照环境，具有较强的适用性。

（4）照明设计的视觉效果

博物馆的照明设计主要就是利用各种光源和光线的特性，为博物馆陈列展览提供所需的照明和视觉效果，从而为观众的参观提供良好的光效环境。参观博物馆其实就是在观察中接受信息的过程，所以，博物馆照明设计所产生的视觉效果与观众的参观质量有着密切的关系。良好的照明设计能够更好地体现陈列的主题内容，营造相应的陈列氛围，使观众身心愉悦，更好地接受博物馆陈列传达的信息，得到美的享受。反之，则不但会影响陈列的效果，而且还会对观众的视觉健康和心理健康产生不良的影响。因此，光照设计不仅要注意营造良好的光效空间，而且应当充分考虑到照明的视觉效果。

良好的照明状态和视觉效果与照度、光色、亮度等因素息息相关。照度即光照强度，前面已经有所涉及，它主要指物体被照明的程度，即物体表面得到的光通量与被照面积之比，单位是勒克斯（lx）。照度与光源的强度以及被照物体与光源的距离密切相关。要满足参观的视觉要求至少应将照度控制在 100 ~ 150lx 以上，照度过低就无法达到参观所需的可见度和视觉舒适度；而照度过高则可能出现眩光，分散观众的注意力，从而降低可见度和视觉舒适感。因此，照明设计应当选择适宜的照度，以取得良好的视觉效果。目前，我国博物馆陈列的照度要求通常为 100 ~ 200lx。但在具体的实际操作中，还要依据展品的照度范围、现场的具体情况和陈列的实际需要而定。如前所述，光色也是影响照明视觉效果的重要因素，它对于营造良好的陈列氛围、制造特殊效果具有重要作用，科学合理地进行光色设计不仅能够增强陈列的视觉效果，而且有利于调节观众的参观心理。亮度也被称为发光亮，主要指物体的明暗程度，即由被照面的单位面积所反射的光通量，单位是坎德拉每平方米（cd/㎡）。亮度主要与光源的强度和被照面的反射率有关。光照的亮度和色彩是制造气氛照明的决定因素。适宜的亮度和色彩的搭配能够使观众在参观过程中保持轻松愉快的心情，有效缓解参观产生的视觉疲劳。总之，照明设计只有结合陈列展品和陈列主题的具体需要，充分考虑照度、光色、亮度等因素，进行科学合理的设计，才能为参观创造最佳照明状态和视觉效果。

要实现陈列的高品质光环境和良好的视觉效果，就必须有效控制眩光和避免阴影。眩光是影响陈列视觉效果的主要问题，过强的光线、过高的整体照明和极端的亮度对比都会使观众在参观过程中产生眩光，导致影像模糊，引发眼疲劳，造成心理烦躁。依据其产生的原因，我们可以将眩光分为直接眩光、反射眩光和对比眩光。所谓直接眩光，就是指强光直接照射眼睛，形成视觉污染，使观众的眼睛感到极不舒服。对于自然光源造成的直接眩光，可以利用遮阳设备或反射装置加以解决；而人工光源造成的直接眩光，则可以通过降低光源的亮度、合理安排光源的位置和设计必要的视野保护角等方法来解决。反射眩光就是由于光线反射引起的眩光效应，往往出现在油画或者其它有光泽材料的展品表面以及展柜内外。在照明设计过程中，可以采用安排照明面积大、照度低的光源，适当缩小展品与玻璃展柜之间的距离，展柜内背板及镜框内衬尽量使用浅色调配置等方法，减少造成眩光的反射光线，从而缓解反射眩光造成的视觉污染。对比眩光主要是由于参观照度超过了展示照度而引起的，是照明设计中经常出现的眩光。其主要解决方法就是合理控制参观照度和展示照度的对比关系，使陈列空间、展品和背景的亮度对比适宜，防止参观空间照度超过展示空间照度。除了眩光，不适当的光照产生的阴影也会严重影响陈列的视觉效果，特别是展品表面和展板上形成的阴影会造成观众无法正常参观展品和阅读相关的文字说明，给观众参观带来极大的不便。在照明设计中，正确地布置光源位置和采用多点照明等方法都能够有效地防止光照阴影的产生，从而营造更好的视觉参观环境。在实际操作的过程中，当采取垂直光线照射展品时，照射角度保持在60°为宜；而水平光线照射时，照射角度则以45°为最佳。

3. 陈列色彩设计

博物馆陈列展览不仅需要良好的空间和照明设计，色彩设计也是关系其能否成功的重要因素。博物馆的陈列展览充满了各种色彩，这些色彩的合理搭配和使用有助于优化陈列的视觉效果，强化和渲染展示环境特定的情调与氛围，增强视觉引诱与导向作用，以便更明确地交代主题和内容，使观众的参观过程充满艺术性和娱乐性。因此，陈列色彩设计对于博物馆陈列信息的传播有着重要意义，对于整个陈列的成功与否也起着至关重要的作用。

要进行博物馆陈列的色彩设计，就要先了解色彩的特性。色彩包括三个要素，即色相、光度和纯度。色相主要表明不同颜色之间的区别，即色彩所呈现出来的本质面貌，如红、黄、蓝等颜色就具有不同的色相。光度，又叫明度，指同一色相因所受光线强弱不同而产生的明暗差别，即色彩的明暗程度，如黄色又可以分为明黄、橙黄和淡黄等。纯度则是针对色彩的色觉强弱而言，即颜色的强度或饱和度。对于色彩的这些特性在进行陈列设计时，都要给予充分的重视。因为不同的颜色、色彩明度不同的颜色和纯度不同的颜色都会带给观众不同的心理感受，影响观众参观的情绪。而陈列色彩设计就是要利用色彩的这些特性，结合陈列的主题、内容，创造出一个富有情趣和感染力的、有助于观众认知和审美的视觉空间。

博物馆陈列的色彩设计是构成陈列语言的重要因素，其设计除了要了解色彩的特性外，还应当充分考虑陈列的主题、色彩的组合以及色彩的质感等因素。这样，才能最终创造出一个舒适、优美的展示和参观空间。

博物馆陈列色彩设计应当使主色调与陈列主题协调一致。主色调是整个陈列呈现的总体色彩倾向。进行色彩设计时，设计师们应当根据陈列主题和内容，确定整个陈列的主色调，并据此选择各部分和单元的色彩。选择适宜的主色调，对于陈列的成功与否意义重大。在具体的设计过程中，社会历史类陈列，色调的选择应兼有沉静的色调和兴奋的色调；纪念类博物馆的陈列，多以兴奋的色调为主；民族民俗类陈列，应当尊重该民族的风俗习惯或遵循当地的传统色调；艺术类陈列，多以沉静的色调为主；自然类陈列，色彩应接近于自然色；科技类陈列，则以中性色为宜。需要注意的是，一个陈列可以有一个统一的主色调，也可以有几个色调，这要根据不同的陈列主题和内容来确定。

博物馆陈列色彩设计应当保持和谐的色彩组合。陈列展示空间内色彩变化最多的就是色相的组合。一般的色彩构成就是以色相组合为中心，加以明度和纯度的适当变化，以此来取得良好的配色效果。色彩组合可以用同一色相进行组合，即以一个颜色的深浅、冷暖变化组成展厅的色彩组合，达到协调平衡的色彩效果。如上海博物馆的青铜器陈列，就是利用古色古香的深墨绿色的色调，来营造浓郁的青铜时代的文化气息。其中，暖色系列的配色，可以烘托出温暖、热烈、丰富、前进的效果；而冷色系列的组合，则会带给观众宁静、雅致的色彩效果。色彩组合也可以选用不同的色相进行组合，即使用不同的颜色组成展厅的色彩组合，在对比中寻求和谐，增强视觉震撼和冲击力。总之，无论是暖色系、冷色系还是对比色系的色彩组合，只要充分考虑展品、展示空间与设备、光照等因素，使色彩组合和谐统一，富于节奏感，就能构成一个和谐的整体陈列色彩空间。

博物馆陈列色彩设计还要充分体现色彩质感。以展示展品为主要内容的陈列，所设计的色彩质感要以充分显示展品的质感为主，不能掩盖、改变展品的质感。同时，成功的色彩质感设计还能够唤醒和激发观众的参观兴趣，增强陈列特别是复原陈列的真实性，帮助观众更好地接受陈列所要传递的信息。

在博物馆陈列过程中，对观众的参观心理及行为产生影响的色彩，主要包括展示空间呈现的环境色、展品的固有色、各种辅助材料的道具色和照明提供的光照色。

环境色就是指展示空间本身的各种色彩，主要包括天花板、地板以及四壁的颜色，它们对陈列的环境色调起着主导作用。在博物馆陈列中，展厅环境不是陈列的主体，但展厅的环境色对于陈列主体色彩的确定起着重要的作用，而且与整个陈列的气氛及陈列效果都有着非常密切的关系。

环境色的选择主要取决于两个方面：一是要考虑环境色与主色调和展品固有色之间的关系；二是要充分考虑观众的心理，其中既包括观众的心理共性，也包括因为民族、地域、风俗等表现出来的心理差异。

在进行陈列色彩设计的过程中，环境色的选择与主色调和展品的固有色关系密切。环境色的选择应当适应主色调，达到与主体色彩的和谐统一，共同构筑陈列的环境色彩空间；同时，环境色的选择还应当衬托、突出展品的固有色，而不能喧宾夺主，更不能改变展品的固有色。通过色彩设计，要使环境色与陈列的主色调和展品固有色进行合理的搭配，从而保持和谐统一的关系，共同营造舒适美好的陈列环境。以前的博物馆陈列多采用白色作为环境色，认为白色意味着无色，能够更好地和展品的固有色进行搭配，构造良好的色彩环境。但实践证明，白色作为环境色会改变一些绘画品的品位，还会使观众产生枯燥乏味的感觉。经过博物馆学者和心理学家们的不断研究与实践，多数现代博物馆已经不再使用白色作为环境色，而是倾向于淡雅的中性色调，如淡绿、淡黄、淡青等颜色。

环境色的选择还要充分考虑色彩对观众心理和情感造成的影响。色彩的情感效应和情感表现力对于观众具有共性，如红色会带给人温暖、热烈、运动和扩张的感受，蓝色则会使人感到寒冷、沉静、凝重和收缩。同时，因为观众的视觉经验以及民族、地域、风俗等的差异，色彩的表现力和象征意义也会有所不同。“克拉因色彩感情价值表”（表4－1）和“大庭三郎色彩感情价值表”（表4－2）分别从一定程度反映了西方人和东方人（主要是日本人）对色彩的情感认知和赋予色彩的不同象征意义，可以作为博物馆陈列色彩设计，特别是环境色选择的重要参考。

表 4－1　克拉因色彩感情价值表

色彩	客观感受	生理感觉	联想	心理感觉
红	辉煌、激烈、豪华、跳跃（动）	热、兴奋、刺激、极端	战争、雪、大火、仪式、圆号、长号、小号、罂粟花	威胁、警惕、热情、勇敢、庸俗、气势、激怒、野蛮、革命
橙红	辉煌、豪华、跳跃（动）	烦恼、热、兴奋	最高仪式、小号	暴躁、诱惑、生命、气势
橙	辉煌、豪华、跳跃（动）	兴奋（轻度）	日落、秋、落叶、橙子	向阳、高兴、气势、愉快、欢乐
橙黄	闪耀、豪华（动）	温暖、灼热	日出、日落、夏、路灯、金子	高兴、幸福、生命、保护、营养
黄	闪耀、高尚（动）	灼热	东方、硫磺、柠檬、水仙	光明、希望、嫉妒、欺骗
黄绿	闪耀（动）	稍暖	春、新苗、腐败	希望、不愉快、衰弱
绿	不稳定（中性）	凉快（轻度）	植物、草原、海	和平、理想、平静、悠闲、道德、健全
蓝绿	不稳定、呼应（静）	凉快	湖、海、水池、铜、玉石、玻璃、埃及、孔雀	异国情调、迷惑、神秘、茫然
蓝	静、退缩	寒冷、安静、镇静	蓝天、远山、海、静静的池水、眼睛、小提琴（高音）	灵魂、天堂、真实、高尚、优美、透明、忧郁、悲哀、流畅、回忆、冷淡

续表 4－1

色彩	客观感受	生理感觉	联想	心理感觉
紫蓝	静、退缩、阴湿	寒冷（轻度）、镇静	夜、教堂窗户、海、竖琴	天堂、庄严、高尚、公正、无情
紫	阴湿、退缩、离散（中性）	稍暖、屈服	葬礼、死、仪式、地丁花、大提琴、低音号	华美、尊严、高尚、庄重、宗教、帝王、幽灵、豪绅、哀悼、神秘、温存
紫红	阴湿、沉重（动）	暖、跳动的、抑制、屈服	东方、牡丹、三色地丁花	安逸、肉欲、浓艳、绚丽、华丽、傲慢、隐瞒
玫瑰	豪华、突出、激烈、耀眼、跳跃（动）	兴奋、苦恼	深红礼服、蔷薇、法衣	安逸、虚荣、好色、喜悦、庸俗、粗野、轻率、热闹、爱好、华丽、唯物的

表 4－2　大庭三郎色彩感情价值表

色彩	联想的东西	心理上的感觉
红	血、太阳、火焰、日出、战争、仪式	热情、激怒、危险、祝福、庸俗、警惕、革命、恐怖、勇敢
橙红	火焰、仪式、日落、罂粟花	典礼、古典、警惕、信仰、勇敢
橙	夕照、日落、火焰、秋、橙子	威武、诱惑、警惕、正义、勇敢
橙黄	收获、路灯、橘子、金子	喜悦、丰收、高兴、幸福
黄	菜花、中国、水仙、柠檬、佛光、小提琴（高音）	光明、希望、快活、向上、发展、嫉妒、庸俗
黄绿	嫩草、新苗、春、早春	希望、青春、未来

续表 4-2

色彩	联想的东西	心理上的感觉
绿	草原、植物、麦田、平原、南洋	和平、成长、理想、悠闲、平静、久远、健全、青春、幸福
蓝绿	海、湖水、宝石、夏、池水	神秘、沉着、幻想、久远、深远、忧愁
蓝	蓝天、海、远山、水、月夜、星空、钢琴	神秘、高尚、优美、悲哀、真实、回忆、灵魂、天堂
紫蓝	远山、夜、深海、黎明、死、竖琴	深远、高贵、幻想、神秘、宗教、庄严
紫	地丁花、梦、藤萝、死、仪式、大提琴、低音号	优雅、高贵、幻想、神秘、宗教、庄严
紫红	牡丹、日出、小豆	绚丽、享乐、性欲、高傲、华丽、粗俗
淡蓝	水、月光、黎明、疾病、奏鸣曲、钢琴	孤独、可怜、忧伤、优美、清净、薄命、疾病
淡粉红	少女、樱花、春、梦、大波斯菊	可爱、羞耻、天真、诱惑、幸福、想念、和平
白	雪、白云、日光、白糖	洁白、神圣、快活、光明、清净、明朗、魄力
灰	阴天、灰、老朽	不鲜明、不清晰、不安、狡猾、忧郁、不明朗、预感
黑	黑夜、墨、丧服	罪恶、恐怖、邪恶、无限、高尚、寂静、不祥

在进行博物馆陈列色彩设计时，设计师们应当充分考虑色彩的情感效应和象征意义，选择恰当的环境色，使其不但起到很好的装饰艺术效果，而且更有助于突出陈列的主题内容，营造相应的气氛，从而引发观众对色彩的联想，帮助观众更好地理解陈列传达的信息。

展品的固有色就是指展品在自然光的照射下所呈现出的相对稳定的颜色。它往往是观众关注的焦点，其色彩虽然不属于设计师的设计范畴，但却是设计师进行其它色彩设计的重要依据。因为在博物馆陈列色彩设计过程中，不论是环境色还是道具色和光照色的选择与确定，都必须服务于展品，与展品的固有色保持和谐与平衡。而不能为了强调艺术或视觉效果，进行夸张的色彩设计，湮没展品的固有色甚至改变其视觉效果。所以，在陈列色彩设计的实际操作过程中，设计师应当充分认识展品的固有色，并在设计过程中给予足够重视。

陈列的道具色就是指陈列中各种辅助材料的颜色，包括展柜、展板、文字图片、背景模型等的色彩。它们是介于陈列展示空间的环境色与展品固有色之间的中间媒介。陈列中使用的辅助材料色彩丰富，在进行道具色的设计时，应当充分考虑道具色与环境色、展品固有色以及光照色之间的合理搭配，力求道具色与陈列内容、性质和风格保持一致，以及在同一辅助材料中的各种要素色彩之间保持和谐统一。如果采用标准化道具，其色彩则要求单纯、淡雅，以便适用于各种不同的场合。由于各种辅助材料都具有一定的实际功用，因此，除了考虑其艺术性之外，还要使色彩设计能够保持各种辅助材料的实用性，如应当考虑图文的易读性和清晰性等。普雷斯特等人对各种颜色组成的文字和背景的相对易读性实验表明，不同的色彩组合会造成不同的易读性效果，按其易读的优劣依次为：白底蓝字 > 黄底黑字 > 白底绿字 > 白底黑字 > 红底绿字 > 黄底红字 > 白底红字 > 黑底橙字 > 紫底黑字 > 白底橙字 > 绿底红字。良好的道具色设计可以在展示环境和展品之间起到很好的协调作用，特别是在主要由展柜分割空间的展厅，道具色往往就具有一种环境色的功能，会在很大程度上影响整个陈列空间的气氛。所以，道具色的选择及设计对于营造舒适、轻松的参观环境，更好地表达陈列信息也具有重要作用。

所谓光照色就是博物馆照明所提供的各种光线的色彩以及光线照射在展品等物品上的视觉色彩。光照色的设计既要注意光源光线的颜色和被照射物体颜色之间的规律（见图 4－2），还要注意各种光色对人的心理作用。为了将展品真实、舒适地展示给观众，其设计必须与环境色、展品的固有色及道具色相互协调，与陈列主题和风格取得统一，力图营造一个舒适、优美、真实的参观环境。决不能片面追求陈列的艺术效果，破坏展品的固有色，使观众产生不舒适的心理感受。其具体设计要求，在陈列照明设计中已有所论述，此不赘述。

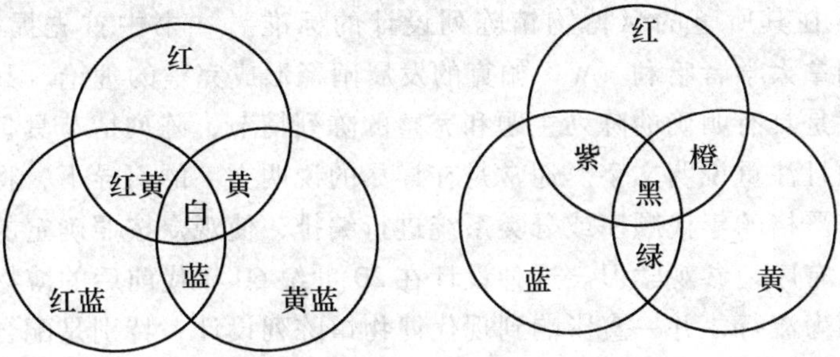

图 4－2　光色与物体色的比较

第五节　博物馆陈列的设计理念及发展趋势

自 19 世纪中叶开始，属于现代设计范畴的博物馆陈列设计就已经初见端倪，经历了一百多年的发展历程，如今已变得更加丰富多彩。博物馆陈列观念和设计理念的进步与发展，是社会文明与博物馆学发展的重要内容和组成。博物馆的陈列展览因为存在不同的陈列观念和设计理念，所以，才形成了多姿多彩的陈列形态与风格。也正是因为陈列观念和设计理念的不断变化，才推动着博物馆陈列展览不断推陈出新。这些陈列观念和设计理念具有一定的时代性和空间性，受社会发展和认知水平的影响，在一定程度上，总结了以往博物馆陈列的理论和实践经验，反映了当时对博物馆陈列目的的认识水平，其具体实践，还要充分考虑当时的陈列技术及手段。因此，认真了解博物馆陈列观念和设计理念的发展历程，并使其不断发展完善，对于博物馆陈列具有重要的理论和实际意义。

自 20 世纪以来，随着社会的发展和博物馆学理论与实践的不断充实完善，博物馆的陈列观念和设计理念也在不断变化，在博物馆陈列的设计理论和实践中呈现出情节型、唯美型、参与型和交流型四种主要的设计理念。它们相互影响，相互促进，使博物馆的教育、审美、娱乐、休闲和交流等功能得以不断加强。

情节型陈列设计是美国自然历史博物馆的罗瑟・P・威特伯格于

1958 年在其所著的《博物馆陈列设计的标准》一书中首先提出的，经过加拿大学者哈利·W·帕克的发展阐释形成完整的理论。其主要特征就是具有明确的陈列主题和完整的陈列情节，陈列情节具备连贯性，并且注重说明文字。通常是在详尽的说明文字的引导下，将实物展品按严格的年代顺序或分类系统进行编排，使观众按照确定的陈列逻辑，有序地参观学习。这种设计在 20 世纪 60 年代前后的博物馆陈列中颇为流行，并一直影响到现代博物馆陈列设计，特别是配合学校课堂教学的陈列展览。

唯美型陈列设计是一种以追求装饰性为特征的陈列理论和设计理念。其设计主要追求量少质优、富有艺术感染力的新奇展品，注意陈列空间、照明、色彩以及音像等手段的运用，强调陈列的形式美和情调美，能够较好地满足观众的审美需求。但这种设计往往耗资颇大，成本过高；而且，由于过分注重艺术性，所以往往造成解释性不足等问题。这种设计在 20 世纪 60、70 年代的博物馆陈列设计中占有突出的地位，并且在当今的博物馆陈列设计特别是艺术类陈列中仍然较为流行。

参与型陈列设计是 20 世纪 60 年代由以加拿大安大略皇家博物馆的马歇尔·麦克卢汉博士为代表的一些博物馆学者提出的。其设计注重观众参观过程中的参与性和娱乐性，要求博物馆陈列在总体框架上提出或隐含某些问题，使观众通过参观理解和实际参与得到答案。这种设计自 20 世纪 70 年代以来，一直被一些自然史和科技史陈列广泛使用，并取得了良好的效果。但其也存在自身的弱点，如受到博物馆及陈列本身性质和展品的限制而无法进行，在增强陈列的参与性和趣味性的同时会给博物馆及其陈列环境带来噪音等。

交流型陈列设计是 20 世纪 80 年代博物馆学者们提出的新的设计理念。其设计在内容上，更加关注带有普遍性的社会问题；在形式上，既重视知识的输出，又注意信息的反馈。这使它不仅能够满足观众对于了解、参与解决现实社会中存在的某些带有普遍性问题的要求和愿望，而且也能充分发挥博物馆与观众共同参与当今社会实际事务的潜能，增强博物馆与观众的互动。但限于博物馆的实际情况和藏品基础，现实题材的选择往往困难较多。

上述四种主要设计理念，基本可以反映出从20世纪中叶至80年代博物馆陈列设计理论及其实践的发展轨迹，即呈现出情节型→唯美型→参与型→交流型的发展趋势。同时，也反映出博物馆学界对博物馆社会功能认知的不断变化发展，即从以传授知识为主要特征的教育→以欣赏为主要特征的审美→以参与为主要特征的娱乐→以共同参与解决问题为主要特征的交流的发展趋势，以及博物馆陈列设计在语言手段上的发展变化过程，即从注重文字性说明→强调展品自身说话→重视观众自身对陈列中隐含知识的探索→关注用平等的氛围与观众进行交流的发展轨迹。但要强调的是，不论是陈列设计理论及其实践的发展过程，还是对其社会功能的认知发展过程和语言手段的发展过程，都绝不是后者对前者的完全否定，而是后者对原来相对单一的陈列设计理论及其实践和博物馆功能、语言手段的不断丰富与完善。尽管它们都有各自的特点和局限，但也都有充分的存在理由和价值，因而这些设计目前仍在博物馆陈列设计领域并行发展着，并且通过相互影响和相互促进，使博物馆陈列设计理论更加丰富多彩，使陈列内容与形式更合乎当代各类观众的要求和愿望，使博物馆能够更好地适应社会发展的需要。

随着社会科技水平的飞速发展和博物馆学理论与实践的不断充实完善，这种变化发展的趋势仍在继续。特别是20世纪80年代以后，现代社会的发展更是从许多方面影响着博物馆陈列，其中，既包括陈列的设计观念，也包括陈列的技术手段。与博物馆学界从重技术、重操作的传统博物馆学向重理论的新博物馆学转化相适应，关于陈列观念和设计理念的争论也变得更加理论化和哲学化了。事实上，它也确实和一些哲学观念纠缠在一起，这尤其明显地表现在后现代主义对它的影响方面。正是在这些情况下，酝酿出了“非历史陈列展览”和“非物质陈列展览”这样一些与传统迥异的设计理念。在所谓的“非历史陈列展览”中，相距时代遥远的、异质文化的和不同材质的展品被组合在同一个展示空间中进行对话，作为传统陈列中秩序感、连续性和情节线索的维系者——时间，被一种由设计师认定的内在逻辑所取代。除了哲学思潮的影响，信息科学的发展和传播观念的普及也对博物馆陈列设计产生了重大的影响。信息传播的概念在陈列设计中显然已经占据了重要的地位，传播学设计师也加入到现代博物馆陈列设计的行列中。同时，在旅游业发展的热潮中，休闲性和娱乐性原则在陈列设计中也得到了进一步的贯彻。最后，也是最重要的，就是在博物馆的陈列展览中越来越明显地体现出以观众为主体的设计理念。这不仅表现在展示空间的安排和展示设备等的设计都严格遵循人类工程学的原理，而且还表现在陈列设计中更尊重人的尊严和个性。在陈列的技术手段方面，计算机及计算机控制技术、高保真的影像技术、现代化新型材料和其它科技手段的发展，都为博物馆陈列的现代化改造提供了强有力的技术支持。所有这些，都导致了陈列观念和设计理念的更加多元化、现代化的发展，出现了系统化陈列、空间创造式陈列、戏剧化陈列、动态陈列和绿色陈列等新的陈列观念和设计理念。博物馆陈列也因此以日益新颖的面貌出现在社会公众面前。

系统化陈列是20世纪80年代后提出的一种新型陈列设计理念。与传统的陈列方式相比，系统化陈列更强调陈列的整体性、情节性和叙述性，要求将各种有内在联系的信息融为一个有机的系统。系统化陈列设计首先要进行信息分析，以确定主题，根据展品及相关资料的科学价值和意义，以及它们各自的含义和它们在一个信息的语义结构中的含义，将它们安排在有机的整体中；其次是在此基础上建立信息结构，即经过细微分类的小单元组合成较大的单元，建立一个整体的信息结构，并将其转换成适合于陈列的样式；第三，根据主题及陈列的要求，利用各信息单元和结构，建立陈列的框架结构，选择陈列的媒介，将它们组合成一个基本的陈列脚本；第四，引进各种陈列展示装置，对信息、装置和空间进行整合；最后，将陈列展示装置固定在经过系统化计划的展示空间，以形成信息、装置和空间的整合系统。在系统化陈列设计中，陈列展示装置是系统化陈列的主要特征，对陈列的系统性起着重要的作用。它既包括传统的图表、模型、复原场景等，还增加了各种高科技的设备和技术，诸如全景画、影像、音响、机器人、计算机和其它复合媒体等。系统化陈列借助这些陈列展示装置，将陈列主题和内容进行充分展示，使观众更好地接受陈列传播的信息，因此，在现代博物馆陈列设计中得以广泛地应用。

所谓空间创造式陈列是一种将整个陈列展示空间融入陈列展示项目之中，即将陈列展览与陈列展示空间本身结合成一个传达信息的同一体，使观众得以调动各种感官来欣赏的陈列方式。它以 20 世纪 30 年代发展起来的研究近代人类生存与文化的“现代学”为理论基础，依据实地调查与记录，在场景复原中严格遵循科学的原则，排除一切想象和虚构的因素。进入 80 年代以后，在新的设计思潮和技术手段的影响下得以继续发展完善，成为新的陈列设计理念。它的特色在于通过情景的再构成，营造一个逼真的复原空间，使观众获得身临其境的现场感，能够调动观众的多种感官。此外，在创造逼真的陈列展示空间时更加精确地依据实地调查和学术研究的成果也是其重要特征。空间创造式陈列还可以通过象征性和意象性的方式来展示与抽象的精神生活有关的内容，即可以进行抽象空间的创造，如可以通过空间创造的设计成功地进行非物质的文化陈列等。

20 世纪 80 年代以来，随着博物馆事业的蓬勃发展，每年都有大量的新博物馆诞生，造成实物展品和其它辅助材料相对短缺，这种展品不足的现象不得不采用陈列设计的技巧来弥补。因此，伴随着诸多新兴陈列设计理念和技术手段的出现，戏剧化陈列设计也呈现出新的发展趋势。现代的戏剧化陈列设计主要利用可以自由操控的电动装置、能够灵活调节的照明体系以及各种高保真的影音效果，使得陈列展览达到预期的戏剧化效果，增强陈列展览的表现力和感染力，令观众在参观过程中既轻松愉悦了身心，又获得了陈列展览传达的信息。

动态陈列是相对于传统静态陈列的一种陈列设计理念。自 19 世纪 50 年代出现以来，便一直随着科技的进步而不断更新，到了 20 世纪 90 年代，已发展成为博物馆陈列设计的新理念。其主要特征就是让展品在运动中向观众揭示其内在价值和要表现的规律，通过动态设计增强陈列的娱乐性、参与性和互动性。这种陈列设计多用于科技类陈列或自然历史类陈列，但随着多媒体技术、电子技术和计算机技术等高新科技的普及和应用，许多社会历史和艺术类陈列也开始普遍采用动态陈列。动态陈列也有自身的局限性，如一些珍贵的艺术品和历史文物等展品，即使采用高新技术手段也不适宜动态陈列。因此，在具体的陈列设计过程中，应当根据不同的陈列主题和内容以及观众的不同需要，或动或静，动静结合，相得益彰，才能更好地发挥博物馆陈列传播知识、审美欣赏、休闲娱乐和交流互动的功用。

绿色陈列也是当代博物馆陈列设计的新观念。根据王有庆等博物馆学者的研究，绿色陈列就是要遵循对文物、标本等展品“科学保护、合理利用”的原则，使陈列达到主题鲜明、形式完美、保障安全、投入经济、舒适健康、满足实用功能与环境和谐共生的效果。其主要特征体现在保护展品，提高能源效率、资源效率，改善室内环境质量和应用环保新技术等方面。绿色陈列设计主要包括无污染能源的利用、降低光照和运营能耗、提高设备利用率、采用无环境污染的材料进行设计、在陈列制作施工阶段的无污染运作、延长陈列布展设备使用的寿命、使用可物理循环利用材料与再生材料、可持续的陈列环境等具体内容。博物馆陈列要适应时代的发展，走可持续发展的道路，就应当大力推广绿色陈列观念和设计理念。

第五章　博物馆与观众

对于博物馆而言，观众同藏品和陈列一样，是其必不可少的组成要素。首先，观众是博物馆的服务对象，博物馆的收藏、科研和教育等活动都是围绕着观众的需求展开的，是以最大限度地满足观众的要求和愿望为目的的。其次，观众是博物馆赖以生存和发展的社会基础，他们对博物馆藏品收集、科学研究、陈列展览和社会教育等诸多活动的支持、参与和评价，都会直接影响博物馆的社会地位，甚至生存发展。最后，观众也是博物馆与社会联系的主要桥梁，博物馆通过观众影响社会发展，创造社会效益和经济效益；同时，观众又可以将各种社会需求信息以及对博物馆工作的意见和建议及时反馈给博物馆，促进博物馆工作的不断改进和提高。总之，观众在博物馆活动中，并不只是被动地接受某种知识灌输的对象，而是博物馆活动的积极参与者，是客观评价和检验博物馆各项工作及其效果的主人，是博物馆与社会互动交流的重要媒介。因此，了解观众、熟悉观众，进而争取观众、组织观众、为观众提供高质量的服务、尽可能地满足观众的需求，就成为现代博物馆观众工作的根本宗旨和追求目标。

第一节　了解博物馆的观众

观众对于博物馆的生存和发展具有重要的意义。博物馆只有通过观众，才能实现其良好的社会效益和经济效益。换句话说，博物馆活动的有效性就是建立在对其观众的科学研究和正确认识的基础上的。没有对观众的认真研究，就不可能形成对观众正确的认识，博物馆也就无法有效地开展工作。因此，正确地研究和认识博物馆的观众，是有效地开展博物馆活动的基础。这就要求博物馆利用各种手段了解和认识观众，探究观众的行为和心理，对观众展开积极的调查研究，以便形成对观众的正确认识，从而更好地开展博物馆活动。

一、博物馆观众的多样性

博物馆的观众并不是一个同质的统一体，而是许多地域、年龄、职业、兴趣、动机、教育程度和文化背景不同的异质亚群的总和，各亚群都有自己的集体性倾向。因此，要正确地认识博物馆的观众，就必须改变将观众简单地视为单一整体的传统观念，而应当从博物馆的实际情况出发，深入研究博物馆观众的多样性及其各自的特点。

根据博物馆活动的实际需要，可以将博物馆观众分为实际观众、潜在观众和目标观众三类。[①] 实际观众，就是指那些来到博物馆参观陈列展览的社会公众。潜在观众，则是指有可能转变为博物馆实际观众的社会公众，具体包括两种情况：在一般的公共博物馆，它包括全体社会成员；而在专门性的学术博物馆，它往往会根据具体的要求而被限定在一定的范围之内。目标观众，也被称为期待观众，就是指博物馆举办陈列展览时假定的主要服务对象，陈列展览的内容安排、形式设计都主要以他们的愿望要求和理解水平为依据，最大限度地吸引他们是博物馆陈列展览的主要目标。博物馆的实际观众是陈列展览的参与者和支持者，博物馆应当尽可能地维持和扩大实际观众的数量；而潜在观众则是博物馆的未来和希望，博物馆应当努力争取使今天的潜在观众更多地变成明天的实际观众；目标观众是博物馆组织陈列展览的期待对象，他们往往具有较强的针对性和代表性，也是博物馆实际观众的重要组成。通过实际观众和潜在观众的对比，我们可以得知博物馆陈列展览对观众教育的广泛程度，以及它在社会上产生的影响；通过实际观众与目标观众的对比，则可以验证博物馆对教育对象和内容确定的适应性。因此，这种分类对于博物馆确定陈列展览的教育目的和判断陈列展览的社会反响具有重要的实际价值。

---

① Roger. S. Miles, *Museum Audiences*, Museum Management and Curatorship, Volume 5, Issue 1 March 1986, p73.

如果以地域作为分类指标，则可以将博物馆观众分为基本观众、旅游观众和外国观众。基本观众就是指从博物馆所在地来馆参观的观众；旅游观众一般指本国旅游观众，他们不居住在博物馆所在地，而是以旅游者的身份来该馆参观访问；外国观众则是指非博物馆所属国的观众。不同地域的观众，其参观的目的、动机和兴趣等也各不相同。对于基本观众来说，除了了解自己居住地的自然环境和历史文化外，更希望了解外面的世界，了解当代社会的新发展、新成就。因此，在参观了博物馆的基本陈列之后，他们更关注内容新奇、形式多样的临时展览、巡回展览和交换展览等。而对于国内外的旅游观众来说，他们感兴趣的则是反映该地历史渊源、地方文化特色和民俗风情的各种陈列展览和活动。

如果将年龄作为分类标准，可以把博物馆观众分为儿童观众、青年观众、中年观众和老年观众四类。儿童观众指四至十六岁的少年儿童，主要包括小学生和初中生。儿童观众朝气蓬勃，有强烈的好奇心和介入意识，会对色彩、光照和运动表现出浓厚的兴趣，且容易被丰富多彩的陈列内容和生动细腻的讲解所感染而产生激动情绪。但他们缺乏对实物展品内涵的理解能力和将实物转化为抽象概念的能力，缺乏参观的持久性，并且其注意力不易集中。青年观众的年龄从十七岁到三十岁左右，包括普通高中生、大中专学生和各种职业的青年。青年观众通常精力充沛，思维活跃，有较强的求知欲，对博物馆陈列展览的知识性和参与性要求较高。中年观众主要指三十岁左右到五十多岁这一年龄层次的观众。这类观众年龄跨度较大，文化水平和职业也显示出较大的多样性，因而其参观的目的、动机和兴趣点也都各不相同，具有较大的随意性。老年观众就是六十岁以上的观众群体。他们拥有较为丰富的生活阅历和稳定的兴趣爱好，擅于联想，但在参观时容易产生疲劳感，因此，博物馆在进行空间设计时应充分考虑安排设计科学合理的休息空间，以满足老年观众的需求。总之，这种以年龄为依据的观众分类法，相对简单明了，所以，在现代博物馆观众工作中被广泛使用。但这种方法也存在缺陷，就是它无法兼顾由于职业、文化水平等的不同而造成的实际差异，因而难以使博物馆对观众进行更加深入细致的区分。

若按照观众参观博物馆的目的进行分类，可以将观众分为学习型、科研型和休闲观光型三类。学习型观众主要指那些以学习为目的，前往博物馆获取专门知识的人，或者将博物馆作为第二课堂的大中专学生。这类观众为数众多，约占博物馆观众总数的三分之一。他们的共同特征就是都有某方面的知识基础，希望通过博物馆开拓视野，进而加深对知识的理解和掌握，往往要求博物馆举办的陈列展览具有一定的深度和广度。科研型观众主要指以开展科学研究活动为目的的参观者。这类观众虽然人数不算太多，但他们到博物馆的目的明确，选择性强。他们一般不太注重陈列形式，而是十分关注新的研究成果以及新发现的文物、标本。同时，他们常常会要求参观更多的与其科研相关的藏品、文献，要求利用博物馆的图书资料室，会见博物馆的相关专家学者，希望收集所需的资料或与相关专家学者进行有益的探讨。而且，这类观众对于博物馆提高其陈列展览的科学性也具有重要的推动和促进作用。因为他们大都具备深厚的专业知识，所以，在参观过程中，就有可能发现鉴定、定名、说明中的不足和错误，提出进一步研究或更正的建议，从而使博物馆陈列展览的科学水平得以不断提高与完善。观光休闲型观众就是指以旅游观光和休闲娱乐为目的的参观者。这类观众数量众多，既包括无组织的零星参观者，也有旅行社组织的旅游团队，通常可以达到博物馆观众总数的二分之一以上。他们的年龄层次、文化水平以及职业等情况比较复杂，不能一概而论。但其前往博物馆无非就是利用闲暇时间进行旅游和休闲娱乐，以满足消遣、开阔视野、获取知识和提高审美等目的。因此，他们在博物馆的活动一般都具有较强的随意性和娱乐性。

如果以文化水平和受教育程度作为分类标准，博物馆观众可以被分为普通观众、学生观众和专家观众。普通观众的文化水平参差不齐，情况比较复杂，其在博物馆的参观行为较多地受到个人兴趣爱好的支配，通常没有特别明确的动机，注意力容易集中在观赏性较强的展品上，更多地关注博物馆陈列的趣味性和娱乐性。学生观众主要指各类学生，他们一般比较重视博物馆陈列的知识性和传播能力，强调陈列展览的系统性，要求其层次分明、脉络清晰，部分学生还会详细阅读说明文字，甚至认真记录。专家观众则具有较强的专业知识，他们在博物馆的参观活动往往集中在有关项目上。相对而言，他们对博物馆陈列的把握能力和传播能力都不太重视，而是对博物馆的珍贵藏品和资料非常感兴趣，希望获得更多不为人知的展品背景资料等，以充实和完善个人的研究。同时，他们也会将自己的最新研究成果注入博物馆的实践，以推动博物馆相关活动的展开。

除了上述几种主要的分类方法外，还可以依据博物馆材料的利用形态，将观众分为隐观众（潜在观众、间接观众）和显观众（显在观众、直接观众）；按照观众对博物馆陈列所表达内容及其方式的兴趣，将其分为以审美为动机的观众、以浪漫主义和躲避现实为动机的观众、以学习求知为动机的观众；根据观众的参观状态，将博物馆观众分为一般团体观众、教育团体观众、旅游团体观众和零星的个别观众；依照观众的身体状态，分为一般观众和残疾观众；等等。

总之，依照不同的分类标准，每一种观众都有其相对一致的倾向，而每一位具体的观众又往往都是几种类型的综合体。因此，博物馆学者必须通过建立在观众分类研究基础上的分析与综合，才能较为深入和具体地把握博物馆观众的特点和要求，更好地发挥博物馆的功用，实现博物馆的社会效益和经济效益。

二、博物馆观众的行为和心理

为了保证博物馆陈列与社会教育活动的科学性和有效性，就要求博物馆学者必须对观众的行为和心理展开调查与研究。对博物馆观众行为和心理的研究，主要包括博物馆观众的习惯性行为、在无意识状态下对特定环境的心理反应以及“博物馆疲劳”产生的原因、机制及克服的途径。

博物馆的参观活动往往要求观众在站立和行走的交替运动中通过观察、阅读和参与来获取知识。因此，对于博物馆观众的行为研究就主要包括观众在行走过程中的定向与位移运动特征和在观察过程中的视觉运动特征两个方面。在观众的定向与位移运动特征方面，美国的博物馆学者通过大量的研究证明，传统观念认为观众的位移是按照顺时针方向或从左到右的方式进行是不科学的。事实上，由于受到美国交通规则的影响，绝大多数博物馆观众参观时的位移是按照逆时针方向或者从右到左的方式进行的。[①] 由此证明，观众在参观过程中的定向与位移运动会受到日常生活习惯和个人喜好等多方面因素的影响。另外，根据博物馆学者麦尔通提出的著名的“出口斜坡”效应的描述，观众在博物馆停留时间越长，他们向出口走得越快。也就是说，随着时间的流逝，观众对博物馆陈列的注意力便会逐渐地下降，逐渐产生厌倦感和疲劳感。[②] 在视觉运动特征方面，研究者们发现，博物馆观众在参观过程中，眼睛总是在进行跳跃（游览）和静止（凝视）两种形式的视觉运动。观众的视觉特征总是习惯于先凝视观察对象的上方，然后移向视区中心的左边。所以，为了吸引观众的视线，应当在博物馆陈列展览的重要部位保持明亮的色调，使视线能够专注于此而不会轻易离开。同时，视觉运动的速度也会受到色调的影响，需要眼球低速运动时可以使用反差较大的色调；反之，则会使眼球高速运动。这些对博物馆观众位移运动和视觉运动习惯的研究，为博物馆建筑设计、陈列布展、举办社会活动等工作提供了很有价值的参考，也使观众在博物馆的活动变得更加自然便利，更加符合日常习惯。

博物馆观众的心理活动也与其在博物馆活动的效率密切相关，尤其是在博物馆的参观活动。因为参观博物馆陈列展览的过程，其实就是一个依赖眼睛、耳朵等感官，通过观察、阅读、倾听、触摸和操作等行为，不断接收、加工、处理和储存信息的认知过程。这一过程明显地受到观众的情绪、心理状态和价值观念的影响。因此，为了增强博物馆陈列展览的科学性和有效性，就要求博物馆学者对观众的心理进行深入地研究，考察环境、建筑和陈列诸因素与观众的情绪、心理状态的关系，以及情绪、心理状态对认知活动的影响，保证环境、建

---

① Unesco, *The Organization of Museums: practical advice*, Pairs: Unesco Press, 1978, p74.

② A. Melton,“博物馆方面的设施的有关问题”, American Association of Museums, 1935. 转引自王立岩、鲁欣译：《博物馆教育——持续的挑战》，《中国博物馆》，1990 年第 4 期，第 75 页。

筑和陈列的各种要素及其组合方式能够适合观众认知和欣赏的心理学要求，从而克服观众的心理障碍，由此增强观众参观学习的驱力、兴趣和效果。研究表明，在无意识状态下，环境、建筑和陈列诸要素及其组合方式以及其它辅助性技术，对观众产生的情绪和心理状态的影响是多种多样的。其中，既有积极的，如使观众感到平静、愉悦、兴奋、充满好奇和想象力等；也有消极的，如使观众感到紧张、烦躁、恐惧，甚至产生疲劳和厌倦等。博物馆应当高度重视这些观众产生的心理感受，在举办博物馆陈列展览时力求保证和调动其积极的心理影响，以提高观众参观博物馆陈列的积极性和有效性。与此同时，也要注意消极的心理影响，它们往往会造成观众心理上的压力和障碍，进而影响观众参观博物馆陈列的积极性和有效性，使得观众在博物馆参观过程中出现“博物馆疲劳”等现象。因此，博物馆在举办陈列展览时还必须注意最大限度地避免和消除对观众产生的消极心理影响，并积极地探究观众心理障碍产生的原因，力求找到有效的克服途径。

“博物馆疲劳”主要指观众在参观过程中逐渐出现的精力耗竭、注意力涣散、认识活动机能衰退和产生疲劳感的现象。它不仅是妨碍观众在博物馆参观的重要原因，而且不可避免地影响着参观的效果。疲劳的产生不仅是生理活动的结果，也会受到心理活动的严重影响。心理因素引起的疲劳往往会叠加于生理因素引起的疲劳之上，不但会使观众感到体力不支，而且心情烦躁，甚至出现抵制情绪。因此，博物馆应当积极探究其产生的机制，通过自身的努力，尽可能地防止观众在参观过程中产生生理和心理的疲劳感，延缓疲劳发生的时间，降低疲劳程度，从而提高观众参观的有效性。

博物馆学者的研究表明，“博物馆疲劳”的产生主要取决于环境、建筑和陈列三大要素。从环境要素角度来看，首先，博物馆应当为观众创造一个安静的参观环境。因为观众在参观时，各种噪声都会分散其注意力，影响观众的心理状态，如持续低沉的轰鸣声会使人感到昏昏欲睡，突然迸发的尖利声音会使人的心情变得焦虑紧张等。所以，保持参观环境的安静是保证参观质量的前提条件。其次，博物馆应当为观众创造一个洁净的参观环境。卫生状况不佳会影响观众参观的心态。空气混浊则不但会影响展品保护，而且有损观众健康，使其注意力下降。因此，注意参观环境的质量，保证展示空间的洁净和空气的纯洁、新鲜也是保障参观质量的重要条件。从建筑因素的角度来看，可能导致和加剧“博物馆疲劳”的原因包括楼层的设计、展览空间的分割与组合、采光方式、展示空间的装饰和地面处理等。如将展厅设在过高的楼层会更多地耗费观众的体能，展示空间的单调设计会使观众感到乏味而丧失参观兴趣，不当的采光设计会造成观众的视觉疲劳，展示空间的装饰色彩选择不当会造成视觉噪音，地面材料的选择不当也可能造成观众的心理障碍。此外，陈列因素也是形成“博物馆疲劳”的重要原因，它主要包括陈列的内容安排、艺术设计和技术处理等。在陈列内容的安排方面，由于缺乏对博物馆陈列形象性、直观性和实物性的充分认识，而对陈列内容的过分抽象化，势必会造成观众参观的疲劳；同时，过多的专业术语、过细的逻辑编排和过强的教育氛围也会使观众感到厌倦；最后，陈列内容无法适应观众的认知结构和水平，以及过多的层次结构，也都是引发观众疲劳的重要因素。在陈列艺术设计方面，缺乏陈列的艺术感染力，无法提供轻松、自由和愉悦的氛围，局限于传统的静态陈列等，都是造成观众疲劳的重要原因。在陈列的技术处理方面，主要指陈列带和陈列密度，如果对其设计不当，也会使观众产生“博物馆疲劳”。除了上述三个主要因素外，根据博物馆学者麦克卢汉的研究，观众如果不被允许积极地参与博物馆的活动，他们就会出现类似“幽闭恐惧”的“博物馆感觉”，从而加速疲劳的产生。而且，观众在博物馆参观过程中，还会经常带有被称为“资料定向”的心理错觉，即通过浏览就自认为已经获取了所观察展品的信息，实则没有在其脑海中留下任何印象。这些心理状态都会加速“博物馆疲劳”的产生，而且会严重影响观众参观和体验的效果。

针对“博物馆疲劳”产生的原因，博物馆可以积极采取相应的措施从行为和心理上抑制和延缓其产生，从而提高观众参观博物馆陈列的实际效果。首先，博物馆应当努力为观众提供一个安静、空气纯洁清新、微观气候适宜的参观环境，并提供良好的休息和补充能量的场所。其次，博物馆应当将陈列展览安排在适宜的楼层，灵活多样地进行展示空间设计，尽量使观众保持新鲜的心理感受，科学合理地安排展线，并力争提供高质量的视觉环境，尽量减少视觉噪音，选择适宜的地面材料，以避免疲劳的产生。最后，博物馆陈列设计应当力求最大限度地调动观众的热情和积极性，激发他们的自主性，在设计中引入参与理念，为观众提供投入的机会。在内容安排上，应以目标观众的认知结构为依据，使陈列的信息量既新颖又适度；在艺术设计上，要使陈列富于个性和变化，通过艺术气氛的渲染，增加陈列的把握度，从而创造一种自由、随和、轻松的氛围；在技术处理方面，确定合理的陈列带和陈列密度，运用新颖的陈列方式和手段，增强观众的参与性，从而达到激发观众热情和兴趣的目的。

三、博物馆对观众的调查研究

为了更好地为观众服务，提供更加符合观众需求的陈列展览和社会服务，有效实现博物馆的社会效益和经济效益，博物馆必须积极开展对观众的调查研究。因为博物馆对观众的调查研究是评估博物馆举办陈列展览成功与否的重要依据，是博物馆检验自己社会认知程度的重要手段，“是改进博物馆管理的催化剂，是推进博物馆学走向成熟的必由之路”①，所以，博物馆对观众的调查研究对于博物馆的生存和发展具有重要意义。

早在19世纪末，博物馆工作者就提出要对观众进行广泛深入的调查研究。经过一个多世纪的努力，博物馆学界在对观众进行调查研究的途径和方法方面已经积累了不少行之有效的经验。目前，在不断完善的调查研究理论指导下，结合博物馆对观众调查研究的实践总结出来的研究观众行为和心理的方法主要包括：观察法、访问法、问卷调查法、实验法、自我观察法和综合分析法等。

博物馆对观众进行调查研究所运用的观察法，主要分为观测和观察两个方面。观测是博物馆搜集观众行为数据的主要途径，其具体工

---

①　史吉祥：《博物馆观众调查的几个问题》，《中国博物馆》，2000年第1期，第54页。

作方式就是通过在博物馆安装自动计数器、摄像头等观测设备，或者使用调查人员所携带的耗时记录仪（秒表）和记录板等观测设备对观众进行追踪观测，统计观众数量，记录他们在博物馆参观的时空分布状态、注意力分布状况以及具体的行为方式等，从而为调查研究提供第一手资料。观察则是在观众参观博物馆陈列的自然状态下，通过观察观众的行为、动作、语言、表情等外在表现及其变化来了解观众的心理状况。它也是博物馆获取观众心理变化的重要手段。不论观测还是观察，都需要注意尽量不被观众觉察，在他们正常活动的自然状态下进行，以保证所获数据和材料的真实可靠。观察法是进行观众个体行为、心理分析最基本的方法之一，它可以较为全面系统地对观众个体进行观测分析，获得较为真实可靠的数据和材料，但其结果具有较强的个性，缺乏普遍性。

博物馆也可以实施与观众接触、交往的访问调查。通过和观众进行交谈，来了解观众对博物馆陈列展览等活动的看法、感受和体验，并向他们征求意见。访问法一般选择在比较随意的场合下进行，既可以单独交谈，也可以与小群体交流，还可以召开座谈会。通过访问调查得到的信息大多比较零散，因此，要通过这种方法全面系统地了解观众在博物馆参观活动中的行为和心理是比较困难的，但作为全面调查的补充，其往往具有很好的效果。因为在与观众的直接接触中，能够直接观察他们的非语词行为，据此确定其回答的可信度。如果交流顺畅，观众还可能自发提供一些访问者不曾留意但却相当重要的情况。在使用访问法对观众进行调查时，访问者的身份既可以是公开的，也可以是隐匿的，即可以以访问者的身份直接对观众进行询问，也可以以观众的身份倾听他们的评论，打听他们的意见。访问能否取得成功，在很大程度上取决于访问者的个人素质和交谈技巧。一个成功的访问者，首先，应当充分了解受访对象的特点，以便在访问过程中有针对性地提问。其次，交谈前应有所准备，明确谈话的目的。再次，交谈访问要选择适当的时间和场合，使观众乐于进行交谈。第四，要与观众建立一种相互信任的关系，不要使观众觉察到是在对他进行研究，以免引起其情绪上的反感，使其产生戒备心理，从而掩盖自己的真实情感。最后，要注意交谈技巧。谈话的态度要自然、友好、真诚。谈话的内容既不要脱离事先确定的目标，又要避免生硬地提问。最好结合受访者的特点，围绕其感兴趣的话题展开，再适时地、自然地引向所要了解的问题，并与其形成互动，根据受访者的看法、态度、情绪，简单明确地表示意见，以鼓励其谈话的兴致。

问卷调查也是博物馆对观众进行调查研究时最常用的方法之一。博物馆为了掌握观众的基本情况，了解观众对博物馆本身及其组织的各项活动的反应和评价，往往会采取问卷调查的形式。在进行问卷调查的过程中，问卷的设计至关重要，可以说，其在很大程度上决定着调查结果的科学性和有效性。因此，问卷设计是问卷调查能否成功的关键环节。一般而言，观众调查问卷主要由两大部分组成：第一部分是基本项，主要调查观众的基本情况，包括性别、年龄、职业、文化程度、居住地、参观次数及频率等；第二部分是反应项，多为一些主观性问题，如对博物馆的印象、认知、评价、参观动机、目的、反应、意见和建议等。有时还会根据具体情况设计测定项，即设计一些与博物馆活动密切相关的问题，在观众参与后作答，以此来了解观众从中获取信息的真实情况。其中，基本项的设计应当力争采用统一的标准化格式，以便博物馆学者能够用同一标准对更大范围、更多博物馆间的观众调查结果进行研究。反应项设计的问题，既有主观性问题也有客观性问题，为了提高问卷的回答质量和有效率，其多采用封闭式的选择设计，通常反应项的设计不超过 25 个问题。测试项多是对于博物馆的具体活动而设定的，因此具有较强的针对性，但也要力求简洁。总之，问卷的设计越是简便省时，就越容易得到观众的配合。但要获得较为深入全面的信息，就必须在问题和可选答案的设计上多下工夫，使得问题和提供的可选答案，既简单明了，又能最大限度地反映观众的心理。问卷调查法具有如下优点：首先，调查问卷是统一的，可以利用不同观众的回答进行对比分析；其次，可以通过问卷设计的问题，把要研究的现象转化为变量，不同的回答能够以不同的变量值来表现，进而可以对观众做定量分析；再次，问卷调查的范围和规模都具有较强的可控性，如果是大规模的调查，其结果还具有普遍性。但是，问卷调查也难免有缺陷。首先，调查问卷不够灵活，一旦印制发放，就无法更改；其次，调查问卷不能反映设计以外的问题，并且很难使观众全面深入地说明问题，调查结果缺乏全面性；第三，调查问卷的回收统计也具有一定的困难。

博物馆还可以通过实验的方法了解观众的行为和心理。实验法就是一种在受控条件下揭示观众参加博物馆活动的体验、反应和评价的方法。它所依据的基本逻辑就是在改变自变量之前（前检测）和之后（后检测）测定因变量的数值，由这两个数值之间的差异大致地显示出因果变量的效应。其一般步骤为：先测定因变量；然后使自变量介入，或使已经存在的自变量发生变化；再重新测定因变量，看看是否引起广泛的变量值的变化。实验的形式是多种多样的，包括只用单一的实验组、引用单一对照组、使用多个对照组等。其中，最简单的就是只使用单一的实验组（前后检测的无对照组实验），我们以密尔沃基博物馆为确定陈列展览体系而进行的实验为例对其进行说明。在这项实验中，选取标签、展品和色彩三项陈列要素作为自变量，每一自变量都有两种变化，即广泛运用标签和少量运用标签，展示众多的展品与展示少量的展品，使用丰富的色彩和使用单一的色彩。通过比较两次测定的结果，就可以确定这三项陈列要素的何种变化形式更能适应观众的需要。引入对照组实验则相对较为复杂，但其得到的实验结果也相对全面丰富、真实可靠。下面我们就以对观众进行参观博物馆陈列的相关实验为例，来说明双对照组实验的基本操作。博物馆实验者将观众分为三组，对对照组 1 进行前测，旨在了解观众的知识水平；对对照组 2 进行后测，以了解参观陈列后观众的受益情况；第三组为实验组，他们被事先告知要进行调查，因此对其只做了后测。通过比较实验组后测值与对照组 2 的测定值，就能够揭示出观众受益程度与其参观态度的关系。如果要了解全效应，则还应当对实验组进行前测，使之与对照组 1 的测定进行比对，以便了解两组观众的前因变量是否接近。如果两者差距很大，则表明实验对象匹配不合理，其实验结果的正确性就可能因此受到影响。如果对照组 1 的测定值远高于实验组的前测值，那么实验激发效应可能会出现负值，不合乎逻辑；反之，如果实验组的前测值远高于对照组 1 的测定值，那么，实验激发效应的数值则会高出实际水平。理想的匹配应当保证在施加实验激发前，实验组和对照组的前测值相等或相近。在双对照组实验中，对照组 2 不允许有前测，否则会影响后测的结果，它在理论上的估计值应为实验组和对照组 1 的前测值的平均数。科学合理的匹配对于引入对照组的实验来说至关重要。目前，常用的匹配方式主要有如下三种：第一种被称为简单匹配，就是实验者将实验对象依据实验目的使他们同时在有关特征上相配，组成匹配对，然后将每对中的一个分到实验组，另一个分到对照组；第二种是频率分布匹配，这种匹配方法不要求同时控制所有的变量，而是一次只依据对象的一个变量进行匹配，在分配匹配对时，只要确保两组这一变量的平均形态相同或相似即可；第三种就是采用随机法，在无法使用上述匹配法进行匹配时，可以使用随机法挑选实验对象，实验者可以先制定一个抽样框架，然后运用一些随机程序的方法从抽样框架中选取每组实验对象。采用实验法对观众进行调查研究，相对于其它方法而言，需要耗费较多的人力和物力，但其取得的调查结果却具有较强的针对性和实用性。

自我观察法也是近年来非常流行的调查方法。它本是心理学研究的基本方法，博物馆学者为了更加客观、全面地了解观众的心理活动才将其引入对观众的调查研究。自我观察法就是根据被试自己报告或描述的体验来研究其心理现象和过程的方法。它主要包括两个方面：一是观众的自我观察；二是博物馆工作人员的自我观察。观众自我观察的结果主要通过博物馆设置的观众留言簿和报纸等媒体来表达，博物馆学者可以利用这些结果来分析观众对博物馆的态度以及对博物馆陈列等活动的反应。如果说在其它形式的调查中，被调查者总是处在被动的地位，可能会有某种程度的不愿意，在留言簿和评论文章中，观众则是自愿地将自己的感受表达出来，因而更具真实性和可信性。博物馆工作人员进行自我观察，是以在特定环境中人类心理具有共同特征为前提的。博物馆工作人员在进行自我观察时，必须尽量排除职业意识的干扰，保持自己作为普通观众的意识状态，客观地审视自己在博物馆参观过程中的体验和心理状态。这是对观众调查研究的重要补充性工作，因为在观察、访问、调查和实验过程中，要想了解观众较深层次的心理活动和反应是很困难的。采用自我观察法还可以帮助博物馆学者发现许多具有一般性倾向的心理活动线索。比如，博物馆学者麦克卢汉指出的被称为“博物馆感觉”的心理现象，就是根据自我观察获得的。自我观察获得的感受和体验，一旦超出本身个体之外得到验证后，便有可能概括为观众行为和心理的一般性现象。

所谓综合分析的方法，其实就是综合利用上述各种调查方法，获取观众在博物馆活动的第一手资料或者取得观众对博物馆的看法和意见，从而对其进行综合分析，最终了解观众对博物馆工作的印象、反应和评价。因此，综合分析法主要包括全面收集资料和对资料的综合分析两个方面。要全面系统地收集资料就要了解各种调查研究方法的利弊，针对不同的调查目的和对象，合理使用不同的调查方法，必要时交替使用多种调查方式，取长补短，相得益彰。得到资料后，还要甄别选择，去伪存真，对获取的资料进行综合分析，从而更加准确、全面和深刻地了解观众对博物馆本身及其各项活动的意见和建议。综合分析法还可以在资料收集的基础上，对不同类别的观众以及对观众调查的不同结果进行分类、对比研究，更进一步地了解观众的具体需求，从而更好地为博物馆工作提供参考依据。

无论采用上述何种方法，博物馆对观众的调查都是一个有机的过程，包括方法的选择、调查内容的确定、调查范围和对象的选择、调查的具体操作、材料的收集、统计分析、调查报告的完成等，其中任何一个环节出现差错，都会影响整个调查的结果。因此，为了确保调查的成功，保证所获调查结果的科学性、客观性、真实性和有效性，就必须在调查的过程中尽量避免出现谬误，必须在调查的每一环节都严格遵守有关的技术要求。

首先，博物馆应当根据调查的目的，确定明确的调查内容，选择科学合理的调查方法。

博物馆每次对观众进行调查研究的目的都不尽相同，有的是为了了解观众对博物馆的整体印象以及对博物馆的社会认知程度；有的是为了掌握观众的基本情况和心理特征，为博物馆工作提供指导；还有的则是针对博物馆组织的陈列展览等具体活动的调查研究。不同的调查目的，其课题和内容的确定也各不相同，因此，应当根据调查的目的，确定相应的调查内容。同时，还要正确选择科学合理的调查方法，以保证调查的客观科学和真实有效。调查方法虽然多种多样，但每一种都有利有弊。例如，观察法更适合对个体的具体行为和心理进行全面的调查研究，结果具有较强的真实性，但不具有普遍性；访问法具有较大的灵活性，甚至可能在其中探究更多的问题，但其结果往往不够客观，不具有全面的系统性；问卷调查能够较为全面和系统地了解观众的多种变量，可以普遍采用，而且其统一的标准有利于对调查结果的统计分析，但它不够灵活，无法反映问卷设计以外的情况；实验是建立因果联系的好方法，结果具有较强的针对性和实用性，但要受到调查对象样本容量的限制；自我观察法可以较深层次地了解观众的行为体验和心理过程，还有可能引发对一般性心理现象的思考，但观众的自我观察往往缺乏专业性，而博物馆工作人员的自我观察则很难保证结果的客观性。因此，要全面系统地了解观众，保证调查结果的真实有效，就必须选择适当的调查方法，必要时应当采取多种调查方法，使其结果互相印证。

其次，博物馆应当根据具体的调查目的，确定科学合理的调查范围，考虑适当的样本抽取与样本容量。

如果博物馆要了解全部社会公众对博物馆及其活动的看法和意见，就不能简单地把调查范围局限于正在博物馆参观或者曾经参观过博物馆的观众，而是要扩大到全体社会公众，即既包括实际观众，又包括潜在观众。这样，才能更加全面具体地掌握观众的基本情况，更好地了解观众对博物馆的印象，更加明确地反映博物馆在社会公众的文化生活中所占的地位和所起的作用。例如，加拿大政府就曾于1973 年在全国范围内对社会公众进行抽样调查，并由此产生了名为

《博物馆和加拿大公众》的长篇报告。[①] 该调查结果不但引起了博物馆学界对潜在观众进行调查研究的重视，而且全面系统地反映了社会公众对博物馆的认知，对于博物馆准确地评价和完善自己的工作具有重要意义；同时，对于政府部门制定更加科学合理的博物馆政策也颇具指导意义。如果博物馆只是要对其举办的具体活动进行调查研究，则可以将调查的范围限定在参加活动的观众内。例如，要了解观众对博物馆举办陈列展览的反应与评价，就可以仅在参观该陈列展览的所有观众内进行抽样调查。

不论出于何种目的，选择任何方法，博物馆在确定其调查范围之后，都必须进行抽取样本的工作。因为博物馆面对的观众数量众多，而调查的时间和资源有限，抽取样本进行调查则可以很好地解决这一矛盾；同时，抽取样本也是非全面调查的方法中用来推算和代表总体的最科学、最完善的方法。因此，抽取样本便成为博物馆在对观众进行调查研究过程中采取的最为常见和有效的手段。在社会调查中，样本的抽取主要包括概率抽样和非概率抽样两种形式。概率抽样也称随机抽样，就是按照随机原则进行抽样，不加主观因素，组成总体的每个单位都有被抽中的概率，可以尽量避免样本出现偏差，样本对总体有较强的代表性。概率抽样主要包括：简单随机抽样、等距随机抽样、类型随机抽样、整群随机抽样、多段随机抽样等方式。而非概率抽样也称非随机抽样，则是按主观意向进行的抽样，不能确保总体中每一个单位都有同等被抽取的机会和可能，但简单、易行，也可以获得对调查对象的大致了解。它主要包括偶遇抽样、判断抽样、配额抽样和滚雪球抽样等方法。博物馆在对观众进行样本抽取时，往往会根据观众总体的情况和调查的人力、时间、经费等因素选择适宜的抽样形式。如果总体数量较大，调查时间集中，多采用概率统计中的简单随机抽样、等距随机抽样和类型随机抽样；而如果总体数量较小，参观总体需要动态累积，调查人员自身素质较高，则多采取非概率取样

---

① 详见〔英〕肯尼斯·赫德森著，王殿明等译：《八十年代的博物馆——世界趋势综览》，紫禁城出版社，1986年，第332～340页。

中偶然抽样和判断抽样相结合的方式。而且，在对观众进行样本抽取的过程中，还要考虑到样本的抽取在时间和空间上的分布是否合理。如在不同的季节、不同的月份、不同的日期，甚至每天的不同时间，观众的流量不是均匀分布的，如果在高峰期进行抽样统计，结果可能会超出实际水平；反之，则可能低于实际水平。因此，要取得真实有效的调查结果，还必须保证所抽取样本时空分布的合理性。同时，样本的选择还要注意保证样本的质量，即调查对象必须能够正常思维，具备基本的表达能力；否则，样本就不具有效性。博物馆在进行抽样的过程中，都会确定样本年龄的最低限，以保证样本质量，一般来说，至少不能低于7~8岁。如果要为实验法调查取样，甚至还要对样本的知识、态度等进行测验，其项目主要包括进行实验所需的词汇量、辨别能力、概括能力、态度、敏感性等。

选择适当的样本容量对于保证调查结果的有效性和可靠性也至关重要。那么，如何选择适当的样本容量，使之既能最真实有效地反映总体状况，又能最大限度地节约资源呢？博物馆在对观众的调查过程中，样本容量的选取主要依赖于总体的规模和性质以及研究的目的，总体愈大，性质愈复杂，需要掌握的信息越多，所需的样本容量就越大；反之亦然。为了分析有关变量的所有组合，尽可能地节约资源，博物馆往往会确定一个最小样本容量。如果实际样本容量小于最小样本容量，调查结果就会受到偶然性因素的影响，丧失客观性。一般认为，在博物馆观众调查过程中，抽样人数不得少于50人，即最小样本容量为50人。当然，在条件允许的情况下，抽取的样本容量越大，其最终的统计结果越具有客观性。但当总体规模达到一定程度时，样本容量的增加对统计结果客观性的影响就微乎其微了。

第三，博物馆对观众的调查要获得客观的材料，保证结果的真实有效，就必须注重对调查人员个人素质和技能的培养。

1. 调查人员应当公正、客观地开展调查工作。调查人员的主观态度和情感在很大程度上会影响调查的客观性，因此，必须使调查人员工作时保持公正、客观的心态。如果调查人员是本馆人员，可能在观念中预先存在较为理想的结果，并通过其潜意识在调查过程中发生作用，使其不自觉地忽略对博物馆不利的材料或数据，最终影响调查的客观性。有的博物馆为了避免这种情况，特意采用馆外人员对观众进行调查。但无论如何，都要求调查人员在调查过程中公正、客观地调查、记录。

2. 博物馆应当采用各种手段激发调查人员的积极性和主动性。博物馆应当使调查人员认识到观众调查工作是博物馆工作的重要组成部分，对于博物馆的学术研究和发展完善具有重要的理论和现实意义。通过调查工作不但可以学到公关技能，锻炼与陌生人交往的能力，而且对日后从事实际工作和理论研究都颇有帮助。同时，在根据调查目的确定调查内容和选择调查方法的过程中，也应当让调查人员参与，征求合理的意见或建议。博物馆可以由此发现设计的缺陷，而调查人员则能够迅速提高问题假设能力和全面思考能力，增强其责任感和使命感。

3. 调查人员应当掌握丰富实用的调查技巧和方法，不断改进和完善调查工作。不同的调查方法，其调查技巧也不尽相同。我们就以最为常见的问卷调查为例，来说明调查人员需要掌握的调查技巧。只有一个出入口的博物馆，调查人员应在出入口里面等待观众参观结束后，缓步侧面迎上前去，礼貌地问候，然后出示相关证件介绍自己，同时拿出问卷，请求配合调查。对于有两个或多个出口的博物馆，则应当分别守候调查。对可能出现的拒绝接受调查的情况，应该平静对待，从容处理，避免工作中出现急躁情绪。如果调查对份额不做数量要求，只做时间要求，即在规定时间内进行调查，调查人员则应当随身携带充足的问卷和笔，随时准备出示给调查对象，尽量减少调查时间。对于具体的调查项目，调查人员可以进行解释性说明，但不能做诱导性暗示。为了提高回收有效率和缩短时间，调查人员可以用问答形式代填问卷。调查人员还应在统一发放的记录本上对调查期间的调查情况作详细的记录，如每天调查的人数、拒绝接受调查人数、问卷之外的意见和问题等。

4. 调查人员还要擅于利用现代化、数字化的工具和手段，以提高调查的效率，保证调查的客观准确。调查人员在调查的过程中，可以充分利用计数器、录音笔、记录仪等现代化工具，提高调查效率，采集数字化信息，以便进行数字化的统计分析。在对得到的调查数据和材料进行统计分析时，为了提高统计速度和准确性，通常要采用计算机，将采集的数字化信息输入计算机，通过计算机进行分析处理，得到统计分析的最终结果。因此，要求调查人员必须具备相关的计算机操作技能，熟练使用统计分析的常用软件，如 Foxbase、Microsoft Excel、Microsoft Access 等，特别是其中数据库的创立、数据的分析查询等功能。馆际间还可以使用计算机，通过互联网实现调查资源的共享，进行更加深入的对比研究等。

第四，博物馆对观众进行的调查结束后，应当科学、规范地撰写调查报告。调查报告是博物馆对观众调查研究的成果，不但可以反映调查的情况，促进博物馆工作的提高和完善，而且可以为博物馆学术研究提供重要的参考，为相关部门制定博物馆政策提供决策的依据。目前，博物馆对观众的调查报告主要有三种类型：第一种是以描述为主的报告；第二种是描述和解释并重的报告；第三种是描述、解释、分析、预测并用的报告。

以描述为主的调查报告主要任务是真实准确地反映事实，介绍调查的基本情况，篇幅较小。报告大多首先介绍调查的目的和过程，然后对调查项目进行说明，第三步是描述调查统计的各种图表，最后阐明通过调查得到的意见和建议。

描述和解释并重的调查报告则既要反映事实，又要进行解释说明，篇幅较长。这种报告的写作规范一般是先介绍调查的时间、地点和缘起，然后对调查项目和调查采用的具体方法进行说明，第三是阐明调查所得数据的处理方式和统计结果，第四是对调查结果进行讨论和分析，第五步要得出改进意见和具体方法，最后是引文目录和调查项目（问卷）附录。

描述、解释、分析、预测并用的报告则更加全面深入，多以专著形式出现，往往是通过调查报告，引发对博物馆工作及其指导政策的思考。其写作规范应当是在引言部分介绍调查的目的、意义和学术背景，并对调查的理论假设和基本概念进行诠释，必要时还应对博物馆概况进行简要介绍；内容则主要包括调查的目的、意义、经过、结论和对策建议，特别要对方法与步骤、资料介绍与分析、结论与讨论等部分进行重点论述；附录部分主要包括有关调查内容和调查工具的附录以及文献目录两部分。

无论哪种形式的调查报告，在撰写过程中都必须遵循客观性和准确性原则，实事求是地反映调查结果，客观有效地提出解决措施，从而真正地起到调查研究的作用。

最后，博物馆对观众进行的调查研究应当是经常性的和不间断的。因为物质世界是不断变化发展的，正如我们前面介绍的，博物馆的观众本身就是一个动态的概念，那些潜在的观众可能会转化为博物馆的实际观众，而博物馆的实际观众也可能由于种种原因流失，而且观众的意识和社会的价值取向等观念也都在这个瞬息万变的社会不断地变化发展着。所以，博物馆也应当与时俱进，从动态的角度，不断深入地进行观众的调查研究。正如著名博物馆学者赫德森所言："好的博物馆基本上是一个永不停歇的实验室，在这里，检验的结果使人能以更充实的知识去开始下一次的试验。反馈要有任何真正价值的话，必须是连续不断的，而且，首先，它必须转变为行动，这样，观众虽然也许并没有意识到，然而却在创造着他们自己的博物馆。"①

第二节　博物馆如何吸引更多的观众

2003 年，来自世界各国知名博物馆的馆长和博物馆学者齐聚南京，参加"国际博物馆馆长论坛"。这次论坛的主旨就是要探讨博物馆如何吸引更多的观众。② 随着社会的发展，文化产业的不断丰富，世界各国博物馆的馆长都更加清醒地意识到，观众就是博物馆生存和发展的基础，没有观众的博物馆就无法产生效益，不论是社会效益还

① 〔英〕肯尼斯·赫德森著，王殿明等译：《八十年代的博物馆——世界趋势综览》，紫禁城出版社，1986 年，第 353 页。

② 参见王力、姚玉洁：《博物馆的雅与俗》，《瞭望》，2003 年第 45 期，第 48 ~ 49 页。

是经济效益。所以，如何吸引观众便成为当代博物馆学界普遍关注的问题之一。其实，早在20世纪中期，博物馆学界就已经认识到观众对于博物馆的重要性，提出博物馆应当把注意力集中到吸引更广泛的观众上来。经过近半个世纪的实践，博物馆在如何吸引观众方面积累了丰富的理论和实践经验，探索出了不少行之有效的方法。简而言之，博物馆要吸引更多的观众，首先，必须提高博物馆自身的服务质量，增强观众意识；其次，博物馆应当学会利用各种媒介，宣传介绍博物馆本身及其举办的各项活动，扩大其影响；最后，博物馆应该采取多种手段，密切与社会的联系，从而争取更多的观众。

一、增强博物馆的吸引力

博物馆只有正确认识、利用和整合自身资源，不断改善软硬件条件，强化观众意识，走产业化发展的道路，才能有效提高自身的工作效率和服务质量，充分调动观众的积极性和主动性，形成鲜明的特色，进而达到增强博物馆吸引力的目的。

1. 立足本地资源 打造特色陈列

当前博物馆门庭冷落的一个重要原因就是博物馆举办的活动特别是陈列展览，平淡乏味，缺乏特色，无法满足观众丰富多样的实际需求。要改变这种现状，就必须在对观众进行调查研究的基础上，认真考虑社会和观众的需要，发挥博物馆的优势，整合博物馆的特色藏品，树立精品意识，打造特色陈列。只有这样，才能使博物馆陈列重新焕发生机，吸引更多的观众。具体而言，首先，博物馆应对观众进行广泛、深入的调研，据此了解社会的需求和观众的兴趣点。其次，博物馆要对自身有一个准确的定位。通过对本馆藏品等资源的深入研究，明确自己的优势和特色。第三，在充分考虑社会需求和观众喜好的基础上，利用博物馆特有的资源优势，借助现代化的理念和手段，打造博物馆的精品、特色陈列。最后，通过特色陈列满足社会和观众的实际需求，增强博物馆的吸引力，实现其社会效益和经济效益。例如，陕西历史博物馆就结合西安作为十三朝古都的地理优势，利用自己拥有全国首屈一指的唐墓壁画，打造了唐墓壁画展，使之成为其特色品牌陈列，吸引了国内外大量观众。

2. 改善自身条件 提高服务质量

博物馆的自身条件既包括其硬件设施，也包括人员素质、文化氛围等软件。博物馆要吸引更多的观众，就必须适应时代发展，不断改进和完善其硬件设施，适时地进行改扩建，引进先进的技术设备，完善博物馆所需的各种配套设施，如增加计算机查询设备、增加多媒体设备、完善研究室、扩大停车场等，以增强其举办各项现代化活动的能力。同时，还要积极转变观念，增强博物馆工作人员的服务意识，培养博物馆工作人员健康向上的精神面貌，不断丰富他们的业务水平和专业知识，积极营造博物馆特有的文化氛围。只有不断改善博物馆的自身条件，提高服务质量，才能有效提升观众对博物馆的整体认知程度，使博物馆能够更好地为观众和社会提供服务。

3. 增强观众意识 完善观众服务

博物馆要尽可能多地吸引观众，就必须增强观众意识，真正认识到观众的利益高于一切，从各方面为观众着想，不断提高和完善针对观众的各项服务。第一，博物馆应当从观众的实际需要出发，设立完备的配套服务设施，如设立专门的餐饮区、休息区、吸烟区、厕所、购物区、寄存处、咨询台、医护室等，为观众在博物馆的活动提供更人性化的服务，使观众在博物馆活动期间，既能满足其参观学习的基本需要，又能满足文化休闲的娱乐要求；第二，博物馆要注意活动种类的多样性、同一活动的多层次性以及活动的适应性，以满足各层次观众的需要；第三，博物馆应当坚持对观众进行不间断的调查研究，并根据观众的反馈意见和评价，及时地调整服务项目及其具体内容；第四，针对观众对博物馆的意见，要认真对待，及时处理，切实提高和完善博物馆的观众服务；第五，通过提高博物馆各项活动的水平，采用创新思维，开拓新的联系和吸引观众的途径，如博物馆巡展、流动展览等，最大限度地调动观众的积极性和主动性，最终达到使观众自愿走进博物馆的目的。

4. 重视资源转化 实现产业发展

博物馆丰富的馆藏是其特有的珍贵资源，可以通过产业化开发，将它们转化为博物馆的无形资本，更好地实现其社会效益和经济效益，提升博物馆在观众心目中的认同感，从而达到吸引更多观众的目的。首先，博物馆可以通过开发馆藏品的复制品、出版物、音像制品等相关纪念品，取得一定的经济效益，更重要的是可以扩大博物馆及其藏品的社会影响力，激发观众来馆参观的兴趣。其次，博物馆应当拓展思路，将其特有的活动，如精品陈列展览、现场文物鉴定等，进行商业化运作，从活动的策划组织到具体的安排设计，都充分吸纳观众的意见，使整个活动成为风靡一时的社会文化景观，从而在为博物馆带来巨大的经济效益的同时，也为博物馆吸引更广泛的观众。再次，博物馆应当重视对外交流，特别是包括陈列展览、学术研究、专业技能等在内的博物馆产品的对外交流。通过交流不但可以打破馆与馆之间的隔阂，加强合作联系，实现优势互补，扩大博物馆的知名度，而且可以为博物馆注入新的内容和思想观念，更好地满足观众多方面的要求。最后，博物馆要积极与相关产业联系，充分利用自身的资源优势，实现产业化发展，增强吸纳观众的能力。如博物馆和旅游业相结合，不仅能缓解博物馆的经济压力，而且可以提高博物馆的人气，扩大博物馆的影响，有利于吸引更多的观众。

二、利用各种媒体加强对博物馆的宣传介绍

博物馆要想吸引更广泛的观众，仅仅依靠增强博物馆自身的吸引力是不够的，还要积极利用各种媒体加强对博物馆的宣传介绍，以便引起社会公众对博物馆的关注，使其更加全面深入地了解博物馆。博物馆学者大卫·欧文曾经在贝尔法斯特进行过关于大众传媒的宣传与博物馆观众数量间关系的调查，结果发现大多数观众（57%）都是通过大众传媒得知某个博物馆及其举办的活动的。[①] 由此说明，在这个高度信息化的现代社会，博物馆要实现社会和经济效益，就必须充分利用各种媒体加强对自身的介绍，扩大其社会影响力。

大量的博物馆实践证明，利用各种媒体加强对外宣传，是博物馆吸引更多观众的有效途径。宣传的规模和力度越大，吸引来的观众就

---

① 参见 K. Hudson , *A Social History of Museums*, London: Macmillan, 1975. 转引自严建强著：《博物馆的理论与实践》，浙江教育出版社，1998 年，第306 页。

越多。因为随着社会的发展，人们的生活节奏越来越快，很多信息都是通过各种媒体获得的，媒体的宣传规模和力度越大，其传播的有效性就越强，对社会公众产生的影响也越大。而且，媒体宣传还可能形成社会舆论，在一定程度引发人们的从众心理，使得许多以前并不习惯参观博物馆的人来到博物馆参观。同时，通过大众传媒的宣传，还可以激发社会公众的想象力和求知欲，降低博物馆在人们心目中的陌生感和神秘感，使其更加平民化，从而吸引社会各个层次的观众。总之，宣传对于博物馆具有积极的效果，不但可以使其更好地实现社会和经济效益，更重要的是它可能会促使观众形成一种参观博物馆的习惯，从而推动博物馆事业的快速持续发展。

在这个信息爆炸的时代，能够帮助博物馆进行对外宣传的手段和途径多种多样，主要包括互联网、电视、报纸、电台、广告与招贴、自制的宣传介绍材料等。博物馆可以根据宣传的目的、宣传对象的特点以及自身的经济状况等，灵活选择宣传的形式和规模。下面我们就分别对上述几种宣传手段和途径的特点进行简要的介绍。

1. 互联网

互联网（Internet）自20世纪80年代产生以来，在短短的二十年间，就迅速发展成为当今最重要的主流信息通道。全球知名的互联网调研测评机构ComScore公司2009年初发布的统计数据显示，截至2008年底，全世界网民总数已经超过十亿。其中，中国的网民数量就高达2.98亿，互联网普及率为22.6%，已超过全球平均水平（21.9%），① 每天都有网民通过互联网获取所需信息。由此可见，互联网已经毫无疑问地成为现代社会人们获取信息的主要渠道。

利用互联网对博物馆及其活动进行宣传，具有许多其它媒体无法比拟的优势。第一，互联网传播范围广。它不受时间和空间的限制，可以通过网络将博物馆的相关信息迅速且不间断地传播到世界各地。第二，互联网的交互性强。通过互联网可以实现信息的交互性传递，即不但可以开展博物馆的对外宣传，而且可以有效地收集观众对博物

① 据中国互联网络信息中心：《中国互联网络发展状况统计报告》，2009年1月。

馆及其活动的反馈信息。第三，使用互联网进行宣传，可以通过权威公正的访客流量统计系统准确地统计受众数量以及地域分布，有助于博物馆更好地了解观众。第四，互联网具有多媒体功能，可以传播图、文、声、像等多感官信息，激发观众实地参观的兴趣和欲望。最后，互联网还具备实时、灵活、成本低的特点。利用传统媒体进行宣传，一旦宣传材料制作完成，就很难更改，即便更改，也要付出较大成本；而互联网则可以根据博物馆及其活动的变化，及时变更宣传内容，且成本较低。但互联网也不可避免地存在一些缺陷。如利用互联网传播信息，受硬件条件制约较大，只有具备计算机和网络才能接受信息，所以普及程度相对较低；互联网传播信息存在易受病毒攻击、易受垃圾信息干扰等问题；互联网的受众多为青少年，其宣传在年龄结构上存在片面性等。尽管如此，互联网凭借其强大的信息传播优势，还是成为博物馆进行对外宣传的重要手段。早在20世纪90年代初，美国伊利诺斯大学的Krannet艺术馆就率先建立了自己的网站，利用互联网进行对外宣传。今天，随着互联网技术的不断发展完善，有条件的博物馆基本都已建立了自己的网站，利用互联网对本馆进行全面深入的宣传介绍。

在当今这个信息时代，互联网不仅对博物馆及其活动的宣传介绍起到了积极作用，而且在其它诸多方面也都产生了重大的影响。如博物馆可以凭借互联网，通过建立数据库、论坛、收发电子邮件等方式，与观众之间展开积极的互动，以推动博物馆的发展；可以利用网络的开放性，通过设立链接、相关网站等方式扩大交流，增强博物馆及观众间的合作，实现全球文化资源共享；博物馆还可以通过互联网，实现信息的规范化和标准化；等等。

2. 电视

电视也是当今社会最流行的大众传媒，它由于传播迅速、时效性强、生动直观而受到人们的普遍欢迎。不论是在都市、城镇还是乡村，电视都已经成为人们获取信息的重要途径，其普及程度和收视率都在不断地迅速增长。博物馆可以利用电视，以最快的速度将相关信息传播出去，特别是那些巡回展览、讲座、借展等临时性活动。同时，电视还可以通过音画方式，向观众展示博物馆的精美展品和精彩活动，有效地激发观众参观博物馆的愿望。利用电视节目或专栏对博物馆进行系列报道，也是扩大博物馆影响的绝好方式，如由中央电视台拍摄录制的十二集大型纪录片《故宫》，就在社会上引起了极大的反响。它不但可以更广泛地引起观众的关注和参与，起到宣传推介的作用，而且还可以趁机为博物馆保存一些珍贵的专业音像资料。由于博物馆属于公益性的文化事业单位，是社会文化生活的重要组成部分，因此，许多电视台都会为博物馆免费播放，从而减轻博物馆的经济压力，博物馆要擅于利用这种机会。随着电视的产业化，博物馆也可以利用电视片的制作对其进行宣传，同时实现一定的经济效益。因为现在许多电视作品都需要利用博物馆的藏品或者建筑，博物馆可以在保证藏品安全的条件下，接待拍摄录制，提供相关的服务，并收取一定的费用。伴随着电视片的播映，无疑会扩大博物馆的影响，由此，便实现了电视制作人与博物馆的双赢。

3. 报纸

阅读报纸也是现代人获取信息的重要途径。根据世界报业协会2007年的调查，全球每天买报阅读的人有14亿，其中，中国就有2.3亿。人们关于社会生活的大量信息都是通过报纸获得的，即使在互联网和电视风行的时代，博物馆也绝没有理由忽略这种传统的大众传媒。利用报纸进行宣传也具备诸多优势。首先，报纸覆盖面宽，宣传范围广，读者遍布社会各个阶层，可以有效地扩大博物馆及其活动的传播范围和影响力。其次，报纸宣传不但成本低廉，而且机动灵活，既可以发布简讯、广告，又可以用较大的篇幅进行深入详实的报道和评论。最后，通过报纸进行宣传，具有较强的公信力。特别在我国，许多报纸都是公办的，其传递的信息也具有较强的权威性和真实性。2002年，上海博物馆举办的晋唐宋元书画国宝展就成功地利用了解放日报、文汇报、新民晚报等多家报纸进行宣传，从而吸引了络绎不绝的观众前来参观。

4. 电台

随着互联网和电视等媒体的迅速走红，电台的收听率势必会受到影响，但不容否认，收听电台的还是大有人在，因此，电台依然是重要的传播媒体。微型收音机的发展，使得收听广播成了一种很方便甚至很个人化的行为，人们在绝大多数的时间和场合都可以随意地收听广播。对于某些职业的人来说，如出租车司机，收听广播甚至是他们工作生活中的一项重要内容。电台广播虽然没有形象的画面，但优秀播音员的播报讲解，不仅能够充分激发听众的想象力，而且会给人一种特殊的亲切感，拉近与观众的距离。因此，博物馆应当充分利用电台的这些特点，对社会公众进行宣传推介。

5. 广告与招贴

广告和招贴作为现代社会重要的宣传手段，具有很强的针对性和感染力。所以，被广泛地运用于商业性销售活动。博物馆也可以通过构思奇特的广告和设计精美的招贴对自己的活动进行强势宣传，特别是临时性展览这样的活动。例如，秦兵马俑赴美展览时，就采用了夸张的广告标题——“中国军队在美国”，制作了颇有创意的招贴，以此激发观众的悬念，引起社会公众的注意，为博物馆招徕了大量观众。设计大方、兼具视觉品味与时代特征的广告和招贴，不但能作为博物馆的名片，充分表达宣传活动的主题和信息，而且也是城市亮丽的文化风景线。因此，使用广告和招贴也是博物馆对外宣传的明智选择。

6. 自制的宣传材料

博物馆为了更好地进行对外宣传，也经常会根据自己的实际需要，制作各类宣传材料来介绍博物馆及其活动。这些自制的宣传材料，既包括各种印刷品，如明信片、宣传单和小册子等，又包括各类音像制品，如幻灯、光盘等，内容涉及博物馆的基本情况、对各类陈列展览的介绍、收藏目录和藏品等。由于这些博物馆自制的宣传材料具有设计精美、便于携带、信息量大、真实可信、纪念性强等特点，所以，往往深受观众的喜爱。特别需要指出的是，博物馆自制的各类音像材料，因其具有多媒体的优点，所以，也可以将其与大众传媒相结合，大大加强博物馆宣传的覆盖面。

三、密切与社会的联系

博物馆作为公益性社会文化教育机构，只有努力建立融洽的社会关系，充分调动社会公众参与博物馆活动的积极性和主动性，让他们自觉地融入博物馆的日常工作和活动当中，才能在他们心目中树立良好的形象，获得他们更多的关注与支持，博物馆事业也才能更加健康、蓬勃地发展。

博物馆之友、博物馆会员和博物馆志愿者都是博物馆与社会密切联系的重要纽带。他们虽然称谓不同，但都十分关注博物馆事业，对博物馆及其活动非常感兴趣，想要共同参与博物馆的建设与发展。通过他们，博物馆不仅能够更广泛地联系社会公众，而且还可以得到更多的支持和资助。博物馆吸纳他们参与博物馆的日常工作，不但为博物馆增添了民主色彩，加强了博物馆对现代社会的亲和力，而且可以有效地缓解博物馆资金和人员不足的压力。

博物馆之友最早诞生于19世纪的欧洲。19世纪初，欧洲的博物馆相继由收藏机构演变为开放性的、以社会教育为主要功能的社会文化机构。关心和喜爱博物馆的人群也随之增多，一些博物馆爱好者开始自愿为博物馆服务，义务参加博物馆的相关工作，有的还捐献藏品、捐赠资金。与此同时，博物馆的发展也正需要各方面力量的帮助。于是，便将这些爱好者组织起来，形成了博物馆之友组织。最初，它有学术性和非学术性两种形式。前者由学术团体成员组成，以面向社会传播科学、历史、艺术等知识为主要目的；后者则由向博物馆捐赠过藏品、资金等的热心人士组成，他们可以享受博物馆提供的诸多优惠，并参与博物馆的部分事务，起着联系社会与博物馆的作用。以后，随着博物馆社会基础的扩大，博物馆之友也日渐非学术化和大众化。20世纪以来，博物馆收藏、研究的范围和社会教育的覆盖面进一步扩大，迅速而大量地吸收馆外的信息与资金，争取更广泛的社会支持，遂成为办好博物馆的重要条件。博物馆之友的组织形式也由此得到了世界各国博物馆的普遍重视。1972年，在西班牙的巴塞罗那召开了第一次世界博物馆之友代表大会，有145个博物馆之友组织参加了会议。1975年，成立了国际博物馆之友联盟。国际博物馆之友联盟的建立，不仅帮助博物馆之友建立了国际间的广泛联系，为他们的交流合作提供了更广阔的平台，而且促进了鼓励资助博物馆的全球性舆论的形成。直到今天，博物馆之友依然是博物馆联系社会、吸引观众和资金的重要手段。

由于社会制度及国情等方面的差异，各国博物馆之友的名称、任务和组织形式也有所不同。

西方国家的博物馆之友主要是援助性的组织，包括人力、物力和财力的援助。在英国，筹集资金是博物馆之友的主要任务。同时，在博物馆之友的成员中还要推选出学有专长的人，作为博物馆志愿人员，参与博物馆的藏品征集、陈列设计、器材维修等业务工作，在旅游旺季，还要担任博物馆的导游和讲解。博物馆在得到博物馆之友帮助的同时，也会给他们一些优惠或赋予他们一些特殊的权利，如享受特别的减免优待、免费获得资料和赠品等。英国铁桥峡博物馆是组织博物馆之友的成功范例。铁桥峡博物馆之友所进行的活动主要包括大力宣传博物馆、为博物馆筹措资金、为售货点和问讯处配备人员、担当博物馆的导引人员和讲解员、参与博物馆各遗址的实际工作、开展博物馆藏品的业余整理和研究、组织一些特殊的博物馆活动等。作为回报，博物馆也会赋予他们一些权利，主要包括在开放时间可以免费参观，赠阅博物馆的公报《铁桥季刊》和《博物馆之友通讯》，购买博物馆出售的商品可以享受特别减价优待，赠阅活动计划等。在美国，博物馆广泛开展的博物馆会员制度，其实质就是博物馆之友，但被称为博物馆会员。正如赫德森所言："美国人是爱参加各种组织的人，如果一个人不是某个组织的成员的话，那么几乎不能说他存在。因而博物馆会员制度同美国的生活方式很容易、很自然地就合拍了，并且毫无疑问，美国的博物馆靠这种办法获得了大量支持和资金，受益非浅。"[①] 比如，美国的沃纳故居博物馆就有七种登记的会员：认捐最低限额二美元者，被称为有帮助的会员；五美元者，称为及时的

① 〔英〕肯尼斯·赫德森著，王殿明等译：《八十年代的博物馆——世界趋势综览》，紫禁城出版社，1986 年，第 227 页。

会员；十美元者就是赞助的会员；二十五美元者就成为热心的会员；五十美元者就可以成为慈善的会员；一百美元者被称为慷慨的会员；一千美元者就可以成为终身会员。这些会员的权利和义务同前面介绍的博物馆之友基本相同，但美国的博物馆通常都是以家庭为基础吸收会员。据20世纪90年代末的统计，美国已有8000多个博物馆建立了会员制度。而到了21世纪，随着会员制度优越性的不断显现，这种制度必将被更广泛地应用于各个博物馆。20世纪中期，亚洲也出现了这类组织。1962年，印度的孟买博物馆便成立了亚洲较早具有博物馆之友性质的馆友会。随后，日本也出现了同样的组织。虽然它们与博物馆之友的称谓不同，但主要工作基本是一致的。这些馆友会在密切博物馆与社会的联系、为博物馆招徕观众和吸纳资金等方面也发挥了重要的作用。

我国的博物馆之友组织是在中华人民共和国建立以后才发展起来的。20世纪50年代，我国一些著名的博物馆，如中国历史博物馆、南京博物院和上海博物馆，就组织了博物馆之友，主要吸收专家学者和教师参加。随着我国博物馆事业的蓬勃发展，现在许多博物馆都建立了完备的博物馆之友组织，它们当中大多数是非专业人士组成的非学术性团体，只有少数是学术性团体。我国的博物馆之友主要负责密切博物馆与社会的联系，一般没有从资金方面赞助博物馆的任务。其成员较为广泛，主要可以通过介绍、申请和特聘三种形式加入。他们的活动主要包括：架设双向交流的桥梁，沟通博物馆与社会间的信息；调动社会力量，为博物馆提供有益的帮助；利用博物馆的独特优势，培养更多的文博爱好者；等等。博物馆也会定期组织他们参观博物馆，参加讲座和座谈等活动，让他们优先获得博物馆的出版物，参加馆内诸如社会教育、藏品研究和陈列展览的设计等业务活动，有条件的，还可以参加博物馆组织的田野考古和文物征集、标本采集等工作。

博物馆志愿者是以博物馆为平台，利用自身兴趣和特长，自愿为观众服务的社会人群。因为他们都是义务工作者，所以，在许多西方国家也把他们称为义工，并在博物馆普遍建立了义工制。志愿者不仅可以为博物馆提供最基本的咨询、导览和讲解服务，还可以承担资料管理、宣传教育、陈展杂务、简单行政等工作。例如，美国艺术博物馆2/3的工作都是由志愿者承担的；美国卡内基自然博物馆的教育部只有20位工作人员，但幕后支持的志愿者却多达200余人，他们能够协助馆内人员圆满地完成教育推广、教育活动策划、陈列设计等工作。① 志愿者来自社会各个阶层，有专家学者、教师、医生、在读的研究生，但更多的是离退休的年长者、有大量空余时间的社会人员和在校的大学生。经过长期的发展实践，博物馆志愿者制度在许多博物馆事业较为发达的国家已经渐趋完备，主要体现为：社会公众参与博物馆志愿服务的意识较强；博物馆为志愿者提供的岗位丰富，志愿者可以参与博物馆的多项工作；博物馆志愿者的构成日益多元化；博物馆可以将志愿者作为重要的人力资源加以利用；博物馆志愿者机制相对完善等。

我国的博物馆志愿者工作起步相对较晚。直到20世纪90年代，一些博物馆才开始启动志愿者活动，如上海博物馆志愿者工作开始于1996年，浙江自然博物馆的志愿者工作始于1998年。虽然我国的博物馆志愿者工作起步较晚，但随着博物馆事业的飞速发展和社会公众对博物馆认识的提高，我国的博物馆志愿者工作也正在不断进步和完善。目前，全国各大博物馆基本都已经开展了志愿者活动。通过开展志愿者活动，不但拓展和强化了博物馆的社会教育功能，而且还积极地推动着博物馆走向社会，使其能够更好地服务于社会大众；同时，也为热心和有志于博物馆公益事业的人群提供了实现个人价值和社会价值的平台。博物馆志愿者们不但可以作为博物馆人力资源的有益补充，而且可以作为博物馆的形象代言人，发挥榜样的力量，从而使更多社会公众关注博物馆及其活动。

总之，博物馆之友、博物馆会员和博物馆志愿者都是博物馆密切联系社会的重要途径，通过他们，不仅可以充分扩大博物馆的社会基

---

①　参见兰国英、杨岭：《试论我国博物馆的志愿者活动》，《东方博物》，2006年第3期，第120页。

础，吸引更多的观众，而且能够从各方面得到社会的支持和资助，推动博物馆事业更加健康、迅速地发展。

第三节 博物馆的社会教育

博物馆作为重要的社会文化教育机构，不仅担负着解读和传播社会历史与科学知识、传承优秀民族文化的责任，而且在提高广大观众的思想品德和文化素养方面也发挥着显著作用。近年来，伴随着博物馆事业的社会化、博物馆服务社会理念的增强以及社会公众对博物馆认知的不断深化，博物馆教育在整个社会教育体系中也占据着越来越重要的地位。当代博物馆正以其不可替代的文化价值、丰富多彩的教育信息以及个性独特、形式多样的教育方式，承担着传播科学文化知识、塑造健康思想道德、提高审美情趣、培养公共意识、增强环保意识等方面的使命，并且在通过观众得以实现的过程中显示出勃勃生机。

一、当代博物馆教育的特征

我们可以将当代博物馆教育的特征总结为：实物性、直观性、开放性、自主性、娱乐性及互动性。

实物性就是指博物馆以真实的文物、标本作为自己的活动基础，并由此揭示事物客观面貌及其科学内涵、传播观众所需信息的特性。博物馆教育主要就是利用实物，通过博物馆特有的陈列语言，实现信息由物到人的传播。而且，博物馆也是唯一以真实的物品作为主要传播媒体的教育场所。

博物馆教育主要就是通过举办陈列展览等活动，吸引观众前来参观，在参观过程中得以实现的。而博物馆利用文物、标本以及其它辅助展品组成的陈列展览，则为观众创造了从直观上感性认识事物、获取信息的机会。因此，直观性与形象性也是博物馆教育的重要特征。

开放性主要体现在两个方面。第一是博物馆教育的对象具有开放性。博物馆教育的对象是全体社会公众，具有广泛的社会性，不受任何条件的制约。第二是博物馆的教育方式具有开放性。随着数字化博物馆的发展，博物馆教育也突破了传统的教育模式，通过互联网等信息手段可以突破时间和地域的限制，全方位地面对全世界公众进行博物馆教育。

博物馆教育的自主性也体现在两个方面：一是博物馆可以根据社会需要和馆藏特点，自主选择教育的内容和形式；二是观众可以根据自己的实际需要和兴趣爱好汲取知识。因为博物馆属于非强制性教育机构，观众的参观活动都是自愿的行为，他们属于自我教育学习者。所以，他们在接受博物馆教育的过程中，可以自由选择参观内容，具有高度的自主性。

正如博物馆学者赫德森所言，"无论是对儿童还是成年人，教育和乐趣都是紧密联系在一起的"，"娱乐和教育之间的界线非常细小，而且越来越不真实"。① 现代博物馆教育的主要特征也包括娱乐性。博物馆作为让学习者在运动中接受教育的地方，也为博物馆教育娱乐性的发挥提供了必要的条件。因此，博物馆在其开展的各项教育活动中都想方设法将学习与娱乐融为一体，如在陈列展览中设置具有较强参与性和娱乐性的项目等，力求寓教于乐，使观众在愉悦的状态下接受教育。

虽然现在的博物馆教育传播给观众的知识信息量越来越大，新科学技术含量也越来越多，但知识与信息的传播却已不再是博物馆向观众的单向传递，而是双向交流，互动影响。观众在从博物馆获得所需知识的同时，为博物馆反馈大量其所需的信息。所以说，互动性也是当代博物馆教育的重要特征。

二、博物馆教育的主要内容

博物馆作为社会教育机构，必须开展有计划的教育活动，才能达到普及科学文化知识、弘扬民族文化、提高观众思想道德修养和审美情趣的目的。随着博物馆教育理念的更新和实践经验的积累，博物馆教育已经成为世界各国社会教育的重要组成部分。

---

① 〔英〕肯尼斯·赫德森著，王殿明等译：《八十年代的博物馆——世界趋势综览》，紫禁城出版社，1986 年，第 17 页和第 26 页。

我国的博物馆从它诞生的那天起就被赋予了重要的社会教育使命，被希望能够“留存往迹，启发后来”①。早期的博物馆学者对博物馆社会教育的认识可以概括为两个方面：一是实施面向社会的实物教育，使民众的知识扩大，趣味向上，同时，辅助学校教育；二是实施精神教育，陶冶性情，启发人民的爱国意识和民族自豪感。历史发展到今天，博物馆事业取得了前所未有的发展，封闭沉闷的传统形象也被开放活跃的现代形象所取代，并深深植根于现代社会中。作为文化遗产的保护神、社会文化消费的乐园、异军突起的教育新天地，博物馆越来越显示出其在社会教育中的重大作用和无可替代的地位，因此，也承担着更多的社会教育职能。

现代博物馆的社会教育是多方面的，主要包括科学文化教育、道德情感教育、审美情趣教育、公共意识教育和环保教育等。

1. 全民的科学文化教育

博物馆保存着丰富的人类文明成果，展示着自然界和人类社会从古到今的发展轨迹，承载着底蕴深厚的历史文化，是一部包罗万象的“百科全书”，是开展科学文化教育的重要场所。所以，博物馆通过举办陈列展览等活动向全民普及科学文化知识是其教育的重要内容。博物馆的科普教育具体包括两个方面：一是对在校学生的养成教育；二是对成人的继续教育。

青少年的教育质量直接关系到民族的素质和国家的前途。因此，世界各国都十分重视以青少年为主的学校教育。可是，培养学生是一个系统的工程，往往需要学校、家庭和社会三方面协同努力。博物馆作为社会文化教育事业的重要组成部分，在配合学校教育方面自然有着义不容辞的责任。目前，博物馆与学校紧密配合，对在校学生进行形象全面的科普教育，业已成为国内外博物馆教育的重要内容。博物馆正越来越成为辅助学校教育的“第二课堂”。

---

① 张謇：《通州博物馆敬征通属先辈诗文集书画及所藏金石古器启》。转引自吕济民：《张謇与中国博物馆——纪念南通博物苑成立 90 周年》，《中国博物馆》，1995 年第 3 期，第 4 页。

在墨西哥，每年中学生学习历史和自然科学的某些课程时，都要去参观博物馆。在英国和新西兰，未来的小学教师或者校长也都要接受博物馆教学的专门指导。博物馆积极开展各种形式的科学教育活动，特别是对少年儿童和学生的教育，被看作是博物馆教育活动的最基本内容。在美国，不论大小博物馆都设有教育部门，专门负责配合学校教育。如为学生设立专用教室、实验室；开办专供少年儿童参观的陈列展厅；提供有偿借用的教辅用具；编制配合参观的讲座教材等。总之，国外的博物馆针对在校学生的养成教育已经积累了很多成功的经验，值得我们学习和借鉴。

随着博物馆事业的发展，我国博物馆也积极开展了学生的校外教育。博物馆接待儿童和学生的数量逐年上升，大多数博物馆的学生观众都已达到25%～40%。为了更好地发挥普及科学文化知识的作用，我国博物馆还结合其自身的特点，积极开展了许多卓有成效的校外教育活动，主要包括：结合教学内容，对教师进行辅导，增加其文物、标本知识，以便更好地向学生进行讲解；组织学生来馆参观，结合学生的课堂学习，做好陈列讲解与辅导；建立学生活动室，针对各年级学生组织多种形式的学习活动，如举办绘画、小标本制作等辅导班，开办科普夏令营，观看电影，开展知识竞赛等；与博物馆所在地的中、小学建立固定联系，设立校外辅导员，针对学生的不同兴趣爱好，进行专业辅导；根据本馆的性质和条件，制作图片、幻灯、标本、模型等作为教辅，提高学生的学习效果和热情；组织小型、轻便的展览到所在地区周边的中、小学进行巡回展览，更广泛地普及科学文化知识。

成人教育也是博物馆科普教育的重要方面。如今，人类社会已进入信息与知识经济时代，知识总量急剧增长，更新速度也越来越快。这就要求现代人即使离开学校，也要不断学习，随时接受新的科学知识和信息，只有这样，才能增强自身的竞争力，更好地适应并推动社会的发展。也正是因为如此，对成人的继续教育才受到了世界各国的普遍重视。博物馆作为社会教育的理想课堂，在成人教育方面也具有明显的优势，被誉为“没有围墙的社会大学”。首先，博物馆拥有丰富的实物教学资料，适合成人的学习特点。其次，博物馆类型多样，藏品众多，涉及诸多专业，具有广博的知识含量，容易满足成年人综合学习的要求。最后，对于某些特定的专业，博物馆人才集中，有较好的设备，能为成人教育提供适宜的进修条件。为了更好地发挥博物馆对成人普及科学文化知识、提高文化修养的作用，许多国家的博物馆都开展了针对成人教育的活动。在美国，不少博物馆为成年人提供专题讲演、学习班、研究班等。法国卢浮宫博物馆早在1882年就创立了职业教育学校，而且，目前正在制定18岁以上成年人的博物馆社会教育计划。近年来，我国博物馆也开展了形式多样的成人教育，如结合社会需求和成人观众需要，举办各种类型的陈列展览，举行以传播科学文化知识为目的的专题讲座等，而且取得了不错的成绩。

2. 广泛的道德情感教育

通过博物馆，观众不仅能够获得丰富的科学文化知识，而且能够在潜移默化中受到优秀文化的熏陶，激发强烈的爱国热情和崇高的民族精神，对其精神世界产生深远的影响。因此，对全体社会公众，特别是青少年，进行优秀传统文化和爱国主义教育，不断提高其思想道德修养，也是博物馆教育的重要内容。

在我国，博物馆有着参与道德情感教育的优良传统。从第一座现代意义的博物馆诞生至今，我国博物馆始终十分重视对社会公众的道德情感教育。这种教育，不是空洞的说教，而是物化的教育，是利用实实在在的藏品，通过陈列展览等活动来实现的。博物馆开展的陈列展览等教育活动，对于民族认同感的培养、民族凝聚力的增强、民族自豪感的提升、优良民族文化的弘扬和精神品质的传承都具有重要的作用。譬如，当我们置身秦始皇兵马俑博物馆，面对气势恢宏的兵马俑和战车方阵时，内心的震撼与自豪是无法用言语描述的。同时，作为伟大先民的后人，那份责任感也会油然而生，激励我们努力开创中华民族今日的辉煌。当我们目睹旅顺博物馆万人坑内那触目惊心的累累白骨时，悲愤和泪水交织在一起，无可辩驳地使我们认识到中日甲午战争时清政府的无能、民族的屈辱和百姓命运的悲惨，也更加深切地体会到近代中国饱含血泪和屈辱的历史。侵略者的惨无人道会激起每一个有良知的中国人的无比愤怒，唤起我们强烈的爱国情怀，强化我们保卫祖国、建设祖国、振兴民族的信念和责任感。为了更好地适应时代的发展，博物馆也可以利用一些现实题材，作为进行社会道德情感教育的切入点，如举办反法轮功邪教、反腐倡廉、远离毒品、纪念抗战胜利等主题鲜明的陈列展览，直接将博物馆的道德情感教育融入现代人的社会文化生活中，使其更好地发挥作用。可以说，每座博物馆都是一个非常好的思想道德教育和爱国主义教育基地，每件藏品都是活生生的教材。博物馆应该充分利用这些教材，完成好社会与时代赋予我们的使命。尤其是对青少年，在他们世界观、价值观形成的过程中，给他们以正确的引导和教诲，使他们成长为有社会责任感、民族自豪感、道德高尚、理想远大的新一代。这不仅是博物馆社会教育的重要内容，也是建设社会主义精神文明、振兴中华民族的长久任务。

3．博物馆的审美教育

所谓审美教育，也被称为美育，就是运用人类实践所创造的一切美，对人类自身进行审美情感、审美形态、审美观念等方面的教育，使人的身心得到协调发展，精神世界得以升华，成为具有高尚精神和实践能力的人。早在20世纪初，蔡元培先生就已经认识到博物馆具有的审美价值了。他认为，美的教育仅在学校是不够的，还要通过博物馆进行社会的美育，给更多社会公众以美育的机会。正如他所言："美术博物院，陈列各时代各民族的美术品，不但可以提供美术家的参考，并可以激起普通人优美、高尚的兴趣。"① 其实，博物馆内的藏品都是人类创造的既具形式美感，又有丰富内涵之美，更具历史文化之美的艺术珍品。面对马家窑文化璀璨的彩陶艺术，三星堆精美奇特的青铜器，康雍乾时期美轮美奂的瓷器，所有观众都会被这些具有鲜明时代特点并且绚丽多姿的艺术品所吸引，沉浸在美的愉悦与享受之中。这种直观的、强烈的美的体验，使人们从感受美、领悟美，到

① 蔡元培：《何谓文化》，北京大学日刊806号，1921年2月14日。转引自姚香勤：《当代博物馆与社会教育》，《平原大学学报》，2005年第6期，第69页。

汲取美、创造美，一步步地提高其审美能力和艺术修养，并最终达到较高的审美境界。所以，对于社会公众而言，走进博物馆不但“是一次历史文化的追踪汲取，也是一次审美感知历程和多层次的美的沐浴”①。

当代博物馆特别是艺术类博物馆，业已将提供审美经验、增进社会大众的美学鉴赏力视为己任，不仅自己举办艺术类的陈列展览，而且还经常通过国际文化艺术交流，引进许多高水平的国外展览，使普通民众有机会不出国门就能欣赏到世界级艺术大师的作品，了解全新的艺术发展动向。此外，许多博物馆还特别关注未成年人的审美教育，经常利用馆藏藏品、陈列展览场所和学术资源，提供面向社会公众的活动，如举办儿童书画展、书画比赛、美学讲座等。这些活动，不仅陶冶了少年儿童的情操，而且也在一定程度弥补了当代学校审美教育的不足，对于培养他们正确、健康的审美观念具有积极作用。

4. 增强公共意识的教育

博物馆作为公益性的社会文化机构，其生存和发展必须依靠社会各界人士的支持和帮助。长期以来，民众的无私捐赠和服务博物馆的意识一直是博物馆创立、发展的重要物质支撑与精神后盾。

在我国博物馆事业的发展过程中，就曾有许多人怀着极大的支援国家建设的热情，将自己的珍藏捐献给了国家。仅1956年至1966年十年间，著名收藏家孙瀛洲先生就向故宫博物院捐赠文物3000余件，其中包括25件一级文物。1956年，张伯驹先生先将陆机的《平复帖》等八幅稀世书画捐给了故宫博物院，后来又将三十多幅珍贵书画捐给了吉林省博物馆。岭南著名学者商承祚及其后人，也从1964年起无偿向国家捐赠过1200件珍贵文物，其中，一、二级文物超过60%，无论在数量上还是质量上都居全国第一。这样的例子还有很多，不胜枚举。在博物馆制度较为发达的国家，更是建立了一套完善的社会捐赠体系，并以此推进着博物馆事业的发展。我们在介绍世界

① 王文建：《新世纪博物馆为人民服务之我见》，《中国博物馆》，2000年第3期，第35页。

博物馆发展史时就曾提到，欧美国家的许多博物馆都是由私人或者社会机构捐建的，而且，几乎所有的博物馆都接受过社会的捐赠。从这个角度而言，博物馆不仅要完成对观众普及科学文化知识、提高道德情感和审美的教育，还要让观众了解博物馆创立、发展的历程，了解文博工作者为保护藏品做出的牺牲，认识捐赠者高尚的品质，并且大力倡导这种无私奉献的公共精神，让观众更好地体会和理解博物馆公益性的内涵和意义。

除此之外，近年来，博物馆之友和博物馆志愿者等服务博物馆的社会活动也开展得如火如荼。各地大、中型博物馆基本都建立了自己相对稳定的博物馆之友和志愿者队伍。他们的活动对于博物馆而言，可以有效地缓解人员不足的困扰，更好地提升服务质量；对于观众而言，能够使其在博物馆得到更加全面周到的服务；对于他们自身而言，既满足了自己的兴趣爱好，又找到了增长见识、回报社会的机会。总之，博物馆之友和博物馆志愿者等活动，不仅吸引了大量有公益精神的人士参加到博物馆事业中来，为博物馆与社会更加广泛、深入和细致地交流沟通创造了条件，为广大公众提供了走进博物馆、了解博物馆、服务社会、自我教育、自我提升的机会，而且使博物馆的性质、内涵及其公共精神得到了很好的宣传。

上述这些都在很大程度上倡导了良好的社会风气，培养了人们无私奉献的公共意识。所以说，增强公众意识的教育也已经成为新时期博物馆社会教育活动的重要内容。

5. 博物馆的环保教育

环境与生态危机是当今全球面临的共同问题。资源枯竭、环境污染、人口过多，致使社会陷入了种种困境。正因为如此，环境保护才成为世界各国的紧迫任务。国际博物馆学界出现的生态博物馆和新博物馆学运动，就是整个社会生态意识觉醒并付诸行动的重要表现。1992 年，世界博物馆日的主题是“博物馆与环境”，也显示出现代博物馆对环境问题的极大关注。随着全社会环保意识的不断增强，博物馆的环保教育也随之得到了迅速的发展。美国三大博物馆之一的芝加哥菲尔德博物馆就堪称博物馆开展环保教育的典范。为满足环保教育的需要，该馆于1994年成立了环境保护教育规划部。通过与当地环保组织的密切合作、举办相关的陈列展览、开办论坛、讲座等方式，面向全体社会公众进行环保教育，使他们在每天的生活中认识到生物多样性的重要性，理解人类生活与大自然的相互依存性，理解人类行为对生物多样性的影响，明确生活质量和环境保护之间的关系，最终培养其自觉的环保意识和行为。[①] 我国博物馆也很重视环保教育，经常组织相关的陈列展览对环境保护进行大力宣传，许多自然类博物馆甚至将环保教育作为本馆的中心工作。不少博物馆还在举办陈列展览时引入生态化的设计理念，用生态学的观点、方法指导陈列设计，通过陈列展览，教育观众学会生态思维，用生态和环保的观点去看待自然界和我们生活的环境。此外，随着生态博物馆观念和环保意识的日益强化，一批自然博物馆、自然保护区、遗址博物馆以及村寨博物馆应运而生，它们也都具有保护环境和宣传环保的目的与功能。上述种种都昭示着人类正在努力实现与自然界的和谐相处，博物馆也正在以自己独特的方式与思维，对社会公众进行着积极有效的环保教育。

三、博物馆教育的主要方式

博物馆教育要取得良好的效果，仅仅依靠充实教育内容、完善教育职能是不够的，还必须依据社会的发展和观众的实际需求，采取丰富多样、贴近公众的教育方式，才能更大范围地扩大博物馆教育的影响。随着社会的发展和公众对博物馆认识的不断提升，当代博物馆已经逐步发展成为多功能的社会文化中心，其社会教育功能随之变得越发强大。为了更好地适应社会的发展，满足社会公众对博物馆教育的各种需求，博物馆的教育方式也应当与时俱进，推陈出新。除了举办各类陈列展览、进行陈列讲解的传统教育方式外，还可以采取开办讲座进行辅导教学、运用多媒体和计算机技术进行电化教育、利用研究成果编印博物馆资料进行宣讲、组织更多的参与性活动、使博物馆流动起来、发展博物馆旅游等新型教育方式。

---

① 详见 Carol J. Fialkowski：《博物馆与环境教育：影响城市公众》，《环境教育》，2001年第5期。

1. 陈列展览和讲解

陈列展览是博物馆进行社会教育的主要方式。当代博物馆往往会在充分挖掘展品价值的基础上，借助各种现代化的陈展手段，组织兼具功能性与艺术性的各类陈列展览，并且通过博物馆特有的陈列语言，在科学文化、情感道德、审美鉴赏、公共意识和环保观念等方面，实现对观众的教育。

虽然博物馆的陈列语言对于观众参观、理解陈列内容具有重要的作用，但它也不可避免地具有自身的局限性。比如，陈列语言难以针对不同文化水平和理解能力的观众进行不同的表达；由于各方面因素的限制，陈列展览和展品复杂深奥的内涵可能也无法通过陈列语言使观众理解。这时，博物馆就需要借助讲解工作予以补充，以提高观众的学习效果。

讲解作为博物馆辅助观众参观的重要手段，不但可以帮助观众更加全面深刻地理解陈列展览的内涵，而且还可以通过与观众的互动交流，激发其参观兴趣，拓宽其知识面，从而更好地进行博物馆教育。早在19世纪末，博物馆就已开始运用讲解进行社会教育。1906年，美国波士顿美术馆为了满足观众从博物馆获取更多知识的需要，开始设立讲解员，称其为“Docent”，即“讲师”。他们负责向观众介绍陈列品的名称、性质、时代等相关信息，使观众从详细的讲解中获得了更加丰富的信息，大大增强了博物馆学习的效果。这种辅助参观的讲解立刻受到了观众的普遍欢迎，并受到了博物馆界的重视。现在，讲解制度已经成为众多国家博物馆教育的常规方式。各类博物馆根据自身的特点和观众的具体需求，都会采取灵活多样的讲解方式，如定时讲解、特定对象讲解和收费讲解等。伴随着高科技设备在博物馆中的使用，讲解也变得更加便捷和人性化，出现了轻便的程控讲解器和电脑遥控的录音讲解等新的讲解方式。

尽管如此，讲解员依然是博物馆讲解工作的主要承担者，口头讲解在因人施讲、区别对待的过程中与观众建立的情感交流，是任何高科技的讲解工具都无法取代的。要发挥博物馆讲解的教育效果，优秀讲解员的出色讲解是关键。优秀的讲解员应当具有丰富的专业知识，实事求是的科学态度，高尚的道德修养，给观众以美感的仪容风度，较强的组织能力、表达能力、应变能力、观察能力和良好的心理素质。在讲解的过程中，要注意讲解艺术。在有声语言上，应做到吐字清晰，节奏适宜；发音圆润洪亮，声情并茂；掌握讲解重点，抑扬顿挫；语言简练，通俗易懂。在无声语言上，要借助表情，表达源于讲解内容的真情实感，还可以借助身体语言，激发观众的想象力，从而更好地吸引和感染观众，加深其对讲解内容的理解。针对不同的陈列展览和不同观众的需要，应采取不同的讲解方式，如在接待一般的零散观众时，可以在引导观众参观的过程中，按照陈列展览的顺序进行讲解，既可以前后贯通讲完全部内容，也可以根据观众要求，重点讲解；在接待团队观众时，可以采取总体介绍的方式，集中、概括地介绍展览的主题思想和主要内容，使观众明确参观内容，调动其参观兴趣；在接待学生和专业工作者时，则可以通过互动讨论、提问的方式进行讲解，这样既能够活跃气氛，又可以达到互相学习的目的。

2. 开办讲座

开办讲座也是当代博物馆教育的重要方式。博物馆可以根据本馆的性质和目前举办陈列展览的内容，以及观众感兴趣的热点，结合博物馆的科研状况，来制定讲座的计划和内容。讲座一般在博物馆的展厅或专设的报告厅内举行。通过讲座，不但可以满足广大观众学习科学文化知识的需要，增强博物馆教育的效果，而且可以有效地体现博物馆的科研成果，密切与观众的联系，扩大博物馆的社会影响。博物馆讲座的讲解人，既可以是博物馆的工作人员，也可以是兼职讲师、专家学者，甚至是普通观众。讲解的内容，既包括丰富多彩的科学知识，也可以是参观的感悟、对博物馆事业的建议等。伦敦的科学博物馆就属于利用讲座进行社会教育的成功范例。该馆的讲座极具广泛性，从十岁以上的儿童到各种成年人的团体都可以成为讲座的听众。讲座分为两种形式：一种是申请讲座，至少要提前十五天进行安排，要把听众的有关情况通知讲解者，以便讲解者准备的内容能够适合听众的能力和特有的兴趣；另一种是凭票特别讲座，在博物馆的散页印刷品上发出预告，感兴趣的观众就可以获得免费的入场券。讲座一般聘请相关专业的专家学者，在博物馆内部进行，由于受到空间和人数的限制，必须凭票入场。① 目前，我国许多博物馆也已开始通过讲座的形式进行社会教育。例如，南京博物院就曾开办过关于南京城历史的系列讲座，收到了很好的效果。

3. 电化教育

博物馆的电化教育就是指利用幻灯、投影及电视、录像等视听媒体与多媒体计算机和网络技术，将博物馆的宣传教育内容传达给观众，以达到良好的宣教目的。随着科技和信息产业的高速发展，电化教育凭借其音画同步、直观形象、信息量大、灵活性强等特点，已逐步发展成为当代博物馆重要的教育方式。许多博物馆都已经设立了专门的电化教育室，或在展厅和报告厅等地安装了电化教育设备，以便对观众进行更加全面的博物馆教育。电化教育的技术和形式多种多样，主要包括光学投影技术、电声技术、电视技术和计算机技术。

光学投影技术主要包括幻灯、投影等。这种手段在博物馆教育工作中应用较早，并且积累了大量经验。利用光学投影技术进行观众教育，具有较大的灵活性，并且幻灯、投影等比较容易制作，相对较为经济。特别是对于小型博物馆而言具有重要意义，能够对陈列展览的内容起到良好的补充作用。

电声技术主要指各类广播音响系统。现代博物馆为了更好地实现对观众的教育，往往会在观众参观的过程中，配合陈列展览的内容播放背景音乐，创造舒适优雅的参观环境；或者结合展品特点，辅以音响效果，增强展品的艺术感染力，加深观众的理解。湖北省博物馆就在观众参观过程中，播放举世闻名的曾侯乙编钟所演奏的乐曲，不但能引起观众的无限遐想，而且可以激发观众强烈的民族自尊心和自豪感。现代电声技术为了满足同一博物馆不同展厅音响效果的需要，还可以进行分区播放，互不干扰。例如，河南博物院的广播音响系统，不仅能为博物院广场的庆典活动进行气氛的烘托，而且能够在馆内不

① 〔英〕肯尼斯·赫德森著，王殿明等译：《八十年代的博物馆——世界趋势综览》，紫禁城出版社，1986 年，第 248～250 页。

同的展厅同时进行适应各自特点的背景音乐和语音播报。

利用电视技术，博物馆还可以将自己的陈列展览、精美藏品以及丰富多彩的活动情况拍摄录制成主题鲜明、生动形象的录像带和光盘，再配以多种语言的讲解，通过电视传播给观众，寓教于乐，也可以收到很好的社会教育效果。故宫博物院就曾将钟表展采用动静结合的手法录制成电视片，使观众既能看到造型各异、多姿多彩的钟表，又能看到它的机械原理，同时听到它报时和鸣叫的音乐声。这样，既能形象直观地普及关于钟表的科学知识，又能极大地引起观众的参观兴趣。近年来，随着电视在现代社会的广泛普及，它的受众也必然会越来越多。而且，它所播放的内容来源广泛，形式多样，具有及时、灵活的特点。可以说，电视技术是博物馆从封闭走向开放的重要电化教育方式。

计算机和网络技术的发展也为博物馆的电化教育提供了广阔的空间。由于计算机和网络技术集多种传媒的优点于一身，所以，已经迅速成为博物馆电化教育的重要手段。计算机和网络技术在博物馆信息查询、藏品检索、陈列布展、参观导览、陈列讲解等方面都已经发挥了积极而强大的作用。利用计算机和网络技术，还可以为博物馆提供在线查询、同声传译、休闲娱乐等更加完善的服务功能，更好地提升博物馆的电化教育能力。

4. 实现科研成果的转化

博物馆可以通过多种途径实现科研成果的转化，使之应用于博物馆教育。博物馆的科学研究主要包括博物馆学研究和藏品研究。这些研究取得的成果，对博物馆的各项工作都具有很强的指导作用，博物馆教育也不例外。所以说，博物馆的教育是其科学研究的延伸。博物馆既可以将对博物馆学和藏品的研究成果通俗化，通过出版各类宣传参考材料和音像制品，使观众通过阅读和观看获取更加全面系统的信息；也可以将对藏品和观众的研究成果应用于陈列展览，以提高陈列展览的水平和对观众的适应性，从而更好地实现博物馆教育；还可以将对观众和博物馆教育的研究，应用于博物馆对观众的各项服务，提高博物馆教育的有效性。总之，博物馆的科研成果，具有较强的科学性、系统性和针对性，将其转化为博物馆教育的相关内容和方式，可以成功地增强博物馆教育的广泛性和有效性。

5. 组织更多的参与性活动

组织参与性活动是博物馆教育的新观念，也是重要的教育方式。博物馆的参与性活动主要包括各类陈列展览中的参与性操作和博物馆组织的征集、考察、培训、鉴定等活动。

现代教育学的研究表明，运用多种感官对于增强理解是有积极意义的。因此，博物馆在举办陈列展览时，便有意设计安排一些可供参与的操作项目，以提高观众的自主性和投入感，获得更好的教育效果。特别是现代的科学技术博物馆、考古学和人类学博物馆、自然博物馆以及露天博物馆，都在陈列展览过程中安排了许多参与性的操作项目。丹麦一座反映史前文化的博物馆，就在陈列展览时安排了不少让观众亲身体验史前社会人类生活的项目。观众可以在用树枝和兽皮搭制的帐篷或粗制的木房中，从事打制石器、钻木取火、用陶罐煮粮食等活动，体验史前人类生活的场景。我国大连市自然博物馆在举办自然陈列展览时，也设立了参与性游戏“海豚食物旅行”。观众可以手持金属棒，从海豚的口腔沿消化道在两条金属导轨间执行食物的旅行过程，以此增强观众对海豚的认识，寓教于乐。这些动手操作的亲身体验，不仅能够帮助观众更深刻地理解陈列展览，而且会给他们留下难以忘怀的印象，形成参观博物馆的驱力。在美国还有许多让少年儿童通过参与操作完成学习的发现室，如加利福尼亚科学发现室、国家自然历史博物馆发现室等。在这些发现室内配置了许多发现箱和自然标本，使少年儿童通过探寻和把玩，更好地认识展示内容，因此，他们在发现室逗留的时间是一般参观时间的3倍。

博物馆还可以有计划地组织各种吸纳观众参与的活动，如针对青少年观众组织各种博物馆夏令营、科技培训班、摄影培训班、传统文化培训班等，既可以实现博物馆的教育功能，又能培养青少年对博物馆的感情；针对成年观众可以组织他们参加博物馆举办的藏品征集、田野考察、鉴定培训班、鉴定会等活动，以增强其主人翁意识，密切其与博物馆的交流合作，更好地发挥博物馆的教育职能。

6. 流动的博物馆

博物馆教育要取得良好的社会效果，就不能仅仅满足于坐等观众到博物馆进行参观学习，除了要积极地采取措施吸引观众外，还应当转变教育服务观念，使博物馆流动起来，全面地深入社会公众，将博物馆教育的丰富内容送到广大的农村、学校、社区中去。

流动的博物馆，其实就是指由博物馆主动研发，以对社会公众进行宣传教育为主要目的，以主题陈列展览为基本方式，组织符合主题的重要藏品，必要时将陈列展览缩微化的一种博物馆教育方式。博物馆的流动方式主要有两种类型：一类是博物馆之间的流动，即某一博物馆将自己制作的便携式展览通过交换展览或借展等形式运往另一些博物馆展出；另一类是博物馆向全社会的流动，即博物馆将精心组织的微型展览，以巡回展览和博物馆汽车等方式，送到有需要的社会公众那里。无论哪种形式，都有助于扩大博物馆的社会影响，强化博物馆教育的范围和效果。

博物馆通过交换展览或借展等形式，既可以加强馆与馆之间的交流合作，而且也可以扩大博物馆教育的范围，增强实际效果。作为博物馆教育重要方式的交换展览和借展等，不但可以在一定程度上丰富博物馆的藏品，而且能够拓宽观众的知识面，满足更多观众的不同需求。比如，上海博物馆就曾在中国古代雕塑馆的主题陈列中，分期分批借展山东省青州市博物馆的龙兴寺佛教石刻造像精品。这样既增强了博物馆间的合作，提高了陈列展览的质量，又能使观众获得更多的知识和信息。

巡回展览是使博物馆流动起来发挥社会教育职能的重要途径，也是深受社会公众欢迎的博物馆宣教方式。瑞典政府 1965 年就建立了作为巡回展览全国性协调组织的巡回展览部，目的是加强博物馆对社会和观众需求的适应性，以便使博物馆在社会教育方面做出更大的贡献。这个部门在对博物馆在社会文化生活中的作用、社会公众对博物馆的实际需求等问题进行调查研究的基础上，制作和组织了多种贴近观众的巡回展览，对全国各地的社会公众进行了有效的博物馆教育。我国幅员辽阔，人口众多，组织巡回展览更是增强博物馆社会教育功能的主要手段。20 世纪 50 年代初期，我国博物馆工作者就曾针对社会需要，开展走出博物馆、深入基层、传播科学文化知识的巡回展览。经过近半个世纪的发展，巡回展览已经成为我国现代博物馆教育的主要途径。黑龙江省东北烈士纪念馆为了配合革命传统教育，就在东北乃至全国许多地区举办过巡回展览，收到了很好的社会教育效果，同时，也密切了博物馆与社区的联系。河北省博物馆举办的历史文物巡回展览，深入全省十二个市县，历时半年，行程千余里，将展览带到了农村、学校、厂矿和社区，也受到了观众的热烈欢迎和一致好评。

博物馆汽车是使博物馆流动起来的更加灵活的方式，展览以精练的方式浓缩在汽车中，被汽车带到任何需要它的地方。美国和加拿大都有许多流动的博物馆汽车，而且它们往往都有吸引人的或令人印象深刻的名称，如路易斯安那州立博物馆的“路易斯安那艺术旅行者”、锡拉丘兹运河博物馆的“运河班轮”、圣菲新墨西哥博物馆的“儿童巡回分队”、弗吉尼亚科学博物馆的“跨越科学”等。[①] 随着博物馆事业的发展，我国与国外博物馆汽车相似的流动博物馆也得到了迅速发展。比如，2006 年，北京自然博物馆就利用便于平地挪动的可开合展箱以及触摸屏、动植物标本、显微切片等，将一个个主题展览送到了北京远郊和周边城市的观众那里。这些博物馆汽车和流动博物馆，不仅扩大了教育的范围，增强了教育的效果，而且密切了博物馆与社会的关系，为博物馆塑造了良好的社会形象。

实践证明，流动的博物馆具有题材广泛、覆盖面广、筹备迅速、装备轻便、短小精悍、机动灵活、成本低廉、教育效果显著等特点。因此，它已经成为现代博物馆积极有效地进行社会教育的重要方式。

7. *大力发展博物馆旅游*

随着全球旅游业的发展，博物馆旅游也已成为当代博物馆实现社会和经济效益的重要方式。博物馆旅游实际就是将博物馆作为人文旅

---

① 参见〔英〕肯尼斯·赫德森著，王殿明等译：《八十年代的博物馆——世界趋势综览》，紫禁城出版社，1986 年，第 286 页。

游资源，安排游客进行参观考察的旅游方式。同时，也是博物馆创造经济效益和开展社会教育的重要途径。根据联合国教科文组织的统计，1995 年世界旅游人数已经达到 5.65 亿人次。其中，在巴黎举办的塞尚画展，就接待了来自世界各地的 50 万名观众；芝加哥的莫奈画展也吸引了 99.5 万名观众；而纽约大都会艺术博物馆的观众数量则达到了 500 万。英国旅游局的调查报告也曾指出，到英国旅游的外国游客有 75% 以上在旅游时参观了博物馆。

改革开放以来，我国的博物馆旅游也得到了突飞猛进的发展。旅游者作为博物馆观众的重要来源，不但为博物馆带来了可观的经济效益，而且扩大了博物馆教育的范围，增强了博物馆教育的实际效果。博物馆通过为旅游者提供热情周到的服务，既可以使旅游者在参观博物馆的过程中汲取丰富的传统文化和科学知识，加深对展品内涵和当地文化的认识，达到很好的教育效果，还能够通过各类旅游纪念品和口碑效应等，对博物馆进行大范围的宣传推介，实现良好的经济效益。据抽样调查分析，海外旅游者最感兴趣的就是中国的文物古迹。1997 年和 1998 年，选择中国的文物古迹和著名博物馆进行旅游参观的海外旅游者占当年来华旅游游客总数的 39.6% 和 39.1%。这些都充分证明，博物馆旅游凭借其不可替代的藏品和遗迹等旅游资源，已经成为博物馆开展社会教育的有效方式。

第六章　博物馆的管理

对博物馆的管理是博物馆学研究的重要内容，也是博物馆实际运营过程中所要面临和解决的重要问题。博物馆的管理涉及博物馆的管理体制、管理观念、管理手段等诸多方面，具体包括对博物馆人事、财务、安全以及影响正常运营的所有要素的管理。所以说，博物馆管理是多样性的系统工程。博物馆管理水平的高低，直接影响着博物馆各项工作的优劣，决定着博物馆能否成功实现其各项效益以及能否完全发挥其社会职能。只有运用现代管理科学，结合当今社会和博物馆的实际情况，不断改善对博物馆的管理，开拓创新，才能充分调动博物馆全体工作人员的积极性和创造性，深入挖掘博物馆的资源优势，使博物馆充满生机和活力，从而更好地满足社会公众的多样需求，赢得社会公众的支持，最终创造良好的社会和经济效益。

第一节　博物馆的管理体制

博物馆的管理体制包括宏观管理体制和微观管理体制两个方面。所谓宏观管理体制，就是指国家对博物馆事业进行的全局性、综合性和指导性的规划和管理，主要是在对全国博物馆事业综合研究的基础上，决策和实施国家博物馆事业建设与发展的方针政策，制定必要的法律法规和具体的管理体制，规划和指导博物馆各项事业的发展与完善。微观管理体制则是指博物馆内部的科学管理体系，包括对博物馆各项工作的组织实施和监督管理。

一、博物馆的宏观管理体制

随着博物馆事业的蓬勃发展，现代博物馆已经成为社会文化事业的重要组成部分，其经营和运作也逐渐成为国家以及社区文化建设的重要内容。这就不可避免地涉及国家对博物馆的宏观管理体制问题。由于博物馆所属国家的具体情况不同，各国政府对博物馆的宏观管理体制也不尽相同，既存在政府对博物馆的集中管理，也有较为松散的自主管理，还包括两者相结合的宏观管理体制。

1. 国外博物馆的宏观管理体制

在美国，博物馆的所有权和资金来源的不同，致使国家对博物馆的管理显得相对自由。联邦政府直接控制的博物馆仅占博物馆总数的6%左右，主要包括史密森尼学会所辖的博物馆群和内务部所辖的国家公园系统。史密森尼学会是唯一由美国政府资助的半官方性质的博物馆机构，拥有19座博物馆、1个国立动物园和9个研究所、实验室，其中，有10座博物馆称为国家或国立博物馆。[①] 学会所辖的博物馆群由美国最高法院首席大法官、副总统、3名参议员、3名众议员和9名非官方人士组成的董事会负责。州立、市立的博物馆约占博物馆总数的28%，它们由各级政府的有关部门进行管理，并提供一定的经费补助，但其主要经费来源还是依靠财团和私人的捐赠。属于公立教育机构管理的博物馆占其博物馆总数的5%左右，其中，大学开办的博物馆由大学自行管理。由财团、企业、教会、社会团体和私人设立的私立博物馆约占博物馆总数的61%，它们主要由各自的董事会负责管理和筹集经费。美国博物馆宏观管理体制的非官方色彩，与其博物馆发展的历史及美国的政治经济体制密切相关。美国的许多公共博物馆都是在地方社团的扶持下建立起来的，其经费在很大程度上也要依靠实力雄厚的私人财团、大型企业、社会团体和基金会提供，这是与美国高度发达的私营经济相适应的。同时，美国的联邦政治体制使得地方政府拥有较多的权力，各州都可以在不违背联邦法律的原则下制定自己的法律法规，这也为博物馆管理的相对自由提供了政治保障。因此，各州都因地制宜地制定了博物馆法，并由此规定了地方政府对博物馆的管理权限及私立博物馆的所有权与管理权问题。

---

① 参见史密森尼学会官方网站：http：//www. si. edu/museums。

美国的博物馆采取董事会管理制度，董事会是博物馆的最高领导机构，决定博物馆重大活动的安排和馆长的人选。馆长向董事会负责，并贯彻董事会的决议。为了体现国家的宏观管理，州立或市立博物馆董事会的部分成员是由州长或市长任命的，而私立博物馆的董事会成员则不受官方控制，所以，私立博物馆的宏观管理相对更加自由。但是，美国的博物馆并不是松散凌乱、各自为政的，在各地区、联邦、州和大学还建立了许多由事业单位联合起来的博物馆系统，如地方博物馆系统中有洛杉矶博物馆系统、芝加哥公园博物馆系统、卡内基博物馆系统和纽约城文化群等，州立博物馆系统中有科罗拉多历史学会、新墨西哥博物馆系统、印第安那博物馆系统、宾夕法尼亚州历史与博物馆协会等。每个系统都由几座到几百座不等的博物馆构成，这些博物馆有些属于政府部门，有些由公众和私人联合建立，还有些是大学的教学基地。这些系统对博物馆的发展和管理都起着重要的协调作用。

法国的博物馆管理采取的是由政府主导的相对集中的宏观管理体制。由于历史等原因，法国一直比较重视博物馆事业的发展，早在1945 年就颁布了《法国博物馆组织法》，规定由国家对法国所有博物馆进行监管。随着博物馆事业的飞速发展，2002 年 1 月 4 日，又正式颁布了《法国博物馆法》，更加明确了现代法国博物馆的性质、职责、藏品和管理等相关问题。结合其中的规定和法国博物馆的实际情况，我们可以看出，法国博物馆事业的主管机构是法国文化和通讯部，该部下设法国博物馆管理局，具体负责管理并监督国内绝大多数博物馆。其中，对包括卢浮宫、蓬皮杜国家艺术文化中心等在内的34 座国家级博物馆实行直接管理。博物馆管理局下设藏品司、博物馆建筑和设备司、公共事务、教育和文化传播司、职业及人员司、外联司、博物馆总检查司和金融、法律事务及总务司共七个部门，具体负责博物馆的人员任命及培训、业务指导和支援、财政经费的分配等。除了上述 34 座由博物馆管理局直接管理的博物馆外，其它公共博物馆、占全国博物馆总数 10% 的各协会博物馆和私立博物馆，则由其所属的地方文化事务管理局直接管理。私立博物馆虽然也接受地方文化事务管理局的监管，但其自身设有董事会，对馆内事务进行实际运作。此外，法国国防部、邮电部、教育部、青年和体育部等部门，对本系统所属的博物馆也都负有具体的管理责任。

英国博物馆的宏观管理体制则是集中与自主兼而有之。英国国立博物馆分别由政府各有关部门负责管理，如各遗址博物馆由环境事务部下属的历史建筑遗址和纪念物委员会负责管理，军事方面的博物馆由国防部系统管理，国立综合类和艺术类博物馆由教育部管理，大学博物馆由教育部所属的大学基金会管理。地方博物馆则由地方当局博物馆管理委员会负责具体管理，它是一个民间代表和官方代表组成的联合体，其成员既包括地方议会的议员又包括社会团体的代表。私立博物馆虽然也设立董事会具体负责博物馆的运营，但其经费在一定程度上还要依赖于政府的财政资助，因此，政府对私立博物馆的宏观管理也相对比较稳定。

日本博物馆的宏观管理体制在 1951 年日本《博物馆法》制定后便相对稳定和完善了。国立博物馆主要由文部省下属的文化厅负责管理，但国立民族学博物馆和国立历史民俗博物馆归文部省的大学局管理。县立、市立、町立、村立的博物馆统称公立博物馆，分别由各级地方政府中的教育委员会负责管理并提供经费。大学附设的博物馆，由大学设立的管理机构进行管理。私立博物馆则由财团、寺庙、私人等捐助单位设立董事会进行管理，其资金来源也主要依靠社会捐助和财团、基金会的拨款。

在原来的社会主义阵营，博物馆的宏观管理也属于集中管理的类型。前苏联文化部设有博物馆管理局，负责全国的博物馆管理工作，并直接管理重要的国立博物馆。俄罗斯联邦文化部的文化科学研究所博物馆学部则负责理论和业务上的具体指导。其它各加盟共和国、自治共和国及其省、市、区等各级政府均设有管理本地区博物馆的管理部门。此外，前苏联科学院和俄罗斯联邦教育部也分别管理本系统的博物馆。博物馆的经费主要依靠各级政府部门拨款。原民主德国、波兰、捷克斯洛伐克、匈牙利等东欧国家的博物馆宏观管理体制，也基本上都是在中央政府的有关部门中设立博物馆的中央管理机构，同时，按行政管理划分对本系统的博物馆实行分级统一管理。

2. 我国博物馆的宏观管理体制

我国自近代博物馆创建以来，就一直在探索博物馆的宏观管理体制。早在清光绪三十二年（公元1906年），博物馆的宏观管理就已经被清政府纳入了教育行政管理的职责范围。全国的博物馆事业都由清政府专门司下设的专门庶务科负责管理，地方博物馆则由各省学务公所下属的图书科具体管理。[①] 辛亥革命后，伴随着封建帝制的结束，新的革命思潮和观念迅速传播，我国的博物馆事业也取得了进一步的发展，当时的博物馆曾分别由教育部和内务部等部门具体负责组织监管。中华人民共和国建立以后，中央人民政府更是十分重视发展博物馆事业，博物馆的宏观管理体制也在一次次的理论创新和实践改革中得以不断发展完善。

目前，我国对博物馆采取的就是依据国家文化部颁布的《博物馆管理办法》所确定的相对较为集中的分系统与分级别相结合的宏观管理体制。在我国，绝大多数博物馆属于国有博物馆。这些不同性质和类型的国有博物馆，分别由不同的行政主管部门分系统进行管理。综合类博物馆、历史类博物馆、艺术类博物馆、纪念和遗址类博物馆以及部分自然历史类博物馆主要由文化部门负责管理；科技类博物馆和部分自然历史类博物馆由科学研究部门组织管理；高校附属的各类博物馆由教育部门负责管理；地质、农业、纺织、邮电、军事、体育、交通等专门博物馆，则分别由各专业行政部门进行具体管理。同时，我国还根据各国有博物馆所在地、规模、藏品以及社会影响的不同，分别将其划归中央、省（自治区、直辖市）、地（市）、县（区）四级相关行政主管部门，对其进行垂直的分级管理。国务院文物行政部门主管全国的博物馆工作，县级以上地方文物行政部门对本行政区域内的博物馆实施监督和管理。具体而言，就是国务院有关部门通过各省（自治区、直辖市）的相关厅（局）对其主管的地方博

① 参见方裕谨：《清学部成立档案史料》，《历史档案》，1989年第1期，第50～51页和第55页。

物馆进行具体的业务指导和监管，文化部和国家文物局则主要通过各省的文化厅或文物局对隶属于文化系统的博物馆进行具体的监管和指导。此外，随着博物馆事业的飞速发展，我国也出现了许多非国有博物馆。这些非国有博物馆的设立必须经过其所在地的省级文物行政部门审核，虽然具体事务由博物馆设立的理事会、董事会等决策机构负责管理，但仍要受到文物行政部门的监督和管理。

我国各级行政主管部门对其直属博物馆的领导和管理主要包括：检查、督促其执行国家颁布的有关管理博物馆事业的方针、政策和法令；审批其事业发展规划和基本建设计划；审查其财政预算，核拨经费，批准决算；核定其人员编制，任命馆长；审定其陈列展览方案；审批藏品的调拨、交换和注销等。文化部和国家文物局对全国文化系统所辖的博物馆进行的业务指导和监管则主要包括：制定管理博物馆事业的方针政策和条例法规；组织各博物馆交流业务工作经验；审核博物馆及其依托的重要古代建筑、纪念遗址和纪念建筑的维修保护方案，并提供经费和技术援助；审批一级藏品的调拨和复制，指导重点藏品的保护和修复；培训博物馆专业技术人才等。其中，博物馆的基本建设经费方面，属于中央的项目，由中央投资；属于部门的项目，由部门投资；属于地方的项目，由地方投资。而博物馆的业务经费方面，则是国家博物馆由中央有关部门拨给，地方博物馆由各级地方财政拨给。

二、博物馆的微观管理体制

博物馆的微观管理主要探讨博物馆的内部管理体系，涉及博物馆的各项具体工作，包括机构的设置、人事的安排、财务的管理、整体的运营等。只有建立科学高效的微观管理体制，才能使博物馆各项工作变得更加科学化、制度化、规范化和现代化，增强其运营活力，最大限度地实现其社会效益和经济效益。正是因为博物馆的微观管理体制与其生存和发展息息相关，所以，它一直都是博物馆为实现科学管理所关注的焦点。在世界范围内，由于历史文化背景、社会制度、实际国情的不同以及博物馆事业发展的不均衡等原因，各国博物馆的微观管理体制也存在着较大的差异。

1. 国外博物馆的微观管理体制

国外博物馆特别是西方国家的博物馆，由于文化传统、市场经济以及民主制度等原因，往往通过设立董事会或理事会对博物馆进行管理。

公立博物馆的董事会或理事会一般由政府部门提名并聘请组成。私立博物馆则由发起人或创办人自行约聘，或由社会团体推荐组成。但无论公立还是私立博物馆，董事会或理事会都是博物馆的决策机构。它的主要职责包括：决定博物馆的发展方向；对博物馆内重大业务问题的决策；筹集资金，组织基金会，核定预算；任命馆长等。董事会或理事会的成员主要包括专家学者、社会名流、企业巨头、政府官员和律师。其中，专家学者主要负责对博物馆学术性和技术性业务的咨询指导；社会名流、企业家可以更广泛地为博物馆筹集资金、捐赠藏品；政府官员和律师则可以密切博物馆与政府以及社会团体之间的协作关系，更好地树立博物馆的社会形象。下面，我们就以美国的史密森尼学会和英国的大英博物馆为例，具体说明博物馆董事会或理事会的组成及其基本职能。

目前，美国史密森尼学会的最高领导机构由总统、副总统、最高法院首席大法官即司法部长和全体内阁成员组成。但作为其永久性决策和自我管理机构的董事会则由副总统、最高法院首席大法官、3名参议员、3名众议员和9名非官方人士组成，其中，9名非官方人士主要包括大学校长、知名学者和承担筹募资金任务的企业界人士。尽管董事会成员既包括政府官员又吸纳了非官方的社会人士，但他们在董事会中的权利都是平等的。董事会至少每年举行一次会议，由董事会任命的会长提交年度报告，总结全年的工作。同时，董事会对下属机构还设有每年三次的碰头制度，除了召开会议、审核财务报表等工作外，还负责监管每座博物馆的运营状况，并就其存在的问题提出具体的建议。此外，董事会组织的全国咨询委员会也会为所辖各博物馆的馆长提供咨询，使各博物馆的日常管理获得专业的指导。

成立于1753年的大英博物馆，是当今世界上历史最悠久、规模最宏大、藏品最丰富的综合性博物馆之一。根据1963年由英女王签署的《英国博物馆法修正案》的规定，大英博物馆理事会为大英博物馆的法人团体，拥有管理和控制大英博物馆的权利。每届理事会由25人组成，其中，女王任命1人，首相任命15人，英国皇家学会、皇家研究院、英国科学院和伦敦文物学会各提名1人，另外5人由博物馆聘请。但实际上，大英博物馆理事会并不总是由25人组成。2003年1月公布的博物馆理事会名单就只有21人，其中，首相只任命了13人，博物馆也只聘请了3人。理事会成员任期为5年。理事会定期召开会议指导和处理博物馆事务，其主要任务包括：选择聘用博物馆馆长，并报请首相批准；对于博物馆财政收支情况给出全面的年度公报；制定博物馆主要工作的政策和策略；制定博物馆短期和长期的发展规划；审查和批准博物馆馆长执行理事会所提出的计划；检查和监督博物馆馆长执行计划的情况等。

包括前苏联和原民主德国、波兰、捷克斯洛伐克、匈牙利等在内的原社会主义阵营国家的博物馆，则大都由主管上级任命的馆长对其进行管理，馆长具有较大的自主性，馆内的机构设置和分工、具体规章制度的制定和实施、经费的分配和使用等，通常都由馆长决定。

除管理层的组成和职权外，博物馆内部的机构设置也是博物馆微观管理体制的重要组成部分。国外博物馆内部机构的设置并没有固定的模式，有的是以功能为取向，有的是以学科专业为标准，还有的两者兼而有之，但总体而言，其内部机构的确立都是以提高博物馆整体组织管理效能、更好地服务社会为目的的。

下面，我们就以美国大都会艺术博物馆、法国发现宫和英国大英博物馆作为实例，对其内部机构的设置进行简单介绍，希望由此使大家对国外博物馆特别是西方国家博物馆内部机构设置的基本情况有所了解。

大都会艺术博物馆也设立董事会作为其决策和监管机构，董事会任命的馆长负责全馆的日常工作，博物馆在馆长的领导下向董事会负责。馆长、副馆长要讨论管理策略和规划、部门及全馆的财政预算等具体工作，并呈报董事会。每年博物馆都要出具一份详细、全面反映该馆情况的年鉴，以此向董事会和社会公众汇报，并接受他们的监督和建议。大都会艺术博物馆同美国的大多数博物馆一样，其内部机构大致可以分为业务部门和经营管理部门两大部分。业务部门主要包括：美国装饰艺术部、美国绘画和雕塑部、古代近东艺术部、武器与甲胄部、非洲、大洋洲及美洲艺术部、亚洲艺术部、修道院分馆、服装研究所、绘画与印刷品部、埃及艺术部、欧洲绘画部、欧洲雕塑与装饰艺术部、希腊与罗马艺术部、伊斯兰艺术部、罗伯特·利曼收藏品部、中世纪艺术部、现代艺术部、乐器部、摄影部和纺织品中心。每个业务部门都是一个相对独立的实体，有自己的藏品、库房、展厅，同时还负责对藏品的收集、保护、研究和陈列布展。业务部门在博物馆中占有非常重要的地位，是博物馆基本职能的主要体现者。因此，它也拥有相对较大的权力，如可以自行决定接受捐赠、购买藏品和借入展品，可以确立自己的研究和出版计划等，甚至馆长对业务部门的工作计划也只能质疑并提出建议，最终的决定权还是在业务部手中。因为业务部门的工作涉及收藏、陈列、保护和研究等诸多方面，所以，其工作人员必须具有与专业相关的多方面素养和能力，包括征集、鉴定、保管、研究、陈列和教育等。经营管理部门则主要负责对馆内重要事务的决策、切实执行已经确定的规划、筹集运营所需的资金以及确保博物馆的正常运作，主要包括保护修复部、保安部、社会教育部、会员管理部和卖品部等部门。正是这些相对健全的内部管理机制和博物馆全体成员的共同努力，使得大都会艺术博物馆的功能得以充分地发挥，从而成为与大英博物馆和卢浮宫并列的“世界三大博物馆”之一。

创建于 1937 年的法国发现宫是世界上第一座现代意义的科技馆。虽然隶属于法国国民教育部，但其具体的日常事务仍实行馆长负责制(见图 6－1)。为了更好地发挥其社会职能，发现宫结合自身的特点，以功能为取向，设立了教育咨询委员会和行政咨询委员会，分别对博物馆的业务和行政部门进行管理，并提供专业的帮助。在委员会下设置了科学研究部、公众传播部、技术服务部、开发服务部和信息服务部等部门。其中，科学研究部下面，按照学科专业分为天文学、数学、物理学、化学、地球科学、生命科学、医学、空间技术 8 个部分，对社会公众进行科学和技术的教育传播。公众传播部主要负责与社会各界的沟通联系、对陈列展览的各部分进行有效的沟通和协调、积极开展针对社会各个阶层和团体的教育。技术服务部可以为博物馆的各项活动提供强有力的技术保障，包括提供专业的陈列展示设计和策划、保证多媒体设备的正常运转、制作模型和设计实验、确保博物馆各种设备能够正常工作等。开发服务部则主要负责为观众提供方便、快捷的博物馆服务，如出售门票、活动预约、卖品经营、安全管理等。信息服务部是为了满足社会各界对博物馆的信息需求、使博物馆能够尽可能全面系统地提供信息而设置的，主要负责制作、收集和提供相关的影像资料，出版博物馆的科研成果和宣传材料，管理与博物馆及其藏品相关的各类档案资料，制作、提供和维护博物馆及其藏品的数字化信息等。

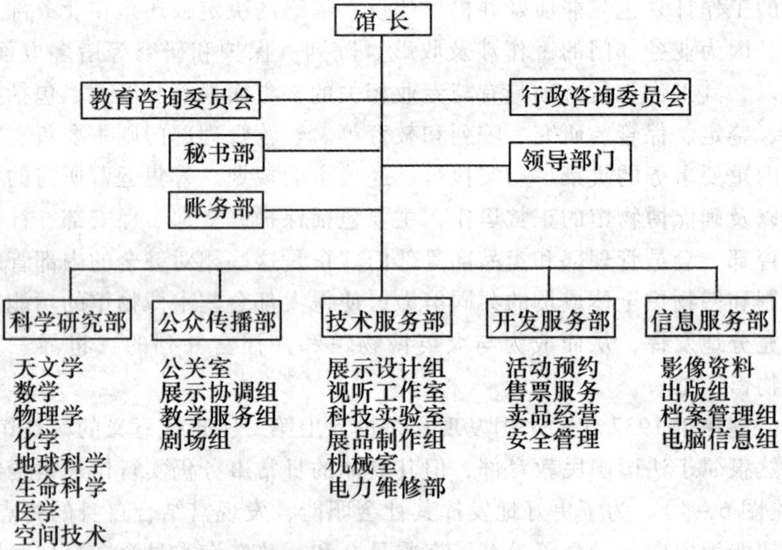

图 6－1　法国发现宫内部组织机构图

大英博物馆虽然有作为永久性决策和自我管理机构的董事会，但董事会并不负责博物馆日常具体事务的管理，而是通过由馆长领导的设置科学、运转高效的各部门来实现其正常运营的（见图6－2）。大英博物馆由馆长、副馆长领导着业务部门和行政部门。其中，业务部门依据其藏品来源及学科专业，分为古代埃及和苏丹部、古代近东和西亚部、东方部、希腊和罗马部、钱币和徽章部、民族学和人类学部、史前和欧洲部、印刷品和素描部、教育部、信息科研保护部10个专业部门。每个业务部门都拥有自己的藏品、展厅、库房和具有较高专业素质的工作人员。行政部门主要包括秘书处、人力资源部、财务处、市场和公共服务部、管理部、博物馆建筑发展和计划部、安全保卫部、信息服务部等。其中，市场和公共服务部事务较为繁杂，主要负责包括传媒合作、陈列展览设计（包括照相和图片服务）、市场联系、发展博物馆之友、提供观众服务等在内的诸多事务。此外，大英博物馆还负责管理下属的大英博物馆公司和大英博物馆发展信托基金。

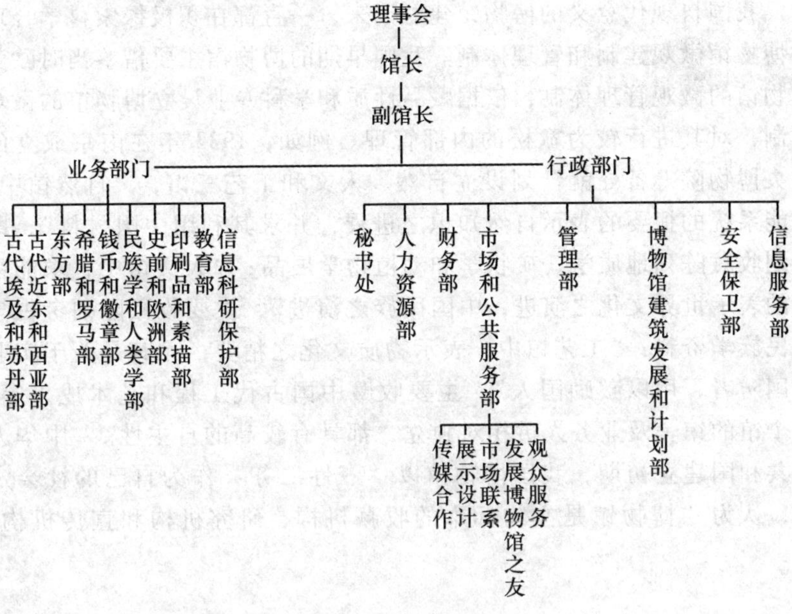

图6－2　大英博物馆组织机构图

日本博物馆的内部机构设置也没有统一的形制，但总体来看，基本都设有管理部、学艺部、资料部和普及部。管理部往往统揽全馆的人事、财务、建筑设备等工作；学艺部属于业务部门，通常负责包括征集、保管、陈展和研究在内的业务工作；资料部主要管理图书、古文献和照片等资料；普及部则主要负责筹划演讲、讲座、音乐会等活动，并向社会提供各种博物馆相关材料。需要指出的是，日本博物馆一般都没有专门的保卫部，博物馆的警戒、保卫和看守人员一般都是临时聘请的非在编人员。

以前苏联为代表的原社会主义阵营国家的博物馆，绝大多数都是根据博物馆收藏、陈列和教育的基本功能，在馆内设置保管部、陈列部和群工部。保管部负责藏品的征集、整理和保护；陈列部负责组织各种陈列展览；群工部则负责观众的接待和讲解。

2. 我国博物馆的微观管理体制

我国自现代意义的博物馆建立以来，一直都在积极探索科学合理的博物馆微观建制和管理体制。我国早期的博物馆主要借鉴当时欧美博物馆的微观管理体制，依据藏品性质和学科专业设立博物馆的微观建制，对其进行较为宽松的内部管理。例如，1933 年在南京成立的中央博物院筹备处就计划设立自然、人文和工艺三馆，“自然馆中，求能系统的扼要的表示自然知识之进展，并求其利用中国材料”，即计划收藏陈列地质学、矿物学和动植物学展品；“人文馆中，求能系统的表示世界文化之演进，中国民族之演进”，主要收藏陈列考古学和民族学资料；“工艺馆中，表示物质文化之精要，尤其是关于实业及国防者，用以激励国人”，主要收藏中国古代工程和艺术成果等。三个馆的馆舍及业务人员相对独立，都具有较高的自主性。[①] 中华人民共和国建立初期，我国博物馆以“三性二务”作为自己的社会定位，认为“博物馆是文物标本的收藏机构、研究机构和宣传机构，

① 参见《中华博物院组织大纲》，中国第二历史档案馆藏。转引自王宏钧主编：《中国博物馆学基础（修订本）》，上海古籍出版社，2001 年，第 84 页。

要为广大人民服务、为科学研究服务"[①]。博物馆在其微观建制和管理上，主要吸收了当时以苏联为代表的社会主义国家博物馆的微观管理模式，即微观建制方面，采用按照功能设置博物馆机构的原则，根据博物馆收藏、陈列和教育等功能分别设置保管部、陈列部和群工部，开展博物馆的各项工作；组织管理方面，实行馆长负责制和党委制并行。虽然馆长具有较大的自主性，馆内的机构设置和分工、具体规章制度的制定和实行、经费的使用等事务都由馆长决定，但许多重要问题仍要充分考虑党委的意见，在一定程度上受到党委的制约。1979 年 6 月 29 日，国家文物局颁布的《省、市、自治区博物馆工作条例》修改了"三性二务"论，对博物馆事业有了更为全面的认识，也以法律法规的形式规定了博物馆的组织机构和队伍建设，基本确定了以"三部制"为主的微观建制和党委领导下的馆长分工负责制。[②] 20 世纪 80 年代中期以来，随着博物馆事业的蓬勃发展和对博物馆认识的不断深入，我国博物馆学界也更加关注博物馆组织管理体制的科学化和社会化，在吸收和借鉴国外先进博物馆管理理论和经验的基础上，结合我国的基本国情和博物馆组织管理的实践，不但认清了我国传统博物馆组织管理体制存在的弊端，而且开始了新时期对我国博物馆组织管理体制的全新探索。

目前，虽然我国博物馆的微观管理依旧采用馆长负责制和党委制并行的管理体制，但是通过一系列的领导体制改革，已经基本克服了其早期存在的党政不分、以党代政、效率低下等问题，进一步深化了馆长负责制，逐步推行了行政领导聘任制和目标责任承包制为中心的管理体制。在这种管理体制下，馆长的权限得以提高，可以更好地组织和开展博物馆的各项业务活动；党委则不再干预具体的业务和行政工作，仅负责政治思想工作，并起到监督和保证博物馆发展方向的作用。新的馆长负责制和党委制并行的管理体制，以民主集中制和党委

---

① 转引自安来顺：《二十世纪博物馆的回顾与展望》，《中国博物馆》，2001 年第 1 期，第 11 页。

② 参见国家文物局：《省、市、自治区博物馆工作条例》〔1979 年 6 月 29 日（79）文物字第 149 号通知〕（第十七条、第十八条）。

的政治核心作用为保障，建立了以目标管理和岗位责任制为主体的考核体系，充分考虑了责、权、利的有效结合，使得博物馆的微观管理更加科学化，从而增强了博物馆对现代社会和观众的适应性，有利于博物馆更加协调、有序、高效地运作。

我国博物馆现行的微观建制主要分为行政和业务两大部分，实行馆、部（组）两级制（见图6－3）。

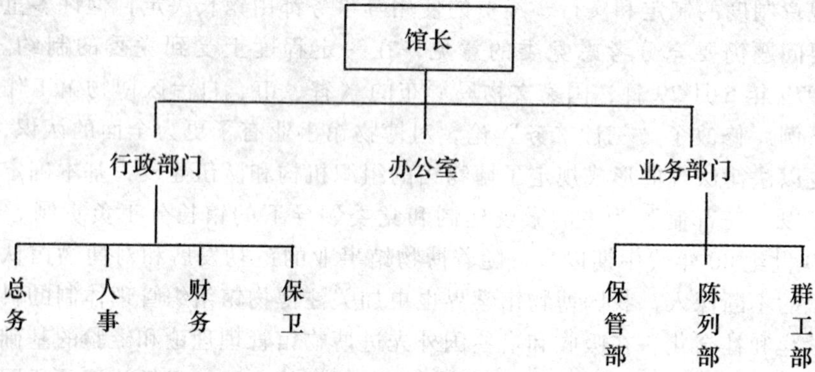

图6－3　我国博物馆“三部一室”的微观建制

馆长以下通常还设有办公室，作为馆长进行科学管理的办事机构。它的主要职责是协助馆长掌握全馆的工作情况，处理对内对外的各项行政秘书事务。行政部门主要负责处理博物馆的日常行政事务，以保证博物馆各项业务活动的顺利开展；而业务部门则主要负责完成博物馆的各项业务活动。我国博物馆往往在行政部门下设总务、人事、财务、保卫等部门，以便更好地做好后勤保障工作，不断改善工作人员的工作和生活条件，提供必要的人力、物力和财力，保证全馆各项工作的高效运作。业务部门则依照博物馆收藏、陈列和教育的功能，分别设置保管部、陈列部和群众工作部。其中，保管部主要负责文物、标本的征集、整理、鉴定、研究，以及藏品的管理、科学保护等工作，一般可以按照征集、鉴定、编目、管理、修复、研究等进行更为细致的分工；陈列部主要负责陈列展览的设计、制作、布置等工作，包括陈列内容和陈列艺术两方面，也可以按照陈列内容设计、陈列艺术设计和制作布置等进行适当分工；群众工作部也被称为群工部，主要负责组织接待观众、陈列讲解、举办讲座等各种形式的社会教育活动，通常可以按照接待讲解、教育咨询、旅游接待、流动展览等再进行分工。不同规模的博物馆，其微观建制也存在差异。规模较小的博物馆，如有些县级博物馆，一般只有一个办公室和一个陈列保管部，或者仅有一个行政组、一个业务组。而有些规模较大的博物馆，如故宫博物院、中国历史博物馆（见图6-4）、中国革命博物馆、中国军事革命博物馆、南京博物院等，其机构设置则相对复杂，除上述的基本建制外，还设有学术委员会、图书资料室、多媒体资料室、专业技术部门、科学研究部门和考古部门等。

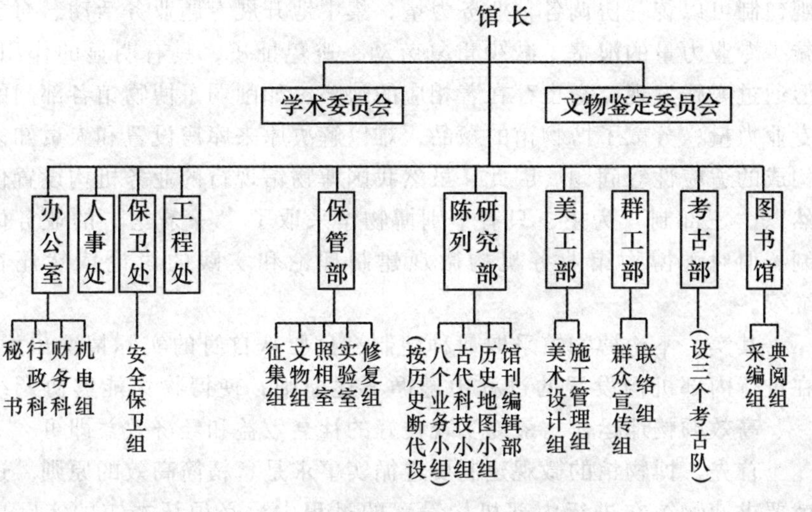

图6-4　中国历史博物馆的微观建制

上述将博物馆业务部门依照功能进行划分的微观建制即所谓的“三部制”。它是我国博物馆传统的业务机构建制，在长期的博物馆管理实践中显示出了顽强的生命力，但随着社会需求和博物馆学的不断发展，也日益显现出其自身存在的弊端。“三部制”将收藏保护、陈列宣传和科学研究这三方面密切联系的工作通过部门的分割设置绝对化地割裂开来，势必会导致：专业力量的浪费，即将素质全面的业务人员局限于本部门的狭隘工作，破坏博物馆业务工作的连续性；造成重复劳动，即对于相同的藏品，可能根据各部门不同的需要进行重复的研究；增加扯皮现象，即出现由各部门之间保持相对独立、缺乏交流和沟通所导致的各部门之间对藏品的征集、保管和使用等问题的矛盾。这些都会严重影响专业人员才能的发挥、陈列和科研水平的提高以及各部门之间的协同合作，最终造成整个博物馆无法协调、有序、高效地运转。有鉴于此，我国个别博物馆便开始探索改变传统的三部建制，尝试按照学科专业进行分工，以系统化、协作化为特点，进行纵向链式的业务机构设置，使保管、陈列和宣教三者紧密联系，形成三位一体的业务体制，即所谓的“一条龙”。这种业务机构的微观建制可以统一协调各种业务力量，集中地开展专题业务活动，对于减少专业力量的浪费、减少重复劳动、避免扯皮，具有明显的作用。但通过实践发现，它也存在着相应的缺陷，如削弱了博物馆各部门的专业力量，分散了博物馆的藏品，难以解决原来库房设置和人员知识构成的适应性等问题。因此，虽然我国博物馆现行的业务机构设置仍然以“三部制”为主，只有个别博物馆采取了“一条龙”的业务体制，但对于博物馆业务机构微观建制理论和实践的讨论依然还在继续。

其实，不论博物馆采取何种建制，只要从自身的实际情况出发，在进行内部机构设置的过程中遵循下述原则，使博物馆能够协调统一、高效顺畅地运作，最终实现良好的社会效益和经济效益即可。

首先，博物馆的微观建制要遵循实事求是、精简高效的原则。这就要求博物馆在进行内部机构设置的过程中，必须从本馆的实际出发，结合自身的性质、职能和特点，在确保实现管理目标的前提下，恰如其分地确定机构设置和人员编制，尽可能地减少不必要的层次和部门，从而切实提高各部门的工作效率，保证博物馆各项工作的正常、高效运作。

其次，博物馆在进行微观建制时，应当遵从责权相称、奖罚分明的原则。责权相称也称为责权一致，是博物馆实现高效管理的重要手段。因为权力是承担责任的保证，而责任则是行使权力的目的。因此，博物馆的机构设置必须确保各部门享有与其任务和职责相对应的权力，即按照职责的大小赋予相称的职权。同时，要实现责权相称还必须建立和健全激励机制，通过行之有效的法规、考核和奖惩制度，保证各部门合理行使职权，履行与职权相称的职责。

再次，博物馆的机构设置应当遵循相对稳定、灵活适应的原则。所谓相对稳定、灵活适应，就是指博物馆的内部机构一旦设置，其职权范围、工作流程、办公秩序、人员构成和规章制度等便不能随意更改，以确保博物馆管理的连续性。但这种稳定又是相对的，当客观环境发生变化时，博物馆的机构设置也要在保持稳定的同时，随着环境的变化进行调整，与时俱进，以增强其适应性，从而更好地发挥博物馆的各项职能。

最后，博物馆的机构设置要遵循服务观众、贴近社会的原则。博物馆作为社会公众服务机构和社会文化生活的重要组成部分，必须承担起相应的社会责任。这就要求博物馆在进行内部机构设置时，要特别注意服务观众、贴近社会，将满足观众需求、贴近社会实际生活作为博物馆各部门工作的指导思想，以确保为社会及其发展服务目标的实现。

第二节　博物馆工作人员

博物馆管理的核心问题就是对博物馆工作人员的管理。因为博物馆的工作人员是构成博物馆的所有要素中最为重要、也最为活跃的要素。首先，博物馆各部门都需要选择、配备和培养具有良好职业道德和专业技能的工作人员，以实现其职能；其次，博物馆的各项工作都需要通过各部门工作人员和谐高效的运作才能得以顺利实施；第三，博物馆要保证其生存和发展，必须从内部调动工作人员的积极性和创造性，增强其主人翁意识，形成团结一致的合力。所以，建立完善的博物馆人事体制、实现对博物馆工作人员科学化和人性化的管理、培养他们良好的职业道德、不断增强其综合素质和专业技能，也可以看作是提高博物馆各项工作效率和质量的根本。

一、博物馆工作人员的基本构成及其专业素养

博物馆通常会依据其自身的性质、特点和职能，结合其微观建制，建立适合本馆实际需要的人员构成。但总体来说，博物馆的工作人员主要是由以馆长为代表的管理人员、各类专业技术人员和行政人员组成的。由于这些工作人员在博物馆运作过程当中的职责和任务各不相同，因此，对他们所具备的专业素养的要求也有所差异。

1. 挑选称职的馆长

西方国家的博物馆馆长一般由该馆的董事会聘任，负责对博物馆日常工作的管理。其主要职责包括：随时关注本国政府的有关政策，加强博物馆工作的政治适应性；聘请最适宜的专家负责博物馆各相关部门的工作；通过各种渠道募集、筹措博物馆各项活动所需的资金；领导、协调博物馆内各部门的工作，使博物馆能够高效运作等。这就要求博物馆馆长对内要有行政管理能力，对外要有较强的社交能力，以便拓展博物馆的声望和信誉，更广泛地争取文物、标本和经费资助。所以，西方博物馆学者认为，一位优秀的博物馆馆长不但应当是博学的学者，而且应当是出色的社会活动家。

在我国，作为博物馆法人代表的馆长，通常是由上级领导机构任命，对内主持全馆的业务、学术、人事、财务、行政等日常工作；对外代表博物馆，就全馆的工作向社会公众和主管机构负责。在馆长之下，往往设有副馆长，协助馆长进行博物馆的管理。我国博物馆馆长的主要职责包括：遵守国家制定的博物馆法律法规，贯彻执行主管部门做出的决定，努力推进博物馆工作的健康发展；主持制定和组织实施博物馆的发展计划、年度工作计划和财务计划；领导博物馆的各项业务工作及行政管理工作；建立健全博物馆内部各项规章制度，以确保博物馆的正常运作；采取有效措施，做好安全保卫工作，确保以藏品为主的博物馆财产的安全；加强工作人员的队伍建设，重视智力投资和人才开发，有计划地培养和选拔人才，并采取切实措施，不断改善工作人员的工作和生活条件；适应市场经济发展，扩展经营服务范围，广开渠道，筹措资金；努力提高博物馆的技术进步和现代化管理，不断提高工作效率和服务水平；积极开拓博物馆的对外关系，密

切博物馆与社会的联系，处理好博物馆的对外事务等。

综上所述，不论是在国外，还是在我国国内，馆长在博物馆的领导和管理活动中，始终都处于主导地位。由于博物馆经营管理的特殊性，馆长的业务能力和行政水平往往对博物馆的兴衰成败具有决定性的作用。因此，当今世界各国博物馆对馆长的选择都十分慎重，无论从职业道德，还是专业知识和领导能力等方面，都对其提出了更高的要求，力图挑选优秀、称职的馆长，领导博物馆最大限度地创造社会和经济效益。

实践证明，要选拔优秀、称职的博物馆馆长，至少应当从思想道德、专业素养、管理能力和身体素质四个方面对候选人进行考察，最终择优聘用。

首先，作为博物馆的一馆之长，应当具有较高的思想觉悟和职业道德。这主要体现在，对博物馆的工作要有全面深刻的认识，时刻保持高度的责任感和使命感，以最大的热忱投入博物馆的各项工作当中；将观众视为博物馆的生命线，以传播知识、启迪智慧和交流思想为目的，密切联系群众；严格要求自己，廉洁自律，能够公平、正直地处理问题。

其次，博物馆馆长应该具备良好的专业素养。博物馆业务工作的专业化和系统化，要求馆长也要不断学习，争取成为通晓博物馆各项业务工作的多面手，至少在他所从事的专业领域要有自己的地位和发言权。作为博物馆的代表，他在学术领域的良好声望与所受到的尊重，不仅有利于其在博物馆业务人员中树立威信，而且也有助于扩大博物馆的影响，从而建立更广泛的社会联系。

第三，博物馆馆长必须具有较强的组织管理和社会活动能力。现代博物馆事业发展迅速，竞争激烈，机遇与挑战并存，只有在馆长科学有效的领导和管理下，才能使博物馆立于不败之地。这就要求馆长应当具备现代化的目标管理意识、人本管理意识、制度管理意识和开拓创新意识，从而增强其决策能力，提高其工作效率，做到知人善用，能够把握机遇，最终领导博物馆走向成功。同时，现代博物馆管理，还要求馆长成为出色的社会活动家，能够建立广泛的社会联系，从不同的渠道为博物馆吸纳资金和捐赠，从而保证博物馆正常高效地运作。

最后，随着博物馆事业竞争的加剧，博物馆馆长的工作也日益繁重，因此，对其身体素质的要求也越来越高。博物馆馆长一定要身体健康，最好是年富力强，只有这样才能保证其有充沛的精力和体力应对各项工作，实现博物馆的持续、高效发展。

2. 博物馆的专业技术人员

所谓专业技术人员就是指从事博物馆藏品的征集、整理、鉴定、研究、保护修复，以及进行陈列展览和开展宣传教育等工作的业务人员，主要由藏品管理人员、藏品登录人员、藏品修复人员、陈列设计人员、宣传教育人员和科学研究人员组成。各类博物馆都应当根据自己的实际情况和需要，配备与其相适应的专业技术人员，如历史类博物馆需要熟悉历史学、考古学、民族学、艺术学、鉴定学、古器物修复和书画装裱知识的专业技术人才，而自然类博物馆则需要具备动物学、植物学、天文学、地质学、物理学和化学等自然科学知识以及标本采集、制作等技能的专业技术人才。博物馆作为一个多门学科、多种专业知识和技能融会的社会服务机构，在选用自己所需的专业技术人员的过程中，通常也要从思想道德和业务素质两大方面对其进行考察。

在思想道德方面，不但要求专业技术人员热爱博物馆事业，树立为社会公众服务的信念，而且要严格遵守博物馆专业技术人员的职业操守。具体而言，各部门的专业技术人员都必须坚守工作岗位，合理合法地运用权力，严格高效地履行义务。征集人员征集藏品时，应当公正无私，既不能损害捐赠者，也不能偏袒捐赠者；管理人员管理藏品时，应当明确藏品是国家财产，决不能利用工作之便，将藏品化公为私，监守自盗；鉴定人员鉴定文物、标本时，应当认真负责，不能为了个人利益以次充好，更不能因为一己之私，参与文物、标本的收购、倒卖；同事之间应当坦诚相待，积极开展相互之间的学习和合作；对待社会公众除了热情专业之外，还要注意不能随意透露博物馆的保密资料和数据。

在业务素质方面，要求博物馆专业技术人员不但应当精通所从事业务的专业知识和技能，熟悉国内外本专业的研究动态，而且应当掌握一定的博物馆学基础知识和相关业务学科的专业知识和技能，能够利用先进的设备和方法进行科学研究。特别是在科技飞速发展的今天，更要求博物馆专业技术人员在努力成为本专业专家的同时，不断适应博物馆发展的需要，调整和拓宽自己的知识结构，力争成为精通专业、涉猎广博的一专多能型专业技术人才。

随着博物馆事业的蓬勃发展和整体水平的不断提高，博物馆不仅对专业技术人员的个人素质提出了较高的要求，而且还应当对专业技术人员群体结构的优化予以重视。这就要求博物馆在选拔、配备和培训博物馆专业技术人员时，在年龄结构上，要注意老、中、青相结合，尤其应注意对中青年专业技术人员的培养，以便博物馆的各项业务工作保持较强的连续性；在学历结构上，不仅需要学识丰富的专家学者、博士、硕士，而且需要具有较强可塑性的本科生、专科生；在专业结构上，要注意结合博物馆藏品丰富、涉及知识面广的特点，尽量选用素质全面、一专多能的综合性人才；在职称结构上，应当控制好博物馆专业人员中管理员、助理馆员、馆员、副研究员和研究员的比例，使得各级专业技术人员都能各尽其能，各得其所。

3．博物馆的行政人员

博物馆的行政人员就是指博物馆内部处理日常行政事务、负责安全保卫、提供后勤服务的工作人员，主要包括办公人员、财务人员、技术人员、保安人员和后勤服务人员。办公人员主要负责办理日常的行政事务，如公务接待、收发信件、接受咨询、处理和保存各类文件等；财务人员主要负责处理博物馆对内对外的各类账目和收支情况；技术人员主要负责博物馆内部设备的日常维护和修理，包括水电工、木工、修理工、计算机和网络管理员等；保安人员主要负责保证博物馆所有财物及观众的安全，并及时应对各种突发情况；后勤服务人员则要为博物馆各个部门提供强有力的后勤保障，如保持博物馆的清洁等。博物馆要正常运营，就必须配备足够数量的行政人员。他们与专业技术人员对于博物馆而言，就如同车之两轮、鸟之双翼，相辅相成，缺一不可。他们之间的密切配合、团结互助，是保证博物馆和谐有序、高效运作的必要条件。

作为博物馆的行政人员，首先，必须热爱本职工作，具备热心服务的精神，力争为博物馆各个部门和社会公众提供高效优质的服务；其次，应当具有较强的责任心，严格执行岗位责任制，争取将本职工作做到最好；再次，要增强业务能力，积极学习相关的专业知识，提高自身素质，提升服务品质；最后，应当克己奉公，不断提高办事效率，加强与博物馆专业技术人员的团结合作，为博物馆和谐、有序、高效、顺畅地运作创造条件。

博物馆的工作人员除了上述专门供职于博物馆的管理人员、专业技术人员和行政人员之外，还包括社会公众中那些关注博物馆事业、对博物馆及其活动兴趣浓厚、想要共同参与博物馆建设与发展的非专职工作人员。博物馆吸纳这些人员参与博物馆的日常工作，不但可以增添博物馆的民主色彩，密切博物馆与社会公众的联系，更加充分地发挥博物馆的社会教育职能，而且还可以在一定程度上降低博物馆日常运转的成本，充实博物馆的人力资源，从而有效地缓解博物馆因经费和人员不足所带来的压力，使博物馆能够更快更好地发展。

随着博物馆事业的发展和民众综合素质的提高，越来越多的社会公众将成为博物馆非专职工作人员视为调剂生活、增长知识、回馈社会和扩展社交领域的最佳途径。因此，国内外许多博物馆都已经建立了形式多样的非专职工作人员体系，主要包括部分时间工作人员、实习学生和义务工作人员。如今，这些来自社会各界的非专职工作人员已经成为博物馆人力资源的重要补充。

所谓部分时间工作人员，其实就是根据博物馆的工作需要，临时聘用的兼职工作人员。他们的受雇关系往往会随着工作任务或项目计划的结束而终止。受雇期间，虽然博物馆会采取按时计酬的方式支付薪水，但这些兼职工作人员往往都不是以挣钱为主要目的来从事博物馆工作的。他们大多关心和热爱博物馆事业，愿意利用自己的空余时间和所掌握的技能，帮助博物馆完成力所能及的工作。所以说，他们的工作带有更多义务的性质，只是象征性地收取博物馆支付的酬劳而已。这些兼职工作人员来自社会的各个阶层，但都拥有一技之长或者博物馆相关专业的知识背景。由于他们具有一定的专业技能和知识背景，而且易于管理和监督，所以，博物馆通常会安排他们从事展览的规划制作、一般藏品的建档与维护、活动的宣传推介、教案教材的设计制作、日常的行政公务、公共服务和执勤巡视等工作。他们大多都会尽职尽责，出色地完成所分配的工作任务，为博物馆提供优质高效的服务。因此，许多博物馆都将部分时间工作人员制度作为降低运营成本、解决工作人员不足的重要途径。

实习学生也是博物馆非专职工作人员的重要组成部分。所谓实习学生，就是指那些对博物馆工作具有浓厚兴趣，并且充满为社会公众服务的热忱，积极投身博物馆日常工作的在校学生。实习学生主要以大学生和研究生为主，他们参与博物馆的工作，不但可以作为社会实践获取学分，完成自己的学习任务，而且可以拓宽知识面，学习更多的博物馆知识，有时还可以获得博物馆提供的少量补助。他们在博物馆往往被安排从事一般藏品的管理与维护、资料的搜集及计算机建档、陈列展览的制作布置、博物馆活动的规划执行、对观众的服务和调查以及博物馆产品的出售等工作。实习学生大多对工作认真负责，充满朝气和热情，能够圆满地完成其所从事的工作。对于他们而言，不仅可以利用在博物馆的工作实践，学习许多专业知识和技能，还可以通过实习回报社会，提高自己适应社会的能力。而对于博物馆而言，则既可以通过他们弥补馆内的人力不足，又可以借此机会培养和选拔年轻的博物馆人才。因此，可以说，博物馆通过吸纳实习学生从事馆内日常工作，最终实现了博物馆与实习学生的双赢。

义务工作人员，主要包括前面介绍的博物馆之友和志愿者。他们也是当代博物馆非专职工作人员的重要构成。博物馆往往会安排他们从事相关的服务性工作，如提供预约咨询、售票寄存、解说导览等，有时也会允许他们从事博物馆的行政管理以及藏品的保管与维护、陈列展览的规划布置、藏品的研究等业务工作。义务工作人员虽然没有薪金酬劳，但是他们可以享受免费停车、免费参观陈列展览、免费参加博物馆活动以及以折扣价在馆内的餐厅和商店进行消费等优惠待遇。近年来，随着义工制度的深入发展，越来越多的社会公众想要加入博物馆义工的行列。要成为博物馆义工，必须先由本人向博物馆提出申请，经过博物馆考核被认为能够胜任某项工作时，才能被批准参与义务服务。不同的义工岗位有不同的要求，有的不需培训就可以直接上岗，如没有技术要求的服务性工作，可以边工作边学习；有的则必须经过专门的培训才能正式上岗，如讲解员一般需要二至三周的专门训练，训练内容包括博物馆简介、环境认知、熟悉各展区内容、讲解技巧、突发事件的应变处理等。对于表现优秀的义工，博物馆还会每年定期举行活动，对其进行表扬嘉奖。

总之，博物馆的非专职工作人员对于扩大博物馆影响、增强其社会认知度、节约经费开支和弥补人力资源不足都具有重要意义。因此，各国博物馆都应该努力建立和健全非专职工作人员制度，使其为博物馆事业的发展发挥更大的作用。

二、博物馆工作人员的职业道德

所谓职业道德，就是指从业人员在其职业活动中应当遵循的与其职业活动紧密联系的道德原则和行为规范的总和。职业道德既是从业人员在职业活动中应当遵循的行为规范，同时又是从业人员对社会所应承担的道德责任和义务。在人类社会中，各行各业都有自身的职业道德，博物馆也不例外。培养博物馆从业人员良好的职业道德，不仅有利于提高从业人员的个人素养，维护从业人员的利益，调节从业人员的内部关系，增强其凝聚力，保证博物馆和谐高效地运营，更好地塑造和体现其作为社会服务机构的社会形象，而且有利于改善博物馆与观众的关系，加强社会公众对博物馆的监督，促使博物馆更好地发挥其社会职能。因此，不论是博物馆的专职工作人员还是非专职工作人员，只要从事与博物馆相关的各项工作，就必须严格遵守博物馆从业人员的职业道德。特别是在当前的市场经济条件下，随着艺术品收藏的升温，博物馆工作人员经常会面对各种利益诱惑，这就对博物馆从业人员提出了更高的职业道德要求。

其实，早在 1970 年，国际博物馆协会就发布了规范博物馆从业人员的《收集的道德规范》。之后，1984 年又由国际博物馆协会咨询委员会设立的职业道德委员会负责起草了《国际博物馆协会博物馆职业道德准则》，1985 年经咨询委员会讨论，于 1986 年 11 月 4 日提交国际博物馆协会第 15 次全体会议表决通过。《职业道德准则》分为序言、职业道德规范和职业道德行为三大部分，共八条。其中，职业道德行为部分分别从个人对藏品的责任、个人对社会的责任、对同事和专业所承担的责任等方面规定了博物馆从业人员的职业道德。此后，为了适应新时代博物馆事业的发展和社会的需求，国际博物馆协会职业道德委员会又在总结《职业道德准则》实施近二十年工作实践经验的基础上，几经讨论，于 2001 年 7 月提出了经过修改增订的《国际博物馆协会博物馆职业道德（草案）》，并最终于 2004 年在汉城召开的国际博物馆协会第 21 次全体会议上决议通过了最新版《国际博物馆协会博物馆职业道德》（以下简称《职业道德》）。《职业道德》主要阐释了博物馆的各项责任和义务，对博物馆从业人员的职业道德素质和职业道德行为提出了更加严格的要求，并且规定了全世界博物馆从业人员都应当遵循的职业道德最低标准。

实际上，不论任何时期的职业道德规范，都要求世界各国的博物馆从业人员热爱并且忠诚地服务于博物馆事业，严格遵循国际博物馆学界公认的职业道德。其内容主要包括：遵守博物馆的收藏方针，以公平、公正的态度进行征集，并且妥善保存、管理和修复藏品；保护博物馆为展览或研究而饲养的动植物；慎重对待人类遗骸和宗教圣物，尊重各民族的感情和各种宗教信仰；保证工作人员的个人收藏不应与博物馆发生利益冲突；维护自身的职业标准，积极宣传介绍，使社会公众更好地了解博物馆的目的与职责；采取专业、礼貌的方式保持同观众的交往，分享所掌握的专业知识和技能；注意保守博物馆与藏品物主的保密信息和个人隐私；努力创造并维系良好的工作关系，加强合作，资源共享；不参与与其服务博物馆收藏物品相似或相关物品的经营；只有在正当、合法的情况下，才能出具文物、标本的书面鉴定书或者估价凭证；在征集、鉴定等工作中，发现非法、违禁物品，应及时告知有关政府部门等。

不仅国际博物馆协会对博物馆从业人员提出了基本的职业道德要

求，我国也结合自己的国情和博物馆工作的实际状况，切实制定了适合中国博物馆事业发展的博物馆从业人员职业道德规范。国家文物局在1981年4月28日就曾经颁布了《文物工作人员守则》，对改革开放初期博物馆从业人员的职业道德进行了规定。随着市场经济的发展和博物馆事业的不断进步，为了更好地适应时代特点，加强博物馆行业的精神文明建设，提高从业人员的职业道德修养，使其自重、自省、自警、自励，从而更加认真地履行保护祖国历史文化遗产的神圣使命，我国又于2001年12月10日颁布了修订之后的《中国文物、博物馆工作者职业道德准则》（以下简称《准则》）。《准则》共八条，结合博物馆工作的实际情况，分别从从业者的思想意识、实际工作和社会职责等方面，对我国博物馆从业人员的职业道德进行了更加全面具体的规定。[①] 总而言之，我国博物馆工作人员只有按照国际博物馆协会规定的最低标准和《准则》所规定的职业道德，严格要求自己，不断提高自身的职业道德修养，才能更加廉洁高效地开展博物馆工作，更好地推动博物馆事业持续、健康地发展。

三、博物馆工作人员的培训

博物馆作为社会文化教育机构，对于工作人员的职业道德和业务素质都有着较高的要求，只有经过专业的培训，他们才能胜任自己的工作。即使是在职的博物馆工作人员，也必须积极学习新的知识和技能，这样才能做好本职工作，更好地适应社会发展的需要。特别是近年来，随着社会的进步和博物馆事业的现代化，更是对博物馆工作人员的能力提出了更高的要求，不仅要求他们掌握博物馆学的基础知识和所从事工作的专业技能，还要求他们了解博物馆其它工作的相关知识，拥有一定的公共活动组织能力和信息处理能力。要提高博物馆工作人员的水平，就必须为他们创造再学习的机会，通过各种形式的培训，及时地更新他们的思想观念，增强他们的业务水平。但实际上，就世界范围而言，针对博物馆工作人员的培训还相对比较薄弱，许多

① 详见国家文物局：《中国文物博物馆工作者职业道德准则》，《中国文物报》，2005年2月23日，第3版。

博物馆从业人员都没有经过专业的训练，不具备基本的业务知识和技能，或者其知识结构和技能无法满足现代博物馆实际工作的需要。因此，如何对博物馆工作人员进行科学系统的培训，从而全面有效地提高其综合素质，便成为现代博物馆学界一个迫切需要解决的问题。

目前，博物馆学界对博物馆工作人员的培训主要有三种形式，即博物馆自身设立培训机构进行培训、国际组织和各国政府组织的培训、通过大学与博物馆合作进行培训。

博物馆自身设立培训机构进行工作人员的培训始于法国的卢浮宫。早在1882年，卢浮宫就设立了博物馆学院，专门培养博物馆人才。学院系统全面地开设了与博物馆工作相关的许多课程，使其不但成为培训博物馆学人才的重要机构，同时，也为博物馆在职工作人员提供了接受专门训练的地方。现在，世界各国许多大型博物馆都采取设立培训机构或聘请专家开设短期培训班的方式，逐步加强对博物馆工作人员的培训，使其业务理论和实践水平得以提高。

为了推动博物馆事业的发展，提高博物馆工作人员的水平，国际组织和各国政府也积极组织针对博物馆从业人员的培训。例如，联合国教科文组织就经常性地举办短期培训班，对世界各国的博物馆工作人员进行专门训练；国际博物馆协会为了解决博物馆工作人员的培训问题，还专门设立了“国际博物馆协会人员培训工作小组”，并于1971年制定了《国际博物馆工作人员职业培训：问题现状》作为教学大纲；[①] 各国政府及博物馆协会也都通过开办培训班、组织实践学习等方式，不断加强对博物馆专业人员的培训。

通过高等学校与博物馆的合作对博物馆专业人员进行培训，也是开展博物馆人员培训的重要手段。20世纪20年代，美国博物馆协会就曾经通过决议，认为最为理想的博物馆人员培训只有通过大学与博物馆的合作才能得以实现。实践证明，以高等学校为基础，与博物馆合作对博物馆人员进行培训，确实具有相当好的效果。大学可以通过

① 参见〔加〕杰·莱尼·迪瑟著，宋向光译：《博物馆学——“思考的实践”的反映》，《中国博物馆》，1993年第3期，第37页。

设置博物馆学专业，开设博物馆学的相关课程，对学生和博物馆工作人员进行专业训练，使其全面系统地掌握博物馆学理论和相关的专业知识；而博物馆则可以为他们提供理论联系实际的机会，让他们在实践中进一步丰富和完善专业技能。因此，当代世界许多国家都在大学设置了博物馆学专业，进行博物馆人才的培养，辅之以博物馆训练，增强他们的技能，最终实现提高博物馆工作人员思想道德和专业技能的目的。

我国博物馆一直比较重视对博物馆工作人员的培训，长期坚持开展培训工作，在工作实践中不断吸收国外博物馆工作人员培训的先进经验，结合我国博物馆的实际情况，积极钻研，开拓创新，总结出了一套颇具特色并且切实可行的博物馆工作人员培训方法。

首先，以德才兼备、一专多能作为博物馆工作人员培训的宗旨和目标。

所谓德才兼备，就是要求博物馆工作人员不但应当具备良好的职业道德，而且应当具备过硬的业务素质。随着社会经济的发展和艺术品投资的升温，博物馆工作人员势必会受到来自各方面的利益诱惑，这就要求博物馆通过培训，培养工作人员树立坚定的责任感和使命感，强化职业道德修养，自觉抵制各种利益诱惑，甘于奉献，坚守岗位。同时，博物馆事业的现代化发展，也要求博物馆工作人员必须与时俱进，利用各种培训和学习的机会，积极学习，掌握过硬的业务知识，以便更好地适应时代的需要，搞好本职工作。因此，博物馆必须将德才兼备作为工作人员培训的宗旨。

一专多能则是对当代博物馆工作人员提出的新目标。所谓一专多能，就是要求博物馆工作人员应当精通一门专业理论和职业技能，同时掌握博物馆工作所需的一般理论和多种技能。随着博物馆事业的不断发展，博物馆日益成为社会文化生活的重要组成部分，博物馆工作逐步成为融思想性、学术性、专业性和娱乐性于一体的综合性工作，这些都要求博物馆工作人员必须立足本职，熟悉博物馆的相关工作，掌握多种知识技能。通过培养一专多能的工作人员，不仅可以满足现代博物馆工作的需要，更好地发挥博物馆的各种职能，而且有利于博物馆减员增效的有效实现。因此，博物馆必须以培养一专多能的工作人员作为主要目标。

其次，采取灵活多样的方式，全面系统、科学有效地开展对博物馆工作人员的培训。

我国博物馆对工作人员培训的形式灵活多样，主要包括通过大学培养和训练博物馆工作人员、参加国内外组织的各种培训班以及博物馆内部的交流学习。

我国通过高等学校教育对博物馆工作者的培训始于20世纪40年代。1943年，四川壁山国立社会教育学院（后迁苏州）开始举办博物馆学教育，连续招收三期学生。1948年，北京大学文学院设置博物馆专修科，1952年调整为考古学专业，开设博物馆学概论课程。60年代初，南开大学历史系开设博物馆学专业组，文化部文化学院开办文博系，中央美术学院也开设了博物馆学课程。1978年以后，随着我国博物馆事业的蓬勃发展，博物馆学教育也得到了迅速的发展，南开大学、浙江大学、吉林大学、复旦大学、北京大学、武汉大学、兰州大学等高校先后开设了博物馆学专业。目前，全国已经有20余所高校开设了博物馆学专业，教授博物馆学概论、考古学通论、文物鉴定、博物馆陈列艺术、藏品保护与修复、绘图与摄影、文物保护法、中国通史、世界历史、科技史、美术史等课程，举办博物馆学系列讲座和讲习班，组织学生参加博物馆工作实践。这些高校不但培养了大批博物馆专业的本科生和研究生，为博物馆事业及时地输送着新鲜血液，而且也担负着培训博物馆在职人员和业余工作人员的重任，是博物馆工作人员培训的重要场所。尽管如此，我国博物馆从业人员中，接受过博物馆学系统训练的还相对较少，加上我国大多数博物馆都由文化部管辖，系统内人员具有一定的流动性，由于各种原因进入博物馆的工作人员往往缺乏博物馆从业的相应学术背景。所以，我国博物馆非常重视高等学校教育对博物馆工作人员的培训，力争通过大学开办的学制不同的学位班和进修班，使博物馆工作人员的综合素质得以全面、迅速地提升。

如前所述，联合国教科文组织在欧洲、美洲、非洲和亚洲都设有博物馆培训中心，国际博物馆协会也在智利、圣地亚哥等地开办有培训班，为世界各国的博物馆工作人员提供着全面系统的培训。我国为了加强对博物馆工作人员的培训，自20世纪80年代以来，也先后由国家文物局组织在江苏扬州和山东泰安等地建立了博物馆工作人员的短期培训基地，各省、市、自治区文博主管部门也积极组织开办了各类培训班。国内外组织的这类培训班，都采取聘请相关专家学者开办讲座的形式，分主题对博物馆各项工作进行全面深入的讲解，力图通过短期培训，使博物馆工作人员的业务素质和职业技能得以迅速提高。实践证明，博物馆选派工作人员参加国内外组织的培训班，不但可以使他们的工作能力得以提高，而且可以通过培训开阔视野，加强与国际博物馆学界的交流，激发他们的工作热情，使其更加积极地投身本职工作。

我国各个博物馆为了提高工作人员的整体水平，更好地适应社会发展的需要，也都在积极组织针对博物馆各部门工作人员的交流和培训。博物馆内部的培训手段也是灵活多样，既可以充分利用自身优势，组织馆内专家和先进工作者对新入馆工作的人员进行岗前培训，细致讲解岗位职责和博物馆基本知识；又可以结合博物馆的具体工作，本着踏实认真的态度，在实际工作过程中边干边学边总结，不断提高自己的工作水平；还可以加强博物馆的内部交流，鼓励馆内人员交流先进的工作经验，定期组织学习，积极开展业务竞赛，并且大力提倡老同志对年轻工作人员的传、帮、带，努力提高工作人员的业务技能。此外，博物馆还可以利用馆际交流的机会，邀请其他博物馆的专家学者传授先进的工作经验，不断提升博物馆工作人员的综合素质。

最后，我国博物馆工作人员的培训应当结合博物馆实际，注意合理规划，实施重点培训。

我国博物馆在进行工作人员培训的具体操作过程中，首先，应当从各馆的实际出发，根据博物馆各部门的实际需要，在对现有工作人员进行全面分析的基础上，制定各部门工作人员的培训计划，以实现人员培训的合理规划。其次，应当充分利用各种途径，针对工作人员的薄弱环节进行培训，先补基础，再补专业，循序渐进，使其思想素质和专业技能都得到全面的提升。再次，应当注意对馆内中青年工作人员的重点培训。中年工作人员是博物馆各项工作的骨干，青年工作人员则是博物馆的未来和希望，将他们作为培训的重点可以有效地提升博物馆的发展潜力，为博物馆的腾飞奠定基础。而且，中青年工作人员精力充沛，接受新观念、新技能的能力较强，可以更好地实现培训的目的和要求。因此，博物馆应当适时地对中青年工作人员进行岗前培训，尽量为他们创造在职进修和脱产学习的机会，使他们更新观念，掌握先进的工作技能，为博物馆注入新的生机和活力。最后，应当对工作人员的培训结果进行检查，建立科学有效的考核制度。对于培训结束后工作能力有显著提高者，应当给予奖励，并将培训学习的经历作为晋升的重要参考；反之，则应当给予相应的处罚。

总之，我国对博物馆工作人员的培训是一项长期的任务。在具体的培训过程中，应当注意合理规划，加大力度，有重点地开展多种形式的培训学习，切实有效地保证培训工作的质量，使工作人员的思想道德和业务素质得到全面的提高。力争通过培训，培养一支德才兼备、一专多能的工作人员队伍，使其更好地适应博物馆工作的需要，推动博物馆事业的长足发展。

第三节 博物馆营销

在市场经济条件下，博物馆既要举办陈列展览、保护修复藏品、开展学术研究、维护建筑设备，以维持自身的生存，发挥作为社会文化教育机构固有的社会职能，又要适应社会的发展和时代的要求，更新硬件设备，提升整体素质和服务水平，谋求新的发展，完成博物馆宣传教育、娱乐休闲和充实人生的新的历史使命。这一切的实现都需要强有力的经费支持，但世界上大多数博物馆却都面临着资金短缺的共同问题。因此，当代博物馆要生存和发展，在残酷的市场竞争中立于不败之地，就必须积极开展博物馆营销。

科学合理的博物馆营销，不但可以为博物馆创收，有效地缓解博物馆生存发展所面临的资金不足问题，而且有利于增强博物馆的市场意识，提高博物馆的经营管理和服务水平，扩大博物馆的影响，推动博物馆的现代化进程，最终实现社会效益和经济效益的双赢。换句话说，博物馆营销的开展意味着在博物馆领域内主动引入了市场机制和竞争机制，这必将极大地激发博物馆的活力，促使博物馆不断改进管理、降低消耗、提高质量、更新产品，从而更好地推动博物馆事业的健康发展。

一、博物馆的营销理念及其特点

所谓博物馆营销，就是指博物馆经营者从社会需求和消费者需要的角度出发，通过分析其自身资源，确定目标市场，采用适当的营销策略和手段，满足社会需求和消费者需要，最大限度地实现其社会效益和经济效益的过程。其实，博物馆营销就是运用市场营销理论，结合博物馆的实际情况，对其进行运营和管理，在不违背博物馆作为公益性社会服务机构的前提下，坚持社会效益优先的原则，努力创造最大的经济效益。因此，要想理解博物馆的营销理念，就必须先熟悉和了解市场营销的基本理论。

根据“现代营销学之父”菲利普·科特勒教授的说法，“市场营销是社会过程和管理过程，个人和团体通过制造、提供和与他人交换有价值的产品满足他们的必需和需要”①。而美国市场营销学会则将市场营销定义为：“关于构思、货物和服务的设计、定价、促销和分销的规划与实施过程，目的是创造实现个人和组织目标的交换”②。从上述市场营销的定义可以看出，在市场经济条件下，市场营销实际上是一个系统工程，包含产品制造者、产品、市场以及营销策略等诸多因素，只有处理好每个环节，并使之达到最优配置，才能实现最终的效益。

市场营销理论认为，所谓市场，其实就是指具有特定需求和欲

---

① 转引自朱琰：《我国博物馆营销策略初探》，《南京航空航天大学学报（社会科学版）》，2007 年第 2 期，第 56 页。

② 郭国庆著：《市场营销学通论》，中国人民大学出版社，2000 年，第 12 页。

望，而且愿意并能够通过交换来满足这种需要或欲望的全部潜在顾客。它是市场营销的重要组成部分，市场的特点密切影响着产品的开发和营销策略的制定。因此，在市场营销过程中，必须重视市场的培养，积极采取有效的营销策略稳定已有市场，拓展新兴市场，力争通过占领广阔的市场，实现经济效益的最大化。而产品则是指能够满足消费者某些需要或利益的物质实体和非物质形态的服务。它不仅具有直观的现实意义，而且还包含抽象的社会意义和心理意义。它也是开展市场营销的重要因素，只有以市场为导向，推出物美价廉的产品，才能够有效占领市场。但仅仅凭借对市场和产品的了解，尚不能实施成功的市场营销，还必须制定适应市场需求、符合产品制造者特点的营销策略，才能最终创造理想的经济效益。营销策略就是为了满足消费者的需求或利益，在对市场和产品进行调查分析的基础上，确定的包括市场、产品和促销在内的市场营销组合，以销售产品并获取利润为目的。成功的市场营销，其实就是通过营销策略的制定和实施，实现产品制造者、产品和市场的优化配置，以市场为导向增强产品的适用性和特点，最终达到树立良好社会形象、实现丰厚市场效益的目的。

博物馆营销是市场营销理论在博物馆领域内的具体应用。因此，同样需要在营销过程中重视市场、产品和营销策略等要素，并注意处理好它们之间的关系，才能最终实现社会效益和经济效益的双赢。在博物馆营销中，博物馆市场就是指博物馆运作其间的总和性的社会及经济关系，主要由市场主体和市场客体构成。市场主体就是博物馆的经营者，而客体则是指对博物馆有特定消费需求、消费欲望和基本消费能力，并且愿意通过消费交易来实现其消费需求的实际和潜在消费者的总合。博物馆市场的大小主要取决于对博物馆产品有需求或者能够从博物馆获得利益，同时又有能力消费或实现其愿望的消费者的多少。在一定程度上，博物馆市场其实就是博物馆的生命线，博物馆一旦失去了市场，也就失去了其生存和发展的根本。博物馆的产品，则是指博物馆结合自身优势开发的各种文化产品，主要包括博物馆特有的资源、举办的陈列展览、开展的培训讲座、制作的各类出版物和复制品、提供的各项服务等。它是博物馆营销成败的关键因素，如果博物馆没有内容丰富、颇具吸引力的产品，也就意味着它可能会因此而失去市场。因此，博物馆营销必须对市场和产品给予高度的重视。同时，还必须在对它们充分认识和了解的基础上，采取符合博物馆经营管理特点的包括市场营销策略、产品营销策略和促销策略在内的各种营销策略，才能将博物馆及其产品通过灵活的营销手段推向市场，最终实现不断扩大市场、增强产品竞争力、创造最优效益的目的。

虽然博物馆的性质是非营利的社会文化事业机构，但并不意味着它就不能开展经营活动、创造经济效益。随着市场经济的发展和博物馆竞争的日渐激烈，为了维持博物馆的生存和发展，更好地适应现代博物馆的发展和观众的需求，博物馆进行合法适度的营销活动是十分必要的。首先，各国政府对博物馆的投入已很难满足博物馆提供高质量服务的需要。所以，它们一方面鼓励博物馆开展多种经营，广开渠道吸纳资金；另一方面提倡社会团体和个人对博物馆的捐助，动员社会力量支持博物馆事业的发展。其次，社会公众素质的提高，使得他们对博物馆及其产品的要求也不断提高。为了满足观众的要求，博物馆必须投入更多的资金用于设备升级和质量提升，这势必会增加博物馆的运营成本。最后，博物馆要争取更多的观众，就必须充分运用市场经济的有效方法，加大营销力度，以占领更广阔的市场。

博物馆作为非营利的公益性社会文化服务机构，其营销活动必然与一般意义的市场营销有所不同。因为博物馆营销的根本目的是创造良好的社会效益与经济效益，从而更好地实现博物馆的社会职能，推动社会的发展和变革。所以，博物馆营销与一般意义的市场营销相比，具有注重社会效益、兼顾经济效益、追求社会效益与经济效益协调发展的特点。

博物馆营销所要取得的社会效益，其实就是指博物馆对提高公众素质和推动社会发展所作的贡献，以及社会公众对博物馆及其工作的认可程度。博物馆运营所需的经费主要依靠政府拨款或社会捐助，而提供资助的组织和个人一般都不要求获得任何经济回报，而更加重视资助所取得的相关的社会效益。所以，博物馆营销不用承担向投资者、管理者和工作人员分配经济收益的压力，而只需要尽量实现良好的社会效益作为回报。同时，博物馆从事的是公益性服务活动，其成效很难单纯用经济效益加以评估，社会效益便成为评价博物馆成败的一个重要指标。因此，博物馆营销必须充分重视创造良好的社会效益。

为了保证博物馆能够正常地运营和发展，更好地适应社会发展和公众需求，充分发挥其社会职能，就必须在重视社会效益的同时，合法适度地创造经济效益。博物馆作为非营利性事业机构的性质，决定了博物馆营销不能同一般意义的市场营销一样，将追求经济利益的最大化作为最高目标。而应当尽可能地结合自身的性质和职能，在政策法律允许的范围内，有益于社会和观众，取得合理的经济效益，以促进自身事业的发达。只要经济效益对社会效益的提高起到和谐、同步甚至促进的作用，其存在就是合理的、积极的，其生命力就是旺盛的。

要保证社会效益和经济效益的协调发展，就要求博物馆在营销过程中，不仅要注意对博物馆产品的营销，而且要重视对博物馆及其工作的营销，加强对博物馆工作的宣传推介，提高民众对博物馆的认知程度。博物馆只有在充分考虑社会需求和公众利益的前提下，树立源于社会、回报社会的观念，不断增强其社会服务意识，制定和实施科学合理的营销策略，才能确保社会效益与经济效益的协调发展。

总之，博物馆营销是一个系统工程，必须在公众的监督下，从社会和观众的实际需求出发，结合博物馆自身的优势和特点，制定切实可行的营销策略，妥善处理营销过程中涉及的各种关系，才能实现最佳的社会效益和经济效益。

二、博物馆营销策略

根据社会需求和观众需要，结合博物馆的实际情况，制定切实可行的营销策略是博物馆营销的重要环节。在博物馆营销过程中，只有通过营销策略的制定和实施，才能将博物馆、产品和市场联系起来，实现博物馆营销的最终目的。在当代博物馆营销中，博物馆的营销策略主要包括市场营销策略、产品营销策略和促销策略。

1. 博物馆的市场营销策略

博物馆市场是博物馆营销的重要组成部分，只有制定和实施科学合理的市场营销策略，才能培育健康有序的博物馆市场，并使之不断扩大，从而有效地开展博物馆营销。博物馆的市场营销策略主要是通过博物馆市场细分、博物馆目标市场选择以及博物馆市场定位而逐步实现的。其中，准确的博物馆市场细分可以作为博物馆目标市场选择的前提，而博物馆合理的市场定位则必须以市场细分和目标市场为基础。因此，博物馆市场细分、目标选择和市场定位共同构筑了博物馆营销市场的有机整体，它们是相辅相成、环环相扣的。

所谓博物馆市场细分，就是指博物馆根据其消费者的需求和特征，将其划分为若干个具有相似需求、便于识别、规模较小的消费者群体的分类过程。博物馆市场细分必须以充分的市场调查为基础，因为消费者的需求具有异质性，所以，只有全面系统地开展以消费者需求为主导的市场调查，才能将博物馆市场进行准确地细分，将其细分为具有不同特点的子市场。例如，在对博物馆观众进行全面调查的基础上，可以根据观众对博物馆需求的差异，将其参与博物馆活动的动机细分为六大类，即娱乐动机、求知动机、偏好动机、猎奇动机、从众动机和归属动机，并由此将博物馆市场细分为休闲娱乐市场、教育市场、审美市场、旅游市场以及资本市场等子市场。通过对博物馆的市场细分可以辨识和区分不同消费动机与消费需求的博物馆消费群体，从而更加深刻、细致地识别各子市场消费群体的特点和需求，最终确立与博物馆资源条件相适应的目标市场。所以说，准确的博物馆市场细分，不仅有利于掌握博物馆市场的特点，而且可以有效地为目标市场的选择提供依据。

要成功实现博物馆的市场营销策略，不但要重视对博物馆市场进行细分，了解其不断变化的消费需求和特点，而且还要结合博物馆本身的资源及其产品，选择相应的目标市场。因为每个博物馆都具有自身的资源优势和特点，其产品不太可能满足所有子市场消费者的需求，所以，必须从博物馆自身的特点出发，以消费者需求为导向，不断增强产品的适应性，推出能够体现自身特色和优势的主打产品。只有这样，博物馆经营者才能在市场细分的基础上，结合博物馆自身的资源条件和产品特色，对细分出来的子市场进行全面评估，最终在众多细分出来的子市场中选择一个或数个子市场作为自己的目标市场，以便在目标市场上发挥自己的优势，达到博物馆营销的最佳效果。

恰当的市场定位也是实现博物馆市场营销策略的重要环节。所谓博物馆市场定位，就是指博物馆在市场细分和选定目标市场的基础上，决定采取何种方式向各目标市场提供产品和服务的过程。恰当的市场定位，不但有利于彰显博物馆的特点，树立良好的社会形象，培养健康有序的博物馆市场，而且可以帮助博物馆取得有利的竞争地位，更好地实现社会和经济效益。博物馆的市场定位必须以市场细分和目标市场选择为依据，通过制定和实施科学合理的市场规划，才能得以实现。市场规划的制定和实施都应当从社会需要和消费者的需求出发，结合博物馆及目标市场的特点，遵循开放和主动的原则，采取符合市场经济的促销手段。特别是在制定市场规划的过程中，应当注意对可能影响博物馆营销的各种因素进行充分考虑，尽量使博物馆营销的市场规划具有一定的适应性和应变能力。而在实施市场规划的过程中，只有随时关注信息反馈，对实施情况做出阶段性的评估，并及时修正影响规划实施的不利因素，才能实现恰当的博物馆市场定位，为博物馆营销创造健康有序的市场环境。

2. 博物馆的产品营销策略

要顺利地实施博物馆营销，除了需要营造良好的市场外，还应当以社会和消费者的需要为导向，不断推出能够满足各细分市场需求、体现博物馆特色和时代特征的产品。这就要求博物馆在营销过程中，必须树立科学的产品意识，在充分了解自己产品各种情况的基础上，采取合理的价格策略，才能赢得市场，最终实现预期的社会和经济效益。

在现代博物馆营销中，通常将博物馆产品分为三类，即主导产品、辅助产品和服务产品。

博物馆的主导产品就是博物馆组织的各种陈列展览。作为博物馆主导产品的陈列展览，因为具有生产与消费的同一性、完整性、无形性、正效性、长效性、非竞争性、垄断性等特点①，自然就成为博物馆营销活动的中心，可以说，博物馆所有的营销策略都是围绕着它展开的。因此，要实现成功的博物馆营销，就必须重视博物馆的陈列展览，需要在了解观众需求的基础上，结合自身的资源优势和特点，努力开发新产品（即策划组织新的陈列展览），不断提高产品质量（即增强陈列展览的吸引力），争取用优质新颖的产品占领市场，吸引更多的观众，获得更大的效益。

博物馆的辅助产品主要指博物馆为配合主导产品的推介、树立自身形象而设计生产的各种物品和举办的相关活动。博物馆的辅助产品主要包括：与博物馆本身及其藏品相关的书刊、杂志和音像制品；有收藏价值的明信片、照片、图册、纪念图章、纪念币等；珍贵藏品的复制品、拓片等；书画艺术品；其它各种纪念品、礼品等。博物馆举办的相关活动主要包括：组织流动或巡回展览；组织与博物馆藏品相关的辅助性教育活动，如演讲、讲座、实地考察、培训等；组织其它各类宣传教育和休闲娱乐活动，如组织艺术表演、节日庆典等。总之，作为主导产品的辅助行为，辅助产品不仅能激发观众的参观兴趣，有效地开拓市场，而且还可以通过直接消费或收取活动费用来增加博物馆的收入，在发挥博物馆社会职能的同时，培养融洽的公共关系，树立公众形象，取得良好的社会效益和经济效益。

博物馆的服务产品可以分为有形服务产品和无形服务产品。所谓有形服务产品，主要包括博物馆内提供有偿服务的实体，如餐馆、商店、出租场地等；无形服务产品则渗透在博物馆的各项活动中，如导览、讲解等。博物馆作为公益性社会服务机构，其提供的服务具有多样性。其中，作为商品提供的服务是有偿的，而为了更好地发挥博物馆社会职能所提供的服务则属于无偿的。博物馆通过提供优质周到的服务，不但可以提升博物馆的整体服务水平，为其创造一定的经济效益，而且可以塑造博物馆作为社会服务机构的社会形象，更好地发挥

---

① 详见骆士泉：《论博物馆的营销策略》，《东方博物》，2005 年第 2 期，第 76 ~ 77 页。

博物馆的社会服务职能，增强博物馆对社会公众的吸引力。

虽然博物馆产品在市场营销过程中属于商品，但由于博物馆属于非营利的公益性社会文化服务机构，其产品也表现出不同于一般商品的特殊性。首先，一般商品受供求关系的影响，在资源配置上变化较快，而博物馆产品的组织和形成却具有长期性和稳定性。其次，一般商品依照价值规律的基本原则，通过市场进行等价交换。而博物馆是公益性事业单位，其产品主要在于推动社会进步和满足公众需求，而不是单纯地追求经济利益。因此，博物馆产品在“交换”中经常是不等价的，具有一定的公益性。最后，一般商品往往都具有较强的实用性和针对性，而博物馆产品却具有较为普遍的适应性。

博物馆要赢得市场，创造效益，不仅需要对其产品进行全面系统的了解，而且还要在此基础上制定和实施科学有效的价格策略，建立公正合理的价格体系。这一切的实现，都必须严格遵守成本定价原则，即以一定时间为单位，将此时间内博物馆正常运营所需的最低费用进行统一计算，作为这一时间内的成本，然后以此为基础确定相应的产品价格。同时，在建立公正合理的博物馆价格体系过程中，除了要遵循成本定价原则外，还必须考虑竞争因素和社会消费水平等诸多要素。

目前，博物馆的价格策略主要体现在博物馆的门票价格和有偿服务价格两个方面。

门票价格的制定由于受到多方面因素的影响，显得比较复杂。往往是各博物馆依据自身的特点和实际情况自行规定，既可以对所有观众采取相同票价，又可以实行分类、分段的票价，还可以按规定实行门票的减免等。总之，门票价格的制定，既要体现博物馆作为非营利社会文化机构的特点，又要充分考虑运营成本、公众消费水平等因素。

一般而言，博物馆的有偿服务都属于额外服务，或因服务项目特殊，或因服务成本过高，如非工作时间的额外讲解、资料复制和出具文物、标本的鉴定书等，所以，使用这些服务的观众就需要支付一定的报酬。而博物馆作为公益性社会服务机构的特点，又使得有偿服务的价格变得非常敏感，稍有不慎，就可能招致社会舆论和观众的批评。因此，博物馆在提供有偿服务时，必须以做好基本服务为前提，结合有偿服务的性质、服务对象的需求和支付能力等因素，制定公平合理的价格，力争使服务双方都感到满意。

3. 博物馆的促销策略

促销作为博物馆营销过程中必不可少的重要环节，对于实现博物馆效益具有重要作用。正确的促销不仅可以为观众提供丰富全面的博物馆信息，加深其对博物馆的了解，提高博物馆的知名度，而且可以有效地诱导观众参与博物馆活动，迅速地培养和开拓博物馆市场，更好地为博物馆创收和筹款。所以，只有制定和实施科学合理的促销策略，采取灵活多样的促销手段，才能保证博物馆营销取得成功。

目前，博物馆的促销策略主要包括塑造独具特色的博物馆形象、采取灵活多样的促销手段和加强对博物馆及其产品的宣传推介。

博物馆在营销过程中，应当从社会需要和观众需求的角度出发，结合自身的资源优势，通过确立适合本馆特点的服务宗旨、设计体现本馆特色的徽标、统一工作人员的着装、推出风格鲜明的博物馆产品等方式，塑造独具特色的博物馆形象。这不仅有利于彰显博物馆特色，培养博物馆文化，提高博物馆的整体服务水平，增强博物馆的内部凝聚力，而且可以给观众留下深刻的印象，传递更丰富的博物馆信息，不断拓展博物馆市场，更广泛地争取社会资助。

采取灵活多样的促销手段，也是博物馆的重要促销策略。世界各国博物馆营销的实践证明，推出优惠套票、赠送礼品、提供附加服务、调节开馆时间、出让冠名权等方式，对于博物馆及其产品而言都是相当有效的促销手段。而且，随着社会的不断进步和博物馆事业竞争的不断加剧，其促销手段也一定会层出不穷。但不论博物馆采取何种形式的促销手段，都必须建立在广泛的观众调查的基础上，以适应社会发展和观众需求为目的，才能得以顺利实施。

作为重要的促销策略，对博物馆及其产品的宣传推介，往往可以通过媒体宣传、工作人员推介和观众的口碑效应等形式得以实现。所谓媒体宣传，主要是指通过互联网、电视、报纸、电台、广告与招贴、自制的宣传材料等传媒，对博物馆及其产品进行宣传促销。工作人员推介则是指博物馆工作人员针对博物馆及其产品组织的各类宣传推介活动。这里所说的工作人员，不仅指博物馆的专职工作人员，也包括所有热爱博物馆事业的非专职工作人员。事实证明，这些关心博物馆事业的社会力量对博物馆及其产品的宣传推介所起的作用，有时甚至超过了专职的博物馆工作人员。无论是媒体宣传还是工作人员的推介，在对博物馆及其产品的宣传推介过程中，都应当力争做到目的明确、内容精准、信息翔实，这样才能产生良好的宣传效果。而口碑效应其实就是利用博物馆观众对博物馆及其产品进行宣传推介。对于博物馆而言，口碑效应是以观众对博物馆及其产品的满意感为基础的。因此，要通过口碑效应创造良好的宣传效果，就必须提高博物馆的整体服务水平，增强观众对博物馆及其产品的满意度。

三、我国博物馆营销中的开源节流

在我国，除个别的私立博物馆外，绝大多数博物馆都属于公益性文化事业单位。所谓事业单位，就是指没有固定收入来源，或虽有部分收入，但不能抵补本身支出，所需经费全部或部分由国家财政以无偿形式拨给，以支付其完成国家给予任务的单位。所以，我国绝大多数博物馆日常运营所需的经费都是主要依靠政府全额或差额拨给。但近年来，随着市场经济的不断发展和博物馆数量的不断增加，博物馆运营所需的经费也在同步增长。无论是藏品的收购、维护、保险，还是布置陈列展览、开展学术研究、更新维护设备，都需要极大的经费投入。因此，政府的投入便越来越无法满足现代博物馆生存和发展的需要，我国许多博物馆也同世界其它国家的博物馆一样，陷入了经费严重不足的困境。

经费不足势必会影响博物馆陈列展览的质量和其它活动的顺利开展，进而导致观众人数的下降，从而形成恶性循环，最终使博物馆丧失生命力。在这种形势下，坚持把社会效益放在首位的同时，改革经营管理，积极推行博物馆营销，利用多种渠道增加经济收益，控制成本，已成为我国博物馆谋求自身生存和发展的迫切问题。

博物馆要从根本上解决经费不足的问题，就必须注意开源与节流并举。所谓开源，就是要求博物馆通过各种途径增加经济收入，最大限度地吸纳运营资金；而所谓节流，则是要求博物馆尽可能地将其日常运营的成本降到最低。只有开源与节流并举，才能在创造经济效益的同时降低运营成本，使博物馆在维持日常运作的情况下得以不断发展。

我国博物馆为了达到开源的目的，已经在学习和借鉴国外博物馆先进经验的基础上，结合我国的国情和各馆的实际情况，逐步建立了政府拨款与本馆自筹相结合的经费筹措机制。其中，博物馆自筹的运营经费主要是通过创收和筹款来实现的。

创收就是博物馆充分利用自身的资源优势，采取各种营销策略，为维持博物馆的生存和发展创造必需的经济收益。目前，我国博物馆创收的途径主要包括门票收入、餐饮娱乐收入、零售业务、场地出租、出版业务等。

门票收入是博物馆最为传统、也最为有效的创收方式。例如，2002 年故宫博物院的门票收入就高达 3.1384 亿元，占该年度总收入的 93%，是维持该馆日常支出的主要经费来源。门票收入的高低主要取决于观众数量的多少，因此，要提高博物馆的门票收入，就必须不断提高以陈列展览为主的博物馆产品质量，推出符合时代特点和观众需要的新产品，努力吸引更多的观众。同时，还可以通过举办巡回展览、制定适宜的门票价格、适时调整开馆时间等方式，不断满足各类观众的需求，达到增加其门票收入的目的。

博物馆经营餐厅、饮吧和招待所等餐饮娱乐设施，不仅可以适应博物馆社会职能多元化的发展需要，提高博物馆的服务水平，更好地满足观众的各种需求，而且可以使之成为博物馆创收的有效手段。我国许多大型博物馆，如上海博物馆、首都博物馆等，都设有配套的餐厅、咖啡厅、数字放映厅等餐饮娱乐设施。它们往往能够很好地利用博物馆的休闲环境，体现博物馆特有的文化底蕴，形成有别于一般餐饮娱乐场所的独特风格，从而大量地吸引博物馆观众，甚至社会公众前来消费，最终创造良好的经济效益。

当代博物馆为了加强对自身及其活动的宣传、创造更多的收益，往往都设有固定的商店。同时，伴随着临时展览的举办，还负责经营临时增设的商店。这些博物馆商店出售的商品一般都是为博物馆专门设计、制作的，其设计优美，制作精良，不仅包括博物馆藏品的复制品、图片、画册、礼品、纪念品和音像制品等，还包括大量受博物馆藏品启发而设计的生活用品等。

博物馆的场地出租也是现代博物馆创收的重要途径。博物馆可供出租的场地主要包括博物馆内部的中小型展厅、临时展厅、多功能会议厅以及博物馆附属的广场、停车场等。根据这些场地的特点，既可以组织书画展、展销会，举行重要的节日庆典活动及各类集会，又可以举办招待会、研讨会、培训班等。博物馆通过场地出租，不仅可以有效地创造经济效益，而且可以聚集博物馆的人气，增强对潜在观众的吸引力，在无形中起到对外宣传的作用。此外，在博物馆出租场地的同时，还可以利用其特有的资源优势，提供相关的配套服务，如设计娱乐项目、制作特殊的灯光和音响效果等，创造更多的收益。

博物馆还可以充分利用自己的资源优势，采取与电视台、出版社等机构合作的方式，出版发行与博物馆及其藏品相关的各类图书、音像制品，通过出版业务实现创收。近年来，随着文化产品的市场化和产业化发展，许多电视作品和出版物都需要利用博物馆的藏品或者建筑，博物馆可以在保证藏品安全的条件下，提供其所需的资料和相关服务，并收取一定的费用。这样不但可以使博物馆有所收益，而且可以更好地实现博物馆的宣传推介。

筹款则是指博物馆通过各种渠道，向各类机构、社团和个人争取财物，以确保博物馆的正常运营和不断发展。我国博物馆筹款主要是通过募捐和建立会员制度等手段得以实现的。

募捐在许多西方国家是博物馆自筹资金的主要来源，如加拿大全国大部分博物馆85%的经费来自社会公众的捐助。但我国由于长期实行计划经济，再加上缺乏募捐的传统等原因，博物馆依靠募捐获取的活动经费则相对较少。在这种情况下，为了保证博物馆的正常运营和发展，更好地适应市场经济的发展，发挥其社会职能，我国博物馆也已经开始迅速转变观念，积极地开辟多种渠道，争取海内外人士的资助与捐赠。目前，许多博物馆都已经设立了专门的筹款部门，负责募集社会各界的捐助。募捐所得不仅包括各类款项，而且还包括物资设备。博物馆通过募捐，可以有效解决阻碍其发展的经费问题，进一步提高对公众的服务质量，而捐助机构或个人则可以通过这种公益活动，回馈社会，提高其知名度，树立良好的社会形象。因此，募捐正在逐步成为我国博物馆筹款的重要途径。

博物馆的会员制度，不仅能够密切博物馆与社会公众的联系，扩大博物馆的影响，而且能够有效地为博物馆筹款。因此，我国许多博物馆都开始积极借鉴国外博物馆的先进经验，建立适合我国特点和博物馆实际情况的博物馆会员制度。如上海博物馆就建立了较为完善的会员制度，普通会员每年收取 200 元会费，高级会员和贵宾会员则每年收取 8000 元和 80000 元会费。同时，还设有家庭会员、荣誉会员和团体会员。作为博物馆会员，需要定期交纳一定的会员费，但可以享受博物馆提供的诸多优惠，如免费参观陈列展览、免费获得资料和赠品、优先参加博物馆组织的考察活动等。一般而言，会员费的总收入都要超过给会员提供的优待。博物馆通过实行会员制度，不仅可以筹集会费作为活动经费，而且可以通过组织会员参加博物馆的各项活动，不断增强会员与博物馆的联系，特别是贵宾会员和团体会员，甚至可以将他们发展成为资助博物馆的主要对象。

我国博物馆为了缓解经费不足对其造成的压力，在想方设法进行创收和筹款的同时，也非常重视降低运营成本。减员增效和有效利用社会力量便是博物馆降低成本的重要途径。

减员增效是博物馆降低运营成本的主要途径。由于种种原因，我国博物馆长期以来一直存在人浮于事、效率低下的问题，这使得博物馆的大部分或者全部收入都主要用于人员支出，而无法投入博物馆的持续发展和建设。因此，我国博物馆开展减员增效就显得尤为重要。特别是在市场经济条件下，博物馆只有裁减不必要的工作人员，不断提高工作效率，才能有效地降低成本，在激烈的竞争中得以生存和发展。

博物馆通过组织博物馆之友和招募义务工作者等手段，充分吸引社会力量参与博物馆的日常工作，也是降低其运营成本的有效途径。目前，我国不少博物馆，如上海博物馆、广东省博物馆和湖北省博物馆等，都已将关心和热爱博物馆事业的社会人士组织起来，建立了自己的博物馆之友和义务工作者队伍。此举不但可以增强博物馆与社会公众的沟通和交流，争取更广泛的社会支持，而且可以利用他们提供的义务服务，有效地减少博物馆的日常支出，实现降低运营成本的目的。

总之，在社会主义市场经济条件下，我国博物馆只有转换计划经济时代完全依靠国家拨款的陈旧观念，积极开展博物馆营销，努力发展相关文化产业，多渠道地筹措资金，尽可能地降低运营成本，提高工作效率，建立完善的社会参与机制，才能最大限度地创造博物馆的社会效益和经济效益，实现博物馆事业的可持续发展。

第七章　博物馆建筑

博物馆建筑属于博物馆的基础设施，是博物馆顺利开展各项工作、成功组织各种活动，最终实现其社会职能的基本物质条件。因此，任何形式的博物馆都必须具备与之相适应的博物馆建筑。同时，博物馆建筑也属于社会文化设施，是重要的公共建筑。特别是近年来，随着博物馆事业的蓬勃发展，博物馆逐渐成为社会公众开展文化生活的主要场所，博物馆建筑也随之成为其所在地的标志性景观和文化象征。但无论是作为博物馆的重要硬件组成，还是作为重要的社会文化设施，都要求博物馆建筑不仅要满足博物馆各项工作的需要，具备相应的结构和功能，而且要充分体现博物馆的风格和特色，反映地方风貌和审美水平，具备优美独特的外观造型。

多年的博物馆实践证明，科学美观的博物馆建筑，不仅有利于博物馆各项工作的顺利开展和社会职能的成功实现，而且有利于塑造博物馆良好的社会形象，吸引更多的观众，更好地实现社会和经济效益。反之，则不仅会妨碍博物馆活动的开展，而且可能会使藏品和观众受到伤害，最终造成无法弥补的损失。因此，必须对博物馆建筑给予充分的重视，力求使其不断适应时代发展的需要，更好地为博物馆事业和社会文化生活服务。

第一节　博物馆建筑的历史演变及发展趋势

博物馆离不开博物馆建筑，只有“博物”而没有“馆”就不能称其为“博物馆”。所谓“馆”，其实就是指博物馆建筑，即为博物馆开展各项工作而专门设计修建的各类建筑。所以说，博物馆建筑是博物馆必不可少的重要组成元素。博物馆建筑总是随着博物馆的产生而产生，随着博物馆的发展而发展。

一、博物馆建筑的历史演变及其特点

博物馆建筑是古代最早的建筑类型之一。早期收藏历史文物、艺术品和珍稀自然标本的建筑，如建于公元前5世纪的古希腊斯多葛画廊、建于公元前3世纪的埃及缪斯神庙，以及一些纪念性建筑，如建于公元前5世纪的中国孔庙、公元547年建成的意大利圣维达尔教堂、公元1071年建成的威尼斯圣·马可教堂等，都可以被认为是古代博物馆建筑的发端。

现代意义的博物馆建筑最早出现于文艺复兴时期的欧洲。文艺复兴晚期，在意大利的佛罗伦萨出现了第一座专为收藏美术品而设计的房屋建筑，即今天乌菲齐美术馆的前身。1540年，文艺复兴艺术三杰之一的米开朗其罗也曾在设计罗马市政广场时，在其北侧专门设计规划了一幢博物馆建筑，即建成于1603年的卡比多博物馆。卡比多博物馆的建造，不仅凸显了博物馆建筑的重要性，而且开创了将博物馆建筑作为城市标志性建筑的先河。1683年，英国牛津大学也为阿什莫尔博物馆专门设计建造了相应的房屋建筑。这时的博物馆建筑数量较少，规模也比较小，没有明确细致的功能区分，依然是集收藏、陈列、研究于一身。建筑无论是平面组合还是立面造型，都基本采取当时流行的文艺复兴建筑风格，即在反封建、提倡理性人文主义思想指导下，摒弃象征神权的哥特风格，提倡复兴古罗马的建筑风格。因此，这时的博物馆建筑仍然是拥有高大立柱、精美绘塑的宫殿庙宇式建筑。

18世纪时，出现了一些规模较大的博物馆建筑，如1718年在俄国彼得堡的华西里岛上为收藏彼得一世藏品而建造的彼得堡珍品陈列馆，1785～1787年西班牙设计师彼加诺瓦奉查理三世之命设计建造的自然科学博物馆（今普拉多宫）等。这些博物馆建筑，虽然规模宏大，装饰华美，但也只是作为社会上层收藏品玩奇珍的场所，仍然没有藏品库房、陈列展厅等功能区分，也尚未形成博物馆特有的建筑风格。

同样在18世纪，也出现了许多由原有建筑改辟而来的博物馆建筑。如1740～1745年间罗马教皇在梵蒂冈内改辟出了基督教博物馆；1754年英国购置了位于伦敦的拉夫·蒙塔古府邸，并将其改辟为大英博物馆；俄国女王也曾在1764年将艾尔米塔什王宫的部分建筑改辟为博物馆；等等。这些改辟而来的博物馆建筑，虽然不是为博物馆专门设计建造的，但它们大多规模适宜、建筑华丽，也从一定程度上推动了博物馆事业的发展。同时，这种将原有旧建筑改辟为博物馆的做法也一直沿用至今，并且形成了自己的特色。

1793年，法国国民议会决定将卢浮宫改建为中央艺术博物馆，并向社会公众开放。这不仅是博物馆建筑史上利用皇宫改辟国家博物馆的开端，而且还标志着博物馆已经突破了传统的收藏功能，开始具备社会教育和学术研究的功用，博物馆建筑也随之从简单的收藏场所变成了重要的公共社会文化机构。为了适应博物馆事业发展的需要，博物馆建筑开始逐渐分化出藏品库、陈列厅和研究室三种主要功能空间。18世纪末，欧洲的许多大型博物馆建筑都已经拥有了独立的陈列空间。

进入19世纪，随着博物馆事业的发展，博物馆建筑的规模也变得越发庞大，加之向社会开放，功能日益增多，已难以利用原有建筑进行改扩建，一些原有的改辟建筑也因其馆藏日益丰富、规模不断扩大、功能逐渐增多而不敷使用。因此，专门设计建造的大型博物馆建筑日益增多，如1816年在慕尼黑兴建的雕塑馆、1824～1828年营建的柏林新博物馆（现称“旧博物馆”）、1823～1847年新建的大英博物馆、1839～1852年彼得堡新建的艾尔米塔什博物馆、1846～1866年兴建的瑞典国家博物馆、1869年创建的美国自然历史博物馆、1890年建成的布拉格国家博物馆、1897年建立的芝加哥艺术博物馆等。

这个时期新建的博物馆建筑，基本都已具备了独立的收藏、陈列和研究空间，特别是面向公众开放的陈列展厅已成为博物馆建筑的主体部分，充分说明博物馆建筑已经成为重要的公共建筑。随着科技的迅猛发展，新的建筑材料、建设技术、建筑设备也开始陆续运用到博物馆建筑中来，如开始注重混凝土、钢铁、玻璃、耐火材料、管道通风和集中供暖的运用，开始以电灯代替汽灯作为博物馆的照明设施等。但从现代博物馆使用的要求来衡量，这时的博物馆建筑在实际使用过程中依然存在不少缺陷，如功能区分不够细致、层高过高、采光照明和藏品保管条件较差、辅助用房不足等。在建筑风格方面，19世纪的欧洲，复古主义与折衷主义建筑思潮占主导地位，人们普遍把古希腊、古罗马的建筑风格与建筑形式看作永恒的典范，作为文化艺术殿堂的博物馆建筑更是如此，甚至有些博物馆还热衷于模仿改辟为博物馆的宫殿。因此，此时的博物馆建筑很多都是具有古典风格的多层宫殿式或希腊神庙式建筑，其平面多呈“一”字形、“工”字形、“日”字形、“田”字形或是更复杂的对称形式，入口往往会有巨大的门厅；立面造型则基本采用古典式柱廊，或整个墙面均为柱廊，或入口采用带山花的柱廊与两旁的实墙面呈虚实与明暗对比而突出入口。总之，古典柱廊与天窗的外形，及大片装饰繁琐的实墙，是这个时期博物馆建筑有别于其它建筑的特有外形特征。

随着欧洲殖民主义的对外扩张，不论是亚洲、非洲还是拉丁美洲，凡是殖民者所到之处都陆续兴办了一些博物馆，如1852年修建的新西兰奥克兰研究所博物馆、1858年在开罗北部的布腊建造的埃及博物馆、1868年建造的雅加达博物馆等，其建筑多由欧洲人设计，基本采用19世纪欧洲流行的博物馆建筑模式。特别是1866年在印度加尔各答修建的帝国博物馆，则几乎是英国南肯辛顿博物馆的翻版。所以，这个时期欧洲的博物馆建筑模式，也随着殖民扩张而成为了当时博物馆建筑的一种国际模式。

20世纪初期，虽然产生于欧洲的现代主义建筑思潮已经有所发展，但作为文化艺术殿堂的博物馆建筑除了建造数量有所增多、一些馆舍的规模有所扩大之外，其建筑造型基本上仍然是在沿袭上个世纪已经成型的建筑模式，只是在建筑装饰上有所简化。即使是在现代主义建筑蓬勃发展的美国也基本如此，以至于1941年在华盛顿建成的国家美术馆和1943年建成的杰弗逊纪念堂，都依然承袭了19世纪形成的建筑模式。

20世纪中叶，随着博物馆事业的不断发展和人们对博物馆认识的不断深化，原有的博物馆建筑模式已经不能适应新时期博物馆的要求。因此，当时新建和改扩建的博物馆建筑，大多都是具有现代主义风格的博物馆建筑。如1959年依据建筑大师弗兰克·劳埃德·赖特的设计完成的美国纽约古根海姆美术馆，由现代主义建筑大师勒·柯比西埃设计的建成于1959年的日本东京国立西洋美术馆，1965年建成的由现代主义建筑大师密斯·凡·德·罗设计的柏林新国家美术馆，以及1964年建造的墨西哥国立人类学博物馆新馆等。这些现代主义的博物馆建筑，不仅具有更加符合博物馆性质和特点的结构与功能，而且十分重视其结构、功能与外观造型的配合，往往具有较高的建筑美学价值，有些博物馆建筑甚至成为博物馆建筑史上的经典之作。例如，螺旋形的古根海姆美术馆本身就是一座精美的艺术品，以至于多年来博物馆中的任何展品都难以与之媲美；将现代主义建筑风格与传统印第安建筑风格巧妙融合、采用现代建筑方法和手段建造的墨西哥国立人类学博物馆新馆，也成为当时博物馆学界和建筑学界公认的世界上最好的博物馆建筑。

随着博物馆事业的蓬勃发展、建筑科学的不断革新和现代博物馆建筑理论的形成，从20世纪70年代开始，博物馆建筑进入了一个全新的发展时期，涌现出了许多著名的博物馆建筑。如1976年建立的美国国家航空和航天博物馆新馆，1977年动工建造的日本国立历史民俗博物馆，建于1977年的巴黎乔治·蓬皮杜国家艺术文化中心，创立于1977年的日本国立民族学博物馆和1978年落成的华盛顿国家美术馆东馆等。这个时期的博物馆建筑，其结构和功能都更加现代化和多元化，不但大量运用了新型的建筑技术和材料，有效地增强了建筑的稳定性和耐久性，而且除了基本的收藏、陈列和研究空间外，还增加了许多公共的服务性空间，如休息厅、阅览室、报告厅、餐厅、咖啡厅、纪念品商店、停车场等。而且，这时的博物馆建筑也十分注重外观造型的观赏性和艺术性。建筑师们往往会依据博物馆及其藏品的特点，结合时代和地域特征，利用多种多样的设计手法，创造出能够体现博物馆特色的博物馆建筑，从而使其成为该馆的形象标志，甚至成为所在地的文化标志。此外，这时的博物馆建筑还充分考虑到了博物馆发展的可持续性，在总体布局时开始预留改扩建的场地。建筑设计也更加注意实际使用的灵活性，如普遍采用大跨度框架结构，减少甚至不设内柱，且不用承重墙结构，以便于内部空间的适时改变；陈列厅的面积不断扩大，有的甚至高度也可以改变，以便适应各种陈列展览的需要。

我国近代早期的博物馆出现在1840年鸦片战争之后，随着帝国主义列强在华势力的增强，他们分别在上海、天津等地建立了博物馆，但初期都没有修建专门的博物馆建筑。19世纪晚期，英国亚洲文会在上海圆明园路创办的上海博物院和法国人在上海徐家汇创建的震旦博物院，虽然修建了专门的馆舍建筑，但都是套用欧洲博物馆的建筑形式，根本不能体现中国的博物馆建筑特色。1905年，民族实业家张謇在江苏南通创办博物苑，先后修建了具有西洋风格的中馆、南馆和带有中国特色的北楼、东楼作为馆舍，其总体规划完全采取中国园林的布局方式，将亭榭、假山、池塘等园林建筑点缀于馆舍之间，形成了中西合璧、馆苑结合的建筑特色。由此，我国博物馆的建筑设计开始步入能够体现中国特色、时代特点和民族风格的探索之路。

辛亥革命以后到抗日战争之前，虽然我国博物馆的数量和类型都有所增加，但这时的博物馆建筑，许多都是通过对原有古旧建筑进行改辟而来。例如，1925年成立的故宫博物院，就充分利用了清宫原有的建筑和文物，从而成为我国利用古旧建筑改辟博物馆的典型。此外，当时不少地方博物馆的馆舍也都是通过对古旧建筑进行相应的装修和改造而建立起来的。随着博物馆事业在我国的发展，博物馆建筑除了利用原有建筑进行改辟之外，30年代也出现了一些具有中国传统文化特色、能够体现中国建筑风格的现代博物馆建筑，如早期的上海博物馆和南京中央博物院等。1936年落成的上海市立博物馆，为钢筋混凝土防火建筑，建筑中部采取中国传统的古典建筑形式，两翼则采用平顶略加古典装饰而成，内部设有陈列展厅、库房、研究室和办公室等功能空间，是当时国内少有的中式现代化博物馆建筑，可惜建成不久便毁于战火。1937 年南京中央博物院（今南京博物院）人文馆主体落成，即现在的南京博物院大殿，其建筑为仿辽式宫殿建筑，不仅造型完美，庄重典雅，具有浓郁的中国特色，而且设计科学，功能完备，能够代表当时国际博物馆建筑的先进水平，是当时全国罕见的现代博物馆建筑。

我国的博物馆事业在抗日战争期间遭到了极大的摧残。不少博物馆建筑在战火中损毁，许多博物馆被迫关闭或内迁。因此，当时博物馆的收藏、展览和教育等活动，大多都是利用原有的古旧建筑进行的。

中华人民共和国成立之后，我国的博物馆事业取得了突飞猛进的发展，博物馆建筑也随之进入了崭新的发展阶段。50、60 年代，我国新建了数十座博物馆，其建筑设计主要呈现两种形式，即模仿前苏联斯大林时期的建筑形式和中国传统的古典建筑形式。其中，1956 年建成的安徽省博物馆、1958 年建成的中央自然博物馆（今北京自然博物馆）、1959 年建成的中国人民革命军事博物馆和 1960 年建成的湛江市博物馆等属于前者，它们深受前苏联斯大林时期博物馆建筑模式的影响，大都外观高大雄伟，坚实厚重，平面呈“山”字形或“凹”字形。虽然这些苏式博物馆建筑在新中国成立初期对于我国博物馆事业的发展起到了积极的推动作用，但其自身仍然存在一些缺陷，如内部的空间布局缺乏科学性和适用性、各功能空间比例失调、层高过高、采光不均匀等。1951 年建成的上海鲁迅纪念馆、1956 年建成的湖南省博物馆、1959 年建成的中国历史博物馆和中国革命博物馆（今中国国家博物馆）以及 1962 年竣工的中国美术馆等则属于后者，这些博物馆建筑虽然造型各异，却都不同程度地运用了具有中国特色的建筑设计元素，体现着中国传统的古典建筑风格。比如，鲁迅纪念馆体现了庭院式的江南民居特色；湖南省博物馆主体陈列大楼采用了颇具中国古典建筑特色的单檐歇山顶；中国历史博物馆和中国革命博物馆的须弥座台基、琉璃瓦檐口以及高大的柱廊，无不散发着中国古典建筑文化的气息；中国美术馆主体为仿古阁楼式建筑，黄色琉璃瓦屋顶，重檐飞翘，四周廊榭围绕，具有鲜明的民族建筑风格。

总之，这个时期的博物馆建筑，在借鉴国外先进经验的基础上，已经具备了细致明确的功能区间，并且已经开始关注建筑结构、功能和造型之间的和谐统一。特别是以中国历史博物馆、中国革命博物馆、中国人民革命军事博物馆和中国美术馆为代表的这些国家级博物馆，其规模之大、水平之高、设备之全、造型之美，在当时国内的博物馆建筑中已经是首屈一指。但受到当时诸多条件的限制，此时的博物馆建筑依然存在诸如内部空间布局缺乏合理性、各功能区间比例失调、采光设计缺乏科学性、对建筑与环境的关系重视不足等问题。

1966～1976 年的“文化大革命”时期，我国的博物馆事业遭受了严重的挫折。许多博物馆被迫关闭，其建筑设施被改作它用，甚至不少重要的历史遗迹和古代建筑也惨遭破坏。即使是当时兴建的纪念性博物馆，由于受到极“左”思潮的干扰，也往往都是采取庸俗的象征主义和呆板的形式主义作为主要创作思想，少有可取之作。

改革开放以来，随着国家对博物馆工作的日益重视，博物馆事业得到了持续快速的发展。与此同时，博物馆建筑也在吸收国外现代博物馆建设先进经验的同时，积极结合我国的实际情况，不断开拓创新，陆续兴建了一批颇具中国特色的现代化、民族化博物馆建筑。如 1978 年兴建的原铁道部科学技术馆（今中国铁道博物馆），1986 年开放的中国农业博物馆，1987 年落成的中国人民抗日战争纪念馆，1988 年落成的中国科学技术馆，1991 年建成的陕西历史博物馆和 1998 年建成的河南博物院等。这些博物馆建筑，不但设计合理、功能齐备，而且造型优美、布局灵活，具有鲜明的民族特色和时代气息，有的甚至达到了当时的国际先进水平，堪称国内博物馆建筑的典范。

二、当代博物馆建筑的发展趋势

20 世纪 90 年代以来，随着社会政治、经济、文化的飞速发展，博物馆除了原有的收藏、研究、教育等传统功能外，还被赋予了诸如公共交流、休闲娱乐、文化象征等许多新兴的社会职能。大量原有的博物馆建筑，无论从功能、结构还是外观造型，都已经无法满足现代博物馆的工作需要。所以，近年来，在世界范围内，兴建了一批新型的现代博物馆建筑，而且，还对许多陈旧的博物馆建筑进行了适应现代博物馆工作需要的改扩建。与此同时，建筑科学的迅速发展，特别是新建筑理论的形成和新型建筑材料及工艺的应用，也对博物馆建筑的新建和改扩建起到了重要的推动作用。综上所述，可以看出，现代博物馆事业的蓬勃发展和建筑科学自身的不断革新都极大地推动了博物馆建筑理论和实践的发展，使当代博物馆建筑呈现出了空前繁荣的景象，新建和改扩建的博物馆建筑如雨后春笋般涌现。尽管这些建筑的创作背景不同，设计理念各异，但我们仍可以从中看到当代博物馆建筑的特点和发展趋势。

首先，当代博物馆建筑的功能日趋多元化和复合化。

社会的不断进步和博物馆事业的迅猛发展，促使博物馆在现代社会生活中的地位和作用越来越重要。当代博物馆不仅具备传统的保存记忆、传承文化、传播知识、启迪智慧和科学研究的功能，而且还担负着社会教育、公共交流、休闲娱乐和文化象征等社会职能。因此，当代博物馆建筑的功能也随之变得日趋多元和完备。它们不但需要胜任藏品保护、陈列展览和科学研究等基本工作，而且还应当适应现代博物馆各种新兴功能的需求，从而成为可以提供多种文化活动和服务设施的综合体。

为了发挥现代博物馆日益强大的教育功能，当代博物馆建筑大多设有专门的陈列展厅、图书资料室、数字资料室、多功能厅、多媒体教室、会议室等教育设施。博物馆配备的这些教育设施，将诸如图书馆、学校等这些教育机构的功能复合化，使其自身既可以满足社会公众接受终身教育的需要，又能够作为辅助学校教育的生动校外课堂。

为了发挥现代博物馆进行公共交流的职能，当代博物馆建筑往往设有休息室、咖啡厅、餐厅、报告厅、广场等便于公众交流的场所，有的甚至成为整个博物馆建筑的神来之笔。如瑞典首都斯德哥尔摩的现代美术馆便将其咖啡馆悬挑在岩崖之上，使观众既可以在这里休憩、交流，又可以欣赏美丽的海湾风光，实可谓该馆建筑设计的一个亮点。

为了满足社会公众休闲娱乐的需要，许多博物馆还设置了放映厅、餐饮吧、商店等休闲娱乐设施，使得博物馆日益成为现代社会公众进行文化生活、愉悦身心的重要场所。同时，不少国家和地区甚至通过发展博物馆事业，有效地促进了当地旅游业的兴旺繁荣，使各类博物馆成为休闲旅游的重要目的地。如加拿大渥太华的尼亚加拉公园，就通过兴建被称为“蝴蝶温室”的小型博物馆，吸引了大量观众，形成了新的旅游增长点。

此外，当代许多设计新颖、造型独特且彰显时代特征、富含文化内涵的博物馆建筑，不但可以作为一个城市或地区的标志性建筑，而且可以作为当地的文化象征，甚至成为各国、各地区、各民族之间增进了解、促进交流的文化纽带。例如，我国于20世纪90年代兴建的陕西历史博物馆，不但是古城西安显著的地标建筑，而且其雄伟壮观的仿唐建筑群也昭示着西安作为十三朝古都的厚重文化底蕴，是世界各国各族人民了解中华文明的重要窗口。

总之，博物馆被当代社会寄予了更多的希望，其内部功能和社会职能也随之变得日益多元化，这些都要求新建和改扩建的博物馆建筑必须整合多种功能区间和设施，使之成为以陈列展览和保护研究为主的多功能复合型公共文化场所，以便更好地服务社会和公众，进而有力地推动人类社会的进步。

其次，当代博物馆建筑的空间结构更显灵活、多样。

博物馆建筑的空间结构经历了从藏展混杂的原始状态到功能区间专业化、公共服务区间完备化的发展历程之后，当代博物馆建筑在保证其空间结构具有稳定性、耐久性和安全性的同时，也更加关注其对现代多功能复合型博物馆的适应性和有效性。所谓适应性，就是指博物馆的空间结构不但要适应馆内各部门不同的使用要求，而且要适应社会公众的各种使用要求；同时，既要适应目前馆内外各种工作的需要，又要具备应对未来新兴功能的条件。所谓有效性，就是指博物馆的空间结构必须为博物馆各项工作的顺利实施提供充分和必要的条件，使其各项内部功能和社会职能在任何条件下都能够得以有效地发挥。在遵循上述设计原则的情况下，当代博物馆建筑的空间结构设计呈现出多元发展的趋势。一方面，博物馆建筑的整体空间结构设计正变得丰富多样，其中，既有以中庭等空间为核心的集中化设计，又有“形散而神不散”的单元组合设计，还有形态丰富的分散化设计；另一方面，博物馆各主要功能区间的空间结构设计也日益灵活多变，不论是可以随意组合的陈列空间，还是可以为观众提供更多便利的公共空间，都充分体现出博物馆建筑空间结构设计的进步和成熟。总之，当代博物馆的空间结构正变得更加灵活、多样。

在当代博物馆建筑的空间结构设计中，以中庭等核心空间来组织、连结不同的功能区间或设施是比较常见的方式之一。中庭，作为当代博物馆建筑空间组织的核心，正不断被赋予新的内涵，实现着一个又一个的超越。比如，法国的阿利斯考古学博物馆就以一个三角形中庭为核心，将各类功能区间和设施集中安排在其周围，并将它们与周边环境巧妙地联系起来，从而形成了独具特色的等边三角形博物馆空间结构。同样，芬兰赫尔辛基的奇亚斯玛当代美术馆也是当代博物馆建筑中采用中庭式布局的经典之作。设计师斯蒂芬·霍尔用一个由宽变窄的狭长、弯曲的中庭辅以各种功能区间，整合出了充满艺术感染力的博物馆空间。其中，依托中庭设计的不同层高的陈列展厅，不仅突破了形式单一的传统格局，使陈列空间具备了更大的灵活性和适应性，同时，也体现出了当代博物馆建筑陈列空间日益灵活多样的设计理念。

所谓“形散而神不散”的单元组合设计，就是指博物馆建筑由诸多单元组合而成，虽然不同的单元区间在空间结构上具有各自的特征，但总能在彼此的关联中形成和谐统一的整体结构。这种“形散而神不散”的单元组合设计也是当代博物馆建筑空间结构设计的重要方式。例如，印度的斋普尔市贾瓦哈·卡拉·肯德拉博物馆就由九个正方体组合而成，设计师查尔斯·柯里亚试图以此诠释九大星体曼荼罗图案的奥秘，使得用来象征某个宇宙星体的每一个正方体都被赋予一种特定的功能和空间秩序，同时，又通过九大星体之间的内在联系，将它们巧妙地贯穿起来，最终创造出了颇具适应性和有效性的博物馆空间结构。荷兰的格罗宁根博物馆也能够明显地体现出这种空间结构的设计理念。以埃里桑德拉·蒙蒂尼为首的四名设计师运用从迪斯尼乐园千姿百态的娱乐建筑中获得的灵感，将格罗宁根博物馆分解成三个部分和四个主题展厅，并将它们顺运河排开，形成驳船平台状的体系。由此，四名设计师通过分工合作实现了将不同形态的单元区间并置为一体的设想。尽管各位设计师的创造有充分的自主性，但他们追求自我存在的信念，使这些表面异样的形体具有了相当一致的内在品质，最终，变异质为同质，创造了一个充满活力的整体。

此外，形态丰富的小体量、分散化空间设计也是当代博物馆建筑空间结构设计的重要手段。目前，许多位于城市郊外自然环境中的博物馆，都是通过这种分散化设计，传递着自然、环保的设计理念。例如，坐落在日本长野县中川村天河河谷一侧的 Art Informel 美术馆，便采用分散化设计，营造出了一种村落状的空间结构。整个美术馆被分为展览栋、雕塑栋、厕所和标志塔四个部分，各部分都具有独特的空间形态，包括圆形、三角形、方形和扇形等多种几何形态。这些形态按照设计师毛纲毅旷取自日本传统庭园中的“秘密”，即蕴涵于它们之中的人们记忆和意识中的“潜藏的曼陀罗”进行布置，最终构筑起了一个使博物馆与自然和谐共存的“小宇宙”。这种分散化的空间结构设计理念，更为显著地表现在位于美国洛杉矶郊外的盖蒂中心的设计中。盖蒂中心包括一个 450 座的报告厅、信息中心、艺术教育所、博物馆、艺术史与人文研究所、餐饮中心以及若干辅助空间，曾被美国《时代周刊》评为“1997 年世界最佳博物馆设计”之一。设计师理查德·迈耶将六个不同的功能单元划分成三个组团，分散布置于圣坦·莫尼卡南端一个隆起的海岬上，实现了建筑与自然的完美融合，既体现出了整个建筑群的高雅和永恒，又能够使观众感受自然的静谧和秀美。

如前所述，当代博物馆建筑不仅在整体的空间结构设计上呈现出丰富多样的发展趋势，而且诸如陈列空间、公共空间等的局部空间结构也在不断打破传统，变得更加灵活适用。以陈列空间为例，为了满足现代陈列展览对陈列空间的多样化要求，当代博物馆的陈列空间往往被设计为可以自由拼接组合的单元空间或者可以任意分割的不规则大空间，从而使其更具灵活性和适用性。例如，日本大阪国立民族学博物馆的陈列空间便采用了“口”字形单元空间的组合形式，整个陈列空间由五个“口”字形单元组成。中央是正方形的展览庭院，其四面各有一个由电动开关控制的玻璃屏障与其它四个单元空间相通，几个单元间可分可合，使得陈列空间及参观路线的安排都具有极强的随意性。而法国巴黎的蓬皮杜国家艺术文化中心则将其主要楼层设计成一个硕大的空间，可以根据需要随意分割组合，楼层的设备管线外露，以便构件和管道能够任意装卸更改，隔墙在一分钟之内、防火墙在一天之内便可以全部改装，透明的玻璃墙也可以随时更换实墙，具有极强的灵活适应性。①

最后，当代博物馆建筑的外观造型日益丰富多彩。

随着人们审美水平的不断提高、对博物馆认知的不断深化以及博物馆建筑理论和实践的不断发展，当代博物馆建筑已经不再拘泥于某种特定的建筑风格，而是在关注博物馆实际功能和结构的同时，更多地考虑建筑的实用性和有效性，更加注重突出博物馆建筑的时代特征，往往会在充分考虑博物馆所在地的地域特点、文化气质以及藏品特色等因素的基础上，吸收和借鉴诸如巴洛克式、哥特式以及古典主义、古典复兴主义、现代主义、浪漫主义、功能主义、折衷主义、后现代主义等各种建筑流派的先进设计元素，进而将它们巧妙地融入博物馆的新建和改扩建中，最终使当代博物馆建筑呈现出百花齐放的局面。

当代博物馆建筑往往会通过新颖独特的建筑理念和灵活多样的建筑手法，使其外观造型摆脱以往庄重严肃、沉闷封闭的形象，代之以轻松、开放和自由的建筑形象。其中，荷兰的格罗宁根博物馆和日本的奈义町现代美术馆可以算是表现轻松愉悦、制造娱乐气氛的代表。荷兰格罗宁根博物馆的建筑设计引入了迪斯尼的娱乐精神，其营造的欢快城市主义格调颇受大众青睐，使其迅速成为该地的文化中心和旅游热点。日本冈山县奈义町现代美术馆的外观造型也充满了轻松和调

---

① 参见严建强著：《博物馆的理论与实践》，浙江教育出版社，1998 年，第 358～359 页。

侃的气氛，建筑师矶崎新以其特有的幽默方式将美术馆分解为一堆玩具式的拼块，远远望去，就像是一幅松散的、超现实主义的拼贴画。而荷兰鹿特丹当代美术馆和西班牙毕尔巴鄂市的古根海姆博物馆则是以开放和自由的建筑形象著称。设计师雷姆·哈库斯将钙华石墙、半透明的广告塔、集装箱壳、抛光金属构架、波纹塑料板等材质元素与钢、玻璃等传统材料并置使用，并通过使用塑造各异的立面、建造透明玻璃墙等现代建筑手法，使荷兰鹿特丹当代美术馆这个看似稳定、静态的“方盒子”变得多重而动态，带给观众一种自由、时尚的感受。西班牙毕尔巴鄂市的古根海姆博物馆更是自其建成之日起，便因奇美的造型、特异的结构和崭新的材料备受瞩目。设计师弗兰克·盖里充分发挥了他天才的想象力，利用各种难以名状的扭曲的金属钛板塑造出了外观奇特、造型新颖、富于动感的建筑整体，从而使外观造型奇异灵动的古根海姆成为当代博物馆建筑造型设计的经典之作。

同时，博物馆所在地的地域特点、文化气质和藏品特色等因素，也对当代博物馆建筑的外观造型产生着重要的影响。例如，新建成的河南博物院，结构严谨，功能齐备，气势恢宏，以元朝建于河南登封的古观星台为蓝本创造设计的外观造型更是古朴典雅、精美独特，既体现出了中原大地坐中四连的地域特点，也彰显着博大精深的中原文化特质。上海博物馆新馆的外观造型也完美体现了上海的地域和文化特征，圆顶方底、宛若古代青铜器的外观造型，不但运用了中国传统的中轴对称、取意“天圆地方”的设计理念，而且还吸收和借鉴了不少西方博物馆建筑的流行元素，最终将中西文化与时代精神巧妙地融为一体，成就了当代博物馆建筑外观造型设计的典范。日本大阪飞鸟历史博物馆的外观造型则是较多地受到了藏品内容的影响。由于飞鸟历史博物馆主要用于保护和展出千百年前的日本古墓及其殉葬品，所以，它的建筑外形也被处理得像一座坟墓，主要的空间大部分都埋在地下，一个单色调的、极端抽象的斜面将空间分为两部分，其下是情感的世界，寄宿着远古的精神；其上为蓝天、白云，以至无限的宇宙，寄托着对未来的希望。

此外，在追求博物馆外观造型新颖独特、丰富多彩的同时，当代博物馆也更加注重其外观造型与周围环境的融合。不论是在城市还是在郊外，新建和改扩建的博物馆都十分重视与周边环境的协调统一，有的博物馆建筑其外观造型甚至还与更为广阔的地域环境联系起来。美国塔科马市的华盛顿州历史博物馆的建造，就是博物馆与城市历史环境结合的成功之作。华盛顿州历史博物馆是塔科马市“复兴计划”的一部分，以对传统建筑重新阐述而著称的摩尔/安德森事务所在博物馆建筑造型上移植了邻近具有巴洛克风格的老火车站的形式基因，运用四个简化的连续半圆拱来唤起与城市环境一致的历史情绪。而贝聿铭设计的日本贺滋县 Miho 美术馆则诠释了博物馆建筑与自然环境的融合。Miho 美术馆坐落在日本关西贺滋县甲贺郡的信乐国家自然公园内，周围山峦起伏，丛林密布。贝聿铭受到中国和日本山水画的影响，将美术馆建筑以小体量、分散化的方式，融入了它所处的优美自然环境中。美国著名建筑师安东尼·普洛多克设计的怀俄明大学美国民族中心与美术馆和菲尼克斯亚利桑那科学中心，则都与其周边广阔的地域环境联系起来，显示出他对美国西部的地理、气候和历史的独特思考。最终，他将这些思考通过博物馆建筑概括为一种富于表现力的形式语言。

正如著名建筑师理查德·迈耶所言：“博物馆设计是最完美的建筑表达。”[①] 当代博物馆建筑外观造型日益丰富多彩的趋势，也对博物馆建筑设计师们提出了更高的要求。他们不但需要掌握更加先进和成熟的设计技巧，而且还要进一步深化对博物馆的认知，充实博物馆的专业知识，才能使博物馆的外观造型与其实际的结构、功能有机地结合在一起，更好地实现博物馆建筑艺术性、有效性和实用性的科学统一。

---

① 〔美〕理查德·迈耶著，之君译：《我一生的选择——博物馆建筑》，《时代建筑》，1989 年第 1 期，第 25 页。

第二节　博物馆的选址及其改扩建

随着博物馆事业的不断发展完善和博物馆功能的日益复合多样，人们逐渐发现，现有博物馆已经难以满足现代丰富多彩的社会文化生活的需求。而且，许多原有的博物馆建筑和设备也已经老化，无法适应现代博物馆工作的需要。要解决这些问题，就必须顺应时代潮流，兴建一批新型的现代博物馆。同时，也需要对大量原有的博物馆进行适应现代博物馆工作需要的改扩建。于是，为新博物馆选择理想的营建地址和对原有博物馆进行科学合理的改扩建，遂成为博物馆学界关注的重要问题。

一、新建博物馆的选址

对于除与遗址相关的所有新建博物馆而言，如何选择适宜的营建地址是其都要解决的首要问题。馆址选择的恰当与否，直接关系到博物馆建成后能否顺利地开展其各项业务、能否有效地发挥其各项职能以及能否创造良好的社会和经济效益。特别是对于博物馆赖以生存的藏品和观众，影响尤甚。因此，也可以说，馆址选择的恰当与否，直接影响着博物馆未来的发展。而且，作为重要公共文化设施的博物馆建筑，其使用周期往往很长，营建投入的资金也相对较多，如果等到落成后才发现存在选址不当、设计不够科学合理等问题，便难以更改，甚至可能成为日后博物馆活动的致命伤，为其发展留下终身遗憾。所以，在博物馆建造首要环节的选址问题上，必须给予高度的重视。在选址过程中，必须反复论证，周密计划，力争为博物馆的营建选择科学、恰当的地址，也为博物馆日后的发展奠定良好的基础。

当代社会，为新建博物馆选择适宜的馆址并非易事，必须从博物馆的实际情况出发，充分考虑交通、环境、观众学习、藏品安全、可持续发展等因素。

1. 便利的交通是博物馆选址需要考虑的重要因素

新建博物馆的馆址宜选择在汽车、地铁等交通工具可以直接抵达的城市中心区域。国内外许多著名的博物馆都非常重视其所在地的交通条件，如新建的上海博物馆就坐落在交通便利的人民广场，巴黎的蓬皮杜国家艺术文化中心也处于市中心的交通要道。这些区域交通便利，人口密集，往往容易吸引更多的观众前来参观学习。当然，也不是所有的新建博物馆都将馆址选择在交通便利的城市中心区域。近年来，由于私人交通发达、城市用地紧张、需要与遗址结合、营造良好的参观氛围等诸多原因，许多新建博物馆也开始将馆址选择在郊外，但方便快捷的交通条件仍然是其选址所要考虑的重要因素。

2. 新建博物馆所选地址应当有利于观众的参观学习和休闲娱乐

观众参观博物馆，不仅需要便利的交通，还需要宁静的气氛和优美的环境。因此，从有利于观众参观学习和休闲娱乐的角度出发，即使博物馆将其馆址选择在交通便利的城市中心区域，也应当尽可能地避开喧嚣嘈杂的闹市，而尽量将馆址选择在风景优美、环境幽静的城市公园或者绿化地带。例如，福建省博物馆便将馆址选择在福州市的西湖公园内，而浙江省博物馆则将馆址选择在杭州西湖的孤山南麓。如果受到客观条件的制约，无法将馆址选择在市内的公园或者绿化带内，则必须确保博物馆主体建筑与交通干道的距离不小于60米。这样，博物馆就可以通过建造广场、修建绿化带等手段，为观众营造一个相对安静的参观休闲环境。当然，如果在交通便利的情况下，博物馆最好还是将其馆址选择在市郊或者郊外的风景区。这些地区空气清新，景色秀丽，不但具备适宜参观学习和休闲娱乐的良好氛围，而且可以有效地缓解参观博物馆产生的疲劳感。例如，湖北省博物馆就将馆址选择在武昌风景秀丽的东湖之滨，建成之后，一直是社会公众参观学习和休闲娱乐的重要文化场所。

3. 博物馆馆址的选择，必须从藏品保护的角度出发，应该在确保藏品安全的基础上，充分考虑环境因素

首先，在博物馆选址过程中，应当对备选区域的地质结构进行必要的勘查，以确保在该区域内建造博物馆的可操作性和安全性。否则，一旦将博物馆建在地质结构存在缺陷的地区，不但会严重影响藏品的保护，还会为博物馆未来的发展埋下隐患。例如，由新博物馆、国家画廊、佩加蒙博物馆和博得博物馆组成的德国柏林博物馆岛，其

所在地曾经是冰河的河床，地质结构较差，上述博物馆建成后便在排水和防潮等方面存在隐患，严重威胁着藏品安全。

其次，博物馆的馆址应当尽量选择在地势较高、环境干爽的地带，避开低洼潮湿的区域。因为地势较高，有利于躲避洪水的威胁；环境干爽，则既有利于藏品的通风，又可以有效避免因湿度、生物等因素而导致的藏品变质。

第三，博物馆馆址的选择，必须考虑未来博物馆建筑的朝向问题，特别是主要依靠自然光源提供照明的博物馆。参考我国所处的地理位置，在选择馆址时，应当尽量考虑将拟兴建的博物馆建筑置于坐北朝南的方向。这样，既能够保证正常的日光照射，又能够避免日光中紫外线对藏品的伤害。

第四，在馆址选择过程中，不但要考虑自然环境，还要注意人为环境的选择。馆址不论选择在市区还是郊外，都必须远离容易产生粉尘、噪音、震动以及其它有害气体和液体的工业污染源。特别注意，不能将馆址选择在污染源的下风向或者下游地区，以免藏品受到影响。

最后，在博物馆选址的过程中，势必会受到诸如城市规划、征用土地、协调关系等各方面客观条件的制约，难以同时满足上述各项要求。在这种情况下，则可以通过修建绿化带、隔离带等手段，人为地改善所选馆址的周边环境。因为绿化带和隔离带，不仅能够有效地降低噪音、过滤空气、调节温湿度，而且还可以美化环境，营造宁静的参观氛围。

4. 所选馆址既要与计划营建的博物馆规模相适应，又要考虑到博物馆未来的发展

博物馆所选定的用地，不仅应包括博物馆的建筑用地、公共设施用地、环境美化用地、消防运输通道等，而且还应包括为博物馆未来发展提前规划的预留用地。因此，在博物馆选址的过程中，就应当注意不能将馆址选择在狭窄、无法伸展的地带，最好结合博物馆目前和未来的发展规划，选择开阔、具有伸展空间的地域作为博物馆的馆址。我国著名的博物馆建筑学家邓林翰先生曾结合自己多年的实践经

验提出，博物馆建筑的占地面积（首层建筑面积）与基地总面积的比例（建筑密度）最好能够控制在25%～30%。换句话说，就是所选馆址用地总面积应为博物馆首层建筑面积的3～4倍。

5. 与遗址相关的博物馆馆址必须注意与遗址的紧密结合

遗址博物馆的馆址基本都选择在遗址上或遗址周围，这样才能保证与遗址的紧密结合，使陈列内容与博物馆所在的环境具有一定的联系，增强陈列展览的感染力和可信度。新建的遗址博物馆，不论是将其馆址选择在遗址上还是遗址周围，都必须具备有利于保持遗址本身及其周围环境的特点。例如，我国陕西的秦始皇兵马俑博物馆和甘肃的大地湾遗址博物馆，都是将馆址与遗址结合的成功实例。这两个遗址博物馆都是将遗址作为博物馆的主要陈列空间，充分保持了遗址的原貌和特点，使得遗址与博物馆之间紧密联系，相得益彰。

二、博物馆的改扩建

近年来，随着社会经济文化的发展和城市化进程的不断推进，不少曾经发挥过重要作用的旧建筑，包括皇宫、工厂、学校、私人别墅等，都已经无法适应现代社会发展的需要，继续发挥其原有的职能了。但它们本身往往又都处于交通便利、环境优美的地域，甚至有的建筑还具有一定的历史价值和文化底蕴。如果将其拆除重建，不但耗资巨大，更重要的是，可能会破坏其承载的历史文化信息。而如果将它们改建成为博物馆，则不仅可以节约资金，少占土地，而且可以在一定程度上保护这些具有历史和文化价值的古旧建筑，更好地发挥博物馆的社会职能。同时，伴随着博物馆事业在全球的高速发展，人们也逐渐意识到，许多原有的老博物馆，由于受到当时经济、意识、技术、施工条件等因素的限制，建筑本身存在着不少缺憾，已经越来越难以满足博物馆现代化发展的要求，难以满足观众的需求。因此，为了更好地发挥博物馆的功能和作用，就必须对适宜的古旧建筑和存在缺陷的原有博物馆建筑进行适应现代化博物馆工作需要的改扩建。

自1793年将卢浮宫改建为中央艺术博物馆开始，利用古旧建筑改建博物馆的做法便一直沿用至今。博物馆的改建也被称为改辟，即在结合古旧建筑特点的基础上，将其改建为适应博物馆工作需要的博物馆建筑。当然，并不是所有的古旧建筑都可以用来改建博物馆，只有那些规模与拟建博物馆相当、所在地交通条件便利，或者建筑本身具有一定的历史、文化和艺术价值的古旧建筑才适合进行改建。如前所述，将古旧建筑改建成博物馆，不但可以节约旧建筑拆除和新馆兴建的费用，缓解城市化进程中用地紧张的问题，而且可以有效地保护古旧建筑本身所具有的历史、文化和艺术价值，并使之成为博物馆的特色景观。例如，沈阳市政府就在不破坏外观造型和内部结构的前提下，将作为张学良故居组成部分的建于1930年的边业银行小楼，改建成了沈阳金融博物馆。不但合理地利用了这座旧建筑，节约了新建博物馆用地，而且也有效地保护了这座历史建筑。无独有偶，法国也曾将古老的拉克鲁瓦拉瓦尔宫改建成了现代的装饰艺术博物馆，使得这座充满历史韵味的建筑与作为现代社会文化机构的博物馆相辅相成，重放异彩。虽然利用古旧建筑改建博物馆有着诸多的优势，但在改建过程中一定要注意，要尽可能地保持具有历史、文化和艺术价值的古旧建筑本身及其周围环境的风貌，结合现代博物馆工作需要，做好藏品保护、陈列展览、科学研究以及防火、防盗、防震等多方面的功能设计，力求使改建后的博物馆不但能够满足现代博物馆各项工作的需要，而且具备长足发展的潜力。不仅如此，如果改建建筑不是作为博物馆的主体建筑，而只是作为博物馆改扩建工程的一部分，则更须注意，一定要处理好改建建筑与原有博物馆建筑之间的协调统一，不仅要使它们在建筑风格上保持和谐，更重要的是要使它们在结构和功能上达到最佳配置。例如，本身就是利用发电厂改建而成的英国伦敦泰特现代艺术博物馆，其扩建工程仍然准备利用环绕电厂的巨大油罐。由于初次改造将博物馆的外形塑造得充满了时代气息和时尚元素，所以，扩建时仍采用激进的手法，将油罐塑造成颇具环保要求的巨大玻璃积木，使之与原有的博物馆建筑完美结合。同时，将改建后的油罐，作为博物馆重要的展览空间和公共服务空间，从而使改建建筑与原有博物馆建筑在结构和功能上也达到了协调统一。

在博物馆的改扩建过程中，利用适宜的古旧建筑进行改扩建的毕竟还是少数，更多的还是对原有博物馆建筑进行适应现代博物馆工作需要的改扩建。纵观国内外博物馆改扩建的成功范例，我们大致可以将博物馆的改扩建分为三种类型：一是在原有博物馆建筑的基础上改造某些部分；二是使原有建筑与改扩建部分相联通；三是兴建所需的独立建筑。

在原有博物馆建筑的基础上，对其进行适应现代化博物馆工作需要的改造，是国内外博物馆进行改扩建时最常见的手段之一。设计师往往会在保留原有建筑外形的基础上，通过对其内部空间进行重新分割或者直接在原有建筑上增添某些部分等方式达到改扩建的目的。例如，历时七年、累计投资约1.3亿元进行改扩建的甘肃省博物馆，就是在保留原有苏式建筑外形的基础上，对其内部空间进行了适应现代化博物馆工作需要的分割组合，使其结构变得更加科学合理。同时，通过改扩建工程，为博物馆配备了先进的火灾自动报警灭火系统、安全防盗监控报警系统、中央空调系统等，安装了办公自动化系统、电教系统、语音广播系统、楼宇自动化系统、自动检票系统和数字化博物馆系统等，使其功能变得更加齐备，最终达到了将其建设成为西部有特色的一流博物馆的目标。而位于美国华盛顿州的西雅图艺术博物馆，则是在原有的建筑上增添了钢和玻璃结构的四层扩建建筑。它不仅为博物馆增加了70%的展览面积，而且与原有博物馆建筑结合得天衣无缝，堪称此类改扩建的成功之作。

将原有博物馆建筑与改扩建部分相联通，使它们形成既独立又有联系的整体，也是博物馆改扩建的重要方式。设计师通常会利用通道、走廊、楼梯等，将改扩建的部分与原有博物馆建筑连接起来，从而使它们与原有建筑形成既富于变化又浑然一体的新整体。我国国家博物馆的改扩建设计和美国圣路易斯艺术博物馆的改扩建方案都采取了这类改扩建方式。其中，国家博物馆的改扩建将整体保留老馆的西、南、北三面，并对其进行加固改造和维修。新建部分将镶嵌在老馆中间并向东扩展，由此与老馆相联通，形成新的建筑整体。改扩建部分建筑风格与老馆保持一致，建筑体量比老馆略高。这样，不仅可以显示出更富变化的空间秩序，而且能够有效地改善老馆功能的局限性。而美国圣路易斯艺术博物馆的改扩建，则是利用楼梯，将新建的准备作为展厅和公共空间的附楼与原有的博物馆主楼相联通，使改扩建部分与原有建筑有机地结合起来。一方面，新建的附楼运用了新颖独特的全透明设计，使之充满了现代气息和个性特点；另一方面，改扩建部分也采取了与原有建筑相类似的暗色调外观设计，力图与其保持和谐一致。

博物馆改扩建的第三种类型就是兴建所需的独立建筑，使之与原有建筑相呼应。目前，许多博物馆在进行改扩建时，都选择通过新建能够弥补现有博物馆不足的现代化建筑，来解决藏品不断增多、工作日渐庞杂、原有建筑设施陈旧等问题。这些建筑虽然在形式上是独立的，但实际上，作为博物馆新的组成，它们仍然需要与原有建筑相呼应。在结构和功能上，必须与原有博物馆建筑密切联系，相辅相成，以便改扩建后能够更好地适应现代博物馆工作和观众的需要；在外观造型和建筑风格上，虽然可以体现时代气息和现代建筑元素，但必须处理好与原有建筑的关系，力求使新老建筑和谐共存。中国农业博物馆和美国国立美术馆的改扩建都是运用这类改扩建方式的经典之作。中国农业博物馆通过新建独立的现代化综合楼和藏品楼，不仅有效地弥补了原有馆舍空间不足、设备落后等缺陷，大大加强了其服务社会、处理日常事务和藏品保护的能力，而且妥善地处理了新老建筑的关系，既体现出了新建部分的建筑特色，又使其自然地融入了博物馆的总体景观。美国国立美术馆的改扩建是由著名的华裔建筑设计师贝聿铭主持的。新建的东馆，其建筑平面是由两个相互联系的三角形组成的，一个是等腰三角形的陈列馆，另一个则是直角三角形的研究中心。尽管新建的简洁明快的现代派东馆和原有的庄重典雅的古典式西馆建筑风格迥异，形式相互独立，但贝氏通过设计，使东馆等腰三角形的中垂线与西馆的东西轴线完全重合，为新旧馆之间建立了潜在的对话关系。同时，贝氏还特意将东馆的外墙颜色设计得与西馆完全一致，力求使新旧馆和谐共存。

第三节 博物馆建筑的主要功能区间及其设计要求

虽然目前博物馆门类繁多，建筑形式灵活多样，但其建筑基本都是由陈列展览区间、藏品库房区间、技术工作区间、公共服务区间和行政管理区间五大部分组成。具体而言，陈列展览区间主要包括序厅、陈列厅、临时展厅、工作人员服务区、观众休息区、卫生间等，是观众参观学习的主要活动场所；藏品库房区间主要由库前区（包括接纳室、登录室、清理消毒室、编目室等）和藏品库房组成，是博物馆进行藏品收藏和保护的重要功能区间；技术工作区间主要是指对各类藏品进行保护修复和科学研究的工作空间，通常包括藏品保护修复实验中心、研究室等；公共服务区间则是观众进行休闲娱乐和公共交流的主要场所，一般由资料中心、多功能厅、餐厅、饮吧、商店和广场等组成；行政管理区间往往由办公室、接待室、会议室、设备机房等构成，以保证博物馆各项工作有条不紊地进行。

实际上，就是这五大功能区间的诸多建筑共同构成了博物馆的建筑整体。虽然它们由于功能不同而设计要求各异，但作为博物馆建筑的基本组成，它们的建筑设计都必须遵循博物馆建筑设计的基本原则，即在保证社会效益和经济效益的基础上，注意环境保护和能源节约，力求使博物馆建筑的结构、功能和外观造型达到和谐统一。

具体到各功能区间的设计要求上，除了要遵循博物馆建筑设计的基本原则外，五大功能区间还都必须同时解决好它们所共同面临的两个重要问题，即各功能区间既要紧密联系，又要确保“三线”分立；各功能区间都必须高度重视安保，防患于未然。

1. 紧密联系，“三线”分立。这五大功能区间，无论是在功能还是在建筑布局上，都不是截然分开的，而是相互渗透、相辅相成的。例如，技术工作区间的大量工作其实都是为更好地进行社会教育和举办陈列展览服务的；而许多属于公共服务区间的餐厅、饮吧、休息室等则散布在陈列展览区间，以便能够更好地满足观众的参观需要。然而，尽管它们联系密切，但为了安全保卫和管理方便，在对其进行平面和空间设计的过程中仍要注意，必须将观众的参观路线、内部工作人员的行走路线和藏品的运输路线明确分开，确保“三线”分立。

2. 重视安保，防患未然。无论是博物馆建筑本身还是馆内的藏品，都是重要的国民财产。因此，博物馆建筑的各个功能区间都必须高度重视安全保卫，尽量使建筑本身和藏品免受自然和人为灾害的侵袭。同时，博物馆作为社会公众进行文化活动的重要公共场所，一方面，遭受人为损坏和伤害的几率更大；另一方面，一旦遭遇自然和人为灾害的侵袭，也更容易造成较大的人员伤亡。所以，博物馆各功能区间的设计，都必须严格依照《博物馆建筑设计规范》和《博物馆风险等级和安全防护级别的规定》等法规的要求，使之具备抗震、防雷、防火和防盗等功能，以期防患于未然，最大限度地减少自然和人为灾害造成的损失。

(1) 抗震。地震对于博物馆和藏品而言，都具有极大的破坏力。因此，在博物馆建筑设计过程中，必须对抗震设计给予足够的重视。目前，根据《建筑抗震设计规范》的规定，我国大多数博物馆均应为乙类抗震设防建筑，结合不同地区的地质差异，抗震设计应按基本烈度6~9度计算，按7~9度以上采取抗震措施。由此，确保博物馆小震不坏、中震可修、大震不倒。具体而言，博物馆主体建筑应考虑抗震性能较好的框架结构，内部以陈列展览和藏品库房为代表的功能区间，则应根据自身的实际情况，对藏品实施降低重心、固定安置、滑动位移、减震隔离以及安排隔震装置等措施，以确保地震时博物馆建筑和藏品的安全。

(2) 防雷。雷击也是博物馆所要面对的重要自然灾害之一。不少较为高大的博物馆建筑都有过因为遭遇雷击而受到损毁的经历。所以，防雷也是博物馆建筑设计的重要考虑因素。通常，现代博物馆建筑都要求至少不低于三级防雷。[①] 防雷的主要手段就是安装避雷针。

---

① 参见中华人民共和国建设部、中华人民共和国文化部：《博物馆建筑设计规范》〔JGJ66－91〕（第六章）。

（3）防火。博物馆一旦发生火灾，其损失不可估量。因此，必须按照“以防为主，以消为辅”的消防工作方针，在日常工作中，强化工作人员的消防意识，注意消防安全。同时，将防火设计作为博物馆各功能区间建筑设计的重要问题予以关注。博物馆的防火设计，主要包括安装灵敏的火灾报警器、配备适宜的消防设备和规划科学的疏散通道等。

目前，常见的火灾报警器大致有三种：感烟探测器、感温探测器和光辐射探测器。博物馆安装火灾报警器，应根据各功能区间的特点，选择适当的探测器，并需正确选定报警的灵敏度，力争做到既不漏报也不误报。探测器一般都被安装在所监测区间的天花板下，与自动报警系统相连，其安装位置和设计密度都必须经过科学测算，严格遵守消防规范，一旦发现火险，便能自动报警。同时，还要注意做好这些探测器的日常养护和维修，以确保其正常稳定地工作。

消防设备主要包括液体、固体和气体三大类。液体灭火器材中的消火栓和水喷淋头等，都必须与建筑装修相结合。轻便型的液体灭火器主要有酸碱灭火器、泡沫灭火器等。出于藏品保护考虑，博物馆的陈列展览和藏品库房等区间，均不宜选用液体灭火器材，其它区间则可以按各自的情况做出适当选择。常见的固体灭火器材有隔离门和各类干粉灭火器。隔离门主要通过科学合理的设计阻挡火灾的蔓延，而干粉灭火器则主要用于扑灭建筑明火。气体灭火器主要是通过加压方式使卤代烷灭火剂气化，从而抑制燃烧，灭火后不留痕迹，比较适用于文物、图书、档案等贵重物品的灭火。总之，博物馆各功能区间要根据自身的情况，结合各种灭火器材的特点，配备适宜的消防设备。

博物馆还必须设置安全门和安全疏散通道，并对其配备醒目的标识。同时，要注意培养博物馆工作人员的消防意识，使其能够熟练使用配备的各种消防器材，熟悉安全疏散通道的路线，从而保证在火灾发生时，能够迅速有效地组织灭火和救援疏散。

（4）防盗。国内外文物市场的活跃以及文物走私的高额利润，使得文物、标本越来越成为盗贼关注的目标，文物、标本的防盗也随之成为博物馆安全保卫的重点。博物馆的防盗除了制定周密的防盗保安规章制度、强化保安管理等措施外，还必须在各功能区间的设计过程中努力构建现代化的防盗保安系统。防盗保安系统一般由监控系统、报警系统和门禁系统组成。

监控系统主要是利用各种摄录设备，通过闭路电视将图像和声音信号同步传输到中央控制室，从而实现对各功能区间的 24 小时不间断监控。一旦发现可疑情况，便可以即时制作为录音录像，并及时采取应对措施。监控系统的设计，应当注意不留死角，争取实现对博物馆各功能区间的全覆盖。

报警系统的设计则应当注意：要根据防范部位的具体要求，安装多种类型的报警探测器，减少报警探测盲区；系统应能按时间、按区域或部位任意编程设防或撤防；系统应能显示报警部位的数据，提供联动控制接口信号，报警后的联动控制应能实现实体防护；系统应当具有先进性、可靠性、稳定性和适用性。目前，我国博物馆常用的报警探测器主要包括红外探测器、微波探测报警器、震动探测器、声控报警器等。一般情况下，为保证报警的有效率和准确性，防止报警系统被破坏，博物馆应当根据不同功能区间的防范要求，将多种报警探测器组合使用。

博物馆还应当根据防盗要求，对出入口通道、通行门、电梯等设置门禁控制，使得门禁系统能够对设防区域通行对象和时间进行设定和记录，同时，保证其与整个防盗保安系统联动。目前，常见的门禁控制系统主要有卡片式、键盘式和人体生物特征识别等方式。

在博物馆各功能区间构建现代化防盗保安系统的过程中应当注意，即使我们构建了最先进的防盗保安系统，也必须要有合理的保安制度和严密的保安组织配合。这样，才能使人与机器双管齐下，最终确保博物馆的安全。

在博物馆建筑包含的五大功能区间中，陈列展览区间、藏品库房区间和技术工作区间是主要功能区间，也是我们讨论和关注的重点。

一、陈列展览区间

如前所述，陈列展览区间是博物馆最主要的功能区间之一，担负着对社会公众进行知识传播、智慧启迪和文化熏陶的重要职责，也是广大观众在博物馆活动的主要场所。而在陈列展览区间的诸多建筑中，陈列展厅则是其核心部分，也是整个博物馆的主体建筑。陈列展厅的设计是否科学完备，直接影响着博物馆陈列展览和观众参观学习的效果。因此，在陈列展览区间所有的建筑设计过程中，必须将陈列展厅的设计作为重点予以关注。

总体而言，陈列展厅的设计应当在有利于展品陈列布置和安全保护的前提下，努力为观众营造一个方便、舒适的参观环境。这就要求其在具体设计过程中，必须具备合理的平面布局和参观路线、良好的采光和照明、适宜的空间结构以及与展品相适应的室内装修。其中，关于参观路线和采光照明设计的具体要求，在陈列艺术设计中已详加论述，此不赘述。

1. 陈列展厅的平面布局

在不同的博物馆设计中，陈列展览区间内展厅的平面布局形式也可谓千姿百态。但如果我们按照观众流线的走向对其进行考察，则可以将博物馆陈列展厅的平面布局划分为串联式、放射式和大厅式三种基本类型。

串联式就是将各陈列展厅首尾相连而形成的平面布局组合。这种布局具有观众流线清晰明确、连贯紧凑的优点，但缺乏灵活性，不利于陈列展厅的单独开放或封闭修改，也不利于观众的选择性参观。

放射式布局则要求各陈列展厅围绕放射枢纽进行布置。放射枢纽可以是门厅、进厅或主展厅，也可以是庭院，甚至可以变形为走道。各展厅之间还可以相互串联，形成放射串联的综合模式。观众参观完一个或几个展厅后，可以回到放射枢纽，并由此前往其余展厅。这种布局不但具有较大的灵活性，而且具有较强的适用性；既可以保证观众的选择性参观，又能够让观众在参观过程中得到有效的休息。虽然它也存在观众流线不如串联式明确，容易产生交叉、拥挤或遗漏的问题，但却可以通过设置清晰明确的指示标识予以解决。因此，放射式布局是现代博物馆设计中最常见的陈列展厅平面布局方式。

大厅式就是利用大型陈列展厅进行陈列布展的平面布局形式。大厅空间可以根据陈展需要自由分隔。这种平面布局具有空间紧凑、随机灵活的优势，但也容易造成观众流线的交叉、无序，而且很难避免参观过程中的噪声干扰。

2. 陈列展厅的面积

通常情况下，陈列展览区间的建筑面积约占博物馆总建筑面积的50% ~55%左右。其中，仅陈列展厅的使用面积就要占到陈列展览区间建筑面积的60%左右。这其间，既包括进行永久性陈列的陈列展厅，也包括进行临时性展览的临时展厅。

虽然随着现代陈列布展技术的不断发展，目前，许多陈列展览都可以通过制作假墙或者屏风对已有陈列展厅进行临时的空间分割，从而增强其灵活性和适用性，但临时分割形成的展厅往往缺乏稳定性和完整性。因此，博物馆在其建筑设计过程中，还是应当对那些由实墙永久分割而成的陈列展厅给予足够的重视，对其进行科学规划和合理设计。一般而言，在工业、军事和自然科学类博物馆中，往往都有专门为陈列展览大型展品而设计的大型陈列展厅，其面积约为500 ~1000 ㎡，甚至更大，其高度则依展品的高度而定。大多数博物馆经常使用的是中型陈列展厅，其面积约为100 ~250 ㎡。这些中型陈列展厅，既适合不同陈列内容的分室陈列，具有一定的灵活性，又有利于防止干扰和安全防火。而对于日益增多的小型博物馆而言，面积在50 ~100 ㎡之间的小型陈列展厅则是其最佳选择。此外，现代博物馆大多都设有临时展厅，以接待外地或本市的专题性展览、商业性展览等。这些临时展厅的陈列内容往往更换较为频繁，陈列设计也灵活多样。这就要求其空间规模既可以作为一个整体，又可以运用包括屏风、隔档等多种手段进行临时分割，从而保证其灵活性和适用性。有鉴于此，通常认为，临时展厅的面积应以每间300 ~400 ㎡为宜。同时，临时展厅最好有方便对外联系的出入口，以便适时地将参观基本陈列和临时展览的观众有效区分。对于那些为某一陈列展览专门设计的展厅，其面积则往往可以通过1：1的陈列密度来确定。实际上，每个陈列展厅面积的确定，在参考上述标准的同时，还要充分考虑包括陈列内容、陈列规模、陈列方式和观众类型等在内的诸多客观因素。

总之，在同一博物馆中，必须保证陈列展厅的多样性，即各展厅的面积和形状尽可能不要完全相同。因为具有多样性的陈列展厅不仅可以适应不同展品陈列布展的需要，而且有助于丰富博物馆的内部空间，提高观众的参观兴趣。

3. 陈列展厅的空间结构

陈列展厅的空间结构主要包括展厅的高度、跨度与柱网结构等，其主要是依据博物馆展品和陈列设备的大小、陈列方式、观众的视觉特点和参观所需的空间等条件来决定的。

（1）陈列展厅的高度

陈列展厅的高度直接关系到陈列效果和观众参观学习的质量，是空间结构设计要解决的重要问题。过高，往往会造成资源浪费和视觉噪音；过低，则会影响正常的陈列布展，甚至带给观众沉闷、压抑的感觉。因此，一般情况下，除了那些需要复原陈列和使用大型实景模型的展厅之外，陈列展厅的净高（由地面至天棚）最好控制在4～5m，最高不超过5.5m。

（2）跨度与柱网结构

陈列展厅的跨度与柱网结构也会对展厅的空间利用率及陈列效果产生直接的影响。通常情况下，如果陈列展厅的跨度不超过10m，展厅内最好不设立柱。当陈列展厅的跨度超过10m，需要设置立柱时，应当注意使立柱的开间（纵向立柱的间距）保持在6～7m，如需设置柱网结构，还要注意其进深（横向立柱的间距）也不宜小于7m。需要强调的是，随着现代建筑工艺和水平的不断提高，不少跨度超过10m的展厅，为了使陈列布展具有更大的灵活性，也往往不设立柱，但展厅的建筑造价便会变得相当昂贵。

根据跨度与柱网结构的情况，可以将陈列展厅分为单跨式、双跨式和多跨式三种类型。单跨式展厅的跨度一般为7.5～9m，内部不设立柱，设计师能够完全按照自己的方式进行陈列布展。这种展厅比较适宜作单线陈列，展线具有良好的整体性与连贯性。同时，其参观路线的设计往往也具有较强的可选性和连续性。双跨式展厅的跨度多为10～14m，主要包括两种类型，即双等跨式和双不等跨式。双等跨式要保证两个跨度相等，就必须在展厅的纵轴线上设置一系列立柱，将展厅空间分割成对等的两部分。这时，如果在柱间布置展柜或展墙，势必将展厅分割成两条相对狭窄的空间；而如果在柱墙间布置陈列展览，则展厅的另一半就很难利用。因此，这类展厅多选择双线陈列，而且其参观路线的设计也往往会出现选择单调、层次感差等问题。双不等跨式则具有较大的灵活性，它可以在较长跨度一侧搭建假墙或者屏风，自由分割陈列布展空间，而把较短跨度一侧规划为参观通道或者安排一些较为次要的展品。在陈列布展时，既可以进行单线布展，又可以实现双线陈列，而且其展线和参观路线的设计也相对具有选择多样、走向明确、连续性强等优势。在展厅跨度大于16m，又要控制建筑成本的情况下，就要选择营造多跨式展厅。一般而言，多跨式展厅对于布置陈列展览是比较不利的。柱网结构不仅会影响展厅的空间规划，而且还会遮挡观众的视线。在多跨式展厅进行陈列设计，为了更好地利用空间，就必须安排双线或者多线陈列，但这样却很容易造成展线连续性差、参观路线混乱等问题。

4. 陈列展厅的室内装修

陈列展厅的室内装修主要体现在墙面和天花板、地面以及陈列设备的装饰设计上。在装饰设计过程中，无论是材料、色彩的选择，还是装饰风格的确定，都要注意宜简不宜繁，宜质朴不宜华丽。只有这样，才能尽量避免因装修而分散观众的注意力，使展厅在具有较强适用性的同时，能够为陈列设计和展品展出提供一个和谐、安全的环境。

(1) 墙面和天花板

在进行展厅装修的过程中，对于墙面和天花板的装修设计应当尽量简洁、朴素，选用的材料既要物美价廉又要有利于展品的保护，色调应当具有较强的适应性。但是，这里所说的简洁、朴素绝非简陋、粗糙，而是讲求精致。装修设计无需华美，但必须科学细致；装修材料无需华贵，但必须使用得当。具体而言，不宜在墙面安排浮雕或喷涂鲜艳的色彩；不宜贴用精美的壁纸；也不应在天花板上塑造雕刻纹样，使用藻井式轧花、印花天花板等，或者装设华丽的吊灯。因为这些纷繁复杂、富丽堂皇的设计，往往会分散观众的注意力，进而影响他们参观学习的效果。墙面和天花板的装修材料，都必须符合环保、吸音、保温、具有弹性等要求，以便在陈列布展过程中保证展品的安全，在观众参观过程中营造良好的环境。以前博物馆展厅的墙面和天花板多采用白色，一方面，可能是因为其造价较低；另一方面，则是人们认为白色象征着纯洁，能够更好地配合陈列设计呈现出展品的原貌。但实践证明，白色比较刺眼，不仅会使古画显得更加黯淡，而且容易使观众产生枯燥乏味的心理感受。因此，现代博物馆墙面和天花板的装修设计已经更倾向于采用相对柔和的中性色调，如淡绿、淡黄、淡青等颜色，以便于更好地适应陈列布展和观众参观学习的需要。

（2）地面

观众在陈列展厅的参观活动，其实就是一个在地面上站立和行走的过程，地面的装修会直接影响到观众参观学习的效果。因此，在展厅室内装修的过程中必须对其予以充分的重视。

展厅地面的装修主要体现在材料和颜色的选择上。地面材料的选择，不但要经济实惠，而且应当充分考虑其是否具有耐久性、弹性以及防滑、隔音等特性，是否有利于展品的安全保护，是否便于日常的维护管理。而地面颜色的选择，则既要考虑与展厅的环境色相匹配，又要努力营造美观柔和的视觉效果。通常情况下，地面的色调要比墙面深，并且其反光率应小于30%。否则，当地面颜色较深时，便会影响展品的可见度。总之，目前博物馆可选择的展厅地面材料和颜色多种多样（见表7-1），但在具体的装修设计过程中，一定要在参照上述标准的基础上，结合自身的实际情况和各种材料的特点，周密论证，以便做出正确恰当的选择。

表 7－1　常见地面材料及其特点

名　称	优　点	缺　点
混凝土	耐久性强、价格低廉、易于维护	不吸潮、弹性差、易出声、不美观
大理石	耐磨性强、色泽美丽、易于维护	造价高、弹性差、易出声、易反光
瓷　砖	耐久性强、颜色多样、价格低廉、易于维护	弹性差、易反光
木地板	耐久性强、颜色宁静、防潮保暖、舒适平稳、易于维护	价格较高、易出声
橡　胶	柔软舒适、弹性好、安静防滑	不利于展品保护、价格高、易老化、不易于维护
亚麻油毡	颜色丰富、安静防滑、弹性较好、易于维护、价格便宜	较易破损
地　毯	柔软舒适、颜色多样、安静防滑、价格较低	容易破损、易产生静电、不易于维护

(3) 陈列设备

陈列设备是博物馆为陈设和保护展品而专门设置的器具，主要包括展柜、屏风、镜框、展板等。它们既是博物馆进行陈列布展时需要考虑的重要硬件设施，也是展厅室内装修过程中必须完成的重要内容。总体来说，陈列设备本身不但要美观实用，而且必须满足防虫、防潮、防尘、防光害、防火、防盗、抗震等安全保护要求。同时，陈列设备还应当与陈列展厅相配套，不仅要充分合理地使用其建筑空间，注意大小比例，而且在外观造型上也要与展厅整体的艺术风格保持一致。具体而言，要保证陈列设备的实用功能，就必须使各种陈列设备的结构功能满足方便适用的原则。例如，灯座应便于调整和检修，背板要便于安排展品和展板，展柜内的搁板应当能够随意升降，屏风应当能够自由伸缩折叠等。而要满足陈列设备的审美要求，则必须在结合展厅内部装修风格的基础上，遵循简朴、精致、高雅、庄重的设计原则，才能创造出造型优美、格调高雅、灵活适用的陈列设备。此外，在陈列设备的安全保护方面，防虫、防潮和防尘主要是通过加强各个部件及其节点部位的密闭性来实现的；防光害通常采取在展柜玻璃上喷涂紫外线吸收剂的方法；防火大多是通过对陈列设备喷涂阻燃材料和安装火灾报警器得以实现；防盗的主要途径则是加强陈列设备关锁结构的严密性和隐蔽性，并安装防盗报警器；抗震则往往是利用隔震台以及陈列布展的减震设计来实现的。

二、藏品库房区间

藏品既是人类珍贵的财富，也是博物馆开展各项业务活动的物质基础，不论是对于人类社会还是博物馆而言，都具有重大的意义。因此，博物馆必须高度重视藏品的收藏和保管。由库前区和藏品库房构成的藏品库房区间就是博物馆进行藏品收藏和保管的主要功能区间。其中，库前区主要负责对藏品进行入库前的必要处理，而藏品库房则是收藏和保护藏品的主要场所，也是整个博物馆的主体建筑。

如前所述，库前区建筑主要包括接纳室、登录室、清理消毒室、编目室等。虽然在不同的博物馆中这些建筑的组成和规模也不尽相同，但其建筑设计都必须以最大限度地保证藏品安全为前提，并且充分考虑各自的功能要求。具体来说，接纳室主要用于藏品入库前的开箱清点，面积一般不应小于 50 ㎡，通常布置在库前区的最前端，靠近入口处，以便于运送藏品的车辆靠近。在其入口，往往会设置室外坡道和室内卸落台，以保证藏品安全地进入接纳室。登录室则主要负责对出入库房的藏品进行登记和检查。清理消毒室是为了对藏品进行清洗、整理和消毒而设置的。根据其所采取的消毒方法，它们的面积各不相同，但都必须具备良好的消毒清洗、采光照明和通风排气设备，以保证工作人员和入库藏品的安全。编目室是库前区的重要组成，藏品经过接纳、登记、清洗、整理、消毒等前期处理后，必须在这里进行编目后方可入库，其面积一般应保持在 20～30 ㎡。

藏品库房是藏品库房区间的核心，它就好比博物馆的心脏，将贮藏其中的藏品像血液一样输送到陈列展厅和研究者的手中。其建筑设计的优劣，直接关系着博物馆赖以生存的藏品的安全和保护。因此，在博物馆建筑设计过程中，必须高度重视藏品库房的建筑设计。

总体而言，博物馆藏品库房的建筑设计，既要为藏品的收藏、保护提供理想的场所，又要有利于藏品安全、有效地使用，还要预留足够的扩充余地。这就要求在具体的设计过程中，必须充分考虑藏品保护的要求，进而在保证藏品安全的前提下，对其平面布局和建筑结构进行科学合理的规划设计。

1. 藏品库房的平面布局

藏品库房的平面布局是否恰当，直接关系到藏品能否被妥善保存、安全运输和有效使用。因此，博物馆在进行总体布局规划时，藏品库房的平面布局是其必须解决的重要问题。目前，根据藏品库房所在的位置及其与博物馆其它建筑的关系，特别是与陈列展厅的关系，我们大体上可以将藏品库房的平面布局分为三种类型。

(1) 藏品库房与陈列展厅位于同一建筑，但互不相连。这种布局有利于藏品的安全防护，可以有效地防止观众及与库房无关的人员接近库房，从而较好地实现“三线”分离。但不利于藏品的运输和使用，特别是大型藏品。因为在库房与展厅之间的搬运过程中，势必会增加藏品受损的可能性。所以，这种布局方式往往会对运输通道和设备给予更多的关注，从而确保藏品在库房与展厅之间的安全运输和使用。

目前，国内外许多博物馆选择营建的地下藏品库房（简称地库），实际上也属于这种平面布局方式。地库的修建，不但可以有效地节约博物馆的建筑用地，使其建筑结构更加紧凑，而且具有一定的隐蔽性，有利于藏品的安全防护。但地库也存在着易受地质结构影响、相对阴暗潮湿、空气流通不畅等缺陷，于藏品保存不利。虽然凭借科学的建筑设计和先进的仪器设备，可以有效地解决地库的通风、采光以及防潮、防火等问题，但随之而来的高昂的建筑成本也往往是设计师不得不考虑的重要问题。

(2) 藏品库房与陈列展厅位于同一建筑，并相互连通。博物馆往往会利用甬道、连廊等方式，适时地实现库房与展厅之间的分隔与连接。这种布局既能够保证它们各自拥有独立的空间，发挥各自的功能，又有利于藏品在它们之间的运输和使用。但要注意的是，为了保证藏品运输途中的安全，用于连接库房与展厅的甬道、连廊等的设计，应当尽量避免直角和突兀的转弯，以免发生意外碰撞。此外，这种布局也有其自身的缺陷，如要占用较多的建筑空间，不利于实现“三线”分离等。

（3）藏品库房独立于陈列展厅所在的建筑之外。这种布局能够为藏品的保存和管理提供更为安全的环境，也非常有利于实现“三线”分离。但这种布局，往往会占用大量的建筑用地，而且不利于藏品的运输和使用，特别是那些对温度、湿度和光线比较敏感的藏品以及大型藏品。因为在库房与展厅之间的搬运过程中，保存环境的骤然变化、运送途中的意外碰撞等，都容易导致藏品受损。所以，通常情况下，设计师往往会在那些主要收藏对温度、湿度和光线比较敏感的藏品的库房内安排面积不小于6 ㎡的缓冲区，以避免库房内外环境的骤然变化。同时，还会对运送通道和设备进行科学规划与设计，以有效防止意外碰撞的发生。此外，采取这种布局方式，不仅要保证藏品库房与博物馆其它建筑的和谐统一，而且从库房的安全防盗角度出发，要注意库房的外墙不应与博物馆的外墙重叠。

事实上，每个博物馆的情况都不尽相同。这就要求我们在进行藏品库房的平面布局时，必须在参考上述布局方式的同时，根据博物馆的实际情况，充分考虑其规模、所处环境以及藏品的性质、数量等因素，才能最终确定适合自己的藏品库房布局方式。

2. *藏品库房的建筑结构*

藏品库房的建筑结构主要包括库房的面积、高度、柱网、墙体，以及与之密切相关的地面、天棚、门窗、通道和楼梯等。总的来说，它们的设计都必须符合藏品安全保存和防护的要求。

（1）面积与地面材料

藏品库房的面积主要取决于博物馆的规模、藏品的状况（包括藏品的性质、数量、体积等）以及博物馆的发展前景。不同的博物馆，其库房面积也各不相同。但通常情况下，藏品库房的建筑面积往往会占到博物馆总建筑面积的20%～25%左右。目前，许多新建博物馆库房面积的确定都是以《博物馆藏品保管工作手册》中提供的计算公式，即（ZS×ZM）/KRM×KZM×130%，计算出的结果作为重要参考。在这个公式中，“ZS”指博物馆现有的藏品总数；“ZM”指藏品的平均面积，即藏品平均占有柜架的面积；“KRM”指的是单个柜架可容纳藏品的面积，即拟使用柜架所能存放藏品的可用面积；“KZM”则指单个柜架占库房的面积。这里130%中的30%包括两种用途，其中的20%是为今后增加藏品而预留的空间，另外的10%则是用于附加设备的空间。此外，博物馆还会将展厅与库房的适当比例作为确定库房面积的一个重要参数，如我国博物馆学界就认为，展厅与库房的面积比应当保持在1:1或者1.5:1。

藏品库房地面材料的选择，主要考虑的是要有利于藏品的安全保护。具体来说，就是要尽量选择经久耐磨、不起尘、有弹性、保温性能好且易于清洗维护的地面材料，而无需对其颜色考虑得过多。目前，博物馆库房比较常见的地面材料，主要有水泥地面、水磨石地面、木质地面和合成橡胶地面等。虽然这些地面材料各有利弊，但有些弊端是可以通过其它途径来弥补的。例如，水泥地面的防滑问题就可以通过铺设地毯等防滑材料来解决，木质地板则可以通过喷涂防火漆等来增强其防火性。总之，博物馆在库房地面材料的具体选择过程中，必须在充分考虑藏品安全防护的基础上，结合自身的实际情况和各种材料的特点，才能最终做出科学合理的选择。

（2）高度和天棚

藏品库房的高度主要会受到藏品和保管设备规模的影响。一般情况下，藏品库房的高度应当控制在2.4~3m之间。若有房梁和管道等突出物，则要保证其底面至地面的净高不低于2.2m。

藏品库房的天棚一般不做吊顶，裸露梁架。如需安装吊顶，也应当尽量选用强度较高的轻钢龙骨，辅以防火性能较好的岩棉板或者钙塑板作为面层。

（3）柱网结构

藏品库房的柱网结构设计，往往既要考虑建筑本身的经济性，又要注意各种保管、运输设备布置的灵活性和适应性。一般而言，库房柱网结构的开间应保持在5~6m，进深则以6.5~7.5m为宜，最大不应超过8m。这样，才能使库房柱网结构分割形成的空间，既能够灵活地安排各种保管设备，又能够与藏品运输的通道相适应。

（4）墙体与门窗

在博物馆建筑结构的诸多组成中，墙体的设计对于保持稳定适宜的库内温湿度和保证库房的安全都具有重要的作用。虽然随着现代科学技术的发展，许多仪器设备都可以用于改善库房的内部环境、增强库房的安全防护，但对于许多中、小博物馆而言，科学合理的墙体设计，仍然是保持库内适宜的温湿度、保证库房安全的必要手段。目前，我国博物馆藏品库房的温度一般要求保持在14～20℃，相对湿度要求保持在50%～60%；日温度变化应保持在5℃的范围内，日湿度变化也应保持在5%的范围内。这就要求在库房墙体设计的过程中，必须充分考虑墙体的厚度、结构以及对墙面的处理等因素，才能够既达到上述要求，又满足安全防盗的需要。一般认为，库房外墙的厚度应保持在50cm以上，结构以经济实用、保温隔热的单层或双层墙体结构为宜。墙面则可以根据库房的实际情况，选择刷浆、涂料和油漆等，有必要的话，还可以选择无光漆等特殊涂料，颜色宜浅淡。

藏品库房的门窗设计，对于藏品保护和藏品安全也都具有重要的意义。从藏品保护的角度来看，库房门窗设计的科学与否，直接影响着库内的采光、防尘、防虫以及内部环境的稳定。因此，库房的门窗必须具有良好的密闭性，以防止尘埃、虫卵和微生物的进入，从而起到藏品保护的作用。而从藏品安全的角度来看，库房门窗的设计是否合理，也会直接影响到藏品保存和运输的安全。所以，每间库房都应该单独设门，并且要依据库内藏品的具体情况，考虑设置多层库门。一般情况下，普通库房可以先设置一层利于藏品保护的金属密闭门，再设置一层保证藏品安全的安全防盗门；而保存珍品的特殊库房，则往往需要采取多层安全设防。此外，为了保证藏品运输过程中的安全便利，库门一般都不设门槛，而且其设计还应考虑到运输设备的大小、高低等情况。库房的窗户，则应遵循开窗少、面积小的原则。同时，也应考虑采取多层结构，以满足采光、通风和安全防护的多重要求。

（5）通道和楼梯

通道和楼梯也是藏品库房建筑结构的重要组成部分，对于藏品的运输和转移具有重要意义。为了保证藏品在正常情况下的安全运输和在紧急情况下的迅速转移，通道和楼梯的宽度一般都应保持在1.8～2.2m，并且其设计应尽量避免直角和突兀的转弯。如果是斜坡梯，则要注意斜坡的坡度要尽量平缓。此外，国内外许多博物馆目前都使用电梯进行藏品的垂直运输，这时，就应当考虑到停电或者电梯故障等特殊情况。因此，除电梯外，博物馆还应设置应急通道或斜坡梯，以备不时之需。

三、技术工作区间

随着人们对文物、标本价值认识的不断深入和对藏品研究的日益重视，技术工作区间遂成为博物馆最为重要的功能区间之一。其主要的功用就是对藏品进行保护、修复、（标本）制作、复制以及科学研究，通常包括文物修复室、书画装裱室、标本制作室和科学研究中心等。这些建筑不仅是博物馆进行专业技术工作的重要场所，而且也可以有效地帮助博物馆实现一定的社会和经济效益。

虽然对于技术工作区间建筑设计的要求没有陈列展厅和藏品库房那么讲究，但由于博物馆的藏品在进行保护、修复、复制等技术处理的过程中，都会在这里短暂停留，因此，它的建筑设计必须既考虑到藏品的安全防护，又要确保能够正常高效地进行技术工作。

1. 文物修复室

文物修复室主要负责对包括陶瓷器、铁器、青铜器、漆器、丝织品等在内的各类藏品进行修理复原，使其能够更长久地为博物馆保存和使用。为了保证藏品的安全以及修复工作的正常进行，文物修复室必须具备良好的采光、照明和通风条件以及完善的水电设施，以地面、墙面和天棚为主的室内装修也应当力求简洁，并且要充分考虑到防尘、隔音等问题。通常情况下，文物修复室主要由操作间、翻模翻砂浇铸间、烘烤间、材料工具贮藏间、小型文物暂存库等空间组成，内部配备操作台、水池、烘箱等相应的设施。

2. 书画装裱室

书画装裱室的工作主要是对书法、绘画、碑帖、古籍、手稿资料等的揭、裱、拓、装、修。装裱室应当位于博物馆的背阴面，但必须保证室内拥有良好的照明。鉴于装裱室的工作特点，其室内应当留有大片墙面，天花板下也应当装置活动挂搭，以便于悬挂、装裱、晾晒等工作。此外，装裱室内的温湿度也应严格控制，一般应将温度保持在10～26℃之间，相对湿度应当稳定在50%～60%。这样，才能保证书画藏品的安全，有效防止裱件的自然崩裂。一般情况下，书画装裱室分为装裱间、裱件暂存库、材料储藏间、吸烟室等功能区间，主要配备装裱机、装裱案、烘干机等设备。

3. 标本制作室

标本制作室是博物馆（特别是自然博物馆）技术工作区间的重要组成部分，主要负责制作、修复和复制博物馆所需的各类标本，一般由剥制间、浸泡间、消毒间、药品器材贮藏间以及研究室等空间组成。这些建筑的设计，都必须满足具备充裕的空间、保持良好的室内环境、配备工作所需的相关仪器和设施等条件，才能保证包括清洗、消毒、烘干、制模、修复等在内的各项技术工作得以正常高效地完成。

4. 科学研究中心

科学研究中心是博物馆对文物、标本进行真伪鉴别、成分检测以及年代测定的主要场所，担负着科学研究的重要职能。随着国内外博物馆对科学研究的重视，目前，许多大型博物馆都成立了技术力量雄厚、设备先进的科学研究中心。虽然受到博物馆规模、地位以及藏品状况等因素的影响，其建筑设计要求不尽相同，但一般都应当具备适应开展科学研究的良好环境，配备便利的水电供应系统，适应无菌、无尘等特殊操作环境的工作台，用于检测文物、标本质地、成分以及各种特性的显微镜、天平、测厚仪、探伤机等仪器设备，以及用于将文物、标本数字化的各种摄像机、照相机、扫描仪等。

主要参考文献

1. 傅振伦著. 博物馆学概论. 上海：商务印书馆，1957.

2. 苏联博物馆学科学研究所编，博物馆科学工作研究所筹备处编译. 苏联博物馆学基础. 北京：文物出版社，1957.

3. 陈国宁著. 博物馆的演进与现代管理方法之研讨. 台北：文史哲出版社，1978.

4. 荆三林编著. 博物馆学. 郑州：郑州大学印，1983.

5. 中国自然科学博物馆协会编著. 博物馆学新编. 南京：江苏科学技术出版社，1983.

6. 文化部文物局主编. 中国博物馆学概论. 北京：文物出版社，1985.

7. 郑求真著. 博物馆藏品保管. 北京：紫禁城出版社，1985.

8. 文化部文物局教育处、南开大学历史系编印. 博物馆学参考资料（上、下册）. 1986.

9. ［日］伊藤寿郎、森田恒之主编，吉林省博物馆学会译. 博物馆概论. 长春：吉林教育出版社，1986.

10. ［英］肯尼斯·赫德森著，王殿明等译. 八十年代的博物馆——世界趋势综览. 北京：紫禁城出版社，1986.

11. 胡骏著. 博物馆纵横. 北京：中国青年出版社，1989.

12. 王宏钧主编. 中国博物馆学基础. 上海：上海古籍出版社，1990.

13. 王学敏著. 博物馆教育入门. 郑州：河南人民出版社，1991.

14. 中国大百科全书总编辑委员会《文物·博物馆》编辑委员

会、中国大百科全书出版社编辑部编. 中国大百科全书·文物·博物馆. 北京·上海：中国大百科全书出版社，1993.

15. 国家文物局编. 博物馆群众教育工作. 北京：文物出版社，1993.

16. 国家文物局编. 博物馆藏品保管工作手册. 北京：群众出版社，1993.

17. 宋伯胤编. 博物馆历史文选. 厦门：厦门大学历史系印. 1993.

18. 马继贤著. 博物馆学通论. 成都：四川大学出版社，1994.

19. 李淑萍主编. 博物馆学研究论文选. 西安：西北大学出版社，1994.

20. 中国博物馆学会编. 中国博物馆志. 北京：华夏出版社，1995.

21. 国家文物局、中国博物馆学会编. 博物馆陈列艺术. 北京：文物出版社，1997.

22. 国家文物局编. 王冶秋文博文集. 北京：文物出版社，1997.

23. 苏东海著. 博物馆的沉思（一）. 北京：文物出版社，1998.

24. 吕济民主编. 当代中国的博物馆事业. 北京：当代中国出版社，1998.

25. 严建强著. 博物馆的理论与实践. 杭州：浙江教育出版社，1998.

26. 王宏钧著. 秋海棠叶集. 北京：中国社会科学出版社，1998.

27. 程世丹编著. 展览建筑. 武汉：武汉工业大学出版社，1999.

28. 甄朔南、沈永华主编. 现代博物馆学基础知识问答. 北京：中国自然科学博物馆协会，2000.

29. 王宏钧主编. 中国博物馆学基础（修订本）. 上海：上海古

籍出版社，2001.

30．李文儒主编．全球化下的中国博物馆．北京：文物出版社，2002.

31．宋伯胤著．博物馆人丛语．西安：陕西人民出版社，2002.

32．邹瑚莹、王路、祁斌编著．博物馆建筑设计．北京：中国建筑工业出版社，2002.

33．段勇著．当代美国博物馆．北京：科学出版社，2003.

34．甄朔南著．甄朔南博物馆学文集．北京：中国大百科全书出版社，2004.

35．中国博物馆学会编．回顾与展望：中国博物馆发展百年．北京：紫禁城出版社，2005.

36．曹兵武著．记忆现场与文化殿堂——我们时代的博物馆．北京：学苑出版社，2005.

37．曹兵武、崔波主编．博物馆展览——策划设计与实施．北京：学苑出版社，2005.

38．曹兵武、李文昌主编．博物馆观察——博物馆展示宣传与社会服务工作调查研究．北京：学苑出版社，2005.

39．杨玲、潘守永主编．当代西方博物馆发展态势研究．北京：学苑出版社，2005.

40．成建正主编．博物馆学研究论文集．西安：陕西人民出版社，2006.

41．苏东海著．博物馆的沉思（二）．北京：文物出版社，2006.

42．〔美〕尼尔·科特勒、菲利浦·科特勒著，潘守永等译．博物馆战略与市场营销．北京：北京燕山出版社，2006.

43．甄朔南著．甄朔南博物馆学文集（续）．北京：中国大百科全书出版社，2008.

44．宋向光著．物与识——当代中国博物馆理论与实践辨析．北京：科学出版社，2009.

45．中国文物报，中国文物报社主办．

46. 中国博物馆，中国博物馆学会主办.
47. 中国博物馆通讯，中国博物馆学会主办.
48. 中国文化遗产，中国文物报社主办.
49. 博物馆研究，吉林省博物馆学会、吉林省考古学会主办.
50. 中原文物，河南博物院主办.
51. 东南文化，南京博物院主办.
52. 文博，陕西省文物局主办.
53. 四川文物，四川省文物局主办.
54. 南方文物，江西省文物考古研究所、江西省博物馆主办.
55. 文物世界，山西省文物局主办.
56. 文物春秋，河北省文物局主办.
57. 北京文博，北京市文物局主办.
58. 东方博物，浙江省博物馆主办.

后 记

“博物馆学概论”是考古及博物馆学专业高等教育中的基础课程。通过本课程的学习，不仅可以使学生对博物馆学及博物馆的基本理论和发展历程有所了解，而且能够使他们熟悉并初步掌握博物馆收藏保管、陈列布展、科学研究、观众调查、内部管理以及建筑设计等实际工作的基本技能。因此，该教材的编写既不能过分理论化，也不能一味强调实践经验。

近年来，伴随着博物馆事业的蓬勃发展，博物馆学的研究也在国内外如火如荼地进行着。本教材就是在总结前人研究成果的基础上，结合自身的教学及工作心得，对现有博物馆学理论和实践的简要介绍。我们也希望藉此能够为广大博物馆学专业的学生、初涉博物馆学的研究者和热心博物馆事业的人们提供一些有益的参考。

“博物馆学概论”的教材在全国已有几个版本，在编写过程中，我们均对其进行了学习和借鉴，并力求把最新的理论成果和实践经验在书中反映出来。但由于水平所限，难免存在错误和疏漏。失误之处，恳请专家和读者批评指正。我们相信，随着博物馆学的发展和“博物馆学概论”课程教学水平的不断提高，必将有更高质量的教材问世。

本教材得以出版，首先要感谢杜斗城先生。从选题到定稿，先生均给予了很多指导与帮助。同时，也要感谢为我们提供资料支持的兰州大学吕春林老师、兰州城市学院陈雪雪老师、美国西来大学龙达瑞教授、甘肃省博物馆王琦研究员和日本龙谷大学渡边慎吾博士，帮助我们修改、校对的读者集团陈梓歆编辑和兰州大学历史文化学院的吴通、任曜新、韩鹏、宋宝泉、丁得天、刘鹏、杨学勇、聂葛明等同学，以及兰州大学出版社的编辑同志们，特别是魏鸿彪老师，他们都为此教材的出版付出了很多辛勤的劳动和汗水。此外，我们还要向本教材所参考和引用的有关论著的原作者们一并致以深切的谢意！

编者

2013 年 6 月